Erik Durschmied

DER UNTERGANG
DER GROSSEN
DYNASTIEN

Aus dem Englischen von Helga Polletin

Erik Durschmied

DER UNTERGANG DER GROSSEN DYNASTIEN

Copyright © 2000 Böhlau Verlag Ges. m. b. H. und Co. KG,
Wien · Köln · Weimar
Alle Rechte vorbehalten

Sonderausgabe für
KOMET MA-Service und Verlagsgesellschaft mbH, Frechen

Einbandgestaltung: so.wie?so!, Köln
Aus dem Englischen von Helga Polletin

Gesamtherstellung:
KOMET MA-Service und Verlagsgesellschaft mbH, Frechen

ISBN: 3-89836-162-4

Inhaltsverzeichnis

Vorwort: Wenn das Beil fällt 9

Einleitung: ... lebendiger, wenn tot 15

Die Bourbonen (1589–1830) 17

Die Romanows (1613–1917) 67

Die Habsburger (1273–1918) 115

Die Hohenzollern (1415–1918) 173

Die Tennos (660 v. Chr.–1945) 219

Die Pahlewis (1926–1979) 263

Nachwort: Nach-gedacht 303

Literaturhinweise – Literaturnachweise 305

Anmerkungen 308

Après moi le deluge!
Hinter mir die Sintflut!
(Ludwig XV., König von Frankreich)

***

Schlüge ein Meteor ein auf der Erde,
und löschte die Menschheit aus,
so würde sich doch jemand finden,
eine Dynastie zu gründen –
innerhalb kürzester Zeit!

***

Für Alexander und William
und den Rest meiner Dynastie.

VORWORT

Wenn das Beil fällt ...

> *Von den Großen dieser Erde*
> *melden uns die Heldenlieder:*
> *Steigend auf so wie Gestirne*
> *geh'n sie wie Gestirne nieder.*
> Bertolt Brecht,
> *Das Lied vom Wasserrad*

Aus dem Dunkel der Zeit tauchten starke Männer auf und nahmen den Weg zur Größe – oder in die Ehrlosigkeit. Gefürchtet und angebetet als lebende Götter, brachten sie ihre Tugenden und ihre Untugenden mit sich, ihr Mitgefühl und ihre noble Denkungsart und ihre grobe Ungerechtigkeit; Ritter einer Tafelrunde, der Größe und dem Ruhm geweiht. Durch ihr Beispiel beeinflußten und bestimmten sie das Schicksal vieler. Von all den Menschen im Verlauf der Geschichte waren viele gerufen, aber wenige berufen. Da waren die Visionäre, Patrioten, Philosophen, Fürsprecher ihrer Völker, die der Versöhnlichkeit ihre Stimme liehen. Sie leben weiter im Lied und in der Poesie. Die anderen sind nur unbeweinter Staub.

Geschichte ist die Geschichte von Menschen, und jeder Mensch hat seine eigene Persönlichkeit, seinen Ehrgeiz und seine Leidenschaften. Niemand entrinnt seiner natürlichen Umwelt, seiner Erziehung, seinem Grundcharakter. Geschichte handelt nicht nur von Männern, die sich durch geistige Größe und noble Denkungsart auszeichneten, Geschichte ist auch das Berichten von Potentaten, die auf ihrem rücksichtslosen Weg zur Macht zerstörten, marterten und Blut vergossen. Sie sind Mitglieder eines Hohepriestertums der Schändlichkeit mit geschmückten Opferstätten, wo die Banner der Barbarei wehten und schwere Stiefel den Boden erzittern ließen. Aus erbärmlicher Not oder erbarmungsloser Gier dehnten diese Despoten ihre Herrschaftsgebiete aus und zwangen den Besiegten ihre Götter, ihr Denken und ihre Sprache auf.

> „Einige werden hoch geboren,
> einige erwerben Hoheit,
> und einigen wird sie zugeworfen."
> Malvolio in Was Ihr Wollt (II/5),
> William Shakespeare

Könige werden geboren, und Könige werden gemacht ...
Anfänglich hatten die meisten keine Macht außer ihrer moralischen Autorität, der Fähigkeit zu überzeugen und ein Beispiel zu geben. Manche agierten zurückhaltend, aber umso wirksamer, um sich einer Gesellschaft anzupassen, zu deren Entwicklung sie beitrugen; andere häuften Reichtümer an und vewendeten ihr Gold, um den Gipfel der Macht zu erklimmen. Manche entschlugen sich des Erbes ihrer Väter, andere ermordeten ihre Brüder, um an die Krone zu gelangen. Manche heirateten eine Königstochter, um selbst König zu werden. Manche waren Kriegsherren, deren Weitblick sie von anderen Eroberern unterschied. Während manche sich mit den von ihnen eroberten Gebieten zufriedengaben, sannen diese Visionäre nach der Eroberung eines Ganzen, ob Land oder Kontinent. Ihre militärischen Erfolge verdankten sie in erster Linie ihrer Begabung, aber auch der strengen Disziplin, die sie ihren Soldaten auferlegten. War der Sieg einmal errungen, überließen sie die Aufgabe des Regierens nicht ihren treuen Generälen, sondern weisen Männern und begabten Organisatoren. Und sie versäumten keine Gelegenheit, das Wohlwollen ihres Volkes zu erringen und schändliche Gesetze abzuschaffen.

Und dann gab es jene, deren Entscheidungen kurzsichtig und von Drohungen und Lügen getragen waren. Unbarmherzig und gewissenlos feuerten sie die Massen zu immer weiteren Opfern an. Die Liste von Herrschern, die Heerscharen für eine *gerechte*

Sache opferten, ist endlos. Sie waren erfüllt vom Glauben an *die Macht des Willens*, und diese Überzeugung wurde gestärkt durch ihre militärischen Erfolge in den Tagen der Reichsgründung. Es gab kein Gesetz, nur den Willen der Herrschenden. So erfolgte die Unterwerfung ganzer Gebiete *durch den Willen des Königs* oder, um die Begierden eines Despoten zu verschleiern, *durch den Willen der Nation*. Jede einzelne ihrer Eroberungen ließ sich rechtfertigen, vorausgesetzt, sie erfolgte im Namen von Patriotismus, Gott oder, besser noch, im Namen eines Ideals.

Als Monarchen totalitär in ihren Machtansprüchen wurden, benötigten sie nicht nur Schwerter und Kanonen, um die Massen in Schach zu halten, sondern auch Männer des Wortes, um historische Tatsachen zu bemänteln. Zeitgenössische Geschichtsschreiber waren nicht übermäßig besorgt um etwas so Banales wie Wahrheit, sie dienten allein einem König und dessen Zielen. Bis der Tag kam, an dem radikale Propheten, die Luthers, Rousseaus und Lenins der Geschichte, die Massen mit ihrem revolutionären Gedankengut ansteckten. Dann erhoben sich die Beherrschten, begannen das Reich umzugestalten und die Macht des Monarchen zu beschneiden.

Die Rolle der gegenwärtigen konstitutionellen Monarchen ist der Höhepunkt der Vernunftwidrigkeit. *Seine Majestät* – oder wie in den Königshäusern von Dänemark, Holland und dem Vereinigten Königreich – *Ihre Majestät*, ist Oberhaupt der Streitkräfte, oberster Richter, und die Mitglieder der Regierung sind ihre Diener, deren Handlungen ihre Zustimmung benötigen; jede Entscheidung erfolgt *Im Dienste Ihrer Majestät*. Das ist die Theorie.

Und die Praxis? Der konstitutionelle Monarch ist mit einem gewissen Maß an Macht ausgestattet, aber in Wirklichkeit ist er beinahe völlig machtlos, er fungiert als eine nationale Repräsentationsfigur, kann nur „beraten" und Handlungen können nur „empfohlen" werden. Er hat jeder ihm vorgelegten „Empfehlung" zu folgen, denn das ist der Auftrag seiner durch den Willen des Volkes rechtmäßig gewählten Regierung. Oder in den spöttischen Worten des großen Samuel Johnson (englischer Schriftsteller, Kri-

Der Untergang großer Dynastien

tiker, Journalist 1709–1784): *Ich werde Sie aus dem Fenster werfen, und Ihnen dann* empfehlen, *zu Boden zu fallen.* Das traf zu keiner Zeit auf absolute Herrscher zu. Ihre Macht war unumschränkt, sie trafen Entscheidungen selbstherrlich und verkehrten nur unter ihresgleichen. Häufig kam es zu Machtabsprachen zwischen einzelnen Monarchen in Gebieten gemeinsamen Interesses – oder auch Konfliktes.

Versailles war großartig, und sein *König* war die *Sonne,* um die alles kreiste. Solch aristokratisches Schiff war in den auf Gleichheit gerichteten Strömungen, die sich gegen Ende des 18. Jahrhunderts Bahn gebrochen hatten, zum Kentern verurteilt. Die Bourbonen trugen das Hauptgewicht einer an Stärke und Bitterkeit zunehmenden Kritik, und ihr nobler Status war hervorragend geeignet, den Zorn der Revolutionäre zu erregen. *Die Franken haben sich eine neue Konstitution gegeben; ihr altes gotisches Staatsgebäude (...) haben sie niedergerissen ... Diese fürchterliche Staatsumwälzung ist ein (...) Schlag, der ganz Europa erschüttert hat, und das große Beispiel der Franken wird nicht ohne Nachahmung sein ...,* schrieb Karl Clauser, ein deutscher Revolutionär, 1791. Zwei Jahre später war der französische König tot.

Zweifelsohne sahen sich Marat, Danton und Robespierre als revolutionäre Speerspitzen, die tief in die Gesellschaftsstruktur eindrangen und grundlegende Veränderungen bewirkten. Die Auslöschung des *Ancien Régime,* der alten Elite, war sicherlich von den zukünftigen Revolutionären vorbedacht und dann mit höchster Effizienz durchgeführt worden.

In Rußland konnte sich der Widerstand des Volkes gegen das Diktat des Zaren nur in urtümlicher Form als passive Resistenz ausdrücken und so eher geringen Einfluß auf den Monarchen haben. Dann kam es plötzlich zur Explosion der Massen. In diesen Stunden der Bitterkeit und des blinden Zorns trat das latente Potential der Bolschewiki für das Böse zutage und wurde mit Vorbedacht in eine weltweite Manie der „Macht den Massen" transformiert.

Vorwort

Österreich lebte von seiner ruhmreichen Vergangenheit. In der Monarchie des Doppeladlers, so ineffizient, rückständig, korrupt und hart sie auch gewesen sein mag, besaßen viele ihrer Teile doch die Loyalität von Menschen aller Klassen. Folglich konnten revolutionäre Kräfte zwar die kaiserlichen Institutionen zerstören, aber nicht den Geist, den die Habsburger geschaffen und der sie getragen hatte.

Durch geschicktes Umsetzen der überreichlichen Ausgaben für das Militär und durch kulturelle Patronanz wurden die französischen Könige zum Synonym für eine erfolgreiche Monarchie. Kleinere Königreiche mußten bald erkennen, daß sie mit ihren Mitteln ähnliche Unternehmungen nicht finanzieren konnten. So erforderte jede Steigerung ihres fürstlichen Stils eine Umstrukturierung des Steuersystems oder des Militärsystems. Die Ausdehnung Preußens unter Friedrich dem Großen ist ein gutes Beispiel. Der Geschmack des Erfolges machte die preußischen Kriegerkönige lange Zeit trunken. Im 20. Jahrhundert manifestierte sich der letzte Versuch der Preußen als ungeheuerliche und sinnlose Demonstration von Barbarei. Nach der Niederlage im Ersten Weltkrieg wurden sie von den Alliierten gezwungen, grausame Bedingungen zu unterschreiben, womit die Alliierten in selbstgerechter Weise die gesamte Schuld den Deutschen aufluden. Das brachte einen Kaiser zu Fall und einen hysterischen Irren an die Macht.

Es blieb dem besonnenen japanischen Kaiser vorbehalten zu wissen, wann seine Zeit abgelaufen war. Indem er Änderungen durchsetzte und das starre Militärsystem aufbrach, dem er ausgeliefert gewesen war, gehörte er zu den wenigen Herrschern, die dem Beil entkamen.

Letztendlich war, wie der Schah des Iran erkennen mußte, dynastische Dauer ein Ding der Vergangenheit geworden. Bei den Jubiläumsfeierlichkeiten in Persepolis hatte sich in aller Klarheit gezeigt, daß die den Majestäten zugedachte Rolle eine zeremonielle geworden war und daß die wahren Entscheidungsträger nunmehr die von ihren Völkern rechtmäßig gewählten Personen waren. Er war der letzte der wahrhaft autokratischen Herrscher. Seine Monarchie endete mit Blutvergießen und Aufruhr.

Alle von ihnen, die Guten wie die Bösen, errichteten Staaten auf den Resten rivalisierender Stammesverbände und nannten sie „Reiche". Und sie gründeten Dynastien, die, wie sie glaubten, ewig währen würden. Aber es war doch nur eine Aufeinanderfolge von Gestalten, von den Anfängen in einer heroischen Vergangenheit über Jahrzehnte oder auch Jahrhunderte hinweg, bis zu dem Tag, an dem sie zu Flüchtlingen in ihren eigenen Ländern wurden. Der Untergang jeder einzelnen dieser „ewigen und auf Gottesgnadentum" beruhenden Dynastien ereignete sich mit bestürzender Geschwindigkeit.

Denn: Wenn das Beil fällt, dann saust es herab.

Einleitung

… lebendiger, wenn tot.

In allen Ländern ist Tod das Ende. Er kommt, und
der Vorhang fällt. Nicht so hier. Hier heben sich Vorhänge.
Hier ist ein Toter lebendiger, wenn tot …
Federico Garcia Lorca am 18. August 1936 von einem
Erschießungskommando hingerichtet.

Jahrtausende hindurch hat eine Elite von Männern die Geschicke
der Welt bestimmt. Das Schicksal hat sie zur richtigen Zeit auf den
richtigen Platz gestellt. Sie wurden notwendigerweise zu Helden.
Viele von ihnen übten die aufgrund ihrer Stellung und ihrer Fähigkeiten erlangte Macht auf ehrenhafte Weise zu ehrenhaften Zwek-
ken aus. Viele kamen mit dem Schwert in der Hand, aber tausch-
ten es gegen die Pflugschar und bestellten das Land. Sie übten
Gerechtigkeit allen gegenüber, und hielten die Krone in Ehren.
Sie behandelten selbst unbedeutende Ansuchen mit der gebotenen
Ernsthaftigkeit. Sie hatten natürlich ihre Schwächen, ihre Vorur-
teile und Fehler. Ihre Qualitäten und Mängel waren die eines gewöhnlichen Menschen – doch sie waren nicht gewöhnlich.

Wo sind sie nun, jene mythischen Könige, die wegen einer Beleidigung Zerstörung über ihre Feinde brachten, die Armeen über
Grenzen schickten, um die halbe Welt zu erobern? Was haben sie
uns hinterlassen? Drei Jahrtausende des Schwertes und des Feu-
ers haben uns historische Ruinen hinterlassen. Es gibt sie schon
lange nicht mehr, jene Herrscher, die gewöhnlichen Sterblichen
ihren Willen aufzwingen konnten.
 Könige sterben nicht in aller Stille, sie sterben mit großem
Pomp. Der Schlußakt eines Monarchen ist eine Staatsangelegen-
heit – mit einem Marmorsarkophag in der Kathedrale und Mar-

morstatuen auf öffentlichen Plätzen. Aber es kann auch sein, daß sein Leichnam in eine Kalkgrube geworfen wird, um vergessen zu machen, daß er je gelebt hat. Könige hinterlassen Mätressen, Schlösser, Schulden und zahlreiche Nachkommen, die den Thron beanspruchen und um Brocken des Reiches kämpfen. Andere wiederum hinterlassen nichts, um das man streiten könnte, da sie lange vor ihrem natürlichen Tag des Gerichtes entthront wurden. Und manche werden um einen Kopf kürzer gemacht.

Alle von ihnen hinterlassen jedoch wundersame Geschichten, von schönen Prinzessinnen für die Kleinen und von Heldentaten für die Großen: Herrlicher Stoff für Gerüchte und Spekulationen, für die Strenge einer sophokleischen Tragödie oder die Verwicklungen eines Shakespeare-Stückes. Da Könige nicht als gewöhnliche Menschen angesehen werden, sind ihre Lebensgeschichten das, woraus Träume gemacht sind. Manche hinterlassen uns Rätsel.

Ein großer Kaiser starb allein.

„Kein großes Begräbnis. Keine Priester. Keine Frauen, die weinen. Auch keine Männer. Keine Prozession, keine Zeremonie, keine Grabreden, und keine aufrichtigen oder unaufrichtigen Trauerbezeugungen", bat er. „Über dem Grab ein Stein. Ohne Namen. Nichts. Ich bin dahingegangen. Das ist genug."

Sein Grab blieb namenlos. Aber jeder weiß, wo er begraben liegt: Napoleon.

Wir wissen, wo all die großen Könige begraben liegen. Aber vielleicht besteht eines Königs wichtigstes Vermächtnis an uns nicht in seinen militärischen oder politischen Errungenschaften, sondern darin, daß sein Geist niemals stirbt. Das ist das größte Denkmal für einen legendären König:

„Daß er lebendiger (ist), wenn tot."

Die Bourbonen (1589–1830)

Le roi est mort! Vive le roi!
Der König ist tot. Es lebe der König!

Seit 1461 traditioneller Ruf des Herolds
vom Schloßbalkon anläßlich
des Todes eines französischen Königs.

Das Läuten der Sturmglocke und Kanonendonner rissen die Menschen in Paris aus dem Schlaf.

„Aux armes, citoyens!" – Zu den Waffen, Bürger!

Es war kurz nach Mitternacht, an diesem 10. August 1792. Der König schlief, erschöpft von einem reichlichen Mahl. Lautes Knallen weckte ihn. Wie ein Schlafwandler stolperte der König, ein korpulenter Mann, im Schlafrock und mit verrutschter Perücke aus seinem Gemach. Die gestörte Nachtruhe und die furchterregenden Geräusche schienen ihn verwirrt zu haben. Seine vollen Lippen bebten. Ein königstreuer Offizier stürzte ins Zimmer: *Ihre Majestät ... die Menschen sind in den Straßen ... welch ein Gemetzel wird es geben ...* Der Lärm von der Straße übertönte seine Worte.
Seit Tagen durcheilten hysterische Gerüchte die Stadt, daß der König die frei gewählte Volksvertretung abzusetzen beabsichtige und daß Tausende der königstreuen Truppen in Richtung Stadt marschierten. Es gab auch einige, die behaupteten, daß jeder, der in die Revolution verwickelt war, enthauptet werden würde, so er sich erwischen ließ. Auch hieß es, daß die Bürgerkomitees jeden wirklichen *citoyen* zur Verteidigung seiner und der heiligen Rechte der Revolution mit einer Waffe versorgen würden ..., denn *alle pa-*

triotischen Bürger müssen bewaffnet und reichlich mit Schießbedarf versehen werden (Marat). Sie alle würden bis zum Tode kämpfen, sich keinesfalls ergeben.

Die Sturmglocke läutete unaufhörlich, und in ihr Läuten mischte sich der Klang der Glocken der sechzig Pariser Kirchen.

„Aux armes, citoyens!"

Von der Straße stieg der Lärm von Stimmen auf, Stimmen, die alle tauglichen Männer und Frauen aufforderten, gemeinsame Sache zu machen und sich den schändlichen Plänen des Königs zu widersetzen.

„Formez les bataillons!"

Die Führer der Revolution hatten gelobt, von Haus zu Haus, von Straße zu Straße zu kämpfen. Die Massen griffen zu den Waffen und strömten ins Stadtzentrum. Tausende aus allen Schichten der Bevölkerung versammelten sich auf der *Place de Grève* (seit 1830 *Place de l' Hôtel de Ville*). Jemand in der Menge stimmte ein gerade erst entstandenes Revolutionslied an.

„Allons enfants de la patrie, le jour de gloire est arrivé ..." [1]

Die Extremisten hatten schließlich ihre bis dahin gebändigten Fähigkeiten in den Dienst ihrer revolutionären Ziele gestellt. Am frühen Abend schon hatten Banden der radikalen Jakobiner die Wachen vor dem Stadthaus überwältigt und die Stadtväter hinausgeworfen. Die neuen Führer hatten eiligst Weisungen an den Kommandanten der Nationalgarde (1789 in Paris entstandene Bürgerwehr) ergehen lassen, und im Schutze deren Bajonette eine revolutionäre Pariser *Kommune* errichtet. Als nächster Schritt war geplant, die Nationalversammlung aufzulösen und die Zügel der Macht in die Hand zu nehmen. Zu diesem Zweck mußten sie den König beseitigen, der sich in den Schutz der Mauern der Tuilerien (*Palais des Tuileries*) begeben hatte. Die unter Katharina von Medici errichtete Anlage wurde von 900 Schweizer Söldnern verteidigt, da man sich zum Schutz des Königs nicht auf die Nationalgarde oder auf die unter dem Kommando eines gewissen Mandat stehende Polizei verlassen konnte. Zum Zeitpunkt des *coup d'état* schlief der Mann, um den es den Revolutionären in erster Linie zu tun war, in friedlicher Ahnungslosigkeit. Die Königin, ihre Hofdamen und ihre beste Freundin, Prinzessin Lamballe, spielten noch Karten. Die Gänge der großen Burg waren dunkel und still, nur das gelegentliche Flackern einer Kerze war ein Hinweis auf die Anwesenheit einiger alter königstreuer Nobelmänner, die die Gänge kontrollierten, bewaffnet mit nichts anderem als ihren Zierdegen – kaum eine Waffe gegen Bajonette und Hellebarden in den Händen des aufgebrachten Pöbels.

Gegen zehn Uhr abends stattete der Bürgermeister von Paris, *citoyen* Pétion, dem königlichen Paar einen Routinebesuch ab. Kommandant Mandat geleitete ihn zur Königin, und bald gesellte sich der König zu ihnen. *Also, Monsieur Pétion ...*, nicht *citoyen*, sondern *Monsieur*, begann der König in jovialem Ton, als sie von einem Boten vom Stadthaus unterbrochen wurden, der einem verblüfften *citoyen* Pétion verkündete, daß er seines Amtes enthoben sei. Überdies übermittelte er Kommandant Mandat den Befehl, vor der neuen Stadtverwaltung zu erscheinen, und seine Nationalgardisten ab sofort der revolutionären Kommune zu unterstellen.

Sire, wissen Sie, was das bedeutet? fragte ein geschockter Mandat.

Ach, reden Sie keinen Unsinn, Mandat, es wird Ihnen nichts geschehen ... Und mit diesen Worten zog sich der König zurück.

Hätte sich der König ähnlich brutaler Methoden bedient, wie sie seine Gegner so eifrig anwendeten – Lügen, Täuschung und Terror –, um die Erregung der Massen so hoch zu peitschen, daß sich die *Sansculottes* [2] ohne zu zögern in den Kugelhagel warfen, um die verhaßten Adeligen mit Äxten und Sicheln abzuschlachten und mit den auf Piken aufgespießten Köpfen durch die Straßen zu ziehen, hätte die Tragödie verhindert werden können. Der König war jedoch von Zweifeln geplagt und gelähmt vor Unentschlossenheit. Und doch war es nicht aus Schwäche oder Feigheit, daß er es un-

terließ, einzugreifen, sondern aus dem ehrlichen Wunsch, nicht
das Blut *seiner geliebten Kinder, der Franzosen* zu vergießen. Und
so geschah es, daß Hunderte an jenem Morgen, und viele mehr in
den folgenden Monaten, sterben mußten, weil ein König sich
nicht entschließen konnte, mit Stärke und Entschlossenheit zu
handeln. Als junger Leutnant der Artillerie damals ein unbeteilig-
ter Beobachter der dramatischen Ereignisse, sollte Napoleon Bonaparte Jahre danach schreiben: *Hätte Ludwig XVI. Entschlossen-*
heit gezeigt und im Sattel seines Pferdes an jenem Tag bei den
Tuilerien das Kommando übernommen, wäre der Sieg mit Sicher-
heit sein gewesen.

***

Ich regiere mit meinem Hintern im Sattel und der Waffe in der Faust,
verkündete der erste der Bourbonenkönige am Tage seiner Krönung. Heinrich IV. von Frankreich war ein Monarch, der mehr
Bier trank als zehn seiner Soldaten, der seine Streiter aus der vordersten Front befehligte, und der seine Tage, so er nicht Krieg
führte, mit einer seiner unzähligen Mätressen verbrachte. Er war
zweifelsohne der populärste aller französischen Könige, ein Herrscher, der von dem Wunsche beseelt war, daß jeder seiner Untertanen sonntags Huhn im Topf haben möge.

Der Anspruch der Bourbonen auf den französischen Thron gründete sich auf die Heirat (1272/1276) des Grafen von Clermont, Sohn
Ludwigs des Heiligen (Ludwig IX.), mit Beatrix von Bourbon, der
Erbin der Herrschaft Bourbon. Deutlicher noch als in anderen Reichen waren die Geschicke der Bourbonen-Dynastie mit Frauen-
schicksalen verknüpft, beginnend mit der übermächtigen Katharina
von Medici, gefolgt von ihrer Nichte Maria von Medici, über Anna
von Österreich bis zur frivolen Marie Antoinette. Eine Rolle spielte
auch die notorische Vorliebe all der Könige für Mätressen, die als
ihre *maitresses en titre* am Hofe residierten, wie Gabrielle d'Estrées,
Madame de Montespan oder Madame Pompadour.

Der erste der Bourbonenkönige, Heinrich IV., war ein Sohn von
Anton von Bourbon und Johanna von Albret, der späteren Königin

von Navarra (ab 1555). Mit dem Aussterben (der männlichen Linie) des Hauses Valois gelangte das Haus Bourbon-Navarra auf den französischen Thron. Während eines Ritterturniers durchbohrte eine Lanze das Auge des Valois Heinrich II., der bald darauf, am 15. Juli 1559, seiner schweren Verletzung erlag. Ihm folgten drei unfähige Söhne, die ohne Nachkommen blieben. Seine Tochter, Margarete von Valois, wurde dem zukünftigen Heinrich IV. zur Frau gegeben.

Heinrich von Navarra wurde 1553 in Pau in der historischen Pyrenäen-Provinz Béarn geboren – als Thronerbe des Königreiches Navarra, das für die Wildheit seiner Landschaft, die Grausamkeit seiner Männer und den großen Unterschied in zivilisatorischen Belangen zum eleganten Frankreich bekannt war. Der Großteil des Landes war unbebaut und bewohnt von Menschen, die von den Adeligen am französischen Hof verächtlich als „Wilde" bezeichnet wurden. Es stimmt schon, die Menschen waren ungehobelt, die Sitten rauh. Verschärft wurde der Unterschied noch durch die religiöse Ausrichtung: Während Frankreich das Bollwerk des Katholizismus war, galt Navarra als der unbestrittene Führer des französischen Protestantismus.

Heinrichs frühe Erziehung erfolgte streng im Geiste Calvins. Aus politischen Erwägungen wurde er an den französischen Hof in Paris geschickt, wo seine weitere Erziehung in den Händen eines katholischen Priesters lag. Der junge Heinrich jedoch erwies sich als halsstarrig und verweigerte den Besuch der Hl. Messe. Es war dies die Zeit der Reformation, eine Zeit des Aufruhrs und der Verwirrung. Nicht nur Frankreich, ganz Europa befand sich im Umbruch. Im Gefolge der Greueltaten unter dem katholischen Einfluß der spanischen Habsburger und der französischen Valois gewann der Protestantismus in vielen Gebieten immer mehr an Boden. Dies wiederum bereitete den Weg für das Auftreten eines calvinistischen Führers, und das politisch-militärische Epos des Hauses Bourbon-Navarra nahm seinen Anfang.

Nach dem Unfalltod des Vaters, des Valois Heinrich II., heiratete der älteste der drei Söhne, Franz II., Maria Stuart, während

die beiden anderen, Karl IX. und Heinrich III. eindeutig homose-
xuell waren und weitaus mehr Interesse für ihre Gespielen als für
die Regierungsgeschäfte zeigten. Die Zügel am französischen Hof
nahm ihre Mutter, eine unglaublich starke Frau und fromme Katholikin namens Katharina von Medici, in die Hand. Ihr Herausforderer war Anton von Bourbon, der protestantische König von
Navarra, der traurige Berühmtheit erlangte als jener Mann, den
auf dem Schlachtfeld ein „natürlich verursachter" Tod ereilte.
Während der Belagerung der katholischen Bastion Rouen schickte
sich König Anton an, eine Sturmleiter zu erklimmen, als ihn ein
menschliches Bedürfnis überkam. Der Standartenträger half seinem Herrn, die Rüstung zu öffnen – unter den aufmerksamen
Blicken eines feindlichen Musketiers auf der Mauerzinne über ihnen. Der Schütze zielte, feuerte – und traf den entblößten König
… *et le roi mourut en pissant* –, und der König starb beim Pissen.

In den Jahren 1562 bis 1568 kam es zwischen Katholiken und Hugenotten[3] dreimal zu schweren kriegerischen Auseinandersetzungen, die große Unruhe im Land zur Folge hatten. Um Frankreich
endlich Frieden zu bringen, sollte ein Protestant eine Katholikin
ehelichen. Eine Heirat wurde arrangiert – zwischen dem Sohn An-
tons von Bourbon-Navarra, Heinrich von Navarra, und Margarete
von Valois, der in Liebessachen nicht wählerischen neunzehnjährigen Tochter von König Heinrich II. und Katharina von Medici.
Die Hochzeit *(Pariser Bluthochzeit)* war der Ausgangspunkt eines
der größten Verbrechen der Geschichte. Der Führer der Protestanten von Paris, Admiral de Coligny, wurde von einem katholischen Agitator bei einem mißlungenen Mordanschlag verwundet,
eine Tat, die die calvinistischen Anhänger des Admirals in Wut
und Katharina von Medici in Angst versetzte. Ihre sorgfältig über-
legten Pläne, den Protestantismus durch Heiratspolitik von innen
her zu besiegen, lösten sich in Pulverrauch auf. Diese Angst wurde
von ihrem labilen Sohn, König Karl IX., ins Absurde gesteigert,
der in seinem Schrecken schrie: *Tötet sie alle!*

Die Bourbonen

In der Nacht zum 24. August 1572, der berüchtigten Bartholomäus-
nacht, erstachen Leibgardisten des Königs Admiral de Coligny,
warfen ihn aus dem Fenster und schleiften den Leichnam durch
die Straßen von Paris, bevor sie ihn mit dem Kopf nach unten auf
dem öffentlichen Galgen aufhängten. Der Pariser Mob sah den
Augenblick für Rache und Raub gekommen. In ihrer Raserei töteten sie an die zehntausend Hugenotten, Männer, Frauen und Kinder. Heinrich von Navarra wurde als Geisel im Louvre festgehalten, aus dem er schließlich entkommen konnte, indem er mit
nichts weiterem als dem Nachtgewand am Leibe durch eine Win-
ternacht galoppierte.

Im Jahr 1576 schloß der neue König und letzte Valois, Heinrich III., endlich Frieden mit den Protestanten. Der von Heinrich
von Navarra unterzeichnete Friedensvertrag machte diesen zum
nominellen Führer der Hugenotten Frankreichs. Seinen Hofstaat
errichtete er in Neyrac in der Gascogne. Das Leben am Hof war
auf die Freuden der Liebe ausgerichtet und lieferte Shakespeare
den Stoff für „Verlorene Liebesmüh". Wie zu erwarten war, hielt
der Friede mit dem katholischen Frankreich nicht, und die Navar-
rese besiegten im Oktober 1587 eine zahlenmäßig weit überlegene
Streitmacht bei Coutras. Außergewöhnlich tapfer und tollkühn, von
seinen Soldaten geliebt, ritt Heinrich eine wilde Attacke, mit einem
weißen Tuch seiner Mätresse um den Schwertarm gewunden. Er
verlor vierzig seiner Reiter, von den Katholiken blieben fünftausend
Tote auf dem Schlachtfeld. Diese schwere Niederlage schwächte
den französischen König Heinrich III., insbesondere angesichts
wachsender Opposition aus den eigenen Reihen, der katholischen
Liga. Er fand keinen besseren Ausweg aus dem Dilemma, als sich
an seinen Erzfeind, Heinrich von Navarra, um Hilfe zu wenden. In
einer Reihe strategisch brillanter Gefechte errang Heinrich von Navarra den Sieg über die katholische Liga.

Nach dem Erlöschen des Hauses Valois – Heinrich III. wurde
1589 von einem Mönch ermordet – konnte Heinrich von Navarra
aufgrund seiner Ehe mit Margarete von Valois den französischen
Thron beanpruchen, mußte aber die allgemeine Anerkennung als

König erst erringen. Die katholische Liga stellt ihm seinen Onkel, den Erzbischof von Rouen, als Gegenkönig Karl X. entgegen.

Im Sommer des Jahres 1591 entsandte die junge Tudorkönigin Elisabeth I. ein englisches Kontingent unter der Führung von Sir Roger Williams, *um Unserem protestantischen Cousin Beistand zu leisten.* Ihr politischer Scharfsinn hatte sie bereits Heinrich von Navarra als Sieger erkennen lassen. Heinrich, nicht der Liebenswürdigsten einer und verärgert über das langsame Vorrücken seiner Verbündeten, erteilte dem englischen Befehlshaber einen scharfen Verweis: *Haben Sie die Güte, Ihre Männer zu größerem Tempo anzuhalten!* Darauf Sir Roger Williams zornig: *Meine noblen Vorfahren haben in diesem Tempo Frankreich erobert.*

In einem der vielen Gefechte des Jahres 1592 wurde Heinrich von Navarra verwundet. Im Genesungsstadium wurde ihm klar, daß die Zeit für die entscheidende Geste gekommen war.

„Paris vaut bien une messe!" – Paris ist eine Messe wert!

Eines schönen Tages im Jahr 1593 kleidete er sich ganz in weißen Satin und gestattete dem Kardinal von Frankreich, ihn, den *Wilden Mann von Béarn,* in den Schoß der katholischen Kirche aufzunehmen. Mit diesem außergewöhnlichen Schritt machte sich Heinrich zum klaren Anwärter auf den französischen Thron, insbesondere nachdem der Kirchenbann gegen ihn aufgehoben worden war.

Am 25. Februar 1594 wird Heinrich von Bourbon-Navarra in der Kathedrale von Chartres als Heinrich IV. zum König von Frankreich gekrönt.

Heinrich, der Mann aus Béarn, war zweifelsohne einer der schillerndsten Monarchen der Geschichte. Er war kein Intellektueller, er war ein Mann der Tat. Als er vernahm, daß Jakob I., König von England, ein Buch geschrieben hatte, bezeichnete er ihn als *mein Cousin, der weiseste Narr der Christenheit.* Heinrichs Hof wurde zu einer Mischung aus Reiterkaserne und Bordell. Seine Leidenschaft für die Jagd war so stark, daß er zur Sonntagsmesse in die Kathedrale ritt und vom Sattel aus dem armen Bischof befahl: *Beeilen Sie sich, Monsieur l' évêque, Wir sind in großer Eile!*

Und mit einem Vaterunser auf den Lippen machte er kehrt und ritt zu seinen Zechkumpanen, um Hirsch und Eber zu jagen. Ein anderer Zeitvertreib war für ihn das Glücksspiel. Gewann er beim Würfelspiel oder Tarot, war er der glücklichste Mensch und äußerst freigebig mit Gunstbezeigungen. Verlor er aber, war es besser, ihm nicht zu nahe zu kommen. Nichts aber übertraf seinen unersättlichen Appetit auf Frauen. Neben all den kleineren Affären und seinen zwei offiziellen Königinnen (nach der Trennung von Margarete von Valois ehelichte er Maria von Medici) gab es drei bemerkenswerte Mätressen in seinem Leben. Diane de Gramont, als *la grande Corisande* geschichtsbekannt, war eine hochbegabte Frau, der Heinrich schrieb: *Ich lebe als Ihr ergebener Sklave*. Seiner nächsten Eroberung, Gabrielle d'Estrées, widmete er ein Gedicht, *Charmante Gabrielle*. Sie gebar ihm einen Sohn, César, den künftigen Herzog von Vendôme. Als sie starb, wieder ein Kind von ihm unter dem Herzen, war er so verzweifelt, daß er in einen neuen Krieg zog, um zu vergessen. Die dritte königliche Mätresse, Henriette d'Entragues, war eine Intrigantin, deren Trachten danach stand, Königin zu werden. Um ihr Ziel zu erreichen, versagte sie sich den gierigen Avancen des Königs, bis er ihren Vater zum Marschall von Frankreich ernannt und ein Heiratsversprechen unterschrieben hatte, das er natürlich nie einlöste. Er trennte sich von seiner ausschweifenden Königin Margarete und ehelichte Maria von Medici, eine übergewichtige 27jährige Jungfrau, Tochter des Großherzogs von Toskana und Nichte seiner Schwiegermutter. Es war dies ein politisch kluger Zug. Heinrich nahm seine ehelichen Pflichten wahr, und die *fette Madame*, wie er sie nannte, erfüllte ihre vorrangige Aufgabe und brachte einen Thronerben zur Welt.

Heinrichs letzte Liebesaffäre war auch die lächerlichste. Der beinahe 60jährige *Vert Galant* verliebte sich in eine 15jährige Tänzerin, Charlotte de Montmorency, die ihm während einer Probe im Louvre aufgefallen war. Um seiner Auserwählten näher zu kommen, verkleidete er sich als Faun und versteckte sich hinter der Bühnendekoration. Als er zum allgemeinen Gespött am Hof geworden war, gab er sie mit Bedauern seinem Neffen zur Frau.

Heinrich IV. war ein großer Herrscher. Er reorganisierte das Heer, nahm von den Spaniern besetzte flandrische Städte wieder ein, eroberte Savoyen, säuberte das Land von Raubrittern und Banditen, gab Anstoß zum Edikt von Nantes (1598), das durch die Zusicherung von Gewissensfreiheit und beschränkter Religionsausübung die französischen Hugenottenkriege beendete. In der Person des Herzogs von Sully fand er einen großen Minister und Finanzmann. Heinrich ließ die schöne Seine-Brücke *Pont Neuf* errichten, verbesserte die Nutzung von Ackerland und änderte das Steuersystem. Mehr als für alle anderen Leistungen ist er für sein Bestreben, daß jeder Bauer in seinem Königreich sonntags ein Huhn im Topf haben möge, in liebevoller Erinnerung geblieben. Er war nicht nur ein starker, sondern ein guter, von seinen Untertanen heiß geliebter Herrscher, den sie den *guten König Heinrich* nannten.

Am 16. Mai 1610 fuhr er in seiner Kutsche quer durch Paris, um dem Herzog von Sully, Oberintendant der Finanzen, einen Besuch abzustatten. In der *rue de la Ferronnerie*, als Heinrich der jubelnden Menge zuwinkte, stürmte ein Mann auf die Kutsche zu, sprang auf das Trittbrett und versetzte dem König mehrere Messerstiche in den Hals. Heinrich IV. war zu Tode getroffen. Ravaillac, ein Geistesgestörter, der behauptete, einen Auftrag von Gott erhalten zu haben, die Erde von allen Königen außer dem einen im Himmel zu befreien, wurde gerädert und bei lebendigem Leibe gehäutet, bevor er dem Beil des Henkers überantwortet wurde.

Ludwig XIII., der Sohn Heinrichs IV., bestieg 10jährig Frankreichs Thron. Der Päpstliche Nuntius gab ihm zu verstehen, daß der Himmel (und das katholische Frankreich) einen Erben benötige, und der junge König, seit 1615 mit Anna von Österreich verheiratet, kam seinen ehelichen Pflichten nach ... Er war jedoch zu unerfahren und seiner zu unsicher, um ein Königreich zu regieren. Er hatte das Glück, als Ersten Minister des Reiches Armand de Plessis zu finden – besser bekannt als Kardinal Richelieu. Richelieus großes Vorhaben war, die Macht der Anhänger *der angeblich reformierten Kirche*, der lästigen Hugenotten, zu brechen. Er belagerte ihre Hauptstadt La Rochelle, die von der heldenhaften Herzogin von Rohan verteidigt wurde. Im Oktober 1628 mußte sich der Atlantikhafen ergeben. Richelieu, der 1642 starb, hatte Frankreich zum bedeutendsten Königreich Europas gemacht. König Ludwig XIII., gewöhnt an die Führung seitens eines Ersten Ministers, fand einen Nachfolger in der Person eines weiteren genialen Kardinals namens Mazarin (er soll der Geliebte der Königin Anna von Österreich gewesen sein). Am 14. Mai 1643, als der 41jährige Ludwig XIII. im Sterben lag, verlangte er nach seinem Sohn.

„Comment vous appelez-vous, mon fils?" – Wie heißt Ihr, mein Sohn?

Ohne eine Spur von Schüchternheit antwortete das Kind:

„Louis XIV., mon père." – Ludwig XIV., mein Vater.

Der strahlendste aller französischen Könige war Ludwig XIV., jener König, der die Sonne als sein persönliches Emblem erkoren hatte, dessen hochfliegende Pläne für Versailles Frankreich an den Rand des Ruins brachten, der sein Reich über den Rhein ausdehnte und an drei Fronten Krieg führte: gegen England und gegen die Habsburger Spaniens und Österreichs. Bei seinem Versuch, Europa zu erobern, biß er gleich in zwei saure Äpfel: John Churchill, der Herzog von Marlborough, der eine, und Prinz Eugen von Savoyen, der andere, ein Mann, den man durch Spott wegen seines Buckels vom Versailler Hof vertrieben hatte. An der politischen Front war Ludwig XIV. allerdings unschlagbar. Ein Enkel, der Herzog von Anjou, gelangt mit seiner Hilfe 1700 auf den spanischen Thron, kann sich aber erst nach Beendigung des Spanischen Erbfolgekrieges (1701–1713 um das Erbe des letzten spanischen Habsburgers Karl II.) behaupten. Im Frieden von Utrecht von 1713 erhält Großbritannien u. a. von Frankreich Kolonialbesitz in Nordamerika (z. B. Hudson Bay) und von Spanien Gibraltar.

Ludwig XIV. wurde von seinen Untertanen als egoistischer Gigantomane und vom Rest der Welt als der einzige wahrhaftige

Monarch in Europa angesehen. *Er glaubte, Gott sei in ihm!*, befand Voltaire. Auf die Frage seines großen Kanzlers Colbert, des Mannes, der die hochfliegenden Pläne des Königs so glänzend ausführte, *Mais le peuple, Sire?* – Und das Volk?, gab der König folgende Antwort:

> „Wir müssen das Wohl des Volkes mehr denn unser eigenes ins Auge fassen. Es ist zu seinem Vorteil, daß wir strenge Gesetze erlassen. So verdienen wir es, sein Vater wie auch sein Herr genannt zu werden, und wenn uns der eine Titel aufgrund unseres Geburtsrechtes zusteht, sollte der andere das schönste Ziel Unseres Strebens sein."

Seine militärischen Errungenschaften sind in der Spiegelgalerie von Versailles eingraviert. Der Krieg war seine Glorie:

> „Krieg, so er sich als notwendig erweist, ist ein gerechter Akt, der Königen nicht nur gestattet, sondern auferlegt ist. Es ist ein schwerer Irrtum zu glauben, daß man die gleichen Ziele mit schwächeren Mitteln erreichen kann. Es ist unser Ziel, und wird es immer bleiben, Europa zu beherrschen. Darum sind Wir immer Herr in Unserem eigenen Haus, und manchmal in dem unserer Nachbarn."

Die Gelder für seine ehrgeizigen Unternehmungen wurden mittels eines drückenden Steuersystems in den Provinzen eingetrieben. Nur der Adel und der Klerus waren befreit. Während der Adel gut von seinen Ländereien lebte, litt der Rest der Bevölkerung unter schandbaren Bedingungen der Knechtschaft. Die Halbpächter, in ständiger Geldnot lebend, waren eine leichte Beute für Geldverleiher und für Beamte, die gnadenlos beschlagnahmten und auch Bauern, deren Söhne und des öfteren sogar die gesamte Familie zu Zwangsarbeit verpflichteten.

Versailles wurde *das* Denkmal der ewigen Glorie des Sonnenkönigs. Es gebaut zu haben, war nicht nur die Leidenschaft eines Größenwahnsinnigen, sondern eine Notwendigkeit. Mit Versailles konnte er der Welt *la grandeur de la France* beweisen. Nachahmungen entstanden in allen wichtigen Hauptstädten Euro-

Die Bourbonen

pas, Versailles aber blieb unerreicht. Sein Oberintendant der Finanzen, Nicolas Fouquet, dessen Gigantomanie nur vom König selbst übertroffen wurde, bediente sich größerer Summen aus der königlichen Schatzkammer, um außerhalb von Paris ein prunkvolles Schloß, Vaux-le-Vicomte, errichten zu lassen. An Schönheit konnte es der Bau mit Versailles aufnehmen. Fouquet beging aber einen schweren Fehler, als er den König zur prunkvollen Eröffnung einlud. Ludwig war dermaßen erbost über des Schlosses Pracht, die doch nur der königlichen Schatzkammer zu verdanken sein konnte, daß er den diebischen Minister an Ort und Stelle verhaften und in die Bastille, den berüchtigsten der königlichen Kerker, bringen ließ.

Ludwigs Sohn mit seiner ersten Gemahlin, Maria Theresia, einer Tochter Philipps IV. von Spanien, besaß keine der Qualitäten seines Vaters. Er war fett und faul, zeugte einen Sohn, Philipp von Orléans, der noch schlimmer war. Ludwig XIV. hatte ein bewegtes Liebesleben. Seine erste *maitresse en titre* war Madame de Montespan, eine Frau, deren unersättliche sexuelle Begierden denen des Königs nicht nachstanden. Als ihr Gatte, Monsieur de Montespan, die Affäre entdeckte, legte er schwarze Kleidung an und fuhr, das Zeichen des Gehörnten schwenkend, vor Versailles auf und ab. Ludwig machte kurzen Prozeß und verbannte Monsieur vom Hofe. Die Montespan gebar dem König acht Kinder, verlor aber die Gunst des Köngs an Madame Maintenon, die Erzieherin der gemeinsamen Kinder. Nach dem Tode seiner spanischen Gattin Maria Theresia ehelichte Ludwig XIV. seine Favoritin Madame de Maintenon (1684) in einer geheimgehaltenen Zeremonie.

Was die Nachfolge betraf, war der König in Bedrängnis. Am Ende seines langen Lebens hatten Krankheit, Krieg oder Unfall die meisten Familienmitglieder hinweggerafft. Er versuchte sogar, vom Parlament die Anerkennung seiner beiden unehelichen Söhne mit Madame de Montespan, des Herzogs von Maine und des Grafen von Toulouse, als seine direkten Nachfolger zu erzwin-

Der Untergang großer Dynastien

gen. Nach seinem Tod im Jahre 1715 war es aber sein Urenkel, der junge Herzog von Bourgogne, der den Thron erbte.

Die Regierungszeit Ludwigs XV. war eine Periode großer Eleganz, aber reich an Konflikten. Wiederum lag England im Krieg mit Frankreich. Bei Fontenoy (1745) schien für die Franzosen alles verloren. Aber Ludwigs General, Maréchal de Saxe, führte die irische Brigade in einem selbstmörderischen Sturmangriff gegen die englische Mitte und errang den Sieg um Haaresbreite. Ludwig, der trotz gegenteiliger Ratschläge auf dem Schlachtfeld ausgeharrt hatte, sicherte sich den Ruf des Helden von Frankreich.

Die Ehe des Königs mit einer polnischen Prinzessin erfolgte aus staatspolitischen Erwägungen. Seiner großen Liebe begegnete er während eines Maskenballs. Ein als Jagdgöttin Diana verkleidetes Geschöpf erregte seine Aufmerksamkeit. Er bat sie, die Maske abzunehmen, und was sich seinem Auge bot, war ein ausnehmend schön geschnittenes Gesicht. Das Mädchen, Jeanne Antoinette Poisson, war die Tochter eines einfachen Marinestewards, der es durch Fleiß im Leben zu etwas gebracht hatte. Mit seinem Geld konnte sie einen verarmten Adeligen heiraten. Nach dem Maskenball verließ sie ihren Mann und wurde als Marquise de Pompadour, genannt Madame Pompadour, königliche Mätresse. Eines Morgens, bei einem gemeinsamen Ritt durch den Park von Versailles, bemerkte Maréchal de Saxe, bekannt für seine spitze Zunge, trocken: *„Hier sehen wir des Königs Schwert und des Königs Scheide."* Es sei hinzugefügt, daß der gute Maréchal im Bett einer Dirne vor Überanstrengung zusammenbrach (1750). Sein früher Tod war ein großer Verlust für Frankreich. Niemand war in Sicht, der seine militärische Begabung hätte ersetzen können, und Ludwig XV. machte den furchtbaren Fehler, sich in den Siebenjährigen Krieg (1756–63) hineinziehen zu lassen, in dem sich Kaiserin Maria Theresia von Österreich und Friedrich der Große von Preußen gegenüberstanden. Eine französische Armee unter Marschall Soubise (Fürst von Soubise) marschierte in Sachsen ein, um es mit den verwundbaren Preußen aufzunehmen und einige der rheinischen

Die Bourbonen

Fürstentümer an sich zu reißen. Bei Roßbach schickte Friedrich der Große General von Seydlitz mit seiner Kavallerie in die französische Flanke, und die preußische Artillerie erledigte den Rest. Die Franzosen verloren 10.000 Mann gegenüber 165 Gefallenen auf preußischer Seite. Die vernichtend geschlagene französische Armee zog sich über den Rhein zurück. Die Franzosen erlitten auch in Neufrankreich (Kanada) eine Niederlage. Aufgrund zahlenmäßiger Unterlegenheit und unzureichender Verproviantierung fiel Quebec (1759), ein Ort, den Voltaire als *eine Schneewüste* abtat.

Um diese Zeit starb die Pompadour und wurde durch Jeanne Bécu, uneheliche Tochter einer Hutmacherin und von zweifelhaftem Ruf, ersetzt. Am Hof war sie bekannt als Madame Du Barry. Als sie dem jungen Dauphin Ludwig August, Enkel des Königs, vorgestellt wurde, weigerte sich dieser, mit der *fille de joie* (Freudenmädchen) zu sprechen. Der Kampf zwischen den beiden brach anläßlich der Hochzeit des sechzehnjährigen Dauphins mit einer hübschen Blondine von sechzehn Jahren, der Erzherzogin Maria Antonia von Österreich, die für die Franzosen schnell zu Marie Antoinette wurde, offen aus.

Der korpulente Jüngling und das blonde Mädchen bestiegen als Ludwig XVI. und Marie Antoinette 1774 den Thron. Beider Leben hatte die Dramatik einer shakespeareschen Tragödie. Bei den Hochzeitsfeierlichkeiten tobte ein Gewitter und ein Blitz entzündete Feuerwerkskörper, die Hunderte Menschen auf der Place Royale töteten. Ludwig, der schwer übergewichtige junge König, gab sich der Völlerei hin, und als Liebhaber handwerklicher Tätigkeiten verbrachte er einen Großteil seiner königlichen Zeit in einer privaten Werkstatt hinter seinem Empfangsraum. Seine Lieblingsbeschäftigung war das Reparieren von Uhren und Schlössern. Die streitbare Marie Antoinette liebte den Tanz und das Glücksspiel. Es gelang ihr weder, Verständnis für ihren Gemahl aufzubringen, noch stand sie ihm zur Seite, als er ihre Unterstützung am meisten gebraucht hätte. Sie nannte ihn *le pauvre garçon (armer Junge)*, womit sie vor allem auf seine Leistungen im Ehebett anspielte. Sie war mehr als kokett, und ihre Abenteuer betrafen den Herzog von Coigny und einen hochgewachsenen und mysteriösen schwedischen Offizier, Hans Axel Graf von Fersen. Der größte Schaden wurde ihr jedoch seitens ihres Schwagers, Charles d' Artois, Herzog von Chartres, zugefügt, der sich öffentlich mit den im Bett der Königin verbrachten Nächten brüstete. Bald verbreiteten sich in ganz Paris Gerüchte über ihre Feste und Orgien mit Männern und Frauen, ihre diamantbesetzten Tapeten und ihre Bettwäsche aus schwarzem Satin, und ließen sie zu einer zeitgenössischen Messalina werden. Schlüpfrige Schmähschriften und Zeichnungen, die ihre Liebesabenteuer in allen Einzelheiten darstellten, machten die Runde. Ihr Beiname *l'Autrichienne* wurde vom Volksmund zu *l'autre chienne* (die andere Hündin) degradiert und durch zwei kopulierende Hunde illustriert. Als ihr Benehmen unzumutbar geworden war, besuchte sie ihr Bruder, der Habsburger Kaiser Joseph II., in Paris. Er gab ihr zu verstehen, daß sie ihre Pflichten als ehrenwerte Königin und nicht als eine nur auf ihre Vergnügungen bedachte Frau zu erfüllen habe. Seine Ermahnungen blieben fruchtlos, und bald war sie in der Bevölkerung so verhaßt, daß sie zu einer moralischen Last wurde, die sie und ihren Gatten aufs Schafott bringen sollte.

Das erste kriegerische Unternehmen, zu dem der junge König gedrängt wurde, war das gegen England, den Erzfeind seines Landes. Er unterstützte die rebellischen Kolonisten Virginias, deren brillanter Botschafter am französischen Hof, Benjamin Franklin, die Befürchtungen des Königs zerstreute, daß ein Aufstand gegen ein gekröntes Haupt, in diesem Fall gegen Georg III., den König von England, eine Rebellion in seinem Umkreis auslösen könnte. Als einen ersten Schritt sandten die Franzosen einen Geheimbotschafter nach Philadelphia, der Geld, Uniformen und Vorräte für die Aufständischen mit sich führte. England erklärte Frankreich den Krieg, und Ludwig anerkannte 1778 die Vereinigten Staaten von Amerika. Im Jahr 1780 entsandte er ein 8.000 Mann starkes französisches Kontingent unter dem Kommando des neunzehnjährigen Marquis de La Fayette in die Neue Welt. La Fayette trug maßgeblich dazu bei, daß sich General Cornwallis 1781 bei York-

Die Bourbonen

town in eine beschämende Kapitulation fügen mußte. Dann wendeten die Amerikaner ihren Mantel nach dem für sie günstigeren Winds und, ohne ihre französischen Verbündeten zu informieren, unterzeichneten sie einen separaten Friedensvertrag mit den Engländern (1782).

Der amerikanische Unabhängigkeitskrieg erwies sich als eine ungeheure finanzielle Belastung für Frankreich. Die Finanzen des Königreichs waren zerrüttet. Ludwig XVI. ernannte einen beleibten Bourgeois, den Schweizer Bankier Jacques Necker, zu seinem Generaldirektor der Finanzen. In seinem *Compte rendu au Roi* (Finanzbericht an den König) stellte Necker ergebenst fest, daß sich Frankreich am Rande des Staatsbankrotts befände. Während Frankreich in eine Rezession schlitterte, verringerte der Hof keineswegs seinen Aufwand, und die Bevölkerung darbte. Die Lage veranlaßte die Bourgeoisie, eine Änderung der Steuergesetze zu fordern. Der Hof, angeführt von einem Bruder des Königs, nahm die drohende Krise nicht ernst, und suchte nach einem Sündenbock. Der fähige Necker wurde verabschiedet und durch Charles Colonne ersetzt, der nach der Devise, *ein Mann, der borgt, muß für reich gehalten werden* vorging. Aber Frankreich war nicht mehr reich.

Im Jahr 1785 folgte eine Episode, die die Stimmung im Lande auf den Siedepunkt brachte. Ein Pariser Juwelier hatte der Königin ein Halsband gezeigt, das von ausgesuchter Schönheit, aber für die Königin viel zu teuer war. Die Gräfin de La Motte-Valois, eine Abenteurerin und Gelegenheitsprostituierte, war die Mätresse des Kardinals Ludwig de Rohan geworden. Der Kardinal hielt sich für unwiderstehlich und war besessen von dem Ehrgeiz, ein neuer Kardinal Richelieu zu werden. Außerdem war er bei Marie Antoinette wegen seiner unfreundlichen Haltung Österreich gegenüber in Ungnade gefallen. Seine Mätresse überredete ihn, das Halsband zu kaufen und es der Königin darzubieten. In der Zwischenzeit hatte der Gatte der Gräfin dem Juwelier ein Zahlungsversprechen mit gefälschter Unterschrift gesandt. Der nächste Schritt sollte das geheime Rendezvous des Kardinals und Ihrer Majestät, der Königin sein. In einer mondlosen Nacht fand im Park nahe dem Trianon von Versailles das Rendezvous zwischen dem Kardinal und der angeblichen Königin, einer verkleideten und verschleierten Dirne, statt. Diese überreichte ihm eine Rose, und der Kardinal, im siebenten Himmel, eilte nach Paris zurück, nahm das kostbare Halsband an sich, übergab es dann der Gräfin de La Motte-Valois mit dem Auftrag, es der Königin als sein persönliches Geschenk zu überbringen. Das kostbare Geschmeide ging so lange von Hand zu Hand, bis es dem Gatten der guten Dame, dem Grafen de La Motte-Valois in die Hände fiel, der sich unverzüglich auf den Weg nach London machte, um die Edelsteine zu versetzen. Der Pariser Juwelier, im beruhigenden Besitz des Schuldscheins, wartete eine Woche zu, bevor er die Schuld einforderte, und zwar ausgerechnet von der Königin selbst, die von der ganzen Angelegenheit keine Ahnung hatte. Zuerst machte die Geschichte am Hof die Runde, dann zirkulierten Schmähschriften mit Darstellungen der Königin, die nichts außer dem Halsband trug, und des Kardinals in eindeutigen Posen. Das Odium der Halsbandaffäre blieb an Marie Antoinette haften. Der König war maßlos erzürnt, Madame de La Motte-Valois wurde als gemeine Diebin gebrandmarkt und Kardinal Rohan aus Paris verbannt. Marie Antoinette wurde als *la Reine Déficit* (Madame Defizit) verflucht und beschuldigt, öffentliche Gelder vergeudet zu haben, während Menschen in Paris hungerten und verhungerten. (Napoleon sah die Halsbandaffäre als den Anstoß zur Revolution.)

Im Jahr 1788 suchten zwei Katastrophen das Land heim: furchtbare Mißernten und der kälteste Winter seit Menschengedenken. Paris hungerte, die Menschen aßen Ratten und Katzen, und viele kamen in diesen schrecklichen Wintermonaten um.

Unter dem Eindruck der katastrophalen Lage beauftragte Ludwig XVI. die Einberufung der Generalstände nach Versailles. Diese Generalstände (auch Reichsstände), die zum ersten Mal seit 1614 wieder zusammentraten, setzten sich aus separat abstimmenden Teilen zusammen: dem Ersten Stand mit 291 Abgeordneten des hohen Klerus, dem Zweiten Stand mit 270 Notabeln des weltlichen

Adels und dem Dritten Stand mit 578 Abgeordneten der Bourgeoisie, des Stadtbürgertums (die *Gemeinen).* Die historische Sitzung begann am Morgen des 4. Mai 1789 mit einem Hochamt. Die Bänke des Versammlungsraumes in Versailles waren dicht besetzt, die Geistlichkeit in Purpur oder Schwarz, die Notabeln im Prunk ihrer Federbüsche und goldenen Degen und die Bourgeoisie in ausgesprochen farbloser Gewandung. Ein harter Schlag traf die Notabeln, als der Herzog von Orléans, Vetter des Königs, und der Graf von Mirabeau sich auf die Seite der Bourgeoisie schlugen.

Mirabeau war ein eigenartiger Mann, zweifelsohne als Einzelperson die einflußreichste Kraft, ein Mann, der es wagte, den König herauszufordern, und der eine Reihe von Ereignissen in Gang setzte, die Wegbereiter für die Französische Revolution waren. Der Adel haßte diesen genialen Redner, weil er sich dem Dritten Stand angeschlossen hatte, die Bourgeoisie wiederum mißtraute ihm, weil er von adeligem Geblüt war, und der König hielt ihn einfach für einen *chien enragé* (rabiaten Hund), einen demagogischen Schreier. Sie alle schätzten ihn falsch ein. Mirabeau war zutiefst bestrebt, die Ordnung wiederherzustellen, aber nicht in der Form des *Ancien Régime* [4], des alten Privilegiensystems. Sollte keine rasche Lösung gefunden werden, würde es seiner Meinung nach zu einer Revolution kommen, gefolgt von einem Bürgerkrieg, der Frankreich in Blut tauchen würde.

Die Monarchie ist der einzige Hoffnungsanker, der den Schiffbruch dieser Nation verhindern kann, erklärte er immer wieder. Ja, in der Tiefe seines Herzens war Mirabeau ein Royalist, aber einer, der den Gedanken eines hoffnungslos schwachen und nutzlosen Monarchen nicht ertragen konnte. Er war überzeugt, daß bei Uneinsichtigkeit des Königs dieser und die Königin verlieren und die wütenden Menschen sich um ihre Leichen prügeln würden. Mirabeau, der große Realist hinsichtlich der Grundsätze der Französischen Revolution, drängte seinen König, die Revolution anzuführen und nicht zu bekämpfen. *Sire, sie* (die Grundlagen der Verfassung) *beschränken die königliche Gewalt nur, um sie stärker zu machen. Sie vertragen sich vollkommen mit der monarchischen*

Regierung. Die Idee der Monarchie sei nicht unvereinbar mit Revolution, meinte er, und flehte den König an, die Privilegien abzuschaffen und den Staat zu modernisieren.

Die Geschichte hätte einen anderen Verlauf genommen, hätte Ludwig auf den weisen Propheten gehört. Der König unterließ es, das *Ancien Régime* aufzugeben und gemeinsame Sache zu machen mit der Bourgeoisie, mit bedachten Männern der freien Berufe, den Ärzten, Lehrern, Bankiers und Kaufleuten, den einzig wahren Hoffnungsträgern in einer neuen Epoche. Ludwigs Gedanken waren nicht mehr bei der Politik – sein erstgeborener Sohn war krank geworden.

Am 20. Juni fand ein Ereignis statt, das alles ändern sollte. Als die Mitglieder des Dritten Standes, die sich am 17. Juni zur „Nationalversamlung" erklärt hatten, zu weiteren Debatten zusammentreten wollten, blieb ihnen der Eintritt zum Versammlungsraum (*Salle des menus plaisirs*) verwehrt. Als geschlossener Block marschierten sie zum nahen *Jeu de Paume* (Ballhaus) von Versailles, wo sie den berühmten *Sermon de Jeu de Paume* (Ballhaus-Schwur) leisteten:

> „Wir schwören, uns nicht eher von der Nationalversammlung zu trennen ..., als bis die Verfassung des Königreiches ausgearbeitet und auf feste Grundlagen gestellt ist."

Einige Abgeordnete des Ersten und Zweiten Standes schlossen sich den *Gemeinen* an. (Die vereinten Stände erklärten sich am 9. Juli zur *Assembleé Nationale Constituante* (Konstituante) mit dem Ziel, Frankreich in eine konstitutionelle Monarchie zu verwandeln.)

Der Marquis de Dreux-Brézé, Sprecher des Königs, wurde beauftragt, der – aus Sicht des Königshauses – verfassungswidrigen Versammlung zu befehlen, sich aufzulösen. Seine Worte hinterließen bei dem sezessionistischen Parlament das Gefühl schwerwiegender Folgen. Die Abgeordneten interpretierten des Königs unklug formulierten Befehl als Angriff auf ihre Rechte und Befugnisse. Graf Mirabeau fand die richtigen Worte in seiner berühmten Antwort an den Abgesandten des Königs:

Die Bourbonen

„ ... Ich erkläre Ihnen aber, ... daß Sie, wenn Sie den Auftrag haben, uns von hier zu vertreiben, Befehl zur Gewaltandrohung einholen müssen, denn wir werden uns ... nur durch die Gewalt der Bajonette vertreiben lassen.“

Mirabeaus Antwort war eine Herausforderung, die der König mißverstand. Der Monarch hatte sich nie mit der Frage auseinandergesetzt, wie Revolutionen zustande gekommen waren, wie eine Kette von Mißdeutungen den Vorsatz zur Mäßigung zunichte machen konnte, und aus welch schrecklichen Impulsen sich Menschen zu Exzessen hinreißen lassen, vor denen ein ganzes Land erschauderte.

Und was tat der König? Nichts! *Wenn sie nicht gehen wollen, laßt sie!*, meinte er, und setzte 30.000 Mann nach Paris in Marsch. Die Nachricht von der bevorstehenden Ankunft der Regimenter aus Versailles rüttelte Paris auf. In der Stadt kam es zu Tumulten, ein junger Heißsporn, Camille Desmoulins, sprang auf einen Tisch und rief die Bürger auf, sich mit Waffen und Munition einzudecken, die sie im Zeughaus zu finden wußten. Das geschah am 14. Juli 1789 – der Rest ist Geschichte. Mit dem Sturm auf die Bastille, dem Symbol des *Ancien Régime*, endete das alte System königlicher Privilegien. Der König war der Lage nicht gewachsen, verabsäumte es, zu reagieren und den Unruhen unverzüglich ein Ende zu setzen. Die Schwäche eines Bourbonen brachte die Dinge in Bewegung.

Am 16. Juli floh der Graf von Artois, Ludwigs jüngster Bruder, aus Paris; ihm folgten nach und nach 20.000 Aristokraten.

Am 4. August verbündeten sich einige liberale Notabeln mit der Bourgeoisie und verzichteten auf ihre Privilegien. Zur gleichen Zeit plünderten Bauern Schlösser, brannten Adelssitze nieder und massakrierten Adelige mit Mistgabeln und Sicheln.

Der 26. August brachte die unsterbliche Erklärung der Menschen- und Bürgerrechte, die weitgehend auf dem Wortlaut der amerikanischen Verfassung beruht.

Am 5. Oktober marschierten fünftausend Frauen gen Versailles und riefen nach Brot. In seinem Aufruf zum Marsch erklärte Marat: *Steckt diese Österreicherin ... ins Gefängnis ... Der Thronfolger hat kein Recht auf ein Abendessen, solange ihr kein Brot habt.* Der König versprach den Frauen Hilfe und bot sogar an, sie zurück nach Paris zu begleiten. Paris aber war bereits in den Händen eines wütenden Pöbels, der im Namen der Revolution zu morden begonnen hatte.

Am 6. Oktober kehrte Ludwig gezwungenermaßen nach Paris zurück, gefolgt von der Nationalversammlung. In den Tuilerien wurde er unter strenge Überwachung gestellt.

Am 10. Oktober, während einer stürmischen Sitzung in der Nationalversammlung, wurde Ludwig XVI. gezwungen, seine neue Rolle als einfacher Abgeordneter, als einer von vielen, anzunehmen. Es war ein verhängnisvoller Fehler der Bourgeoisie, für den sie teuer bezahlen sollte. Ludwig war nicht mehr ein mit Machtvollkommenheit ausgestatteter Monarch, nicht mehr der Herr Frankreichs. Bis zu diesem Zeitpunkt war der König die einzige konstitutionelle Kraft gewesen, der die Sansculotten, diese wütenden Wahnsinnigen, denen jegliches Mittel des Terrors und der Verleumdung recht war, im Zaum halten konnte. Nun betrat ein Mann die öffentliche Bühne, der den Zorn der Masse weiter anheizte. Jean-Paul Marat, ein Schweizer Arzt, der sich auch journalistisch betätigte, ließ im Sommer 1789 die erste Nummer seines *L'Ami du Peuple* (Volksfreund) erscheinen. In dieser Schrift wurde der König geschmäht als

> „Schwächling ohne Seele, unwürdig, auf dem Thron zu sitzen, ein von seinen Kurtisanen geschickt manipulierter Wankelmütiger, ein zu Verbrechen getriebener Tyrann. Jemand, dessen Verhalten immer schon ein Gewebe aus Inkonsequenz und Greueln war, ein Despot, der seine Hände im Blute des Volkes wusch, ein Monster, das gegen die öffentliche „liberté" konspirierte, und der in den Augen der Gerechtigkeit als Verbrecher zu gelten hat."

Das Leben des Königs und seiner Familie war zunehmend bedroht. Selbst Mirabeau riet ihm zur Flucht, aber wie immer hörte der König nicht auf einen guten Rat. *Wir werden Unser Reich, Unsere Kinder nie im Stich lassen,* sagte er, während Steine die Fenster der Tuilerien zertrümmerten, und Marats Mob mit Mistgabeln und Piken vorbeizog und johlte:

„Ça ira, ça ira, ça ira, les aristocrates à la lanterne ..." (Nur ran, ran ran, die Aristokraten an die Laterne!)

Schließlich, als es bereits zu spät war, änderte der König seine Meinung. Obwohl er sich im klaren war, daß eine Flucht als Hochverrat gelten würde, entschloß er sich, seine Familie zu retten und zu den Emigranten in den habsburgischen Gebieten jenseits des Rheins zu stoßen.

Knapp vor Mitternacht des 20. Juni 1791 geleitete ein Mann mit Cape und einer dunklen Perücke eine Frau im weiten Mantel, ein kleines Mädchen und noch zwei Frauen zu einer Kutsche. Ein hochgewachsener Kutscher war ihnen beim Einsteigen behilflich. Der Mann mit der dunklen Perücke war Ludwig, die Frau war Marie Antoinette und das Mädchen der verkleidete Knabe Louis-Charles, der mit dem Tod seines Bruders Dauphin geworden war. Der Kutscher war niemand anderer als Marie Antoinettes Liebhaber, der schwedische Graf Fersen, der einzige, der die Gefahr nicht scheute, um ihr zur Seite zu stehen. Die Kutsche sollte auf eine Abteilung königstreuer Husaren stoßen, aber Fersen nahm den falschen Weg und verpaßte den Treffpunkt. Der nächste Akt in dieser Tragödie der Irrungen war die große Reisekutsche, die außerhalb Paris auf sie wartete. Sie war für eine bequemere Reise über Landstraßen vorgesehen – aber sie glänzte in leuchtend gelbem Lack und hatte das Wappen der Bourbonen aufgemalt!

Die Reisegesellschaft war nur mehr wenige Stunden von der Grenze entfernt, als das Schicksal sie wieder eine falsche Richtung einschlagen ließ und sie kehrtmachen mußte. Revolutionäre Reiter hatten der Bevölkerung entlang der Reiseroute die Kunde von der Flucht des Königs gebracht. Das Hin und Her einer großen gelben Reisekutsche durch die Dörfer war nicht unbemerkt geblieben, und was die Situation noch verschlimmerte, war die Unvorsichtigkeit des Königs, der einen Dorfjungen, den er um den Weg gefragt hatte, mit einer Münze belohnte. Es war ein goldener *Louisdor!* Auf der Brücke von Varennes fand die Flucht ihr unrühmliches Ende. Während eine Kompanie königstreuer Dragoner nur etwas mehr als einen Kilometer entfernt, in einem Wald auf der anderen Seite des Flusses, wartete, wurde der König aus der Kutsche gezerrt und als *citoyen* Louis Capet verhaftet. Unter strenger militärischer Bewachung wurde die königliche Familie zurück nach Paris eskortiert. Auf dem Weg durch Aufruhrgebiet hagelten Steine auf die Kutsche nieder, und die hohen Herrschaften wurden bespuckt und beschimpft. An einer Stelle wurde die Kutsche von einer bedrohlichen Gruppe angehalten, und das königliche Paar ins Freie gezerrt. Einige Augenblicke lang bestand die Gefahr einer Lynchjustiz, aber es gelang der Begleitmannschaft doch noch, einen Weg durch die Menge freizuschlagen. An der Peripherie von Paris sah sich Ludwig als Puppe an einem Laternenpfahl baumeln, was Marie Antoinette in ihrer Angst bestätigte, daß die Revolutionäre ihrer beider Ermordung planten. Bei der unrühmlichen Heimkehr grüßte sie ein Plakat mit folgender Aufschrift:

> „Wer dem König zujubelt, wird ausgepeitscht, wer ihn schmäht, wird gehenkt."

1792 war das Jahr der Entscheidung. Im April erklärte die junge Republik Österreich den Krieg. Im Juli fiel der Herzog von Braunschweig an der Spitze einer schlagkräftigen Armee von 75.000 Mann in Frankreich ein und tat auf äußerst undiplomatische Weise seine Absicht kund, den König in seine rechtmäßige Position wiedereinzusetzen, was das Schicksal des Königs nur besiegelte.

Man schreibt den 10. August 1792: Aufruhr in der Stadt Paris, die um Mitternacht in die Hände der jakobinischen Extremisten gefallen war. *Etwas wird dem entthronten König passieren*, und alte Rechnungen würden beglichen werden, war die weitverbreitete Meinung. Während die anständigen Bewohner die Türen verriegelten und die Fensterläden schlossen, ergoß sich der Pöbel, Marats Kommunarden, aus den Elendsvierteln in die engen Straßen. In der *Manège* (Reithalle bei den Tuilerien) hatte sich ein mild gestimmter Konvent von Volksvertretern versammelt, während die Mitglieder der königlichen Familie sich angstvoll in den Tuilerien aneinanderdrängten. Am Stiegenaufgang zum Hauptgebäude waren die Rotröcke der Schweizer Garde Schulter an Schulter postiert. Der *Stoßkeil der Revolution*, 516 Marseiller mit einer Bronzekanone bezogen Stellung beim *Carrousel*, dem königlichen Paradeplatz vor den Tuilerien. Eine Weile war es eine Pattsituation zwischen dem Pöbel und den Soldaten der Nationalgarde, die außerhalb des Schlosses Stellung bezogen hatten, als sich plötzlich große Erregung bemerkbar machte: Die meisten der jungen Rekruten der Nationalgarde liefen zu den Revolutionären über, wobei sie auch ihre zwölf Stück Artillerie mitzogen. Das ermutigte den Pöbel, bis an die Eisengitter zu stürmen, die Schweizer Garde zu insultieren und einige Schüsse auf die Fenster der den Tuilerien benachbarten Gebäude abzugeben. Das tragische Schauspiel nahm unerbittlich seinen Lauf, als der König, die Königin, der Dauphin und ihre Gefolgschaft den Schutz der Mauern verließen. Die Massen johlten *Tod dem Tyrannen* und warfen Steine nach ihnen. Die Menge schwoll rasch an, und durch ihr ungestümes Vorwärtsdrängen gab das Eisengitter nach, und Welle um Welle brüllender, Hellebarden schwingender *Sansculottes* ergossen sich in den Vorhof der Tuilerien. Einige besonders Mutige gelangten sogar bis zur Haupttreppe, wo sich ihnen die Schweizer Garde entgegenstellte.

In großer Hast wurden der König und sein Gefolge weggebracht. Zuflucht bot sich ihnen in der *Manège* bei den verstörten Abgeordneten der Bourgeoisie zum Konvent. Im Verlauf der anfänglichen Auseinandersetzungen hatte der König dem Kommandeur seiner getreuen Schweizer, Oberst Durler, den Befehl zugerufen, das Gebäude zu verteidigen. Dieser Befehl war der unmittelbare Anstoß zum folgenden Drama. Angesichts einer immer dreisteren Masse, die sich auf die Haupttreppe zubewegte, befahl Durler seinen Kompanien, den Ansturm zurückzuschlagen. Die Menge kam zum Stillstand, und ein, zwei Minuten geschah nichts. Dann ertönte eine Frauenstimme *Vive la République* – und die Horde wogte vorwärts. Es gelang ihr, fünf Schweizer Soldaten in ihre Gewalt zu bekommen, die entwaffnet, weggeschleppt und unter dem Jubel der rasenden Menge in Stücke gehackt wurden. Das war das Signal für die Schweizer zu reagieren. Die Kompaniechefs schrien *Feuer*, und Hunderte Musketenkugeln wurden aus kürzester Distanz in die dichtgedrängte Menge gefeuert. Die Wirkung war verheerend, und an die Vierhundert starben an Ort und Stelle. Die Leichen wurden schulterhoch vor den Schweizergarden aufgeschichtet, und der Rest der Kommunarden flüchtete in großer Unordnung. Die von den Überläufern auf die Seite der Aufständischen gebrachten Geschütze dröhnten, aber diese jungen Kanoniere waren ungeübt und ihre Zielsicherheit miserabel. Anstatt die Schweizer Karrees zu Fall zu bringen, schlugen die Eisenkugeln Schneisen in die überstürzt fliehenden Massen und verstärkten noch die allgemeine Panik und Konfusion. Die Schweizer Musketiere feuerten ohne Unterlaß, und die Kompanie unter Graf Salis brachte eine Kanone in Stellung, die auf die fliehenden *Sansculottes* schoß. Die Massen waren einem mörderischen Beschuß von allen Seiten ausgesetzt, und weitere Hunderte starben in den folgenden Minuten im konzentrierten Geschoß- und Kugelhagel. Der Vorhof war leergefegt, und die Schweizer nahmen ihre Stellungen als Wache wieder ein.

Der König und seine Entourage hatten also in der *Manège* inmitten der Abgeordneten Zuflucht gefunden. Ein ehemaliger Priester, nun Abgeordneter des Volkes, erklärte, daß die Gegenwart des Königs verfassungswidrig wäre und dieser daher unverzüglich aus der Assemblée entfernt werden sollte. Ludwig, Marie Antoinette und der Dauphin wurden in eine winzige, sonst Zeitungsleuten vorbehaltene Kammer gesteckt. Zusammengedrängt in diesem kleinen Raum empfanden sie den Geschützlärm besonders schrecklich. Der König, vor dem Krachen der Kanonen und Flinten erzitternd, jammerte: *Unsere Kinder werden getötet. Wir müssen dem eine Ende bereiten.*

Dies war der Punkt, an dem der Bourbonenkönig die verhängnisvollste Entscheidung seines Lebens traf. Wie Mirabeau es so treffend ausgedrückt hatte, war Ludwig ein unentschlossener und unfähiger Herrscher, der sich das Diktum seines illustren Ahnen, Ludwig XIV., nicht zu eigen gemacht hatte, nämlich daß Krieg, so er sich als notwendig erweist, ein gerechter, den Königen nicht nur gestatteter, sondern auferlegter Akt sei, und daß es ein schwerer Fehler sei zu glauben, man könne die gleichen Ziele mit schwächeren Mitteln erreichen.

Was immer noch an Königlichem in ihm verblieben war, starb in dem Augenblick, als er einen Adjutanten mit dem ausdrücklichen Befehl zum Kommandeur der Schweizer Garde schickte, dem Blutvergießen ein Ende zu setzen und die Waffen zu strecken. Der Adjutant schlug sich im Geschoßhagel zum Oberst durch, der es nicht glauben wollte und konnte, daß ein König einen so wahnsinnigen Befehl ausgegeben haben könnte, und stob davon, um mit Ludwig persönlich zu sprechen. *Ihre Majestät, der Tag ist unser. Der Pöbel ist auf der Flucht. Sollen wir die Verfolgung mit Entschlossenheit aufnehmen?* Ludwig verharrte in regungslosem Schweigen. Die alte, wohlbekannte Angst hatte ihn wieder ergriffen. Er versuchte zu sprechen, aber kein Wort kam ihm über die Lippen. Dann eine eisige Stimme: *Sire, wir sollen doch den Pöbel verfolgen und zum Gegenschlag ausholen?*

Ludwig befand sich in der mißlichen Lage all jener, die sich, wenn unter Druck gesetzt, zu keiner Entscheidung durchringen können. Er mußte sich sammeln, versuchte, einen klaren Gedanken zu fassen, aber alles schien so verworren. Er hätte Leib und Seele gegeben für ... Eine Stimme durchbrach seine Gedanken. *Ihre Majestät, es ist eine Frage von Minuten, vielleicht Sekunden. Ich muß Ihre Antwort haben!* Die beiden Männer sahen einander in die Augen, der König senkte zuerst den Blick vor diesen Augen, die ihm Angst einjagten. Nein, er konnte nicht ... er durfte nicht!

"Ja, Wir wissen das, aber es ist Unser Wunsch, daß Ihre Männer die Waffen niederlegen. Wir wollen nicht, daß tapfere Männer zugrunde gehen." "Dann, Ihre Majestät, muß ich allerdings darauf bestehen, daß Sie Ihren Befehl schriftlich abfassen." Der König ließ sich Schreibzeug bringen und unterschrieb folgenden Befehl: "Der König befiehlt seinen Schweizern, unverzüglich die Waffen niederzulegen und sich in ihre Kasernen zurückzuziehen."

Oberst Durler nahm das Schriftstück aus der zittrigen Hand des Königs, las es, und salutierte. *Sire*, sagte Durler voller Verachtung zum König, *Sie haben gerade das Todesurteil über meine braven Schweizer unterschrieben*. Und in einem prophetischen Nachsatz: *Und über Ihre Monarchie*.

Der Befehl des Königs war für die Schweizer eine niederschmetternde Meldung, aber als disziplinierte Soldaten konnten sie nur gehorchen. Sie marschierten durch den Kugelregen aus den Musketen des Mobs und der Überläufer aus den Reihen der Nationalgarde, ohne das Feuer zu erwidern. In perfekter Formation kehrten die Schweizer Bataillone in die Kasernen zurück und gaben ihre Waffen ab. Kaum waren sie entwaffnet, drang eine blutrünstige Horde in ihre Quartiere ein und metzelte die hilflosen Söldner nieder. Siebenhundert Schweizer waren auf der Stelle tot.[5] Dann raste die Meute die Haupttreppe hinauf und begann das Schloß zu plündern. Im Schloß aufgespürte Männer, ob Adeliger, Gärtner oder Pferdeknecht, wurden ermordet oder aus dem Fenster geworfen. Die meisten Frauen wurden in den Hof gejagt, wo man ihnen die Kleider vom Leibe riß und ihnen die Bäuche aufschlitzte. Abgeschlagene Köpfe wurden aufgespießt und stolz durch die Straßen von Paris getragen. Die wenigen, denen die Flucht durch einen Geheimgang gelang, wurden in der *Rue de l'Echelle* von Dieben, die es auf ihren Schmuck abgesehen hatten, gefaßt. Jegliche Gegenwehr führte nur dazu, daß die Männer niedergeknüppelt oder aufgespießt und die Frauen vergewaltigt und dann brutal ermordet wurden. Über Anordnung der Jakobiner verblieben die Leichen tagelang am Ort des Geschehens, damit die Pariser die Macht der neuen revolutionären Extremisten aus eigener Anschauung kennen- und fürchten lernen konnten. Aus den Tuilerien drang widerlicher Rauch, der die Nachbarschaft überzog. Im Weinkeller des Schlosses trieben es betrunkene Wüstlinge mit ihren Weibern auf den Körpern der getöteten Schweizergarden. Marats Kommunarden waren die Herren der Tuilerien.

Als die Nachricht von dem Massaker den Konvent erreichte, wurden die Girondisten, die gemäßigtere Fraktion, von den jakobinischen Extremisten niedergeschrien. Der König saß in seiner Loge, sein Gesicht bar jeden Ausdrucks – ein vom Schreien der Abgeordneten ungerührter Zuschauer. *Was Sie hier tun, ist nicht gerade verfassungsgerecht,* war alles, was er zu sagen hatte. Niemand hörte ihm mehr zu.

Die Revolution hatte ihr wahres Gesicht gezeigt. Der Terror hatte begonnen.

Vom Blut der Schweizer triefende Spieße säumten Teile des Weges der königlichen Familie zum *Temple.* In dieser dräuenden Festung[6] mit ihrem mittelalterlichen Verlies, einem rechteckigen Donjon, der 500 Jahre zuvor vom Templerorden errichtet worden war, wurde sie von den Revolutionsgarden erwartet, die sie im Schein von in den Läufen ihrer Musketen steckenden Kerzen durch die dunklen und feuchten Gänge geleiteten. Diesmal gingen die Kommunarden kein Risiko mit diesen lästigen Herrschaften ein. Der erste Mensch, der ihnen begegnete, war ein Riese von einem Mann namens Antoine Simon, Mitglied des Kommunalrates, Schuhmacher von Beruf und Revolutionär aus Berufung, der sie zu einer Reihe von schäbigen Räumen mit schmutzigen, von Ungeziefer befallenen Bettstellen brachte. Marie Antoinette legte ihren kleinen Sohn, den Erben eines nicht mehr existierenden Thrones, in ein Bett, während sie selbst auf einem Feldbett schlief. Die Lage verbesserte sich, als der Familie erlaubt wurde, die wichtigsten Einrichtungsgegenstände zu kaufen. Besucher wurden nur mit schriftlicher Erlaubnis des Rates der Kommune vorgelassen. Der König rechnete mit einer baldigen Befreiung und sagte zu seinem

Diener Hue, als er ihm ein bescheidenes, in Papier gewickeltes Geschenk überreichte: *Hier sind einige Unserer Haare, das ist alles, was Wir derzeit zu schenken haben, aber wenn Wir einmal draußen sind, werden Sie gut belohnt werden.* Nach einer Woche wurde die königliche Familie nicht nur vom Diener Hue, sondern auch von den gefangenen Gefährten, so auch von der Prinzessin de Lamballe, getrennt. Einmal am Tage durften sie eine Stunde lang in dem kleinen Garten spazierengehen, wobei die Wachen ausreichend Gelegenheit hatten, ihnen Beleidigungen ins Gesicht zu schleudern und sich über ihr Schicksal zu unterhalten. Während eines dieser Ausgänge fand der König heraus, daß zwei seiner loyalen Anhänger guillotiniert worden waren, einer von ihnen Monsieur Durosoy, der Herausgeber der einzigen Zeitung, der *Gazette de Paris*, die den Mut hatte, sich gegen Marat zu stellen.

Die Lebensumstände der königlichen Familie verschlechterten sich von Tag zu Tag. Ludwig war isoliert, ein Riegel versperrte die Türe zu seinem Zimmer von außen, und durch ein Guckloch konnte der Gefangene beobachtet werden. An der Wand gegenüber seinem Bett hing die *Déclaration des droits de l'homme* (Erklärung der Menschenrechte), diese historische Erklärung, nun so besudelt von den Revolutionären, die sie verfaßt hatten. Nur eine Mahlzeit, das Abendessen, durfte die Familie zusammen einnehmen. Die mit der Bewachung der königlichen Gefangenen Beauftragten waren angewiesen worden, kein Mitleid zu zeigen. Jeder neue Tag brachte neue Entbehrungen, bis sogar die Nähschere der Königin eingezogen wurde, und sie das Stickgarn mit den Zähnen durchtrennen mußte.

Am 2. September 1792 machte in Paris die Nachricht die Runde, daß Verdun in die Hände des Herzogs von Braunschweig gefallen war. In einem Ausbruch nationalistischen Eifers manifestierte sich der gemeinsame Wille einer Nation, die Souveränität des Landes zu verteidigen. Es blieb aber einem jungen Juristen, dem Justizminister Georges Danton, vorbehalten, die Emotionen auf den Siedepunkt zu bringen:

Die Bourbonen

„Der Sturm, der geläutet werden wird, ist kein Alarmsignal, es ist das Zeichen zum Angriff auf die Feinde des Vaterlandes. Um sie zu besiegen, bedürfen wir der Kühnheit und nochmals Kühnheit, und immer wieder Kühnheit!"

Mit diesem unsterblichen Schlachtruf hatte er sämtliche Schranken der Mäßigung niedergerissen. Der Aufruf zu den furchtbaren *Septembermorden* erfolgte in einem Artikel im *Ami du Peuple*, verfaßt von Marat selbst, dem Mann, der eine der nackten Wände seines Arbeitszimmers mit einem Schild dekoriert hatte, auf dem zwei Worte standen: *La Mort*.

Eine Bande von Wüstlingen machte sich ans Morden ... *les ennemies à la lanterne.* ... Die ersten Opfer waren festgenommene Priester, deren Gefährt vor der Kirche St. Germain zum Stillstand gekommen war. Bald waren sie umringt von einer geifernden Menge, die die Kirche im allgemeinen und den Klerus im besonderen verfluchte. In einer Aktion, die ihnen wahrscheinlich das Leben rettete, sprangen die Geleitwachen vom Wagen, zückten ihre Säbel – und hackten ihre Gefangenen zu Tode. Blut floß in Strömen; andere, die auch ihren Spaß haben wollten, kamen hinzu, angestachelt von ihren furchtbaren Frauen: *Tötet ... tötet ... coupez leurs têtes ...!* Während Danton ungerührt blieb und sich weigerte, die Nationalgarden zur Niederschlagung des Aufruhrs aufzubieten, drangen die *Enragés* aus den Elendsvierteln gewaltsam in die Gefängnisse und ermordeten weit über tausend Häftlinge. Sie schlugen sie nieder, erwürgten sie, durchbohrten sie mit Lanzen oder, wie bei der Kirche St. Germain, knüppelten sie einfach auf den Stufen nieder, und warfen die Leichen in einen Brunnenschacht – und das alles unter der Aufsicht des Mannes, der sich selbst zum Richter ernannt hatte. Ihr bemerkenswertestes Opfer war die Princesse de Lamballe, die aus ihrer Zelle in einen Raum gezerrt, dort an eine Bank gebunden und zu dem Geständnis gebracht wurde, daß sie die Liebhaberin der Königin sei. Dann wurde sie von mehreren vergewaltigt und gezwungen, barfuß über die im Hof liegenden, schändlich zugerichteten Leichen zu gehen, bevor ihr ein Sansculotte den Kopf abschlug. Der Pöbel riß ihren Körper in Stücke und spießte ihr Herz und ihren Kopf auf. Es wurde sogar ein Friseur gezwungen, das blutgetränkte Haar der Prinzessin zu frisieren. Der aufgespießte Kopf wurde vor dem Temple auf- und abgetragen, *damit die* Autrichienne *ihre Liebhaberin erkennt.*

Mittlerweile rückten die Armeen des Herzogs von Braunschweig vor, ohne auf Gegenwehr zu stoßen – bis sich Franzosen aus allen Schichten vereinigt hatten. Sie kamen von den Bauernhöfen, aus den Städten, sogar die alte königliche Offiziersgarde bot der Volksarmee ihre Erfahrungen an. Es war jetzt nicht mehr die Monarchie, die gefährdet war, sondern die heilige Ehre Frankreichs. Unter der Führung der Generäle Dumouriez und Kellermann marschierten die Menschen hinter ihren Revolutionsfahnen zu einer Windmühle in der Nähe von Valmy, um sich der österreichisch-preußischen Armee zu stellen. Als alles verloren schien, hob Kellermann seinen Hut an der Spitze seines Säbels hoch, und die Kanonen donnerten. Der Herzog von Braunschweig blickte zur Windmühle und auf die auf den Höhen postierten Kanonen und erklärte: *Hier schlagen wir nicht!* Mit diesem erstaunlichen Sieg entging die Nation einer bewaffneten Intervention. Nun konnten sich die Jakobiner voll den Problemen im Inneren widmen, wobei das Schicksal des Exkönigs hohe Priorität hatte.

Um dem König den Prozeß zu machen, konnten die Extremisten nicht mit der Unterstützung einer Mehrheit der Abgeordneten rechnen, und sie hatten sicherlich nicht genügend Beweismaterial, um ein Gerichtsverfahren anzustrengen. Sie griffen daher zu einer List: Die Leidenschaft des Königs, an Uhren und Schlössern zu arbeiten, war wohlbekannt. Ein Schmiedeherd stand unweit seiner Bibliothek, und sein Lehrer und Helfer war ein ausgebildeter Schlosser namens François Gamain. Einige Jakobiner nahmen sich Gamain vor und machten ihn glauben, daß ihn der König verraten und er somit sein Leben verwirkt hätte, es sei denn ... *Der Tresor, wo ist der Tresor,* fragten sie. Gamin tappte in die

Die Bourbonen

Falle und führte sie zu einem in den Tuilerien versteckten eisernen Schrank, in dem sich 627 Geheimdokumente fanden. Am 20. November waren die Kommunarden der Meinung, endlich genug belastendes Material in der Hand zu haben, um den König des Hochverrats anklagen zu können. Der Konvent konnte sich zu keinem Beschluß durchringen. Ein Abgeordneter meldete sich zu Wort, ein stets sorgfältig gekleideter junger Mann, der sich nie zu einer Gemütsbewegung hinreißen ließ, der böse Geist seines Herrn. Antoine de Saint Just, 25 Jahre alt, ebenso kalt und zynisch wie skrupellos, erklärte:

> „Ich aber meine, daß der König als Feind gerichtet werden muß ...,
> daß wir ihn weniger zu verurteilen als zu bekämpfen haben ...
> Eines Tages wird man darüber erstaunt sein, daß man im 18. Jahrhundert weniger fortschrittlich war als zu Zeiten Caesars. Damals wurde der Tyrann mitten im Senat ohne irgendwelche andere Formalitäten als 23 Dolchstiche gerichtet und ohne irgendein anderes Gesetz als die Freiheit Roms ... Ich verlange, daß der König ohne Gerichtsverfahren getötet werde!"

Der Ruf der Jakobiner hatte damit öffentlichen Charakter. Damit sie die Fülle der Macht erlangen konnten, mußte der König sterben! Der Konvent sperrte sich jedoch gegen ihre Forderung und votierte dafür, daß ihrem entthronten König der Prozeß gemacht werde. Am 11. Dezember betrat der Bürgermeister von Paris, Chambon, den Kerkerraum des Königs. „Ich bin vom Konvent beauftragt, folgende Nachricht zu überbringen: *Louis Capet wird vor Gericht gestellt ...*

Die Anklage im Konvent, der als Plenum den Gerichtshof bildete, lautete: *Louis Capet, die französische Nation beschuldigt Sie der Verschwörung gegen die allgemeine Freiheit und der Anschläge auf die nationale Sicherheit.* (In den Revolutionsjahren war die Anrede *Monsieur* strikt untersagt, und im Jahr nach dem Königsprozeß fiel per Dekret vom 10. 11. 1793 die formelle Anrede *Sie.*) Mit würdevoller Resignation hörte der König zu. Der öffentliche Ankläger schwenkte ein Bündel Papiere. *Citoyens, hier sind Doku-*

mente, die zweifelsfrei beweisen, daß der Angeklagte schuldig ist.
Der König verlangte Rechtsbeistand, und es wurden zwei Verteidiger, Tronchet und de Malesherbes bestellt, die mit dem Exkönig im Temple die Verteidigungsstrategie besprachen. Sie wußten, daß die Aussichten auf Erfolg gering waren. De Malesherbes endete später unter der Guillotine, Tronchet überlebte und wurde Oberster Richter. Am 26. Dezember begannen die Debatten über den Schuldspruch, die in hitzigen Diskussionen über drei Hauptfragen gipfelten:

1. Ist Louis Capet schuldig im Sinne der Anklage?
2. Bedarf ein allfälliges Urteil eines Volksentscheids?
3. Wenn der König für schuldig befunden wird, wie sollte das Urteil lauten? Haft – Deportation – Tod?

Die gemäßigten Girondisten standen den radikalen Jakobinern gegenüber, die *Tod dem Tyrannen* schrien. Der *Todesengel* Saint Just bestieg die Rednertribüne:

> „Ludwig kämpfte gegen sein Volk, und er wurde zu Fall gebracht. Er betrachtete seine citoyens als seine Sklaven ... Er ist der Mörder der Bastille und vor den Tuilerien. Welcher Feind, welcher Ausländer hat uns mehr Schaden zugefügt?"

Er hielt einen Augenblick inne, bevor er in dem für ihn typischen eisigen Ton sagte: *Ich fordere den Tod! Die Nation fordert den Tod!*
Thomas Paine, der englische Revolutionär, der zur Teilnahme am Konvent eingeladen worden war, aber nicht gut Französisch sprach, schrieb einen Antrag auf ein Blatt Papier, das er dem Vorsitzenden des Konvents überreichte: *Deportieren Sie den König auf den amerikanischen Kontinent.* Sein Antrag wurde verworfen.
Gebt uns den Kopf dieses fetten Schweins, das Frankreich so viel gekostet hat, schrie Marats Pöbel von der Galerie. Danton sprach sich mit Nachdruck für die Todesstrafe aus, Saint Just ließ alte Rechnungen begleichen und bedrohte Abgeordnete, und Robespierre, der Rechtsanwalt aus Arras, allgemein als *der Unbestechliche* bekannt, stand abseits und beobachtete. Er merkte sich all

Die Bourbonen

jene, die seinen Wünschen nicht entsprachen; ihre Stunde würde bald schlagen.

Schließlich kam es zur Abstimmung. Die erste Frage, die nach der Schuld Louis Capets, wurde mit 721 zu 43 Stimmen bei 37 Enthaltungen mit *Schuldig* beantwortet. Die zweite Frage, betreffend ein Urteil durch Volksentscheid, wurde mit 425 gegen 286 Stimmen abgelehnt. Da Deportation bereits ausgeschlossen worden war, ging es nur mehr um die Entscheidung zwischen Haft und Todesstrafe, und in dieser Frage war der Konvent in zwei annähernd gleich große Lager gespalten. Die Extremisten, angeführt von Saint Just und Danton, forderten lautstark die äußerste Strafe. Es kam zur Abstimmung, und als die Reihe an den Duc d'Orléans, einen Vetter des Königs kam, der nun ein Abgeordneter des Volkes war und sich Philippe Egalité nannte, wurde es still im Saal. Er hatte erklärt, daß er nicht abstimmen werde, und doch erhob er sich und sagte mit klarer Stimme: *Ich stimme für die Todesstrafe!* Seine Stimme war ausschlaggebend. Es wurden 721 Stimmen gezählt, 360 dagegen – und 361 dafür. Tod dem König mit einer Mehrheit von einer einzigen Stimme, die des königlichen Vetters!

Lazare Carnot, Vorsitzender der Exekutive, weinte, als er das Urteil unterschrieb. Der Verteidiger de Malesherbes beantragte Rekurs, doch am 19. Januar 1793, einem Samstag, wurde die Aussetzung der Urteilsvollstreckung abgelehnt – mit 383 zu 310 Stimmen. Der öffentliche Scharfrichter, Charles Henri Sanson, in der Bevölkerung nur als *Monsieur de Paris* bekannt, wurde angewiesen, sich auf eine Hinrichtung vorzubereiten.

Sonntag, 2 Uhr nachmittag. Ludwig ruhte gerade auf seinem Bett im Temple, als die Türe aufflog und zwölf Männer des Exekutivrates des Konvents eintraten. Das Urteil wurde verlesen: *Tod!* Der König zeigte wenig Regung und bat nur um eine Frist von drei Tagen, um sich von seiner Familie verabschieden zu können. Der Aufschub wurde nicht gewährt. Der Kammerdiener Cléry berichtete später:

Der Untergang großer Dynastien

„... Der König machte keine Bewegung, die auf Überraschung oder
Erregung schießen ließ; er schien nur bewegt von dem Schmerz des
würdevollen alten Mannes ..." (de Malesherbes, sein Verteidiger)

Ein irischer Priester, Edgeworth of Firmont, blieb bei dem Verurteilten. Der König nahm ein spätes Abendessen ein, und die einzige Bemerkung bei Tisch war, daß man kein Messer aufgelegt
hatte ... *Halten sie mich denn für einen solchen Feigling, daß sie befürchten, ich könnte mir das Leben nehmen?*
Um 8 Uhr abend bat der König, seine Familie zu sehen. Als erste kam die Königin, den siebenjährigen Sohn an der Hand, gefolgt von des Königs Schwestern. Der Kommissar schloß die Türe,
um ihnen letzte Augenblicke der Ungestörtheit zu verschaffen. Die
Prinzessinnen weinten, die Königin versuchte etwas Haltung zu
bewahren, und nur der Dauphin in der Unbefangenheit seiner Jugend schien ungerührt. Kurz nach 10 Uhr umarmte der König alle
liebevoll, und dann schloß sich die Türe hinter seinen Schwestern,
der Königin und dem Dauhphin.
Der einzige, der die ganze Nacht beim König bleiben durfte,
war sein Kammerdiener Cléry, der ihn um 5 Uhr wecken sollte.
Seine persönlichen Habseligkeiten, seine Uhr, seine Brille und
seine Schnupftabakdose, legte der König am Kaminsims ab und
ließ dann den Priester kommen. Er half, den kleinen Eßtisch als
Altar herzurichten, kniete nieder und empfing die Heilige Kom-
munion. Danach bat er um eine Schere, damit man ihm die Haare
schneide – eine vergebliche Bitte.
Der Morgen des 21. Jänner 1793 brach mit bitterer Kälte an. Die
Straßen von Paris waren menschenleer, denn es war den *citoyens*
befohlen worden, in ihren Häusern zu bleiben und die Fensterläden zu schließen. Die Kommunarden befürchteten einen Versuch
in letzter Minute, den König zu befreien. Auf jeder Brücke, auf jedem Platz waren Geschütze postiert, und 100.000 Soldaten säumten die Strecke zum Richtplatz. Die Guillotine stand auf der *Place
de la Révolution* (vordem *Place Ludwig XV.*, heute *Place de la
Concorde*), unweit des Sockels, der vor dem Aufruhr das Reiter-

standbild von Ludwig XV. getragen hatte. Der Henker von Paris und seine Helfer trafen die letzten Vorbereitungen.

Um 8:30 Uhr wurde der Riegel an der Türe zu des Königs Zimmer zurückgezogen, und drei Männer traten ein: zwei ehemalige Priester, Pierre Bernard und Jacques Roux, beide Mitglieder der radikalen Fraktion im Konvent, die um die zweifelhafte Ehre gebeten hatten, ihren König sterben zu sehen, und General Santerre, der Kommandant der Nationalgarde. Ludwig versuchte, Roux eine Rolle mit seinem Testament zu übergeben. *Würden Sie das bitte der Königin aushändigen?*

Meine Aufgabe ist es, Sie zum Schafott zu bringen und nicht, Ihr Laufbursche zu sein, war die rüde Antwort. General Santerre, mit einem wütenden Blick auf Roux, nahm die Rolle an sich. *Ich werde das erledigen.* Der Kammerdiener Cléry hielt den Mantel des Königs bereit. *Wir werden ihn nicht brauchen,* meinte der König, wendete sich zu General Santerre mit den Worten: *Wir sind bereit. Laßt uns gehen.*

Im Hof des Temple wartete eine schwarze Kutsche mit geschlossenen Vorhängen. Der Priester folgte dem König in die Kutsche und gab ihm sein Gebetbuch, in dem der König zu lesen begann. Als der Temple seinen Blicken entschwunden war, sah der König zum Priester auf: *Haben Sie die Freundlichkeit, Madame la Reine wissen zu lassen, daß es Uns leid tut, ihr nicht mehr Adieu gesagt zu haben.* Die Hufe klapperten durch die menschenleeren Straßenschluchten, über die Place de Grève, die Rue St. Honoré entlang, auf die Place de la Révolution und dort auf die monumentale Gipsstatue *La Liberté* zu. Einige Monate später sollte die *Passionara*, Leit- und Leidensfigur der Revolution, Madame Roland, selbst auf dem Weg zum Schafott, zur Statue aufblicken und sagen:

„O Liberté, que de crimes on commet en ton nom!" – O Freiheit, wieviele Verbrechen begeht man in deinem Namen!

Die *Guillotine*[7], zu deren Verbesserung der König durch Entwicklung einer glatteren Schnittechnik selbst beigetragen hatte, war von 1200 Soldaten mit aufgepflanzten Bajonetten umstellt. Nach diesem ersten Kordon standen 20.000 Mann in Bereitschaft. In einiger Entfernung dieser Masse von Männern stand eine schwarze Kutsche, in der sich Philippe Egalité befand, dessen schändliches Verhalten dazu beigetragen hatte, daß sein Vetter zum Tode verurteilt wurde. Innerhalb von neun Monaten sollte er eben diese Leiter zum Stelldichein mit dem Henker besteigen.

Herr General, wenn Wir uns nicht irren, haben Wir Unser Reiseziel erreicht. Er ließ die Beifügung *endgültig* weg. Ein bewaffneter Wachsoldat öffnete den Verschlag, und der König stieg aus der Kutsche. Er sah ohne sichtbare Gefühlsregung zu dem unheilvollen Instrument auf der Tribüne auf, entledigte sich seiner Kopfbedeckung und Jacke und öffnete die Kragenknöpfe seines Hemdes. Es war 10:15 Uhr. Es war totenstill auf dem überfüllten Platz, nicht einer unter den Tausenden von Soldaten bewegte sich. Ein erster Trommelwirbel, gefolgt von weiteren, bis schließlich Aberhunderte von Trommeln dröhnten. Sansons Helfer wollte dem König die Arme hinter dem Rücken zusammenbinden:

„Sie werden Uns nicht die Arme fesseln, nein, das werden Sie nicht tun. Wir werden es nicht gestatten."

Der Helfer war verwirrt und schickte einen ratsuchenden Blick zum Henker. Sanson machte eine unmißverständliche Geste – und der König wußte, daß jedes Sträuben sinnlos war. Langsam erklomm er die Leiter, ein schwieriges Unterfangen mit am Rücken gebundenen Händen, aber die Henkershelfer unterstützten ihn. Hinter dem König kam der Priester, der über dem Kopf des Verurteilten das Kreuzeszeichen machte. Der Trommelwirbel steigerte sich zu einem ohrenbetäubenden Crescendo, und Ludwig, zu den Trommlern gewandt, befahl: *Arrêtez-vous!*

Der Gegenbefehl aus dem Munde des Generals Santerre kam sofort: *Continuez!*, und das Trommeln ging weiter. Der König versuchte wieder, sich Gehör zu verschaffen: *Franzosen, ich sterbe unschuldig. Ich vergebe denen, die für meinen Tod verantwortlich sind und ich wünsche, daß mein Tod dem Volke nützlich sei.*

54

Trommelwirbel übertönte ihn, nur der irische Priester vernahm seine letzten Worte ... Sansons Helfer packten Ludwig unter den Armen und banden ihn an das frisch geschrubbte bewegliche Holzbrett. Der Priester betete: *Sohn Ludwigs des Heiligen fahrt auf zum Himmel.*

Einer der Henkersknechte brachte das Brett in horizontale Stellung, und der Sohn des Scharfrichters schob den Kopf des Königs in den dafür vorgesehenen Ausschnitt. Mit einem lauten Klicken sprang die hölzerne Kopfhalterung in die Schließposition. Der Scharfrichter griff nach dem hölzernen Hebel. Ein Augenblick des Zögerns, während *Monsieur de Paris*, Charles Henri Sanson, auf das Zeichen von General Santerre wartete ... Dann ging der Haken hoch ..., der Strick gab nach ..., einen Augenblick lang schien das in der Sonne teuflisch glänzende Beil in der Luft zu schweben ... Dann krachte das schwere Stück geschliffenen Stahls nieder ..., und die Trommeln schwiegen. Kanonendonner ..., eine Erlösung von der Anspannung.

Es war 10:22 Uhr an diesem 21. Januar 1793. General Santerres Adjutant nahm den Kopf aus dem Korb und hob ihn in die Höhe, damit sich alle überzeugen konnten. Aus Tausenden von Kehlen erscholl der Ruf: *Vive la République!*

Der Bourbonenkönig war tot[8] – und der Große Terror begann. Marie Antoinette erfuhr erst am nächsten Morgen von der Hinrichtung ihres Gemahls, als ihr Bewacher im Temple sie zynisch mit *Witwe Capet* anredete. Sie mußte stark sein, sich an den Gedanken klammern, daß sie immer noch Königin war ... Vor ihrem schluchzenden Sohn kniete sie nieder – eine Ehrenbezeugung für den neuen König Frankreichs, Ludwig XVII.

Außerhalb der Grenzen Frankreichs war die Reaktion auf den Königsmord blankes Entsetzen, aber abgesehen von der Abberufung der Botschafter, die noch in Paris auf Posten waren, unternahmen die ausländischen Monarchen nichts, während die Stimmung in Frankreich eine Mischung aus Jubel und Scham war. *Le Véridique*, ein oppositionelles Blatt, schrieb:

„Der Tod Ludwigs XVI. hat einen weiteren Heiligen geschaffen, und einen neuen König."

In der Tat, Ludwig XVI. war ein Mensch, der immer versucht hatte, es allen recht zu machen, und tragisch scheiterte.

Tiefste Finsternis senkte sich über Frankreich. Alles, was nur im entferntesten mit der Krone in Verbindung gebracht werden konnte, wurde zerstört, Statuen zertrümmert, Grabmale geschändet, die einbalsamierten Herzen der großen Könige bei einer öffentlichen Auktion versteigert. Am Schafott herrschte Hochbetrieb. Das letzte Wort von Philippe Egalité war ein Fluch: *Merde!* Madame Du Barry, die berüchtigte Mätresse eines ehemaligen Königs (Ludwig XV.), flehte um Gnade – vergeblich. De Malesherbes, der Advokat, der es gewagt hatte, den König zu verteidigen, starb in tapferer Resignation, gemeinsam mit seinen Kindern und Enkeln. Elisabeth, eine der Schwestern des Königs, wurde enthauptet und ihr nackter Leichnam in eine Kalkgrube geworfen. Die drei Grundsätze der Revolution waren *liberté, egalité, fraternité* – Freiheit, Gleicheit, Brüderlichkeit. *Liberté,* Inbegriff politischer Freiheit, war tot. Während *egalité* für die Zertrümmerung alter Privilegien stand, und *fraternité* für eine neue nationale Einheit, wurde *liberté* mit Füßen getreten. Werkzeuge des Terrors an der Spitze der Revolutionsregierung waren der *Wohlfahrtsauschuß* und der *Allgemeine Sicherheitsausschuß,* der willkürliche Haftbefehle ausstellen konnte. Mit der empörenden Farce einer Anlaßgesetzgebung[9] galt nun *Anklage ist gleich Verurteilung.* Die Revolutionstribunale verurteilten, und der Scharfrichter fütterte die gefräßige Guillotine. Frankreich wurde zu einem riesigen Gefängnis, und seine Bevölkerung lebte in ständiger Angst vor dem Fallbeil.

Charles Henri Sanson, dem *Monsieur de Paris,* ging die Arbeit nicht aus. Der Glaube, daß der öffentliche Scharfrichter der Hohepriester des Todes sei, war in der Bevölkerung tief verankert. Niemand wagte es, mit ihm zu sprechen oder einem Mitglied seiner Familie nur in die Nähe zu kommen. Sogar sein Brot wurde in der

Die Bourbonen

Bäckerei mit der Oberseite nach unten gelegt, damit es nicht irrtümlich jemand anderer nehmen konnte. Sein grausames Ge-
werbe übte er normalerweise mitten in der Stadt aus, auf einem
der größeren Plätze. Im revolutionären Paris befand sich die Richtstätte auf der *Place de la Concorde*, danach auf der *Place du Trône*
(heute *Place de la Nation*). Es war durchaus üblich, eine möglichst
große Anzahl von Menschen dem schaurigen Schauspiel beiwoh-
nen zu lassen – mit dem Ziel der Einschüchterung und Verbre-
chensverhütung. Aber diese armen Aristokraten waren keine Verbrecher, weder waren sie gewöhnliche Diebe, noch hatten sie je
gemordet. Die zum Tode verurteilte Madame de Noailles, zum
Beispiel, war eine Frau in den Achtzigern. Während diese Un-
glücklichen zum Todeswerkzeug gebracht wurden, unterhielten
Gaukler die Menge mit Scheinhinrichtungen in Sichtweite der
Guillotine, und die Kneipen machten gute Geschäfte mit der Aus-
schank von Suppe und Bier.

Die Begleitmusik lieferten die Glöckchen an den Schinderkarren, auf denen die Todgeweihten durch den ihnen Verwünschungen entgegenschleudernden Pöbel gezogen wurden. Teilnahmslos
saßen sie auf den Brettern, so als würden sie nicht mehr wahr-
nehmen, was um sie herum vorging. Sie waren schon tot ... Manche der Verurteilten mußten die Stufen zur Guillotine hinaufge-
zerrt werden, manche bestiegen das Schafott in würdevoller Ruhe.
Die Gehilfen des Henkers fesselten ihnen die Arme am Rücken
und verbanden ihnen die Augen – nicht etwa, weil der Verurteilte
die Momente vor dem endgültigen Aus nicht beobachten sollte,
sondern aus dem gleichen Grund, aus dem einem Spion vor seiner Erschießung die Augen verbunden wurden: Niemand wollte
einem Opfer in die Augen sehen. Manche gingen wortlos in den
Tod, andere wieder beteuerten ihre Unschuld und verfluchten ihre
Richter. Nur das Beil ließ sie verstummen.

Saint Just, der dunkle Schatten Robespierres, verkündete, daß
der Terror bis zum Verschwinden des letzten Feindes der Republik an der Tagesordnung sein würde. Und so ging die Aristokratie Frankreichs dahin – bis die Revolution begann, ihre eigenen

Der Untergang großer Dynastien

Kinder zu fressen.[10] Im Juli 1793 wurde Marat erstochen – von
Charlotte Corday, einem Mädchen mit dem religiösen Wahn,
die Erde vom Antichrist befreien zu müssen. Im April 1794 rollten
die Köpfe von Georges Danton und Camille Desmoulins, dem
jungen Mann, der die Pariser zum Sturm auf die Bastille aufgerufen hatte. Der Befehl kam von dem neuen Diktator, Maximilien
Robespierre, dessen Herrschaft nur weitere drei Monate währen
sollte, bis die Pariser am *9. Thermidor*[11] (27. Juli 1794) gegen seine
blutige Tyrannei aufbegehrten. Mit dem Tag, an dem Robespierres Kopf in den Korb fiel (mit ihm wurden 21 seiner engsten
Anhänger, darunter Saint Just, guillotiniert), endete der Große
Terror.

Über Dreitausend wurden Opfer der Guillotine, doch ein Opfer
in diesem unmenschlichen Schlachten sticht hervor. Am 16. Oktober 1793, neun Monate nach ihrem Gemahl, trat eine sichtlich ge-
alterte Marie Antoinette ihre letzte Fahrt durch die Straßen von Paris an – auf einem offenen Schinderkarren, wie er für gewöhnliche
Verbrecher auf dem Weg zur Richtstätte verwendet wurde. Es waren die gleichen Straßen, auf denen sie 23 Jahre vorher in einer
goldenen Kutsche ihren triumphalen Einzug als junge Braut eines
Königs gehalten hatte. Menschen, die der jungen Prinzessin zuge-
jubelt hatten, schleuderten nun Verwünschungen gegen eine müde
Exkönigin, die nichts anderes am Leibe trug als eine dünne Hülle
aus weißem Stoff und ein altes Schultertuch gegen die herbstliche
Kälte. Ihre Hände waren am Rücken gebunden, und ihre letzte
Reise war begleitet von den Rufen: *Mort à l'Autrichienne* und *Vive
la République*. An diesem Tag war die Revolution in die Tiefen der
Schändlichkeit abgeglitten.

Einer Königin Epitaph wurde von niemand Geringerem als Napoleon verfaßt:

„Das war nicht Königsmord, es war etwas viel Schlimmeres."

Vielleicht das letzte Opfer der Schreckensherrschaft war ein zehn-
jähriger Knabe, verurteilt zu einem langsamen Tod, der ihn
schließlich am 8. Juni 1795 von seinem Leiden erlöste. Der Dau-

phin, Ludwig XVII., starb *offiziell* im Temple, ohne Wissen um die Hinrichtung seiner Eltern. Aber warum *offiziell*?

Keine Darstellung der Tragödie der Bourbonen wäre vollständig ohne einen Abschnitt über das *Rätsel des Temple*. Wer war wirklich der Junge, der im Temple starb? Wenn es der Dauphin war, dann wäre es doch humaner gewesen, das arme Kind gleichzeitig mit seiner Mutter aus seinem Elend zu erlösen, als es die jahrelange Marter erdulden zu lassen.

Das Geheimnis betrifft in erster Linie folgende fünf Personen: den zehnjährigen Schattenkönig, Ludwig XVII., dessen Gefängniswärter Simon, den Diktator Robespierre und zwei Jakobinerführer, Hébert und Chaumette. Der bösartige Chaumette war der Mann, der über den Temple bestimmte, und damit auch über das Schicksal der Gefangenen, derselbe, der sich im Konvent erhoben und erklärt hatte: *Setzen wir diese kleine Schlange und seine Schwester auf einer unbewohnten Insel aus – wir müssen sie um jeden Preis loswerden!*

Und doch war dann sein Plan für den Gefangenen ein ganz anderer. Die Revolution schien ihrem Zusammenbruch entgegenzusteuern, und danach, wer weiß, könnte die Monarchie zurückkehren. Warum also nicht das Kind von den anderen getrennt halten und ihn als Pfand in einem üblen Geschäft einsetzen? Am 3. Juli 1793 betraten zwei Kommissäre die Gemächer der Königin, um Louis Charles zu holen. Der Knabe warf sich schreiend in die Arme seiner Mutter, einer der Gefängniswärter, Eudes, der Steinhauer, riß das Kind an sich und verließ mit ihm den Raum, während die Königin ohnmächtig zu Boden sank.

Madame Royale, Marie Antoinettes älteste Tochter, würde viel später über den Schmerz ihrer Mutter berichten. Nur der feste Glaube, daß ihr Sohn einem guten Lehrer anvertraut würde, konnte die Königin einigermaßen beruhigen. Das war aber nicht der Fall. Der Knabe gelangte in die Hände des brutalen Trunkenbolds Simon, der ein aufgewecktes und fröhliches Kind in ein stummes Geschöpf verwandelte, das nie wieder sprechen sollte. Gemäß der royalistischen Überlieferung war es die unglaubliche

Grausamkeit, mit der die Gefängniswärter, insbesondere der Schuhmacher Simon, das Kind behandelten, die zum Tode des Zehnjährigen führte. Nicht nur war er seiner Mutter entrissen worden, er lebte eingesperrt in einer winzigen Zelle, mit Ratten als Mitbewohner, mit einem vernagelten Fenster, durch das kein Lichtstrahl drang, ohne Klosett. Er wurde von seinen Bewachern geschlagen, bekam nur Blutsuppe und mußte in seinen Exkrementen schlafen. Und als er krank wurde, gab es niemanden, der ihn pflegte.

An einem Tag des harten Winters, der der Hinrichtung ihrer Mutter folgte, hörte die Madame Royale seltsame Geräusche aus der Zelle, in der sie ihren Bruder gefangen wußte. Es war der 19. Januar 1794, der Tag, an dem Simon von zwei Männern aus dem Temple geführt wurde. Madame Royale, das Geschehen durch ein Guckloch verfolgend, sah Simon ein Bündel tragen, in dem sie seine Habseligkeiten vermutete.

Es gibt eine andere Version. Im Jahr 1819 erklärte eine alte Frau auf ihrem Totenbett: *Der Knabe wurde aus dem Temple gebracht und durch ein rachitisches Kind ersetzt.* Und diese Frau war die Gattin Simons des Schuhmachers! Nach ihrer Erzählung wurde der Knabe aus seiner Kammer in die ehedem vom Kammerdiener des Königs bewohnte Unterkunft gebracht. Aber welcher Knabe? Es gab den starken Verdacht, daß Chaumette, mit Hilfe von Simon und Hébert, den Dauphin aus dem Temple schaffte und ein krankes Kind seinen Platz einnehmen ließ. Wenn sie eine Rückkehr der Bourbonendynastie befürchteten, so ist es mehr als wahrscheinlich, daß sie bestrebt waren, des Thronerben habhaft zu werden, und die Entführung klingt wahrscheinlich. Hébert und Chaumette wurden auf Befehl Robespierres am 16. März verhaftet und beschuldigt, die Wiederherstellung des Despotismus und der Monarchie betrieben zu haben, und daß sie *versucht hätten, fünfzig Louisdors in den Temple zu schmuggeln, um das Entkommen des Dauphin aus dem Temple zu erleichtern.* Am 5. April 1794 wurde Georges Danton hingerichtet. Er war durch den Wohlfahrtsausschuß gestürzt, und vom Revolutionstribunal beschuldigt worden, *die Monarchie wiederherstellen zu wollen* und den Umsturz der Nationalversammlung geplant zu haben. Die Girondisten verachteten ihn wegen seiner Greueltaten, die Jakobiner wegen seines lockeren Lebenswandels. Mit dem Fall Dantons lag die Fülle diktatorischer Macht nun bei Robespierre. Eine seiner ersten Handlungen war ein nächtlicher Besuch im Temple, und es trug sich Seltsames zu in dieser Nacht.

Im Jahr 1885 entdeckte der französische Historiker Lenôtre die geheimen Aufzeichnungen eines royalistischen Spions, der als Arbeiter verkleidet in den Temple geschmuggelt worden war. Dieser Spion unbekannten Namens schrieb: *Der Tyrann Robespierre besuchte in der Nacht vom 23. zum 24. Mai den Temple, aus dem er le petit roi entführte, um ihn nach Schloß Meudon zu bringen.* Die Darstellung wird erhärtet durch eine gekritzelte Eintragung Robespierres in seinem Diarium, und durch das Wort *Opium*, das darauf schließen läßt, daß Robespierre diese Droge verwendete, um das Kind einzuschläfern. Der Spion berichtet des weiteren, daß *le roi am 30. Mai in den Temple zurückgebracht wurde.* Warum sollte sich der Diktator der Mühe unterziehen, den *kleinen König* zu entführen, nur um ihn eine Woche später zurückzubringen? Die einzig plausible Erklärung, zumindest für Lenôtre, ist, daß Robespierre entdeckte, daß es sich bei dem Knaben nicht um Louis Charles handelte. Am 28. Juli nahm Robespierre selbst ein gewaltsames Ende. Er nahm sein Geheimnis mit aufs Schafott, wie auch Simon, Hébert and Chaumette.

Einer der letzten, die außer dem behandelnden Arzt Louis Charles (Ludwig XVII.) zu Gesicht bekamen, war der Abgeordnete von Meuse, der im Auftrag des Konvents über den Gesundheitszustand des Knaben berichten sollte. Am 19. Dezember 1794 verfaßte er einen Bericht, der eindeutig festhält: *Der Knabe starrte mich ausdruckslos an, er schien taubstumm, und zeigte starke Schwellungen an den Knien und Ellenbogen.*

In der Nacht des 8. Juni 1795 sah ein Schließer auf seinem

Routinerundgang nach dem Kind. Der Knabe schien entsetzliche Schmerzen zu haben und war in kaltem Schweiß gebadet. Plötzlich erhob er sich von seinem Lager, stieß einen Seufzer aus – und starb. Ludwig XVII. war nur zehn Jahre alt geworden. Am Küchentisch im Vorraum wurde von Dr. Pelletan eine Autopsie vorgenommen. Als er sich unbeobachtet wußte, wickelte er das Herz des Kindes in ein Taschentuch und ließ es in seine Tasche gleiten.

Die vier mit der Leichenbeschau beauftragten Ärzte stellten den Totenschein auf den Namen Charles Capet aus und gaben als Todesursache eine chronische Erkrankung an. Aber keiner der anwesenden Ärzte hatte das Kind vor 1794 gesehen; diejenige, die Louis Charles hätte identifizieren können, war seine Schwester, Madame Royale, die aber schon 1793 in eine andere Zelle verlegt worden war. Bis zu dem Tag, an dem sie gegen einige republikanische Gefangene ausgetauscht wurde, hatte sie keine Ahnung vom Tode ihres Bruders. Madame Royale heiratete den Herzog von Angoulême und wurde zu einer verbitterten alten Frau, die den Franzosen nie verziehen hat.

Nach der *Restauration* erschienen vierzig Prätendenten auf der Bildfläche, die behaupteten, Louis Charles zu sein. Die meisten von ihnen wurden wegen Betrugs eingesperrt. Ein gewisser Karl Wilhelm Naundorf, der eine vage Ähnlichkeit mit dem Bourbonen aufwies, gab an, daß er in einem Sarg aus dem Temple geschmuggelt und dann von einer Schweizerin nach Italien gebracht worden war.

Es gibt keinen Beweis für die Hypothese, daß das Kind, das im Temple starb, nicht Louis Charles, der Kindkönig, war, wenn man von der Aussage einer senilen Frau am Totenbett und von einigen losen Blättern aus dem Bericht eines namenlosen Spions, die hundert Jahre nach dem Ereignis auftauchten, absieht. Es ist viel wahrscheinlicher, daß der kleine Junge tatsächlich der König war, der ein niederträchtiges Martyrium erleiden mußte, weil die Revolution den Gedanken nicht ertragen konnte, daß er eines Tages die Rolle eines Bourbonenkönigs übernehmen könnte. In dieser

Nacht des 8. Juni 1795 starb ein Kind, ein Junge, der folgende Worte flüsterte: *Toujours seul, ma mère est restée dans l'autre tour. – Immer allein, meine Mutter ist im anderen Turm.* Das Kind wußte nicht, daß seine Mutter hingerichtet worden war.

***

Nach dem Ableben der großen Revolutionäre Marat, Danton, Robespierre und ihrer Anhänger kam General Bonaparte an die Macht. Im Jahr 1805 krönte er sich selbst als Napoleon I., Kaiser von Frankreich. Schon 1814 war seine Herrschaft faktisch zu Ende, obwohl er in den berühmten *Hundert Tagen* versucht hatte, seine Wiederkehr zu inszenieren, bis ihn sein Waterloo (Juni 1815) ereilte. Der König, der auf Napoleon folgte, war der jüngere Bruder Ludwigs XVI., Louis-Stanislas, Comte de Provence, oder Ludwig XVIII. Diese traurige Gestalt mit dem Spitznamen *Tartuffe* (nach dem salbungsvollen Heuchler aus Molières großartigem Stück) scheiterte mit seinem Versuch der Restauration der Bourbonendynastie. Am Beginn seiner Regierungszeit stand die schwierige Aufgabe, die napoleonische Armee, deren Loyalität nach wie vor dem Kaiser gehörte, aufzulösen. Zu seinem Kriegsminister ernannte er General Dupont, der von Napoleon öffentlich wegen Feigheit geschmäht worden war. Er ging so weit, gut dotierte Offiziersposten an die adeligen Emigranten zu verteilen, die ehedem geflohen waren und nie Pulverrauch gerochen hatten. Während des Wiener Kongresses und der Aufteilung des nachnapoleonischen Europas wurde sein Platz von Talleyrand eingenommen, der schon einige Monarchen hintergangen hatte.

Der nächste und auch letzte in der dynastischen Linie der Bourbonen, Karl X., ein anderer Bruder, war ein willfähriger Frömmler. Er wurde vom Thron gefegt, als die Bevölkerung von Paris sich gegen die unbeliebte Herrschaft seines neu ernannten Ministers, des Prince de Polignac, erhob. Dieser war ein Mann mit den großen Ambitionen, aber ohne die Talente eines Napoleons. Törichterweise hatte er die gesamte französische Armee auf den Eroberungsfeldzug nach Algerien geschickt und Paris ohne Truppen gelassen. Die Erhebung fand im Juli 1830 statt, an drei nicht nur meteorologisch heißen Tagen. Honoré de Balzac schrieb über diese Julitage:

> „Es wird die Zeit kommen, wo die Hälfte des französischen Volkes den Abgang dieses alten Mannes beklagen und sagen wird: Sollte die Revolution von 1830 nochmals stattfinden, würde sie nie und nimmer von Erfolg gekrönt sein."

Am 2. August 1830 fand die lange Herrschaft der Bourbonen schließlich ein Ende. Es war kein stilles oder einfaches Ende, denn es war dem letzten Bourbonenkönig beschieden, den Schlußvorhang mit einer pathetischen Geste fallen zu lassen. Karl X. war ein liebenswürdiger alter Mann, aber extrem beschränkt, *unfähig zu lernen und unfähig zu vergessen.* Es kann ihm nicht klar gewesen sein, daß die königlichen Privilegien vierzig Jahre vorher unter der Guillotine gefallen waren, als er erklärte: *Ich muß in der Lage sein, die mir kraft meiner Krone verliehenen Rechte frei auszuüben.* Mit diesem undiplomatischen Satz sollte er den Schlußstrich unter die Herrschaft einer der bedeutendsten Dynastien Europas ziehen. Am 26. Juli 1830 unterschrieb er vier Erlässe, die verfassungswidrig waren: Er löste das Parlament auf, schrieb Wahlen aus, beschränkte Landbesitz und führte eine rigorose Pressezensur ein. Nicht überraschend stellte sich die Presse gegen ihn und trug dann die Polemik auf die Straße. Als er durch sein Fernglas die republikanische Trikolore von den Türmen von Notre-Dame flattern sah, unterschrieb er das Abdankungsdekret zugunsten eines Enkels, Kind seines jüngsten Sohnes. Anwesend bei der Unterschriftsleistung waren sein ältester Sohn, der Duc d'Angoulême, verheiratet mit Marie Thérèse, vormals Madame Royale, der einzigen aus dem Haus Bourbon, die den Temple lebendig verlassen konnte – eine Frau, von der Napoleon sagte: *C'est le seul homme de la famille! – Der einzige Mann in der Familie.*

Karl X. reichte das unterzeichnete Dokument seinem Sohn, einem häßlichen kleinen Mann mit einem nervösen Tick, zur Unterschrift. Diesem war (mit ein wenig Hilfe seitens seiner Gattin

Marie Thérèse) klar geworden, daß er der König wäre, so er das Dokument behielte. *Père*, sagte er schüchtern, *bitte lasse mich König sein – und wenn es nur für zwei Stunden ist. – Kommt nicht in Frage*, war die schroffe Antwort des Monarchen, der gerade abgedankt hatte. Als sie ihre Chancen, Königin von Frankreich zu werden, schwinden sah, zischte Marie Thérèse, die nicht sehr liebenswürdige, durch einen impotenten Gatten, der ihr weder Sex noch die Krone bieten konnte, frustrierte Tochter Ludwigs XVI.: *Du Idiot!*

Nun unternahm der gute Duc d'Angoulême etwas, was er für einen Geniestreich hielt. Er wandte sich an einen alten Diener des Reiches, den Duc de Damas, und drückte ihm die Rolle in die Hand: *Würden Sie das Dokument überbringen?*

Der Mann sah ihn an: *Selbstverständlich, aber erst nachdem Sie es unterzeichnet haben!*

Der Herzog begann zu schluchzen. *Niemand will mich. Sollen sie sehen, wie sie ohne mich auskommen!* Ohne ein weiteres Wort bestieg er seine Kutsche und fuhr aus dem Hof des Schlosses Rambouillet. Plötzlich hielt die Kutsche, der Herzog sprang heraus und lief auf die überraschten Höflinge zu, die pflichtbewußt zum Abschied winkten.

Et mes chiens? Wer wird sich um meine Hunde kümmern? ... und die Herrschaft Ludwigs XIX. endete, bevor sie noch begonnen hatte.

Die Bourbonen hatten eine Reihe französischer Könige hervorgebracht, die in Erinnerung bleiben werden. *Licentious or bigoted, noble or ignoble, there had seldom been a dull Bourbon. They were nearly all odd, original men of strong passions, unaccountable in their behaviour*, schreibt Nancy Mitford, angefangen vom populärsten, Heinrich IV., dem wilden Mann von Béarn, mit seinen Mätressen und der Devise von Huhn im Topf, über den prächtigsten, Ludwig XIV., den Sonnenkönig, bis zum traurigsten und farblosesten, dessen Leben eine einzige Tragödie war, nämlich Ludwig XVI., ein König, der so bemüht war, jedes Blutvergießen zu vermeiden, und der dann doch hilflos zusehen mußte, wie die Monarchie seiner Vorfahren einer blutigen Revolution zum Opfer fiel.

Je m' en vais, mais la France demeurera toujours – Ich gehe, aber Frankreich wird ewig bestehen –, erklärte Ludwig XIV. auf seinem Totenbett. Mit dem Sturz der Bourbonendynastie dämmerte ein neues Zeitalter herauf.

Die Romanows (1613–1917)

Tsarstvie nebesnoje.
Gott der Herr gebe Ihm das
Himmlische Reich.

Traditionelle Verkündigung
eines Todesfalles in Rußland.

Am 20. Juli 1918 erschien folgender Leitartikel in *Der Uralische Arbeiter:*

„Viele formale Aspekte bürgerlicher Justiz mögen in diesem Unternehmen verletzt worden sein, auch wurde keine geschichtstraditionelle Zeremonie bei der Hinrichtung der gekrönten Person eingehalten. In dem Unternehmen manifestierte sich die Macht der Arbeiter und Bauern, die keine Ausnahme für den Allrussischen Mörder machten und schossen, als wäre er ein gewöhnlicher Bandit.

Nikolaus der Blutige ist nicht mehr. Und die Arbeiter und Bauern haben jedes Recht, ihren Feinden zu sagen: ‚Ihr habt auf die Kaiserkrone gesetzt? Sie ist zerbrochen. Nehmt ein leeres gekröntes Haupt an ihrer Statt!'"

Ein Besucher wird Swerdlowsk, Vorzeigeobjekt sowjetischer Industriemacht, das jetzt wieder seinen ursprünglichen Namen Jekaterinburg (nach Katharina der Großen, 1762–96) führt, als langweilige Industrielandschaft von Schloten sehen, die ihre Abgase über die vom sauren Regen entkleideten Wälder ausspeien. Aber im heißen Sommer des Jahres 1918 war es ein verschlafener Ort an einer Nebenlinie der Trans-Ural-Eisenbahn. Bis ihm ein Ereignis Geltung verschaffte, ein Ereignis von solcher Schändlichkeit, daß es ein Regime in siebzig Jahren kommunistischer Herrschaft nicht in Vergessenheit geraten lassen konnte: der von Geheimnissen, Mythen und Lügen umwittertste Mord des Jahrhunderts.

Vor Sonnenaufgang am 17. Juli 1918 verließ ein Lastwagen die schlafende Stadt in Richtung Westen. Einige Männer hingen an den Seitenwänden des Fahrzeuges, das an den zerbröckelnden Mauern einer stillgelegten Fabrik vorbei nach Norden schwenkte und über den schienengleichen Übergang der Trans-Ural-Eisenbahnlinie rumpelte, bevor es in einen Feldweg abbog und sich in Richtung einer Stelle bewegte, die bei der ortsansässigen Bevölkerung als *Die vier Brüder von Koptiaki* (vier hohe Bäume) bekannt war. Der Lastwagen kämpfte sich durch Farnkraut und Gestrüpp, um dann in sumpfigem Gelände steckenzubleiben. Was in den folgenden 24 Stunden geschah, ist in Dunkel gehüllt. Es gab keine Zeugen, zumindest keine, die längere Zeit überlebten. Dafür sorgte der neue Rote Zar des Landes.

Aber auch das bestgehütete Geheimnis hat Schwachstellen. Sykowa, die Frau eines Fischers aus dem Dorf Koptiaki war auf dem Weg in die Stadt, um die Tagesausbeute zu verkaufen, als ein Reiter auf sie zu galoppierte, dessen spitz zulaufende Kopfbedeckung ein roter Stern zierte. *Geh' zurück woher du gekommen bist, altes Weib, geh' nur weiter und schau' nicht zurück, sonst erschieße ich dich!* Bevor sie umdrehte, sah sie etwas Großes und Dunkles aus einer Staubwolke auftauchen. Es war ein Lastwagen, und er bog in den Wald ab. Der Zwischenfall ängstigte die arme Frau, und sie erzählte ihrem Mann von dem Lastwagen. Von Neugierde getrieben machte sich der alte Sykow auf den Weg, um die Sache aus der Nähe zu betrachten; dabei wäre er beinahe einem der Wachposten auf dem Gelände eines ehemaligen Bergbaubetriebes in die Hände gefallen. Erst als die Soldaten abgezogen waren, versuchte er es noch einmal. Diesmal nahm er seinen Sohn Oleg mit.

Ein *roter Vorhang* fiel, und 77 Jahre lag ein Mantel des Schweigens über der Angelegenheit. Die örtlichen Bauern starben an Altersschwäche oder wurden im Zuge der brutalen Verstaatlichung

ihres Landes ermordet, und die Stelle wäre dem Vergessen an-
heimgefallen, wäre da nicht der Fischer gewesen, der seinen kleinen Sohn zu der Lichtung mitgenommen hatte. Unter dem Siegel
der Verschwiegenheit erzählte er ihm eine seltsame Geschichte
von Feuern in der Nacht und trunkenem Singen. Als sie an diesem
längst vergangenen Tag in den Wald gegangen waren, entdeckten
sie tiefe Radspuren im weichen Boden. Den Spuren folgend, kamen sie zu einer Lichtung, wo sie einige seichte wassergefüllte
Aushebungen und zwei Aschenhaufen am Rande der Lichtung bemerkten. Mit einem Stock begann der Fischer in der Asche zu sto-
chern und förderte den teilweise verkohlten Griff einer Haarbür-
ste zutage. Als er den Fund von Schmutz und Asche befreit hatte,
kamen auf dem versengten Elfenbein die Initialen A. F. zum Vor-
schein. Er konnte nicht lesen und also nicht wissen, daß A. F. für
Alexandra Fjodorowna stand. Aber er erkannte die russische Kaiserkrone, die über den zwei Buchstaben eingraviert war. Der
kleine Oleg schaute erschrocken auf. Er glaubte, ein Stöhnen ver-
nommen zu haben, oder war es nur der Wind? *Zeige niemandem
diesen Ort, mein Sohn, er ist von Geistern und dem Bösen heimge-
sucht.*

Es war in der Tat ein Geisterort, niemand getraute sich in seine
Nähe oder nur davon zu sprechen, bis 61 Jahre später Oleg, nun
ein alter Mann, zwei Geologen und einen ortsansässigen Filmemacher zu der Stelle brachte, die er und sein Vater vor so vielen
Sommern entdeckt hatten.

Was hatte sich nun in jener heißen Sommernacht des Jahres 1918
zugetragen? Eine abscheuliche und grausame Tat: Eine Familie
wird in einen Keller gestoßen und niedergemetzelt. Ein auf einer
Welle von Wodka getragener Akt der Feigheit: vom Haß ent-
menschte Männer mit Gewehren gegen Frauen und Kinder. So
einfach die Tat, so komplex das Grauen. Ein Verbrechen, das zeigt,
daß Haß keiner Organisation bedarf, um zu vernichten; und doch
waren es die Führer der Organisation, die den Auftrag dazu gegeben und sich gerade dadurch selbst das Urteil gesprochen hatten.

Der Untergang großer Dynastien

Innerhalb kurzer Zeit waren die meisten der Todesschützen tot, Opfer der Erniedrigungen, die sie auf die Hilflosen geladen hatten, Opfer derer, die sie zum Verstummen brachten, um ein furchtbares Geheimnis zu wahren.

Eines ist sicher: Kein Akt der Bolschewiki[12] zog mehr öffentliche Verurteilung nach sich als die kaltblütige Ermordung des Zaren Nikolaus II., seiner Gemahlin Alexandra Fjodorowna und ihrer fünf Kinder.

***

Rußland war ein barbarisches und wildes Land, dessen Zar Land und Leute besaß.

> „Russen sind anmaßend, weil sie keine andere Ausbildung als in Schamlosigkeit und Lügen erhalten, sie sind ständig betrunken und gewalttätig, und unglaublich abergläubisch. Es ist einer der Grundsätze des Zaren, sein Volk daran zu hindern, ins Ausland zu reisen, denn sie könnten anderswo der Segnungen der Freiheit gewahr werden",

schrieb Kotoschichin, nachdem er aus Rußland geflohen war. Das Land lebte auf der Grundlage eines Widerspruchs: Da sie Rohlinge waren, bedurfte es besonders roher Männer, um sie zu regieren; Männer, die durch bloße Willenskraft und unerträgliche Brutalität ihre Untertanen zwangen, sich ihrem Diktat zu unterwerfen. In diesem Punkt hatte sich über die Jahrhunderte nicht viel geändert.

Die Romanow-Dynastie gelangte drei Jahrzehnte nach dem Tod (1584) Iwans des Schrecklichen (Iwan IV.) an die Macht. Dieser Zar aus der Rurikiden-Dynastie[13] hatte die Grenzen seines Reiches über den Ural bis nach Sibirien hinausgeschoben und einen verlustreichen 25jährigen Krieg im Baltikum (Livländischer Krieg) geführt, bis das militärische Eingreifen Polens und Schwedens die Russen verdrängte. Er hatte seinen Platz auf dem Thron abgesichert, indem er jeden potentiellen männlichen Herausforderer, einschließlich seines Sohnes, töten ließ. Als Iwan zu Grabe getra-

70

gen wurde, verblieb als einzig legitimer Thronerbe ein geistig zurückgebliebener Prinz. Dieser schwachsinnige Zar, Fjodor I. Iwanowitsch, wurde von einem verschlagenen und grausamen Bojaren, Boris Godunow, zur Seite geschoben, der Rußland in den Abgrund eines verheerenden Bürgerkrieges, bekannt als *Zeit der Wirren*, stürzte. Boris Godunow, der sich nach Fjodors Tod (1598) zum Zaren krönen ließ, starb 1605.

Durch Anastasia Romanowa, erste Gemahlin Iwans des Schrecklichen, konnte das Geschlecht der Romanows rechtmäßig Anspruch auf den Zarenthron erheben. Romanowas sechzehnjähriger Enkel, Michael Romanow, wurde vom *Zemskij Sobor*, einer mit Bojaren (Hochadel) und Bürgern besetzten Reichsversammlung, 1613 im Kloster Ipatjew zum Zaren gewählt.

Peter (I.) der Große (1682–1725), ein Hüne von über zwei Metern, festigte die Stellung der Romanows, als er sich zum Allrussischen Herrscher erklärte und 1721 den Kaisertitel (Imperator) annahm.[14] Im Jahr 1703 war die Gründung der neuen Haupt- und Residenzstadt St. Petersburg erfolgt. Peter der Große war der erste, der seine Aufmerksamkeit auf den Westen richtete, nachdem er den schwedischen Kriegerkönig Karl XII. in der Schlacht von Poltawa (1709) geschlagen hatte. Ab diesem Zeitpunkt lag die Drohung einer Invasion russischer Heere über Europas Ostgrenze. Seine Politik wurde von der Zarin Elisabeth Petrowna (1741–1762) fortgesetzt; ihr folgte Katharina II., vormals Prinzessin Sophie von Anhalt-Zerbst, besser bekannt als Katharina die Große (1762–1796), nachdem sie ihrem unfähigen Gemahl, Peter III., die Zarenkrone entwunden hatte. Ihr skandalöses Liebesleben liefert Material für etliche Bände. Nach der Ermordung Pauls I. (1796–1801) gelangte Alexander I. Pawlowitsch nach einer Palastrevolution auf den Thron (1801–1825) des Riesenreiches. Er erwies sich als untauglicher Verbündeter der Österreicher in ihrem Kampf gegen Napoleon I., den er insgeheim bewunderte und nachzuahmen suchte. Napoleon marschierte in Rußland ein, mußte aber vor dem brennenden Moskau einen äußerst verlustreichen Rückzug antreten.

Alexander II. Nikolajewitsch, dessen Regierungszeit (1855–1881) mit der industriellen Revolution Europas zusammenfällt, unterlag 1854 einer vereinigten englisch-französischen Streitmacht auf der Krim (der *Totenritt von Balaklawa*) in dem von seinem Vorgänger Nikolaus I. provozierten *Krimkrieg* (1853–1856).[15] Die Abschaffung der Leibeigenschaft (der gutsherrlichen Bauern) 1861 trug ihm den Beinamen *der Befreier* ein. Im Jahr 1881 fiel Alexander II. einem Bombenattentat zum Opfer. Ein jüdischer Student, Grinewitskij, hatte die tödliche Bombe gegen seinen Schlitten geworfen. Dieses Attentat zog Pogrome gegen Juden in Rußland[16] nach sich. Nachdem Alexander III. an die Macht gekommen war, wurden Hunderte von anti-jüdischen Gesetzen erlassen, Juden wurden in ihren Ghettos massakriert, und viele der Überlebenden flohen nach Amerika oder Deutschland. Alexander ehelichte eine dänische Prinzessin, die ihm sechs Kinder gebar.

Nikolaus, ihr erstes Kind, wurde am 6. Mai 1868 in die Pracht des Alexander-Palais in *Zarskoje Selo* (russ. *Zarendorf*) hineingeboren. Seine Kindheit war nicht immer glücklich. Den Armen seiner ältlichen Gouvernante entrissen, trat er unfreiwillig in eine Militärakademie ein, wo er, wann immer ihn die Laune überkam, sich weigerte zu sprechen oder zu essen. Manchmal gebot man ihm, an der Seite seines Vaters an Empfängen bei Hof teilzunehmen, was seine Abneigung für öffentliche Auftritte nur steigerte. Ein Wandel vollzog sich in ihm, als Alix, die Frau, die seine Zarina werden sollte, in sein Leben trat.

An der Frau, die er liebte, heiratete und in Ehren hielt, war der gebieterische Zug ihrer Großmutter, Königin Viktoria von England festzustellen. Alexandra Fjodorowna (Alice Victoria) war eine hessische Prinzessin und wurde daher von den Russen *die deutsche Frau* genannt. Von betörender Schönheit, mit festem rotblondem Haar und durchdringenden blauen Augen, war sie die einflußreichste Persönlichkeit in der Umgebung des Zaren. Sie schenkte ihm vier Töchter, Olga (1895), Tatjana (1897), Maria (1899) und Anastasia (1901), und einen Thronerben, Zarewitsch Aleksej (1904). Dieser war ein zartes Kind, das an Hämophilie (Bluterkrankheit) litt, eine Krankheit, die nach dem damaligen Stand der Medizin als unheilbar galt. Der kleine Aleksej hatte die Krankheit über seine Mutter (die Bluterkrankheit wird durch die nicht erkrankten Frauen der Bluterfamilien auf die Söhne übertragen) von seiner Urgroßmutter, Königin Viktoria, einer Bluterin, geerbt.

Zar Nikolaus II. Alexandrowitsch wurde am 14. Mai 1894 gekrönt. Seine Regierungszeit begann mit einer Katastrophe. Zur Belustigung der Bevölkerung, die sich zu Ehren der Krönung eingefunden hatte, wurden in Zelten auf dem Festplatz Süßigkeiten und Limonade ausgegeben. Eine auf eine halbe Million Menschen geschätzte Menge drängte sich vorwärts, um einen Blick auf den neuen Zaren zu erhaschen. In dem Gedränge erstickten zahlreiche Menschen, und über tausend geladene Gäste wurden in der folgenden Panik erdrückt oder zertrampelt.

Zar Nikolaus II. war das klassische Beispiel eines Mannes, der den an ihn gestellten Anforderungen nicht gerecht wurde, eines Monarchen, der für sein tragisches Schicksal selbst verantwortlich war. Sein Mangel an Realitätssinn und Willensstärke führte zu dem Drama. Bei den gekrönten Häuptern Europas war er als *der nette Onkel Nicky* bekannt, und das war er auch, ein tief religiöser, aber schwacher Herrscher, der eher regieren ließ, denn aus eigenem Wollen zu regieren. Seine Politik war eine Fortsetzung der Politik seiner Vorfahren, der Unterdrückung von Sozialreformen und Verfolgung von Minderheiten. Was in einer bäuerlichen Gesellschaft möglich gewesen war, war im Zeitalter der Industrialisierung nicht mehr durchführbar. Das Problem waren die offensichtlichen Zeichen von Schwäche, die ihn Respekt und Vertrauen kosteten. Sogar die Armee sah ihn bestenfalls als mittelmäßigen Befehlshaber, dem der in einem Krieg so wichtige Überblick fehlte. Die Welt sollte sich bald davon überzeugen können. Gegen einen Feind in ein tausende Kilometer entferntes Feld zu ziehen, war keine gute Idee. Der erste Waffengang, den Nikolaus II. unternahm, endete mit einer verheerenden Niederlage seiner Seestreitkräfte durch eine aufstrebende Macht, nämlich Japan. Mit dem Untergang der russischen Kriegsflotte in der Schlacht von

Tsushima (1905) und dem Fall der Festung von Port Arthur begann die russische Vorherrschaft in Asien zu verblassen. Das verhängnisvolle Unternehmen brachte Rußland schwere Verluste an Menschenleben (ewa 400.000 Tote). Obwohl die Regierung die schlechte Nachricht zurückzuhalten versuchte, brachte der militärische Rückschlag Rußlands Demütigung auf internationaler Ebene sowie revolutionäre Herausforderung im Inneren mit sich. Erste Risse zeigten sich im ehernen Panzer der Isolation Rußlands. Was in der Vergangenheit so gut funktioniert hatte, war in einer Welt verbesserter Kommunikation nicht mehr möglich; die Menschen reisten mehr, und Nachrichten von auswärts kamen ins Land.

Peter der Große (1682-1725) hatte die wichtigsten Regeln für Rußlands zukünftige Politik vorgegeben, als er erklärte: *Europa ist einige Jahrzehnte lang noch notwendig für uns, dann werden wir ihm den Rücken kehren. Nehmt rasch, was vorhanden ist, was das Beste ist, und entwickelt es im eigenen Land weiter.* Von da an unterlag die Politik jedes Zaren einem bizarren Dualismus: einerseits eine Öffnung gegenüber guten Ideen von außen, andererseits eine tief eingewurzelte Phobie, die sich in totaler Isolation gegen die Außenwelt äußerte. Ein hervorragendes Beispiel für diese Haltung ist die Einführung der Eisenbahn, einer brillanten westlichen Erfindung, die angesichts der unermeßlichen Weite des Landes bereitwillig angenommen wurde – aber mit einer wesentlich größeren Spurweite als in Europa üblich war. Die Folge davon war, daß ein Zug aus Polen, Österreich oder Preußen an der russischen Grenze am Ende seiner Geleise angekommen war und umgeladen werden mußte. Die Isolationspolitik machte es dem kleinen Mann unmöglich, sein Glück oder Unglück in Beziehung zum Ausland zu sehen, und so gelang es den Zaren, ihren Untertanen ein Bild des Mütterchen Rußland als Gottes Paradies auf Erden zu zeichnen.

Es heißt, daß übergroße und überlang ausgeübte Macht korrumpiert. Sie macht blind gegen die Wahrnehmung menschlicher Würde, Gerechtigkeit und selbst Ehre. Das traf auch auf die Ro-

Die Romanows

manows zu. Jede der auf die Gründergenerationen der mächtigen Zaren und Zarinnen folgenden Herrscherpersönlichkeiten hatte etwas von ihrer Macht preisgegeben. Während Zar Peter und Zarin Katharina noch Gottes Ebenbild auf Erden waren und es ihnen gelang, gefährliche Kriegsherren in parfümierte Höflinge zu verwandeln, bewies Nikolaus für einen Monarchen des industriellen Zeitalters unglaubliche politische Unfähigkeit. Das Land wurde von Großherzögen und bürgerlichen Ministern regiert, die wenig Anteilnahme für die gesellschaftlich und wirtschaftlich benachteiligten vier Fünftel der Bevölkerung aufbrachten. Rußland war das ungerechteste Land, was die Kluft zwischen einer kleinen reichen Elite und dem armen Arbeiterproletariat und den Muschiks betraf. Die Industrialisierung hatte viele der grundbesitzlosen Familien auf der Suche nach besseren Lebensbedingungen in die Stadt gelockt. Die ungelernte Arbeiterschaft bildete die Grundlage für eine neue Gesellschaftsschicht, die proletarische Arbeiterklasse. Die Arbeiter litten unter der grausamen Behandlung durch die Fabriksleiter, ihre Familien lebten unter entsetzlichen Bedingungen, ihre Behausungen waren Löcher in zerbröckelnden Baracken, auf denen der Kohlenstaub in dicken Schichten lag. Ungerechte Bezahlung ließ die ersten, noch zaghaften Arbeitervertretungen entstehen. In den Betrieben formierten sich Gewerkschaften, um die Rechte der Fabriksarbeiter zu verteidigen. Aber sie waren uneins und schwach, Streiks wurden mit äußerster Unbarmherzigkeit niedergeschlagen, Streikführer nach Sibirien verbannt. Außerdem gelang es den Ministern des Zaren immer noch, den Zorn des Proletariats mit gelegentlichen Versprechungen zu besänftigen, und die Arbeiterdemonstrationen waren zu kraftlos und hatten geringe politische Durchschlagskraft, weil es dieser Arbeiterklasse an den Mitteln für wirksame kollektive Aktionen fehlte.

Am 9. Januar 1905[17], der als *Blutiger Sonntag* in die Geschichte einging, ließ der Zar auf eine friedliche Demonstration in Petrograd schießen. Über tausend Menschen starben in den Gewehrsalven. Als Sündenbock bediente man sich einer Gruppe jüdischer Revolutionäre, was zu einem neuerlichen und furchtbaren Pogrom

Der Untergang großer Dynastien

und zu einem gewaltigen Exodus von Juden in die Vereinigten Staaten führte. Am 4. Februar warf ein junger sozialistischer Revolutionär namens Kaljaew eine tödliche Bombe in den Wagen des Onkels des Zaren. Alles, was vom Großherzog Sergej Alexandrowitsch blieb, war eine Hand und ein Fuß. *Warum hast du ihn ermordet?* fragte der Richter den Angeklagten. *Weil er die Waffe der Tyrannei verkörpert,* antwortete ein trotziger Kaljaew. Er wurde hingerichtet – ohne die Namen der Drahtzieher preisgegeben zu haben. Es war auf jeden Fall ein verpfuschtes Unternehmen ohne Gesamtplanung, und die Generäle erstickten die Rebellion auf grausame Weise. Die gefangengenommenen Revolutionäre wurden entweder erschossen oder nach Sibirien verschickt. Zwei derjenigen, die das Glück hatten, durch eine lebenslange Verbannung nach Sibirien mit dem Leben davonzukommen, waren Wladimir Iljitsch Uljanow und Lew Davidowitsch Bronstein. Beiden gelang die Flucht aus dem Lager, einer legte sich den Namen des am Gefängnislager vorbeifließenden Flusses Lena zu; der andere nahm den Namen seines Gefängniswärters an: Trotzkij.

Am 17. Oktober 1905 gewährte der Zar seinem Volk huldvoll ein *Friedensmanifest.* Doch führte seine Angst, sich bei seinen Onkeln, Vettern und Neffen unbeliebt zu machen, in Verbindung mit der Trägheit seines politischen Denkens zu immer größerer Unentschlossenheit. In dieser Verfassung war Nikolaus ein leichtes Opfer für die Einflüsterungen seiner Ratgeber, die Aristokratie nicht im Stich zu lassen, und er widerrief das Friedensmanifest. Diese unkluge Maßnahme sollte zu seinem Untergang beitragen, da sie das Vertrauen seines Volkes erschütterte. Und doch war die russische Revolution keine ausgemachte Sache, hätte der Zar nur mit Entschiedenheit gehandelt. Aber er versagte, wie der französische König Ludwig XVI. vor ihm.

Eine Welle der Unruhe erfaßte das ganze Land, und das Gespenst der Anarchie ging um. Gerade als die Situation kritisch zu werden begann, bekam Zar Nikolaus eine letzte Atempause. Ende Juni 1914 wurde der österreichische Thronfolger Erzherzog Franz Ferdinand von serbischen Nationalisten, deren Bewegung von

76

Rußland sehr unterstützt wurde, ermordet. Die Österreicher und Preußen begannen einen Krieg und nahmen so den Druck von den inneren Problemen des Zaren. Kinder schwenkten Fähnchen, Frauen schrien patriotische Parolen, Männer wurden mobilisiert *für die Verteidigung des Mütterchen Rußland.* Jede Hoffnung auf revolutionäre Aktivität wurde im nationalistischen Kriegseifer erstickt.

Zwischen 1910 und 1914 wurde das Bündnis des Zaren mit Frankreich in dem Maße enger, in dem das russische Selbstvertrauen und die Angst vor den Deutschen wuchsen. General Danilow riet dem Zaren zu einer ehestmöglichen Offensive gegen Deutschland, unter Aufrechterhaltung einer defensiven Haltung gegenüber Österreich. Von Deutschland kam die größte Bedrohung, und ein Sieg Deutschlands über Frankreich würde Rußland in eine hoffnungslose Position bringen. Während Rußlands Armeen nur in eine Richtung, vom Osten her, in Marsch gesetzt werden konnten, waren die Deutschen dank ihres gut ausgebauten Eisenbahnnetzes in der Lage, Truppenbewegungen in beide Richtungen vorzunehmen. General Aleksejew, Befehlshaber des wichtigen Militärbezirks Kiew (Südfront), war der Meinung, man sollte zuerst Österreich angreifen, denn das würde die Truppen des Zaren in Gebiete bringen, die von freundlich gesinnten slawischen Völkern bewohnt waren, und die Russen würden mit panslawischer Unterstützung rechnen können. Eine dritte Stimme war die von General Michnewitsch, der erklärte, daß Rußland einen entscheidenden Vorteil gegenüber dem höher entwickelten Westen hätte. *Zeit ist unser bester Bündnispartner, und deshalb ist es nicht gefährlich, eine Strategie der Zermürbung und Entkräftung zu verfolgen, wobei entscheidende Auseinandersetzungen mit dem Feind an der Grenze zu vermeiden sind, so dessen Streitkräfte in der Übermacht sind.* Der Zar konnte sich nicht entscheiden, und das Resultat war ein verheerender Kompromiß.

Als der Erste Weltkrieg ausbrach, verhielt sich Nikolaus II. fast teilnahmslos, abgesehen von seiner fatalen Entscheidung, seine unvorbereiteten Truppen in einen Angriff auf Ostpreußen zu het-

zen, ein übereilter Schritt, der mitverantwortlich für seine Ent-
thronung war. Der voreilige Schritt des Zaren in dem Bestreben,
seine westlichen Verbündeten, arg bedrängt von den deutschen
Truppen vor den Toren von Paris, zu unterstützen, eine tiefe Abneigung zwischen seinen beiden Heerführern und die Tatsache,
daß die Deutschen Kenntnis von der Gefechtsordnung der Russen
hatten, endeten in einer vernichtenden Niederlage bei Tannenberg
(August 1914). Es waren die Vernichtung einer ganzen Armee und
die verheerenden Verluste, die eindeutig dem Offizierskorps zur
Last gelegt wurden, die den Keim für die Meuterei russischer
Truppen legten. Im Jahr 1915 griffen die Deutschen die Verteidigungsstellungen im russischen Polen mit schwerer Artillerie an.
Die wenigen Überlebenden gaben auf, als die deutsche Infanterie
eintraf. Im Jahr 1916, als Deutschland seine Anstrengungen auf die
Schlacht von Verdun konzentrierte, verursachte General Brussi-
lows Offensive gegen österreichisch-ungarische Linien eine weitere Million russischer Verluste. Daß die meisten Frontsoldaten
sich loyal verhielten und ihre Offiziere erst *nach* der Februarrevolution angriffen, zeigt die Beharrlichkeit des russischen Bauern-
soldaten in seiner Verteidigung der *Heiligen Mutter Rußland und
des Zaren.*

In Petrograd (bis 1914 Sankt Petersburg) war die exaltierte und la-
bile Zarin Alexandra Fjodorowna von der Sorge um ihren an der
Bluterkrankheit leidenden Sohn Aleksej beherrscht, dessen Zustand sich zusehends verschlechterte. Nichts schien zu helfen, weder die Pillen und Diätvorschriften der Ärzte, noch ihre Wallfahr-
ten zu den heiligen Schreinen. Und dann tauchte ein sibirischer
Mönch auf, und die Zarin, auf verzweifelter Suche nach Rettung
für ihr Kind, verfiel dem durchtriebenen Muschik. Der Scharlatan
Grigorij Jefimowitsch, besser bekannt als Rasputin, behauptete,
eine Botschaft Gottes erhalten zu haben, daß er die Krankheit ihres Sohnes heilen könne. Bald war es dieser Mönch, ein notori-
scher Frauenheld, der Ministern und Generälen den Laufpaß gab
und die Staatsgeschäfte lenkte, insbesondere nachdem Zar Niko-

laus Petrograd verlassen hatte, um zu seinen Armeeführern im STAVKA HQ in Mogiljow zu stoßen. Seine Abwesenheit ließ die russische Hauptstadt in den Händen der Zarin und ihres bösen Geistes Rasputin. Am 17. Dezember 1916 lockte der Transvestit Fürst Jussupow Rasputin mit dem Versprechen in sein Haus, daß ihm seine schöne Frau Irina zu Diensten sein würde. Mit Hilfe zweier Komplizen wurde Rasputin ermordet. Es war gar nicht so einfach: Sie vergifteten ihn, sie schossen auf ihn, und als der Mönch immer noch nicht sterben wollte, warfen sie ihn in die eisigen Fluten der Newa. Mit dem Abgang Rasputins lag die Macht wieder in den Händen der Zarenonkel und der Minister, die ihren Willen dem schwachen Parlament, der *Reichsduma* [18] aufdrückten. Trotz eines verheerenden Krieges, trotz in die Millionen gehender Opferzahlen, trotz der Rufe der Stadtbevölkerung nach Brot, ging das Leben der herrschenden Clique in Petrograd den gewohnten Gang.

Solange die Armee, und das hieß die Generalität, zufriedengestellt war und sich loyal verhielt, hatte ein zorniges Proletariat erfahrungsgemäß keine Macht, die politischen Institutionen der herrschenden Klassen zu erschüttern. Folglich konnten die Minister des Zaren ohne große Furcht vor politischen Konsequenzen die härtesten Maßnahmen durchsetzen. Diesmal aber war es anders. Die Generäle hatten im Feld schwere Niederlagen erlitten, und das Offizierskorps konnte nicht mehr auf die Loyalität seiner Truppen bauen. Militärkommandanten hatten größere Schwierigkeiten, Soldaten vom Desertieren abzuhalten, als die Deutschen zu bekämpfen. Die Zahl der Deserteure hatte die Millionengrenze überschritten, und der Rest der russischen Armee war eine *Bauernmiliz* geworden, befehligt von Offizieren, die nicht der privilegierten Schicht angehörten. Die Frage war nicht mehr, ob es eine Revolution geben würde, sondern ob sie von oben oder unten kommen würde, das heißt, durch den totalen Zusammenbruch der unfähigen Monarchie oder durch Meuterei in der Armee. Sporadisches Aufbegehren wurde durch Exekutionskommandos unterdrückt, was nur zu weiteren Zwischenfällen führte. Die Soldaten fühlten sich betrogen, und das Feuer wurde durch eine neue Sorte politisch geschulter Agitatoren geschürt. Sie erzählten den Frontsoldaten, wie in der Heimat die Katzen fett wurden, wie ehrgeizige Politiker und Schieber von den Wirrnissen des Krieges profitierten. Und das war nicht gelogen. Während Millionen in den Schützengräben umkamen, füllten diese Kriegsgewinnler im Hinterland ihre Beutel und vergnügten sich mit ihren Mätressen. Es waren vor allem diese von der sozialen Ungerechtigkeit profitierenden Leute, die für die mißliche Lage ihres Monarchen verantwortlich waren.

Rußland hatte einen Ministerpräsidenten, Michail Rodsjanko, der aus der zaristischen Schule, der elitären Nomenklatura (ein erst später von den Sowjets geprägter Begriff), kam. Seine Glaubwürdigkeit war schwer beeinträchtigt, seine Regierung durch die furchtbaren Verluste an der Front und durch die schwache Binnenwirtschaft diskreditiert. Mit der wachsenden Desillusionierung und der wirtschaftlichen Blutleere konnte er nicht mehr fertig werden. Da trat eine Persönlichkeit in Erscheinung, der es bestimmt war, beim Untergang des zaristischen Rußland den Vorsitz zu führen:

Aleksandr Kerenskij, 36, glänzender Advokat, der nach den Aufständen von 1905 vier Monate im Gefängnis verbracht hatte, ein Umstand, der ihm den Ruf eines sozialistischen Revolutionärs einbrachte, und der den aufkommenden Marxismus als etwas vom Ausland Geborgtes betrachtete. Ein politisch kluger Zug war sein Zusammengehen mit dem *Petrograder Sowjet der Arbeiter und Soldaten,* der mit dem Parlament (oder Duma) in Konkurrenz stehenden Versammlung. Während die Abgeordneten zur Duma sich brüsteten, die *respektable Gesellschaft* zu vertreten und auf den Sowjet (russisch für *Rat),* eine Versammlung mit einer Mehrheit radikaler Extremisten, als *ungewaschenen Pöbel* hinabsahen, war der Sowjet eine lose soziale und wirtschaftliche Interessenvertretung, die Anfang des Jahrhunderts von Sozialisten – und nicht, wie später behauptet wurde, von den Bolschewiki – geschaffen wurde, um die Rechte der Arbeiter in den Fabriken zu verteidigen, und nicht unmittelbar mit dem aufkommenden Bolschewismus zu tun hatte. (Später übernahmen die Kommunisten klugerweise den Namen Sowjet, der gleichermaßen für die Partei wie für das Land galt.) Mit seinem wagemutigen Eröffnungszug umging Kerenskij die stockenden Verhandlungen zwischen der gewählten Volksvertretung, der Duma, und dem Monarchen. Er brachte die Arbeiter auf seine Seite, aber übersah dabei eine große Gefahr, nämlich seitens der unzufriedenen Soldaten, die sich nun ebenfalls zum Handeln veranlaßt sahen.

Um diese Zeit betraten zwei weitere Akteure die politische Bühne. Der eine war mit freundlicher Genehmigung des deutschen Generalstabs per Eisenbahn aus Deutschland gekommen: Wladimir Lenin. Der andere per Schiff aus New York: Leo Trotzkij. Diese drei geheimnisvollen Männer sollten die Welt in einem Maße erschüttern, das sich keiner von ihnen je vorgestellt hatte: Kerenskij von seinem Diktatorensessel im Winterpalast, der lautstarke Trotzkij von seinem Rednerpult im Sowjet, und Lenin, indem er aus dem Hintergrund die Marionetten tanzen ließ. Es ist ein Treppenwitz der Geschichte, daß derjenige, der das Licht der Öffentlichkeit scheute, letztendlich als Sieger dastand. Im Gegensatz zu späterer sowjetischer Propaganda hatte Lenin keinen Anteil an den Ereignissen des Blutigen Februar 1917, da er zu der Zeit noch in seiner Mietwohnung in der Zürcher Spiegelgasse wohnte. Was Trotzkij betraf, so befand sich auch dieser noch im Ausland: Er hielt in New York Vorlesungen über das Versagen des internationalen Sozialismus. Grob gesagt heißt das, daß die Bolschewiki keinen Anteil an der Entmachtung des Zaren hatten – sie existierten damals kaum als politisches Instrument.

Petrograd, 23. Februar 1917, Internationaler Frauentag. Ein kleiner Zwischenfall löste die Explosion aus. Es begann mit einer spontanen Demonstration von Arbeiterinnen in einer Spinnerei, begleitet von den Rufen: *Brot für die Arbeiter!* In kürzester Zeit hatten sich ihnen Frauen aus anderen Textilfabriken angeschlossen, und bevor die Behörden reagieren konnten, hatte sich ein schreiender Mob gebildet: *Nieder mit der zaristischen Monarchie!*

Agitatoren erschienen am Schauplatz, revolutionäre Brand-
fackeln in die Menge schleudernd. Es bildeten sich Menschenket-
ten, die den Bolschoi Prospekt entlangzogen, bis sie von Kosakeneinheiten, die mit erhobenen Säbeln in die dichtgedrängten
Massen ritten, zum Stehen gebracht wurden. Schließlich setzte
eine Abteilung der Polizei Stock und Peitsche ein, um die Demonstranten zu zerstreuen. Wie durch ein Wunder endete der Tag
ohne Todesopfer und sogar ohne Verhaftungen.

In der Duma schritt Aleksandr Kerenskij zur Rednerbühne. Die
Opposition schrie: *Verräter!* Er hob die Arme und wartete, bis sich
die Versammlung beruhigt hatte: *Wen nennt ihr Verräter? Ihr seid
blind. Diese Frauen draußen in den Straßen, eure Mütter, eure Gat-
tinnen, eure Töchter, für sie ist ihr Hunger der einzige Zar.* Seine
Rede wurde von den Abgeordneten der Linken, einschließlich der
Handvoll Bolschewiki in der Versammlung, mit Beifall begrüßt.

Das politische Gewitter entlud sich am 26. Februar. Die aufstrebende Partei revolutionärer Radikaler, die sich Bolschewiki nannten, hielt eine Versammlung in einer Petrograder Wohnung ab.
Agenten der *Ochrana* (politische Geheimpolizei) verschafften sich
Zutritt und verhafteten die Anwesenden – zur Freude der Konservativen in der Duma. Die Freude sollte nicht lange währen. Agitatoren, die nicht in den Netzen der Polizei hängengeblieben waren,
brachten eine riesige Menge auf die Beine, an die 200.000, heißt
es, und zwar nicht nur Frauen und streikende Arbeiter, sondern
zum ersten Mal auch Soldaten und Studenten. Die Massen setzten
sich in Richtung der von Kosakeneinheiten bewachten Newa-
Brücken in Bewegung. Um die Straßensperren zu umgehen,
gingen Tausende über das Eis des zugefrorenen Flusses und
erklommen den Uferdamm. Von dort rückte die Menge zum Zna-
menskij-Platz und zum Nikolajew-Bahnhof vor – genau in die Feu-
erlinie der vom Dach des Bahnhofes feuernden Schützen. Zur
gleichen Zeit schob sich eine Menge den Newskij Prospekt entlang. Soldaten schossen auf die vorwärtsdrängende Masse ..., die
Zahl der Opfer war hoch.

Die Familie des Zaren in ihrer Residenz Zarskoje Selo war der blutigen Ereignisse nicht gewahr. Die Romanow-Mädchen lagen mit Masern zu Bett, die Zarin Alexandra besuchte Rasputins Grab, um für die Gesundung ihres Sohnes zu beten, und Zar Nikolaus befand sich im Hauptquartier im weit entfernten Mogiljow.

Die Menge ließ sich nicht zerstreuen. Im Gegenteil, sie lasen ihre Märtyrer auf und trugen die blutverschmierten Leichen durch die Straßen der Stadt. Soldaten stellten sich ihnen entgegen, aber verweigerten den Schießbefehl. Statt dessen bemächtigten sie sich ihres Kommandanten und hackten ihn zu Tode. In Eile an den Schauplatz verlegte zarentreue Truppen schlugen die Soldatenrevolte nieder und sperrten die Rädelsführer in die Peter-Pauls-Festung. Dieser Zwischenfall zeigte die Spannung und Unsicherheit in den Armeeverbänden auf, aber eines war klar: Sollten sich noch weitere Einheiten gegen die Regierung stellen, dann war das zaristische Rußland verloren. Und genau das traf ein. Immer mehr Verbände der in Petrograd zum Schutz der Stadt vor Aufständen stationierten Truppen liefen zu den Aufständischen über, sogar die Leibgarde des Zaren in Zarskoje Selo, deren Meuterei die Zarin und ihre Kinder in ernste Gefahr brachte.

In jener Nacht liefen die Telegraphendrähte zwischen Petrograd und Moskau und anderen Ballungszentren heiß. Streikende Eisenbahner informierten ihre Kollegen im ganzen Land über die Situation in Petrograd, und schon am folgenden Morgen hatte der Aufruhr Moskau erfaßt, wo eine aufgebrachte Menge die monumentale Statue des Zaren Alexander III. vom Sockel riß.

In der Morgendämmerung begannen die Unruhen ein erschreckendes Ausmaß anzunehmen. Sporadisches Gewehrfeuer war zu vernehmen. In der Aufmachung von Revolutionären durchstreiften Banden von Slumbewohnern, bewaffnet mit Messern und Äxten, die Straßen, zerschlugen Auslagenscheiben und rafften Luxusartikel an sich; Polizisten, die versuchten, den Plünderern Einhalt zu gebieten, wurden niedergestochen; die Bar im Hotel Astoria wurde um ihre Wodkabestände erleichtert und ein nicht mehr aktiver General in der Hotelhalle erschossen. Am Newskij Prospekt übte ein hysterischer Mob Lynchjustiz an einem Kavallerieoffizier. Gegen Mittag öffnete die Besatzung der Peter-Pauls-Festung die Tore und entließ die Gefangenen, Revolutionäre wie Verbrecher. Die befreiten Insassen wurden auf Schultern durch die Stadt getragen. Am frühen Nachmittag waren fast alle Einheiten der Armee zur Revolution übergelaufen. Gekaperte Taxis rasten über die mondänen Boulevards, zum Bersten voll mit Aufständischen, die aus Leibeskräften *Swoboda! – Freiheit!* schrien.

Die Duma befand sich in einem Schockzustand. Es kursierten die wildesten Gerüchte, die Wellen der Panik auslösten. *Die Kosaken des Zaren sind geflohen,* oder *Deserteure rücken gegen die Stadt vor,* oder *Die Revolutionäre haben die Minister festgenommen.* Tatsächlich hatten viele der Minister die wirklichen Revolutionäre um persönlichen Schutz vor dem Straßenpöbel gebeten. Michail Rodsjanko, Regierungschef dem Namen nach, gebot General Chabalow, die Ordnung mit welchen Mitteln auch immer wiederherzustellen. Der General antwortete ihm, daß er keine Truppen mehr hätte, denen er vertrauen konnte, und Rodsjanko sah sich gezwungen, dem Zar nach Mogiljow zu telegraphieren:

„Situation ernst, muß sofort neue Regierung bilden. Verzögerung tödlich. Rodsjanko."

Zu spät. In der Duma hatte ein Wechsel stattgefunden. Rodsjanko hatte dem Sozialisten Kerenskij Platz machen müssen. Kerenskij mit der Handhaltung eines Napoleons, Kerenskij, der dem Teufel Weihwasser aufschwatzen konnte, dieser Kerenskij wußte, daß er handeln mußte, und zwar schnell. Durch sein Mitspielen mit dem Arbeitersowjet hatte er den Drachen gereizt und mußte nun das Untier ruhigstellen. Je länger die Tumulte währten, desto stärker würde der Einfluß des Sowjets werden. Solange der Sowjet keine Abgeordneten in der Duma hatte, würde seine Zustimmung zu einer politischen Regelung schwer zu erwirken sein. Insbesondere seit der Sowjet den berüchtigten *Befehl Nr.1* erlassen hatte, mit dem die Soldaten aufgerufen wurden, jeglichen Befehl ihrer Offiziere zu verweigern, Ausschüsse zu wählen und nur den von den Soldatenräten ausgegebenen Befehlen zu gehorchen.

Die Romanows

Am späteren Nachmittag bot die Duma eher das Bild eines Warteraums in einem Bahnhof auf der anderen Seite des Urals, denn eines Parlaments: Chaos, der Geruch von Schmutz und Schweiß, Soldaten, die auf den glänzenden Boden spuckten, fluchten oder stockbetrunken an den Seidentapeten lehnten. Die Straße war in die heiligen Hallen eingezogen, und mit ihr Waffen, Essen, Schweiß und Unordnung. Über dem Geschrei und Fluchen, den erhobenen Stimmen der Arbeiter, die Redeerlaubnis haben wollten, den gebrüllten Forderungen der Soldatenabgeordneten, erhob sich plötzlich die *Marseillaise.* Einige Deputierte hatten sich verkrochen. Kerenskij kämpfte sich zur Rednertribüne durch und spielte seine Trumpfkarte aus: Er drohte mit Rücktritt, falls nicht alle politischen Exilanten aus Sibirien zurückkehrten, eine Forderung, von der er wußte, daß sie ihm den Beifall des Arbeiter- und Soldatenrates einbringen würde. Er hatte recht, und er wurde der Mann der Stunde, als er sich anbot, eine Provisorische Regierung der Rettung zu bilden. Damit das geschehen konnte, mußte der Zar gehen.

Am Morgen jenes Tages, des 28. Februar, hatte derjenige, der den neuen starken Männern so sehr am Herzen lag, seinen Salonwagen bestiegen, der ihn von Mogiljow an die Seite seiner bedrängten Familie in Zarskoje-Selo bringen sollte. Er trat eine Reise an, die ihn auf Irrwegen landauf, landab durch die russische Landschaft führte. Sezessionistische Soldaten hatten Telegraphendrähte durchtrennt, und aufständische Eisenbahner hatten die direkte Bahnverbindung nach Petrograd unterbrochen. Einige Aufständische waren auf den Zug gesprungen und hatten die Lokomotive abgekoppelt. Durch das schnelle Eingreifen der Begleitwache konnte eine andere Lokomotive aufgetrieben und die Reise fortgesetzt werden. Der Zar beschloß, Kurs auf das Hauptquartier des Generals Nikolaij Ruzskij, Befehlshaber der Nordarmeen und später von den Bolschewiki erschossen, zu nehmen. Der Zug mühte sich im Schneckentempo weiter, immer wieder auf von meuternden Eisenbahnern falsch gestellte Weichen stoßend. Der Zar war in völliger Unkenntnis der tatsächlichen Lage, und seine Überraschung mußte groß gewesen sei, als man ihm ein Telegramm aushändigte, das ihm seine sofortige Abdankung nahelegte.

„Drohende Forderungen nach Abdankung zugunsten Ihres Sohnes werden immer eindeutiger."

Andernfalls, wurde angedeutet, würde die gesamte Armee in einen Staatsstreich verwickelt werden, und *der alte Despot, der das Land ins Verderben gestürzt hat, würde gewaltsam abgesetzt werden*. Ein Versuch Rodsjankos in letzter Minute, den Zaren zu erreichen, wurde von den sozialistischen Abgeordneten der Duma vereitelt; an seiner Stelle wurde eine von Kerenskij zusammengestellte Delegation ausgeschickt, um den Zug des Zaren abzufangen. Eine Meldung ging hinaus, die Eisenbahnlinie bei Pskow zu blockieren und den Zaren am Erreichen des Armeehauptquartiers zu hindern. In Pskow sollte die Kerenskij-Delegation mit dem Zaren zusammentreffen und mit deutlichen Worten seine Abdankung fordern.

Pskow, 2. März 1917 (15. März neuen Stils): Die alptraumhafte Reise des Zaren näherte sich ihrem Ende. Am späten Abend war sein Salonwagen von der Lokomotive abgekoppelt worden, und er verbrachte die Nacht in seinem ungeheizten Abteil. Aufgeschreckt durch ein schrilles Pfeifsignal, sah er eine Lokomotive mit einem einzigen Waggon in die Station einfahren. Zwei Männer stiegen aus: Wassilij Schulgin, ehemals monarchistischer Abgeordneter, der sich Kerenskij angeschlossen hatte, und A. Gutschkow, ebenfalls Mitglied der Duma. Der Zar und die beiden Männer setzten sich um einen Tisch im Salonwagen. Tee wurde serviert, eine geheiligte Zeremonie, der weder Krieg noch Revolution etwas anhaben konnten. Nach einer ruhig verlaufenen Besprechung, in der die Emissäre die kritische Situation darlegten und den Zaren aufforderten, zugunsten seines Sohnes abzudanken, holte der Zar die Meinung seines Generalstabs ein. Das Armeeoberkommando teilte die Ansicht der parlamentarischen Emissäre. Der Zar mußte gehen. Es war nun 1 Uhr nachmittag, als der Zar nach Anhörung

seiner Generäle ein Telegramm an Rodsjanko abgehen ließ, in
dem er der Bildung einer neuen Regierung unter Fürst Grigorij
Lwow zustimmte. Weniger als zwei Stunden später traf die Antwort aus Petrograd ein:

„Zu spät – Der Zar muß gehen. Kerenskij."

Für Nikolaus bedeutete dies das Ende. Er verspürte keine Bitterkeit, sondern beinahe Erleichterung. Sein Selbstbewußtsein ließ
nicht zu, daß er sich für seine Entscheidungsschwäche haßte, obwohl er wußte, daß er zu viel Zeit vergeudet hatte, jede Seite eines Problems zu prüfen. Diesmal hatte er keine Wahl. Er hoffte,
daß er mit diesem seinem größten Opfer sein geliebtes Land vor
weiterem Blutvergießen bewahren würde. In seinen Salonwagen
zurückgekehrt, starrte ihm das Samtrot seiner Umgebung entgegen – ein Ort der Phantome ... Er ließ seinen Sekretär kommen
und diktierte ein Abdankungsschreiben:

„... In diesen entscheidenden Tagen im Leben Rußlands halten Wir
es für Unsere Gewissenspflicht ...

(unterzeichnet): Nikolaus
2. März 1917, 15:05 Uhr"

Er dankte zugunsten seines Bruders, des Großherzogs Michael ab.
Aber Kerenskij dachte nicht daran, dies zu akzeptieren, und zwang
Michael unverzüglich, eine Gegendarstellung zu unterschreiben:

„ ... Ich ersuche alle Bürger des russischen Staates der Provisorischen Regierung, die sich konstituiert hat und mit vollen Machtbe-
fugnissen ausgestattet ist, zu gehorchen ..."

(unterzeichnet) Michael.

Der Zar hatte recht gehabt – mit seiner Abdankung kehrte relative
Ruhe ein. Relativ deshalb, weil noch Schrecklicheres kommen
sollte; aber das war nicht mehr sein Werk. Kerenskij, mittlerweile
zu Rußlands unbestrittenem Diktator geworden, war über eine
drohende monarchische Renaissance mehr beunruhigt als über die
zunehmende Bedrohung seitens der Bolschewiki. Der Zar war

immer noch ein quälendes Problem, das aus der Welt geschafft werden mußte. Seine ständige Anwesenheit in Petrograd wurde in den Auseinandersetzungen zwischen den zwei Machtzentren, der Provisorischen Regierung unter dem Fürsten Lwow (die zu beschwichtigen suchte) und dem *Petrograder Sowjet der Arbeiter- und Soldatendeputierten* (der nicht weniger als des Zaren Kopf verlangte), immer störender. Am 31. Juli begab sich Kerenskij nach Zarskoje-Selo und teilte Nikolaus mit, daß er eine Stadt in Sibirien, Tobolsk, als dessen temporäre Residenz bestimmt hätte.

Es ist ein Zufluchtsort, nicht ein Exil, sagte er so überzeugend wie möglich. Tobolsk war am Ende der Welt, ohne Eisenbahnverbindung, ein verschlafener, rückständiger Ort östlich des Urals. Erreichbar war er nur per Dampfer – und das nur, solange der Fluß nicht zugefroren war, was nur fünf Monate im Jahr der Fall war.

Um 5 Uhr früh am 1. August 1917 eskortierten Wachen die Familie zu den Reisefahrzeugen. Trotz der Tragödie hatte der Auszug der Familie etwas Hoheitsvolles an sich. Zuerst kam Kerenskijs Wagen, dann der Rolls Royce des Zaren mit Nikolaus, seiner Frau Alexandra und dem Sohn Aleksej. Im nächsten Wagen saßen die vier Töchter. Am Bahnhof machte Kerenskij eine knappe Verbeugung vor dem Zaren, die Familie bestieg ihr Abteil, und ein Zug mit verhängten Fenstern und der Aufschrift: *Japanische Rot-Kreuz-Mission* dampfte los nach Sibirien. Vier Tage später überquerte der *Rot-Kreuz-Zug* den Ural und fuhr schließlich in Tjumen, die letzte Bahnstation vor Tobolsk, ein. Von der menschenleeren Station – aus Angst vor Treuekundgebungen *geräumt* – wurde die Familie an Bord des Flußdampfers *Russia* geleitet, der sie auf einem Nebenfluß des mächtigen Ob, dem Tobol, in den Norden bringen sollte. Erschöpft von der Zweitagereise erreichten sie ihren *Zufluchtsort* Tobolsk. In Reihen standen die Menschen am Flußufer und starrten sie an, weder unfreundlich noch mit Begeisterung, nur neugierig. Die Familie wurde im *Haus der Freiheit* (zu Ehren der Februarrevolution so benannt), der ehemaligen Residenz des Gouverneurs, einem zweistöckigen Ziegelbau, umgeben von einem Garten und einer hohen Mauer, einquartiert. Den Eltern wurde ein Zimmer

im ersten Stock zugewiesen. In ihrer Nähe, in einem Dienstboten-
zimmer schlief ein sehr kranker Zarewitsch Aleksej, und neben
ihm, auf einem Sofa, die ihn betreuende Gouvernante. Die
Mädchen teilten sich ein ebenerdig gelegenes Zimmer mit ge-
blümter Tapete. Leintücher an zwischen den Betten gespannten
Wäscheleinen sorgten für ein wenig Intimität. An den Wänden befestigten sie Kreuze und Familienfotos, und ein Bild von Rasputin,
zu dem sie um ihre Errettung beteten. Die Familie mußte sich ein
Badezimmer teilen, und heißes Wasser für ein Bad war eine Kost-
barkeit. Wäsche wurde in kaltem Wasser gewaschen. Und doch
ging es ihnen immer noch besser als den meisten Familien in Tobolsk, wo die Frauen die Wäsche im Fluß wuschen und Kochwas-
ser aus einem Gemeinschaftsbrunnen holen mußten. Nein, das
Haus der Freiheit war nicht das Alexander-Palais, und Tobolsk nicht
St. Petersburg. Den einzigen Anspruch auf Berühmtheit erlangte
Tobolsk durch das Denkmal zu Ehren eines berühmten Eroberers,
des Kosaken Jermak, der beim Baden im Fluß ertrunken war. Im
Sommer herrschte drückende Hitze, in der Regenzeit versank die
Stadt im Morast. Die Menschen aßen getrockneten Fisch, rauchten
in Zeitungspapier gedrehten Shagtabak und tranken gierig Wodka.

Tobolsk lag so abgeschieden, daß sich Nikolaus und seine Familie in Sicherheit wiegten. Sie betrachteten Tobolsk als den letzten Vorposten des dreihundertjährigen Romanows-Reiches und
baten ihr Gefolge, darunter das geistliche Oberhaupt von Tobolsk,
Erzbischof Hermogen, zu frugalen Abendessen bei Kerzenlicht. Ihr
Leben verlief in ruhigen Bahnen – bis zur Ankunft eines gewissen
Wassilij Pankratow, eines Mannes, der vierzehn Jahre in dem zaristischen Gefängnis von Schlüsselberg verbracht hatte, und nun
von Kerenskij ausgeschickt worden war, um *sicherzustellen, daß
der Zar nicht auf dumme Gedanken kommt*. Pankratow, die Verbitterung über die lange Haftstrafe vergessend, begann freundschaft-
liche Gefühle für *Nikolaus Alexandrowitsch*, wie er den Zaren
nannte, zu hegen.

Nikolaus rechnete damit, daß treue Freunde sie bald aus der sibirischen Gefangenschaft befreien würden. Und was dann? Viel-

leicht mit der Transsibirischen Eisenbahn nach Wladiwostok, und von dort nach Japan. Oder in die Heimat seiner Mutter, Dänemark. Ihre Bewegungsfreiheit war nicht eingeschränkt, doch stand die Residenz unter ständiger Überwachung. Es bestand wirklich keine Notwendigkeit, die Zarenfamilie im Haus festzuhalten, denn ohne Hilfe von außen war eine Flucht unmöglich. Die nächste Bahnstation war eine Zweitagereise per Dampfer entfernt, und bald würde der Fluß für sieben Monate zufrieren. Eine Schlittenreise würde der kranke Zarewitsch nicht überleben. Sein Zustand gab zu großer Sorge Anlaß. Er war, zum Skelett abgemagert, außerstande zu gehen. Der Arzt der Familie, Dr. Botkin, der mit der Familie ins Exil gegangen war, versuchte die Schmerzen des Kindes mit den Medikamenten, die er auftreiben konnte, zu lindern. Es war ihm aber nicht möglich, die inneren Blutungen zu stillen.

Aleksandr Kerenskijs Prioritäten hatten sich drastisch zum Schlechteren gewendet. Von Ängsten und Zweifeln erfaßt, wurde er zusehends unentschlossener. Am meisten plagte ihn der Gedanke an das Auftauchen eines charismatischen Populisten, der ihm gefährlich werden könnte. Sollte es diesem gelingen, sich den Zorn des Proletariats nutzbar zu machen, könnte er seine Provisorische Regierung stürzen. Die Masse wartete nur auf ihren Messias, und es stand zu befürchten, daß sein Kommen nicht friedlich ablaufen würde. Mittlerweile war das Land in dem gleichen Schlamassel wie ehedem. Die Arbeiter hungerten, während sich das Geschwür der Korruption ungehemmt weiterfraß; die Oberschicht tanzte auf einem Vulkan und verschloß die Augen vor den Tatsachen. Sie mißverstand die revolutionäre Rhetorik als von Interessen geleitete Übertreibung und blieb seltsam unberührt vom linken Dogma einer Revolution durch *das Erwachen der hungernden Massen aus ihrem Schlaf.* Die Bolschewiki ihrerseits gedachten die politische Bühne mit der Inszenierung einer bewaffneten Rebellion einzunehmen. Und der Erfolg sollte ihre kühnsten Erwartungen übertreffen.

Die Macht den Massen! Was für eine seltsame Forderung, wo doch die Massen in Rußland sich nie erhoben, sich wie Schafe benahmen, dachte die Bourgeoisie und zog es vor, den Schrecken von 1905 zu ignorieren, als einige Revolutionäre ein kalkuliertes Risiko – *besser als an Hunger zu sterben* – eingegangen waren. Die Armee des Zaren hatte die Rebellion mit großem Blutvergießen niedergeschlagen, und die Armee würde auch diesmal Ordnung machen. Was sie nicht berücksichtigt hatten, war, daß diesmal die Armee an der Front stand und die Garnisonen im Hinterland für revolutionäre Agitatoren empfänglich waren. Kerenskij und seine Anhänger aus dem Bürgertum verschlossen die Augen vor dem Elend in den städtischen Slums in nächster Nähe ihrer herrschaftlichen Häuser an der Newa. Sie erkannten die tiefgehende Veränderung in der Bevölkerung nicht, ebensowenig wie die Tatsache, daß die Elendsviertel zur idealen Brutstätte für eine weitere, weitaus schrecklichere Revolution geworden waren.

Revolution ist immer schon ein Phänomen gewesen, das sich nur durch bessere Ideen, Überzeugung und die Beseitigung der ihm zugrundeliegenden Zustände besiegen läßt. Die Revolution wird genährt durch das Feuer in den Eingeweiden der sie tragenden Männer und Frauen, ein Feuer, das nicht durch leere Versprechungen oder Wegschauen zu löschen ist. Sie wird geboren aus Hoffnung, und ihre Philosophie war ehedem optimistisch. Hinter der kleinsten Revolte muß Unruhe in der Bevölkerung und eine charismatische Führungspersönlichkeit stehen, jemand mit der geistigen Einstellung und Vorstellungskraft, die Welt zu verändern. Ein Volk, vernachlässigt, unterdrückt, benachteiligt, wartete auf seinen Führer.

Kerenskij trug viel zur Radikalisierung bei; mit seinen nicht gehaltenen Versprechungen schürte er das Feuer im Lande. Die Aussicht, einen weiteren furchtbaren Winter durchmachen zu müssen, ließ die Geduld der Fabriksarbeiter in der aufkommenden Finsternis des Petrograder Herbstes 1917 reißen. Ihre Löhne waren nicht ausbezahlt worden, ihre elenden Hütten hatten kein Wasser und waren ungeheizt, und ihre Kinder hungerten. Und so ging eines eiskalten Morgens eine Bande zorniger Fabriksarbeiter auf die Straße. Zu lange vernachlässigt, ging Rußlands erniedrigtes Proletariat daran, sich bei der Provisorischen Regierung Kerenskijs, und letztlich bei der ganzen Welt, Beachtung zu verschaffen.

Dieses erste Zähnefletschen der Fabriksarbeiter kam den Bolschewiki, einer verhältnismäßig kleinen, in der Duma spärlich vertretenen Partei, eher ungelegen. Die rasch um sich greifenden Auseinandersetzungen trafen sie genauso unvorbereitet wie die Regierung. Aber dann betrat ein begnadeter Redner die politische Bühne: Leo Trotzkij, der bislang keine Rolle in der Krise gespielt hatte, da er keine Truppen in den Kampf zu werfen hatte, redete sich mit einer brillanten politischen Tirade in den Mittelpunkt: *Dieses Land wird von Dieben und Schweinehunden regiert!*, schrie er mit seiner hohen Stimme, wild gestikulierend. Die Mitglieder der Provisorischen Regierung lauschten von ihren Vorderbänken dem *lärmenden Juden* mit einer Mischung aus Erstaunen und Bestürzung. Aus Bestürzung wurde Angst. Zum ersten Mal hatte Trotzkij seine Karten aufgedeckt.

> „Wir werden eine Rückkehr zu der abscheulichen Vergangenheit, in der eine korrupte Provisorische Regierung die arbeitende Klasse von der Führung der Angelegenheiten des Landes ausgeschlossen hat, nicht zulassen. Es kann ohne Beteiligung der Bolschewiki keinen sozialen Fortschritt geben."

Was die Allianzen der Bolschewiki mit anderen revolutionären Bewegungen betraf, blieb er äußerst vage. Sollte diese Machtprobe andauern, wären die Bolschewiki durchaus bereit, andere Mittel einzusetzen, drohte Trotzkij.

Die Bolschewiki wußten, daß Maschinengewehre in den Händen aufständischer Soldaten eine überzeugendere Sprache als die leeren Worte von Parlamentariern sprachen. Allerdings verschwieg Trotzkij den Duma-Abgeordneten, daß solche Mittel bereits in Bewegung gesetzt worden waren. Das Geheimtreffen, das am 10. Oktober 1917 in einer Privatwohnung stattfand, hätte Brutus, Cassius und ihre Verschwörer wie blutige Anfänger erscheinen lassen. Den dort versammelten Männern und Frauen war eines gemeinsam: Risikofreudigkeit und der Wille, ihr Endziel mit welchem Mittel auch immer zu erreichen. Die Liste der zwölf Teilnehmer, alle *Illegale*, welche die Lunte für die Explosion legten, die als *Roter Oktober* in die Geschichte eingehen sollte, war beeindruckend.

Wladimir Iljitsch Ulanow, besser bekannt als Lenin, dessen Frau Nadeschda Krupskaja, wegen ihrer hervortretenden Augen *Fisch* genannt, Radomylskij, genannt Sinowjew, Lenins rechte Hand, Alexandra Kollontai, übergewichtige Organisatorin in der Partei und Feministin, Jakow Swerdlow, der in weniger als einem Jahr die Hinrichtung des Zaren samt Familie anordnen sollte, Felix Dserschinskij, Mitbegründer und Vorsitzender der notorisch skrupellosen Geheimpolizei Tscheka[19], Lew Rosenfeld, genannt Kamenew, jüdischer Intellektueller und erster Herausgeber der *Prawda*, der Massenliquidator Jossif Wissarionowitsch Dschugaschwili, allgemein bekannt als Stalin, ein weiterer Sibirienflüchtling, der 38jährige Parteiideologe und glänzende Rhetoriker, Lew Dawidowitsch Bronstein, Familienname von Leo Trotzkij und andere. Alle diese Männer und Frauen waren seit geraumer Zeit Aktivisten und in die blutigen Aufstände von 1905 verwickelt gewesen. Sie hatten ihre Lektion gelernt, die meisten waren im Gefängnis gewesen, bevor sie beschlossen, von den Barrikaden in die gedeckten Hallen der Macht zu wechseln. Für Radikale war ein moralisches Mäntelchen so gut wie jedes andere. Das dritte Jahr in einem furchtbaren Krieg war der günstigste Augenblick, den man sich für einen radikalen Wechsel nur wünschen konnte. Terrorismus stand auf der Tagesordnung, und Bolschewiki galten bei der Opposition als Terroristen. Die Roten rechneten mit der Unterstützung durch die unterdrückten Massen, die jedem folgen würden, der Verbesserungen versprach. Es dämmerte schon in Petrograd an diesem schicksalsschwangeren Tag, als Lenin ein Blatt aus einem Schulheft riß und schrieb:

"Bewaffnete Erhebung ist unvermeidlich, und die Zeit dafür ist gekommen. Das Zentralkomitee der Bolschewistischen Partei weist alle ihre Organisationen an, sich an diese Direktive zu halten."

Diese Resolution wurde mit zehn gegen zwei Stimmen angenommen. Leo Trotzkij, einer der Befürworter, regte an, die Rebellion zeitlich mit dem für 20. Oktober anberaumten *Volkskongreß* zusammenfallen zu lassen. Als Sinowjew eine Flasche Wodka hervorholte, um die Entscheidung zu feiern, fegte Lenin die Flasche vom Tisch und schrie in seiner quietschenden Stimme:

"Dies ist eine Revolution der Reinen."

Es hatte die ganze Nacht gestürmt, und Schnee lag auf den Straßen Petrograds an diesem 7. November 1917 (nach dem russischen Kalender *Alten Stils* noch Oktober, daher die Bezeichnung *Oktoberrevolution*). Am späteren Vormittag gingen einige Dutzend Arbeiter, angeführt von professionellen Agitatoren, auf die Straße, um gegen das Versagen der Provisorischen Regierung, Lebensmittel zu beschaffen, zu protestieren. Streikkomitees wurden von militanten "Roten" gebildet, Streikposten organisiert. Zu Mittag traf eine Polizeitruppe am Schauplatz ein, die angesichts der anschwellenden Massen Verstärkung anforderte. Mittlerweile hatten die Agitatoren ganze Arbeit geleistet: Aus Fabriktoren quollen unzufriedene Arbeiter zu Tausenden auf die Straße. Die ersten Schüsse fielen, es gab die ersten Opfer.

Aus der Entfernung wirkte Petrograd ohne Rauchsäulen aus seinen Fabriksschloten wie ausgestorben. Der Verkehr wurde durch eilig errichtete Barrikaden lahmgelegt. Das Material dafür lieferten Möbelstücke aus den Häusern der Reichen, Pferdewagen und umgestürzte Busse. Kommandos bewaffneter Soldaten wurden ins Stadtzentrum beordert, um den Aufruhr zu ersticken. Von den Aufständischen mit Jubel begrüßt, streiften sie rote Armbinden über und formierten sich zu Soldatenbrigaden. Die einzigen anderen Uniformen in den Straßen waren die der Offiziere, die mit Bajonetten zu Hinrichtungsstätten getrieben wurden. Banden zogen durch die Straßen, zerrten Aristokraten und Kriegsgewinnler aus ihren Häusern. Beweise waren nicht vonnöten, es genügte, mit dem Finger der Verachtung auf jemand zu zeigen, um ihn zu einem Genickschuß zu verurteilen. Mit vielen wurde kurzer Prozeß gemacht – ein Revolverschuß, ein Exekutionskommando –, andere wurden vom tobenden Mob beschimpft, angespuckt, zusammengeschlagen. Die Arbeiter- und Soldatenbrigaden marschierten in einen Konflikt, den sie nicht verstanden, der beherrscht war von Chaos, Gewalt und Greueltaten. *Viele werden bald sterben,* gestand Trotzkij ein, *sie haben keine Erfahrung und wissen nicht, was sie erwartet.*

Wir sind Teilnehmer am Kampf für soziale Gerechtigkeit und Gleichheit für alle. Wir werden bis zum Tode kämpfen, erklärten die Massen. Überall tauchten rote Fahnen auf. Die steinernen Adler auf öffentlichen Gebäuden wurden mit rotem Tuch verhüllt oder einfach heruntergeschlagen. Soldaten ließen sich widerstandslos von Arbeitern entwaffnen. Gejagt von undisziplinierten Soldaten und widerspenstigen Arbeitern unter der Führung einer kleinen Gruppe eingefleischter Revolutionäre, begann die Provisorische Regierung zu wanken. Gerade als ein Zeichen der Stärke dringend nötig war, zögerte Kerenskij, so wie der Zar vor ihm. Trotz einer Reihe grober Fehler gelang es Lenin und seinen roten Kameraden, die Bewegung in Gang zu halten. Es fand keine Erstürmung des Winterpalais statt (wie in einem sowjetischen Propagandafilm von Sergej Eisenstein gezeigt), es handelte sich nicht um eine Wiederholung des Sturms auf die Tuilerien von 1792, sondern eher um ein Einschleichen durch die Seitentüre und eine allmähliche Machtübernahme.

Die Macht den Massen! wurde zum Schlachtruf der Bolschewiki. Kerenskij floh, und die Bolschewiki ergriffen die Macht. Die gesamte Macht.

Nichts dergleichen geschah in Sibirien. Die Bewohner von Tobolsk waren hauptsächlich Fischer und Pelzjäger, Tataren und Ostjaken, und Ereignisse auf der anderen Seite des Urals beschäftigten sie kaum. Nachrichten aus Petrograd waren zudem dürftig und lückenhaft. (So kam die Nachricht vom Waffenstillstand zwischen dem bolschewistischen Rußland und den Mittelmächten vom Dezember 1917 und den Friedensverhandlungen von Brest-Litovsk vom März 1918 mit einiger „Verspätung" in Sibirien an.) Die Tobolsker waren auf die Telegraphenverbindung angewiesen, die selten funktionierte, sobald die Eiseskälte des sibirischen Winters hereinbrach. Es war an einem eisigen Tag Mitte November, als die Zarenfamilie die Meldung erreichte, daß Kerenskij von einer Gruppe von Bolschewiki unter Trotzkij und Lenin aus dem Amt gejagt worden war. Die Bestätigung erfolgte mit der Ankunft von Boris Solowjew, der vorgab, ein Monarchist und enger Verbündeter der Anhänger des Zaren in Petrograd zu sein (was er wahrscheinlich auch war), aber auch mit der Tscheka, der jüngst gegründeten Organisation zur Bekämpfung „konterrevolutionärer Elemente", zusammenarbeitete. Solowjew schien ein anständiger Mensch zu sein, er sprach über Pläne, den Zaren zu befreien, und er gewann das Vertrauen der Familie. Dies nützte er aus und verschwand eines Tages mit einer Handvoll Schmuck.

Der Vorsitzende des *Sowjets für den Roten Ural*, Genosse Beloborodow, und der Militärkommissar der Bolschewki für den Ural, Goloschechin, hörten vom Plan Solowjews, den Zaren zu befreien, und setzten Maßnahmen, das Vorhaben zu vereiteln. Sie informierten Moskau[20] von dem Komplott unter Angabe des Namens des Fluchtschiffes, der *Maria*. Moskau war mit dringenderen Angelegenheiten beschäftigt und antwortete nicht. Kommissar Goloschechin legte die brisante Sache in die Hände seines Vertrauensmannes, Jakow Jurowskij, des Schlächters von Jekaterinburg.

In Tobolsk war der Frühling nicht mehr fern, das Eis auf dem Fluß würde bald schmelzen. Der Zar rechnete damit, daß treue Freunde ihnen nun bald zu Hilfe kommen würden. Es waren nicht die Freunde des Zaren, die herbeieilten, sondern Rote Garden, die Tobolsk unter ihre Kontrolle bringen wollten. Nun kam es zu einem der Ereignisse, die sich nur mit der totalen Verwirrung in einem Bürgerkrieg erklären lassen. Rote Garden aus Jekaterinburg drangen in Tobolsk ein, während Rote Garden in gleicher Stärke aus Omsk anrückten. Beide Parteien waren hinter der gleichen Sache her: den Kronjuwelen der Romanows. Sie hatten nicht mit den Wachen, die der nun abgesetzte Kerenskij ein Jahr zuvor um das *Haus der Freiheit* hatte stellen lassen, gerechnet. *Wir werden die Person des Zaren nur der Zentralregierung übergeben,* erklärten sie, und brachten zur Bekräftigung ein großes Geschütz beim Eingangstor in Stellung.

In Moskau fand eine Geheimsitzung statt, bei der über die Zukunft des Zaren beraten wurde. In zeitlicher Übereinstimmung erschien ein Zeitungsartikel über den *bevorstehenden Prozeß des Volkes gegen Nikolaus den Blutigen.* Bei der Sitzung wurde beschlossen, die Familie per Bahn nach Moskau zu verlegen, und ein Kommando von zweihundert Bewaffneten wurde nach Tobolsk beordert. Angeführt wurde das Kommando von Wassily Jakowlew, einem ehemaligen Eisenbahner, der entscheidend zum Erfolg der Oktoberrevolution beigetragen hatte, indem er alle Telefonleitungen in Petrograd lahmlegte, und der einer der fünf Gründer der unheilvollen Tscheka war. Nun wurde er von höchster Stelle, dem Vorsitzenden des Präsidiums, Genossen Swerdlow, beauftragt, den Zaren und seine Familie nach Moskau zu bringen. Zu diesem Zweck wurde er zum Bevollmächtigten des Zentralkomitees ernannt. Als Alternative zu Moskau wurde für den Fall einer ungünstigen Entwicklung der allgemeinen Lage Jekaterinburg in Erwägung gezogen.

Für die Zarenfamilie war die Ankunft Jakowlews aus Tjumen am 22. April 1918 ein erstes Zeichen drohenden Unheils. Jakowlew hatte einen Telegraphisten mitgebracht und war also in ständigem Kontakt mit Moskau und dem Regionalkomitee der Bolschewiki in Jekaterinburg. Er war gerade eine Woche in Tobolsk, als er die Nachricht erhielt, daß weißrussische Truppen unter Admiral Koltschak, unterstützt durch französische und tschechische Verbände, auf dem Weg waren, Sibirien von den Roten zu befreien und den Zaren aus der Verbannung zu holen. Jakowlew ging ans Werk. An jenem Tag eröffnete er dem Zaren seine wahre Mission, nämlich ihn für ein Verfahren nach Moskau zu bringen. Selbstverständlich würde es kein Verfahren geben, beeilte er sich hinzuzufügen, die Familie würde nach Skandinavien gebracht werden. Der Zar glaubte ihm. *Wann? – Sofort. – Wir können noch nicht reisen, unser Sohn ist zu krank.*

Nun zeigte Jakowlew sein wahres Gesicht: *Sie haben keine Wahl. Sie müssen jetzt kommen,* herrschte der Kommissar ihn an, *und das ist ein Befehl!*

Ohne weitere Umstände wurde die Familie in Schlitten verfrachtet. Bewaffnete Wachen kletterten in die zwei Leittroikas, und der Konvoi verließ die Stadt. Am 28. April 1918 erreichten sie den Kopfbahnhof von Tjumen. Jakowlew drahtete nach Moskau. Genosse Swerdlow antwortete:

„Die Fracht nach Moskau bringen."

Kommissar Beloborodow, Vorsitzender des mächtigen Uraler Sowjets, war nicht bereit, *den wertvollsten Gefangenen* an Moskau abzugeben. Für den uralischen Bolschewiken war Nikolaus ein Pfand im Feilschen mit Moskau um mehr Macht. Beloborodow richtete heftigen Protest an Genossen Swerdlow, und Moskau, vollauf damit beschäftigt, seine Macht im ganzen Land zu konsolidieren, gab nach – aus triftigem Grund. Das Land war in Anarchie versunken. Koltschaks Armee operierte ungehindert in Sibirien, die Ukraine hatte ihre Unabhängigkeit erklärt (22. Januar 1918), und in rascher Folge danach Armenien, Aserbaidschan, Georgien, Polen, Estland, Lettland.

Aufgrund der Intervention Beloborodows kam die *Fracht* nie in Moskau an. Weder Nikolaus noch Jakowlew waren informiert worden, daß ihr Endziel nun das *Rote Jekaterinburg* war, die Hochburg bolschewistischer Agitation und bolschewistischen Terrors östlich von Moskau. Kommissar Goloschechin befahl, den Zug aus Tjumen im Frachtenbahnhof von Jekaterinburg anzuhalten, ein Täuschungsmanöver gegenüber der Menge, die den Monarchen am Hauptbahnhof erwartete. Die Familie wurde schnellstens in das *Ipatjew-Haus* überstellt. Um 15 Uhr des 29. April verlas Beloborodow folgende Verfügung:

„Auf Befehl des Zentralkomitees werden der ehemalige Zar Nikolaus Romanow und seine Familie dem Uraler Sowjet übergeben und haben von nun an den Status von Gefangenen ...“

Mit dieser Anordnung eröffnete Beloborodow den Schlußakt des Dramas. Der Bevollmächtigte Jakowlew war nicht mehr mit von der Partie; er war unter einem Vorwand am Bahnhof zurückgelassen worden. Als er von der Verfügung hörte, wußte er, daß seine Bemühungen, den Zar nach Moskau zu bringen, vergeblich gewesen waren. Moskau hatte ihn betrogen, und sein Leben war nun in größter Gefahr. In jener Nacht floh er, schloß sich der Weißen Armee an und ging dann nach China, wo er ein Buch über die letzte Reise der Romanows schrieb. Er kehrte 1927 nach Rußland zurück, wurde verhaftet und verschwand in einem sibirischen Arbeitslager.

Es war die Osterwoche, und Rußland war in Blut getaucht. In Jekaterinburg, der Hauptstadt des Gebiets *Roter Ural*, quollen die Gefängnisse über, und bolschewistische Exekutionskommandos waren beauftragt, ein tägliches Kontingent ausgewählter Gefangener zu erschießen. Frauen der Bürgerklasse wurden mehrfach vergewaltigt und dann in Brunnenschächte geworfen. Aber noch war über das Schicksal ihres wertvollsten Gefangenen nichts entschieden worden.

Andere Mitglieder des Hauses Romanow ereilte ein schnelleres Schicksal. Am 12. Juni 1918 stürmten drei Angehörige der Tscheka in das Hotel Korolew in Perm, verluden den Großherzog Michael und seinen englischen Privatsekretär in eine Droschke, erschossen die beiden am Stadtrand und warfen sie in eine stillgelegte Zeche. Dies war die bevorzugte Beseitigungsmethode der Bolschewiki geworden. Nach vollendeter Tat sandte der Vorsitzende der Permer Bolschewiki, der selbst den Finger am Abzug gehabt hatte, ein Telegramm nach Moskau:

Der Untergang großer Dynastien

„Nicht identifizierte, als Soldaten verkleidete Männer haben Michael Romanow und seinen Sekretär Johnson entführt. Suche bisher ergebnislos. Besonders energische Maßnahmen werden ergriffen."
(Enthüllung von A. Marchow, einem der Mörder, am Totenbett, 1965)

Am Ort ihrer neuerlichen Gefangenschaft, dem *Ipatjew-Haus*, bereitete sich die Zarenfamilie fieberhaft auf die versprochene *Rückkehr nach Moskau* vor. Aber ihre letzte Reise sollte einen wesentlich kürzeren Weg nehmen. Das Komitee der Uraler Bolschewiki hatte geplant, in jener Nacht alle Mitglieder der Romanow-Familie zu töten, aber nur Großherzog Michael wurde ermordet, denn Kommissar Goloschechin hatte aus Angst vor persönlichen Folgen verabsäumt, die Hinrichtung der gesamten Familie mit dem Zentralkomitee in Moskau abzusprechen. Um das Problem zu lösen, fuhr er nun per Bahn zu einem persönlichen Treffen mit dem Vorsitzenden Lenin nach Moskau.

Lenin hatte eine Geheimsitzung des Zentralkomitees einberufen.
Bucharin: *Der Zar? Sie sorgen sich um das Leben eines einzigen Mannes? Der Aussauger des Volkes ist schuldig, er ist verantwortlich für den Tod von Millionen tapferer Kameraden an der Front und in den Todeslagern …*
Swerdlow: *Es muß legal sein. Er muß des Hochverrats angeklagt werden …*
Tötet ihn, sage ich …
Lenin wollte bei den anderen Komiteemitgliedern, insbesondere bei Trotzkij, vorfühlen: *Wir müssen die politischen Konsequenzen sorgfältig abwägen …*
Trotzkij ließ sich ködern: *Warum?*
Weltmeinung …
Trotzkij: *Wir müssen diesem Kirchengeschwafel von der Unverletzlichkeit menschlichen Lebens ein Ende bereiten. Die erste Frage, die wir zu stellen haben, ist: In welche Klasse gehört er?*[21]

Die Romanows

Lenin hatte seine Antwort: Sie standen hinter ihm. Das war es also, eine Frage totalen Klassenkampfes, in dem der Zar die Symbolfigur war. Mit der Machtübernahme der Bolschewiki war sein Leben verwirkt. Der nächste zur Diskussion anstehende Punkt war die Kollektivschuld der Romanows. Die Kollektivschuld wurde bejaht. Wenn ein Mitglied der Familie schuldig ist, so ist es die ganze Familie!

Einer beteiligte sich nicht an den hitzigen Debatten. Es war der Mann aus Georgien, der seine Genossen wortlos beobachtete und sich für zukünftige Zwecke Notizen über ihr Verhalten machte: Josef Stalin.

Lenin: *Hundert Romanows müssen sterben, damit ihre Nachkommen eine Lehre aus ihren Verbrechen ziehen* ... Immer wenn Lenin an Gefängnis dachte, schauderte ihn, der Gefängnisse von innen kannte. In der zaristischen Periode waren Millionen von Russen für Vergehen von Diebstahl bis zu revolutionären Umtrieben eingesperrt worden. Die Pechvögel wurden in schmutzige, verseuchte Gefängnisse gesteckt, wo Gewalt und Hunger an der Tagesordnung waren; die Glücklicheren landeten in Arbeitslagern in Sibirien, wo viele von ihnen der Erfrierungstod erwartete. Aber den *Volksfeind* mit dem Leben hinter Gittern davonkommen zu lassen, war nie seine Absicht gewesen. Ein lebendiger Zar war eine schwere Belastung und zugleich ein symbolischer Ansporn für die vorrückende Weiße Armee.

Was wirklich bei dieser außerordentlichen Sitzung beschlossen wurde, weiß niemand mit Sicherheit, aber es gibt jede Menge Spekulationen. Es wurde nicht abgestimmt. Die endgültige Entscheidung lag bei einem Mann mit der alle Rücksichten außer acht lassenden und blinden Besessenheit, das Symbol des alten Rußland aus der Welt zu schaffen: Lenin, finster, steinern. Selbst in einem Land, das lange Zeit unter einer grausamen zaristischen Autokratie gelitten hatte, stach er als eiskalter und unversöhnlicher Mensch hervor, der im Streben der Bolschewiki nach absoluter Macht der Weltmeinung trotzte. Kritikern seiner Person oder der bolschewistischen Regierung drohte Gefangennahme, und den

Unbelehrbaren die Hinrichtung. Das Drama um den entthronten Zaren trieb seinem Höhepunkt zu.

Seit seiner Ankunft in Jekaterinburg war Nikolaus ergraut und in seinen Augen war Hoffnungslosigkeit. Er hatte guten Grund, verzweifelt zu sein, denn seine Familie war nun in den Händen eines grausamen Mannes, Jakow Jurowskij, für den Zaren *der dunkle Mann*. Jurowskij hatte slawische Züge, Haar und Bart waren schwarz, und er trug immer eine schwarze Lederjacke. Er bewegte sich Tag und Nacht frei im *Ipatjew-Haus*, und ließ die Residenz mit einem hohen Zaun umgeben. Er selbst logierte im Hotel Amerika, wo er das beste Zimmer, erstrahlend im Glanz von Spiegeln, Kronleuchtern und Teppichen, in Beschlag genommen und zum örtlichen Tscheka-Hauptquartier gemacht hatte.

Jakow Jurowskij, der spätere Königsmörder, war der Sohn eines jüdischen Glasers und einer Näherin. Er verbrachte seine Jugend in tiefster Armut. Er haßte den religiösen Fanatismus seines Vaters, er haßte Gott, den orthodoxen Zaren und seine Vorgesetzten. Der junge Jakow wurde 1905 zum Bolschewiken. Nach der Oktoberrevolution von 1917 wurde er Justizkommissar für die Region Roter Ural, wo er bei dem berüchtigten Revolutionstribunal, das zahllose Konterrevolutionäre dem Exekutionskommando auslieferte, den Vorsitz führte.

Eine Episode ist bezeichnend für den Mann. Er verließ nie den Raum, wenn sich die Familie zum Abendgebet versammelte. Einmal gestattete er die Anwesenheit eines Geistlichen im Haus, der durch die Gegenwart des Zaren so verwirrt war, daß er irrtümlich den Psalm: *Ruhe in Frieden mit den Heiligen* intonierte, der nur bei Begräbnissen gesungen wird. Jurowskij johlte: *Eine gute Übung.* Ein anderes Mal bemerkte er ein Kreuz an einer dünnen Goldkette, das die Zarin über dem Bett ihres kranken Aleksej aufgehängt hatte. Er riß es herunter. *Dort, wo du hingehst, wirst du kein Kreuz brauchen*, höhnte Jurowskij auf die Bitte des Kleinen, ihm das Kreuz zu lassen.

Die Romanows

Ende Juni 1918 wurde Omsk von Koltschaks Weißrussischer Armee eingenommen. Truppen seiner Ostsibirischen Regierung rückten mit großer Geschwindigkeit vom Osten nach Tjumen, der letzten Bahnstation vor Jekatarinburg, vor. In der ersten Juliwoche begann die weißrussische Offensive mit dem Ziel, die Verteidigungsstellungen im Westen von Tjumen zu durchbrechen. Die Roten kämpften tapfer, aber sie konnten dem Druck nicht standhalten und mußten zurückweichen. Nach dem geglückten Durchbruch rückte eine tschechische Brigade zügig gegen Jekaterinburg vor, was das örtliche bolschewistische Komitee in Panik versetzte und der Debatte um den Zaren und seine Familie neue Nahrung gab. Was sollte mit ihnen geschehen? Da kam Goloschechin aus Moskau zurück und machte der Ungewißheit ein Ende, als er Jurowskij beauftragte, eine geeignete Begräbnisstätte ausfindig zu machen, eine Stelle so versteckt und so tief, daß keiner die Romanows je finden würde. *Die Familie ist an einen sicheren Ort gebracht worden*, würde er drahten. Dieser sichere Ort sollte in zwei Meter Tiefe liegen.

16. Juli 1918. *Ein Telegramm beinhaltend die Anordnung, die Romanows zu liquidieren, ist eingetroffen. Goloschechin hat befohlen, die Anordnung auszuführen.* Dieser Text findet sich in Jurowskijs Aufzeichnungen. Welche Grausamkeiten auch immer er austeilte, so war Kommissar Jurowskij doch nur ein Rädchen in einer Maschinerie des Terrors, ein Sadist, der es niemals gewagt hätte, ohne Direktiven von oben zu handeln. Jurowskijs Chef war Genosse *Filipp* Goloschechin, und der wartete wiederum auf das grüne Licht aus Moskau. Es ist somit klar, daß es eigentlich Lenin war, der den endgültigen Befehl für die Hinrichtung der Familie gab, eine Tatsache, die durch ein Telegramm erhärtet ist, das *sechs Stunden vor* der Hinrichtung eintraf:

\# 14228, 16. Juli, 21:22
An Moskau, Kreml, Swerdlow. Kopie an Lenin
„... das mit Filipp (gemeint ist Goloschechin) abgesprochene Ver-

fahren duldet aus militärischen Gründen keinen Aufschub. Wir können nicht warten. Zu diesem Thema Jekaterinburg kontaktieren. Sinowjew."

(Anm.: Sinowjew war die rechte Hand Lenins.)

Die Brutalität, mit der vorgegangen wurde, war sicherlich Jurowskijs Tun. In späteren Jahren wurde sie hingestellt als Wahnsinnstat eines Juden, der Rache nahm für die Pogrome, denen sein Volk unter dem Zaren ausgesetzt war. Judenhetze war populär und erfüllte ihren Zweck für andere Pogrome, diesmal durch die Bolschewiki. Jurowskij, Pjotr Ermakow, Militärkommissar für den Bezirk Issetsk, und sein Stellvertreter, der Matrose Waganow, durchstreiften das Gebiet auf der Suche nach einer geeigneten Begräbnisstätte. Sie wählten den gefluteten Schacht der Ganina-Zeche im Wald von Koptiaki.

Ipatjew-Haus, 16. Juli 1918. Ein drückend heißer Sommerabend, ein spätes Abendmahl der Familie. Der kranke Aleksej spielte im Bett, seine Schwestern lasen oder verrichteten Näharbeiten vor dem Abendgebet. Dann ging die Familie zu Bett. Sie ahnten nicht, daß es das letzte Mal sein sollte.

Tiefe Stille im *Ipatjew-Haus*, umbenannt auf *Haus mit Sonderbestimmung*, nachdem der alte Ipatjew hinausgeworfen worden war, um Platz für einen speziellen Zweck zu machen. Ipatjew – welch tragische Ironie. Es war das Kloster Ipatjew, in dem 304 Jahre vorher der erste Romanow, Michael, zum Träger der russischen Krone gesalbt worden war. Jetzt würde sich der Kreis bald schließen.

Die Eingangshalle im *Ipatjew-Haus* stank nach Wodka und Tabak. Die zwei diensthabenden Wachen hatten getrunken, und einer von ihnen schlief seinen Rausch aus. Wahrscheinlich hätte der Zar mit seiner Familie einfach aus dem Haus spazieren können, ohne bemerkt zu werden. Aber was dann, und wohin? Wie lange hätte es gedauert, bis man sie eingefangen und zurückgebracht hätte, diesmal in Ketten? Während Bolschewiki, wie diese beiden, ihre Ängste in Wodka ertränkten, rückte die Weiße Armee immer näher. Der Augenblick der Entscheidung war gekommen. Der Ex-Zar muß wohl die Zwangsläufigkeit der bevorstehenden Tragödie erkannt haben. Sie hatten ihm sein Reich genommen, jetzt würden sie ihm die Familie nehmen, und wahrscheinlich das Leben. Aber mit seinem Tod könnte etwas erreicht werden. Die Welt, aufgerüttelt durch die Rote Gefahr, würde die ansteckende Krankheit Bolschewismus eindämmen, bevor sie sich weiter ausbreiten konnte.

Die Stunde des letzten Aktes war für Mitternacht geplant gewesen. Es war aber bereits um einiges später, und Jurowskij wartete ungeduldig. So auch Goloschechin in Erwartung der endgültigen Direktive aus Moskau. Um 1:30 Uhr konnte Goloschechin nicht länger zuwarten und beorderte einen Lastwagen zum *Ipatjew-Haus*, der dort knapp vor 2 Uhr früh eintraf. Die Zarenfamilie wurde von Jurowskij unsanft aus dem Schlaf gerissen und geheißen, sich anzukleiden und im Hof zu versammeln, wo ein Transportmittel bereitstünde, um sie wegzubringen. Er erklärte, daß antirevolutionäre Unruhen in der Stadt ausgebrochen waren und somit ihre Sicherheit nicht länger gewährleistet werden könnte.

Der Zar trug seinen kranken Sohn in den Armen, Anastasia ihren Schoßhund, und die Zofe Demidowa drückte ein Kissen an ihre Brust[22], in dem Kronjuwelen eingenäht waren. Schlaftrunken stolperte die Familie über den Hof zum Lastwagen. Das Geräusch des laufenden Motors machte sie sicher, daß man sie tatsächlich zur Bahnstation und von dort nach Moskau bringen würde (wie konnten sie auch wissen, daß durch den Motorlärm geheimzuhaltende Geräusche überdeckt werden sollten!). Aber Jurowskij ließ sie nicht auf die Ladefläche des Lastwagens klettern, sondern trieb sie zu einer Doppeltüre, die in einen dumpfen Keller führte. In schweigendem Gehorsam stiegen sie hinab, in einen engen Raum mit einer hölzernen Trennwand zu einem Lagerraum. Der Zar bat um Sessel, und es wurden drei von oben gebracht. Die Szene ähnelte einem Fototermin für ein Familienbild. Umrahmt von dem Bogen, der sich über den Kellerraum spannte, saß der ehemalige Zar Nikolaus II., neben ihm der kränkelnde Zarewitsch Aleksej und die Zarin. Hinter ihnen standen aufgereiht die Töchter Olga, Anastasia, Tatjana und Maria. Der Arzt der Familie, Dr. Botkin, die Zofe Demidowa sowie der Lakai Trupp und der Koch Charitonow waren auf einer Seite versammelt.

Nichts geschah. Alles schien friedlich. Aber das Gefühl der Erleichterung währte nur Augenblicke. Schwere Stiefel trampelten über die Kellertreppe: Zwölf Scharfschützen standen elf Verdammten gegenüber. Nikolaus erhob sich, und für einige Zeit stand er stolz und ungebrochen, bis Jurowskij ein Papier zur Hand nahm und den Hinrichtungsbefehl verlas …

„Verfügung des Uraler Exekutivkomitees der Abgeordneten des Sowjets der Arbeiter, Bauern und der Roten Armee. Im Besitz von Informationen, daß tschechische Banden die Hauptstadt des Volkes des Urals, Jekaterinburg, bedrohen, und in Anbetracht der Tatsache, daß der gekrönte Henker sich verstecken und dem Volkstribunal entkommen könnte, hat das Exekutivkomitee, dem Willen des Volkes gehorchend, entschieden, den zahlloser Verbrechen schuldigen ehemaligen Zar Nikolaus Romanow hinzurichten …"

Der Exmonarch schüttelte den Kopf: *Was? Was? Würden sie das wiederholen?* Jurowskij warf einen Blick auf das Papier und steckte es dann weg. *In Anbetracht der Tatsache, daß Ihre Verwandten ihre Angriffe auf Sowjetrußland fortsetzen, hat das Uraler Volkskomitee beschlossen, Sie hinzurichten.*

Der Zar, den Blick auf seine Familie gerichtet: *Möge Gott der Herr Mitleid mit unseren Seelen haben.*

Pjotr Ermakow zog seine Mauserpistole aus dem Lederhalfter. Aber Michail Medwedew war schneller. Die Druckwelle aus seinem automatischen Browning erschütterte den Keller. Der Körper des Zaren bäumte sich auf und ging auf den Steinboden nieder. Geschockt und von Grauen geschüttelt blickte die Familie umher, ein Flehen in den Augen.

Oh, mein gütiger Gott, murmelte die Zarin – und dann traf sie ein Schuß. Das war das Signal für das Blutbad. Wie ein infernalisches Crescendo gellten Schüsse und Schreie durch den engen Raum. Ein Kugelhagel bohrte sich in die Körper der Wehrlosen, Blutlachen bedeckten den Boden. Die Schießerei endete so plötzlich wie sie begonnen hatte. Der Geruch von Schwefel und frischem Blut hing in der Luft. Plötzlich ein Schrei – Demidowa, die an der Seite gestanden war, lebte noch!

Nehmt eure Bajonette, schrie ein äußerst erregter Ermakow. Sie stachen auf Demidowa ein, bis sie sich nicht mehr regte. Jetzt war alles vorbei ..., oder doch nicht? In der nun herrschenden Stille war ein Wimmern zu hören. *Der Hund,* schrie Nikulin, einer der Rotgardisten, *Anastasia hatte einen kleinen Hund.*

Aber es war nicht der Hund, es war Aleksej, der Zarewitsch. Alle im Raum waren geschockt, als sie sahen, wie das Kind die Augen öffnete und nach dem blutgetränkten Uniformrock seines Vaters griff. Nikulin trat nah an den Knaben heran und entleerte sein Magazin in den Kopf des Kindes. Das Exekutionskommando arbeitete wie verrückt. Den Frauen wurde der Schmuck abgenommen, die noch warmen Körper in Segeltuch gewickelt und auf hastig aus Planken gezimmerten Bahren nach oben befördert:

„Als wir die leblosen Körper auf die Bahren legten, gaben einige der Töchter noch Lebenszeichen von sich. Wir konnten nicht mehr schießen, bei den offenen Kellertüren wären die Schüsse zu hören gewesen. Ermakow nahm mein Bajonett und stach auf alle ein, die noch lebten. Als er versuchte, eines der Mädchen zu durchbohren, ging das Bajonett nicht durch ihr Korsett."

(Diese Aussage eines der Mörder, Andrej Strekotin, sollte zum Entstehen der Legende von Anastasias wunderbarem Entkommen beitragen.)

Eine Wolldecke wurde über die Ladefläche des Lastautos gebreitet, um das Blut aufzusaugen. Dann wurden die irdischen Überreste der Romanow-Dynastie auf den Wagen geworfen und mit Planen zugedeckt. Jurowskij geriet in Panik und trieb die Männer zu größerer Eile an, als er sah, daß eine Flasche Wodka die Runde machte. Es war eine höchst geheime Mission, und sie mußten die Stadt vor Sonnenaufgang verlassen haben. Ermakow, der diesen Teil des Unternehmens beaufsichtigen sollte, hatte sich dem Trunk hingegeben. Eine andere Gruppe, unter der Führung von Michail Medwedew, wischte das Blut vom Kellerboden, aber sie konnte nichts gegen die von den Bajonetten im Ziegel hinterlassenen Spuren, noch gegen die Kugellöcher in der Wand unternehmen.[23] Sobald sie sich ihrer Aufgaben entledigt hatten, zerstreuten sich das Mörderkommando und der Putztrupp. Für das Verscharren war eine andere Gruppe zuständig.

Kurz vor Sonnenaufgang am 17. Juli 1918 verließ ein Lastwagen die verschlafene Stadt in Richtung Westen ...

Bei einem Lagerschuppen in der Nähe des Bahnüberganges # 184 mußte der Lastwagen wegen Motorüberhitzung anhalten. (Der Schranken bei Bahnübergang # 184 wurde von einem Mann namens Lobukin händisch betätigt. Im April 1919 bestätigte Lobukin gegenüber einem weißrussischen Untersucher, daß er einen Lastwagen in der Nähe seiner Blockhütte bemerkt hätte.) Der Fahrer Ljuchanow entfernte sich vom Wagen, *um Wasser für den Kühler zu holen*. Die Männer vom Lastwagen hatten sich hinter den Schuppen zurückgezogen, *um sich zu erleichtern*, in Wahrheit aber, um zu trinken. Ermakow lag stockbetrunken auf dem Wagen, und Jurowskij mußte sich auf die Suche nach dem *Bestattungstrupp* begeben, der zu ihnen hätte aufschließen sollen. Nach einer halben Stunde Suche fand er ihn – betrunken.

Wenn es einer Zarentochter gelungen war zu entkommen, mit oder ohne Hilfe, oder wenn sie ausgetauscht wurde, wenn ... wenn ... wenn ..., so muß es bei dem Schuppen in der Nähe des Bahnübergangs # 184 geschehen sein. Es ist ziemlich unwahrscheinlich. Der einzige, der Licht in die Affäre hätte bringen können, war der Schrankenwärter Lobukin, aber er sprach nie darüber, und was immer er gewußt haben mochte, hat er mit ins Grab genommen.

Mit fast einstündiger Verspätung fuhr der Lastwagen weiter, in einen Wald hinein und bis zu einer Lichtung, die im Volksmund *Die vier Brüder von Koptiaki* genannt wurde. In der allgemeinen Panik übersah der Fahrer eine sumpfige Stelle, und der Wagen blieb stecken. Die Leichen mußten auf Behelfstragen einige hundert Meter weit zu dem ausersehenen Ganina-Grubenschacht geschafft werden. Als die Mädchen auf die Tragen gelegt wurden, bemerkte Jurowskij unter dem von Kugeln zerfetzten Korsett eines der Mädchen in der Morgensonne funkelnden Schmuck. Auf sein Geheiß wurden die Mädchen bis auf die Haut ausgezogen: Neun Kilo Diamanten und Perlen waren in den Korsetts versteckt. Jurowskij schickte den Trupp aus, *um den Umkreis der Begräbnisstätte vor Eindringlingen zu schützen.* Möglicherweise tat er dies, weil er sich die Juwelen aneignen wollte, oder weil er festgestellt hatte, daß zwei der Leichen fehlten. Dies publik werden zu lassen, hätte sein Todesurteil bedeutet. Als plausible Erklärung gab er an, daß nur Auserwählte den genauen *Begräbnisort* kennen durften. Nur Jurowskij selbst, Ermakov und Nikolin blieben zurück. In der Eile hatten sie vergessen, Schaufeln mitzubringen, und der Fahrer wurde zurück in die Stadt geschickt, um Werkzeug, Schwefelsäure und Benzin zu holen. Dies dauerte eine Weile, und den Rest des Tages verbrachten sie im Wald versteckt, unweit der Leichen, die sie mit Zweigen abgedeckt hatten. Koltschaks Vorhut, die tschechische Legion, war nur mehr einige Kilometer entfernt und stand vor dem Einmarsch in Jekaterinburg, was die Panik verständlich macht. In der folgenden Nacht (18. Juli) errichteten sie einen Scheiterhaufen aus Schwellen, die sie in der Nähe einer stillgelegten Grube gefunden hatten, verbrannten die Leichen und gossen Schwefelsäure über die verkohlten Knochen. Die sterblichen Überreste warfen sie in eine Grube, die sie mit Kalk und Erdreich abdeckten.[24]

In einem flachen namenlosen Grab in einem rauhen und düsteren Wald lagen die Überreste der Zarenfamilie. Es war, als hätte sie nie existiert. Die Schlächter, und mit ihnen ganz Rußland, gingen in eine Welt unendlicher Finsternis.

Am 19. Juli 1918 ließ der Uraler Sowjet Anschläge in Jekaterinburg anbringen, die die Hinrichtung des Verbrechers Nikolaus Romanow verkündeten – mit der Hinzufügung, daß alle Mitglieder seiner Familie in Sicherheit gebracht worden seien.

Am 25. Juli 1918 erreichte Genosse Jurowskij gerade noch den letzten Zug aus Jekaterinburg. Mit ihm reiste eine versiegelte Schachtel mit den persönlichen Papieren und Tagebüchern des Zaren. Sein *Vize* Grigori Nikulin entkam in schäbiger Arbeitskleidung, mit einem für russische Bauern so typischen Stoffbeutel über der Schulter, in dem sich die Romanow-Juwelen befanden. An jenem Nachmittag nahmen die Soldaten der tschechischen Legion der Weißrussischen Armee die Stadt ein. Sie fanden den Hinrichtungsort aufgrund der Blutspritzer an der hellen Außenmauer, und in der Nähe eines Kellerfensters stießen sie auf eine Kübelladung von Dreck und Blut, von Fliegen umschwärmt. Im Keller entdeckten sie Einschüsse in den Wänden und nochmals Blut, aber keine Leichen. Ein Kellner hörte einen Rotgardisten etwas von einem Grubenschacht erzählen. Ein Grubenschacht? Dies war die bevorzugte *Entsorgungsstätte* der Bolschewiki. Aber welcher von den vielen in dem Gebiet? Einige wurden untersucht, aber es fand sich keine Spur von Leichen.

Mittlerweile wurde die Stadt nach weiteren Zeugen durchsucht. Man stelle sich die Überraschung vor, als sich drei der Rotgardisten, die am Hinrichtungsort gewesen waren, im Netz der Fahnder verfingen. Sie waren zu betrunken gewesen, um sich rechtzeitig aus dem Staub zu machen: Proskurjakow, Jakimow und Letjomin.

Letjomin wurde erwischt, weil er sich des kleinen Hundes der Zarin angenommen und ihn in seine Hütte mitgenommen hatte. Sein Bericht aus zweiter Hand, übernommen von einem der Mörder, A. Strekotin, bildete die Grundlage für die erste Untersuchung im Jahr 1918. Da keiner der drei Gefangenen unmittelbar an der Hinrichtung noch an der Beseitigung der Leichen beteiligt gewesen war, sondern nur dem *Reinigungstrupp* angehört hatte, beruhten ihre Aussagen auf Hörensagen und wurden von Anfang an als verdächtig eingestuft. Alle redeten, da ihr Schicksal schon besiegelt war. Was das bestgehütete Geheimnis hätte sein sollen, war schnell enthüllt, einschließlich der Namen der Beteiligten:

Pjotr Ermakow, ehemaliger Fabriksarbeiter, Leiter des Hinrichtungskommandos, der um die Ehre gebeten hatte, den Zaren töten zu dürfen.

Grigori Nikulin, der eine volle Ladung in den Kopf des Zarewitsch abfeuerte.

Michail Medwedew-Kurdrin, ein Mann der Tscheka, der ebenfalls behauptete, den Zaren erschossen zu haben.

Strekotin, ein Schwadroneur, dessen Geschichte, dem Freund Letjomin erzählt, zur ersten Rekonstruktion des Ereignisses Anlaß gab.

Aleksej Kabanow, und ein zweiter Medwedew mit Vornamen Paul.

Weiters sechs unbekannte *Litauische Scharfschützen*.

Schließlich Jakow Jurowskij, der leitende Kommissar.

Nach dem Gemetzel suchten die Mörder zu verschwinden, aber das Schicksal und Stalins Geheimpolizei stellten die meisten.

Filipp Goloschechin wurde in ein Straflager gesteckt und erschossen. So verfuhr man auch mit Sascha Beloborodow, der als Vorsitzender des Uraler Sowjets den Vollstreckungsbefehl unterzeichnet hatte. Jakow Jurowskij starb offiziell am *Durchbruch eines Geschwürs*. Nur Ljuchanow, der die Leichen in seinem Lastauto transportiert und sich entfernt hatte, *um Wasser für die Motorkühlung zu holen*, entzog sich der Hinrichtung durch ständiges Umherziehen. Er starb als alter Mann und nahm sein Geheimnis mit ins Grab.

Für Rußland bedeuteten die Folgen des Roten Oktobers eine völlige Umwälzung. Der Kommunismus ersetzte den christlichen Glauben, sein Prophet war Karl Marx und dessen Manifest die Bibel. Er setzte materiellen Fortschritt gleich mit allgemeinem Glück und erklärte den Begriff des Klassenunterschiedes für überholt. Die *Diktatur des Proletariats* entstand, und die wohlwollende Autokratie des Nikolaus Romanow machte dem totalitären Regime eines Lenin und Stalin Platz.

Die Schwäche Nikolaus II. führte zu seinem Untergang. Wenn Festigkeit gefragt war, zögerte der Zar, ähnlich brutale Methoden anzuwenden wie die Männer, die darauf aus waren, ihn zu töten. Mehr noch als der Tod des Zaren war es das Massaker an den jungen Zarentöchtern, das einer bestürzten Weltöffentlichkeit die Schrecken einer neuen Doktrin, die sich auf Ungerechtigkeit und Terror stützte, vor Augen führte. Die Bolschewiki hatten in einer unterdrückten Gesellschaft Hoffnungen geschürt, als sie eine schöne neue Welt versprachen. Aber alles was sie boten, war ein neuer Name für das Land. Das zaristische Rußland wurde zur Sowjetunion, einem riesigen Land, wo der Große Terror eines paranoiden, rachsüchtigen Diktators Millionen in den Tod schickte – in sibirischen *Gulags* oder in Kellern ähnlich jenem, in dem der letzte Zar eines gewaltsamen Todes starb.

***

Die Stelle, an der die Romanows verscharrt worden waren, wurde 1979 von zwei Geologen aus Swerdlowsk und Guély Riabow, einem Filmemacher aus Moskau, entdeckt. Sie begannen mit ihrer Suche dort, wo in der Erinnerung des alten Oleg Sykow vier hohe Bäume, die *Vier Brüder*, standen. Nach einigen vergeblichen Versuchen fanden sie endlich eine wassergefüllte Grube in einem jungen Birkenwald. Sie mußten nicht tief graben, bis sie auf Fragmente von Menschenknochen und drei Schädel stießen, die sie photographierten und dann sorgfältig ins Grab zurücklegten. Solange der Bolschewismus an der Macht war, getrauten sie sich nicht, ihre Funde publik zu machen. Im Jahr 1990, nach dem Fall des Kommunismus und in der Zeit der Glasnost-Ära, begann der russische Dramatiker Edward Radsinskij seine Nachforschungen in der staatlichen Bibliothek in Moskau. Dort fiel ihm eine Überraschung in die Hände: das *Romanow-Archiv*. Ein Schatz für jeden Historiker, enthielt es doch die Tagebücher des Zaren und die seiner Gemahlin; noch erstaunlicher war der Fund einer maschingeschriebenen zweiseitigen Erklärung von niemand Geringerem als dem verantwortlichen Kommissar Jakow Jurowskij, in der dieser das Massaker in allen Einzelheiten beschrieb und auch, wie die Leichen, mit Benzin getränkt und mit Säure übergossen, in einer seichten Grube verscharrt wurden. Als Ort war eine Lichtung mit vier hohen Bäumen *in der Nähe einer aufgelassenen Grube unweit des Dorfes Koptiaki* angegeben. Jedoch lieferte diese Erklärung keinen Hinweis auf zwei besonders wichtige Details:

1. Wer hatte den Befehl zur Ermordung des Zaren gegeben?
2. Gab es Überlebende?

Nach dem Untergang des Kommunismus suchten die Geologen die Stelle wieder auf und öffneten das Grab. Auch jetzt war ihre Arbeit in geheimnisvolles Dunkel gehüllt, bewaffnete Wachen umstellten den Ort des Geschehens und Schutzwände sollten Neugierige davon abhalten, das grausige Schauspiel zu verfolgen. Um Mitternacht des 12. Juli 1991 wurde der erste Schädel (wahrscheinlich der Olgas) gehoben. Er zeigte Einschüsse. Dann folgten ein zerbrochener Krug, der Säure enthalten hatte, und ein Schädel mit einem Einschußloch an der Stelle der Nase (der Schädel des Zaren?). Nach einer wetterbedingten Unterbrechung wurden weitere Schädel und Gebeine zu Tage gefördert, in Kisten verpackt und in die Leichenhalle nach Jekaterinburg gebracht. Und dort blieben sie. Siebzig Jahre vorher hatte Jekaterinburg die Überstellung der lebenden Romanows nach Moskau nicht gestattet, jetzt weigerte sich die Stadt, die sterblichen Überreste freizugeben.

Ein DNA-Test (1995) an einer Knochenprobe des jüngeren Bruders des Zaren (er war an Lungenentzündung gestorben, und sein Grab war bekannt) stellte außer Frage, daß es sich bei den Überresten um die des Zaren und seiner Familie handelte.

Erst nach 80 Jahren konnte das Geheimnis des berüchtigsten Mordfalles des Jahrhunderts gelüftet werden. Oder doch nicht?

Wer den Zaren wirklich erschossen hat, glauben wir heute zu wissen, obwohl auch in diesem Punkt noch gewisse Zweifel bestehen. Sowohl Pjotr Ermakow wie auch Michail Medwedew beanspruchten diese zweifelhafte Ehre für sich. Gesichert ist, daß Grigorij Nikulin den Zarewitsch Aleksej getötet hat. Aber wer gab den Auftrag zu den Morden? Waren es Sascha Beloborodow und der Uraler Sowjet? War es *Filipp* Goloschechin, der auf lokaler Ebene die Entscheidung traf, oder kam der Hinrichtungsbefehl direkt aus Moskau, von Lenin höchstpersönlich? In den meisten anderen Aspekten der blutigen Unterdrückung im Gefolge des Roten Oktober führte das kollektiv ausweichende Verhalten der Sowjets zu einem historischen Betrug größten Ausmaßes. Warum nicht auch bei der Beseitigung ihres *Feindes Nummer Eins?* Dieser Aspekt wird ein Rätsel bleiben – bis der *Schuldbeweis erbracht ist* ...

Wäre der Zar mit seiner Familie nicht auf so schreckliche Weise liquidiert worden, wäre er wahrscheinlich unserem Gedächtnis entschwunden. Durch die Art seines Todes sicherte sich der letzte Zar, dieser schwache Mann, der die Nähe zu seiner Familie höher schätzte als sein öffentliches Amt, seinen Platz im Andenken der Welt als das erste Opfer des Roten Terrors.

Die sterblichen Überreste des Zaren, seiner Familie und Dienerschaft wurden schließlich am 17. Juli 1998, achtzig Jahre nach dem Verbrechen, in der Peter-Pauls-Kathedrale, der Grabkirche der russischen Zaren in St. Petersburg zur letzten Ruhe gebettet.

In einem Akt nationaler Reue nahm der russische Präsident Boris Jelzin, der als kommunistischer Parteichef von Swerdlowsk den Auftrag hatte, die Stätte des Massakers zu beseitigen, an den Begräbnisfeierlichkeiten teil.

Ein Rätsel besteht nach wie vor: Es fanden sich nur neun Skelette, und nicht elf, wie man annehmen müßte. Die Reste des kleinen Zarewitsch Aleksej und eines Mädchens fehlen. Hat Anastasia weitergelebt? Kürzlich vorgenommene Tests haben erwiesen, daß es Aleksej und Maria sind, die fehlen, und nicht Anastasia.

Heute nennen viele Russen die Kinder des Zaren *golubtschiki,* die lieben Kleinen.

„Jelaiju tebe vetschnuju jizn – Ihr mögt ewig leben ...“

Die Habsburger (1273–1918)

Bella gerant alii, tu felix Austria nube!
Kriege mögen andere führen, Du, glück-
liches Österreich, heirate!

Kaiser Maximilian I., 1459–1519

Es war ein ungewöhnlich heißer Sommertag, dieser 28. Juni 1914.
Der alte Herr saß an seinem Schreibtisch im Arbeitszimmer der
Kaiservilla in Bad Ischl. Über 65 Jahre an der Spitze eines riesigen
Reiches hatten an dem über Achtzigjährigen tiefe Spuren hinterlassen. Er fühlte sich müde, und bald würde er alles aufgeben und
sich zurückziehen, hierher nach Bad Ischl, seinem Refugium. Es
war eine Gegend mit gutem Forellenwasser …, er könnte auf Au-
erhahnpirsch gehen, so wie er es als junger Mann getan hatte, an
dem Nachmittag vor dem ersten Zusammentreffen mit Sisi. Lautes Klopfen an der Türe unterbricht sein Sinnieren. Sein treuer
Diener Ketterl, der während all der dramatischen Ereignisse und
Tragödien an seiner Seite gewesen war, meldet einen Besucher.

„Kaiserliche Majestät, es ist Ihr Generaladjutant mit einer Nach-
richt.“
„Können sie mir denn keine Ruhe gönnen?“
„Er sagt, es ist sehr dringend!“

Und das war es auch: Ein Telegramm aus Sarajevo war gegen Mittag eingetroffen, und Generaladjutant Paar hatte die unangenehme
Aufgabe, dem Kaiser die schreckliche Nachricht zu überbringen,
… daß Seine Kaiserliche Hoheit, Kronprinz Franz Ferdinand und
seine Gemahlin einem Mordanschlag zum Opfer gefallen sind.
Langsam nahm der alte Herr die Brille ab, strich sich über die

Stirne und blickte hinaus, über die Baumkronen im Park hinweg zu der Bergkette in der Ferne. Wie friedlich doch alles schien ... Franz Joseph I., Kaiser von Österreich, König von Ungarn, um nur zwei seiner Herrschertitel zu nennen, ein im Grunde sehr einsamer Mensch, war der erste, dem beklemmend klar war, daß der Friede unwiderruflich dahin war.

***

Am Höhepunkt seines Ruhms erstreckte sich das Reich der Habsburger vom Schwarzen Meer bis zu den entfernten Gestaden des Pazifiks. Österreich rühmte sich – berechtigterweise – eines Reiches, in dem die Sonne nie unterging. Dieser Ruhm ist Vergangenheit, Wien, die ehemalige Reichshaupt- und Residenzstadt, ist eine Großstadt auf der Suche nach einem Land. Österreich ist zu einem schmalen Streifen entlang der Alpenkämme geschrumpft, und seine Städte durchweht Nostalgie, die wehmütige Erinnerung an vergangene Größe und Glorie.

Die Habsburger kamen nach dem Ableben des letzten der Staufenkaiser, Friedrich II., an die Macht. Mit ihm versank das mittelalterliche Heilige Römische Reich, das auf Karl den Großen zurückgeht. Im Jahr 1273, nach einem fünfundzwanzig Jahre währenden Interregnum *(die kaiserlose, die schreckliche Zeit)*, einer Schreckenszeit der Anarchie, wählten die Kurfürsten, die zur Wahl eines Königs berechtigten deutschen Fürsten, Rudolf von Habsburg, einen Grafen im Besitz der Habsburg[25] am Oberrhein. Sie glaubten in ihm ein ihren Wünschen gefügiges Werkzeug gefunden zu haben, aber er tat ihnen nicht diesen Gefallen. Als der Bischof von Basel, ein Mann, der Rudolf besser kannte als alle anderen, von ihrer Wahl hörte, betete er in seiner Kirche: *Nun halte Dich fest, Gottvater, oder Rudolf wird nach Deinem Throne langen.*

Ausgestattet mit der Macht der Krone, stellte Rudolf von Habsburg (Rudolf I.) ein Heer auf und zog in die Schlacht gegen den mächtigsten seiner Herausforderer, Ottokar von Böhmen, für den Rudolf *ein armes Gräflein* war. Sie trafen unweit von Wien, am

Die Habsburger

Marchfeld, aufeinander. Gemäß den Usancen der damaligen Zeit hatten sich die beiden Gegner auf den Tag der Schlacht geeinigt, und das war der 26. August 1278. Angesichts des gegnerischen Heeres, dem seinen zahlenmäßig bei weitem überlegen, fand es Rudolf nicht unter seiner Würde, zu einer List zu greifen. Während des ersten Ansturms, als er vom Pferd stürzte und seine Mannen drauf und dran waren zu fliehen, benahm er sich äußerst unritterlich. Er schickte eine regelwidrige Reserveeinheit ins Feld, ein Akt, der mit den Kontrahenten nicht abgesprochen und nach dem Kodex ritterlichen Gefechts strengstens verboten war, um das böhmische Heer im Rücken anzugreifen. Es war sein Glück, daß Ottokar von einem seiner eigenen Ritter erstochen wurde. Das war der Sieg für Rudolf. Es darf gesagt werden, daß es ohne diese Kriegslist keine Habsburgerdynastie gegeben hätte, daß Prag die Reichshauptstadt und Wien eine Stadt geringer Bedeutung gewesen wäre. Rudolf bemächtigte sich der reichen Herzogtümer entlang des Donautals und gab sie seinen Söhnen als Familienbesitz. Das Ergebnis waren 650 Jahre dynastischer Geschichte der Habsburger.

Zwei Jahrhunderte später entwarf ein anderer Herrscher die habsburgische Formel der *Heirat aus Staatsraison*. Kaiser Maximilian I. festigte das Haus Österreich (domus Austriae) und verfeinerte die habsburgische Devise: *Bella gerant alii, tu felix Austria nube. Kriege mögen andere führen, du, glückliches Österreich, heirate.* In die Tat umgesetzt, sah dies so aus:

Maximilian I. heiratete Maria von Burgund (1477), die Burgund, Lothringen und die reichen Niederlande in das Habsburgerreich einbrachte. Ihr Sohn Philipp ehelichte Johanna von Kastilien (Johanna die Wahnsinnige), die spanische Erbin der Königreiche Kastilien und Aragon (1496). Der nächste in der dynastischen Reihe, Ferdinand I. (jüngerer Bruder von Karl V.), ehelichte Anna von Böhmen und Ungarn, und mit ihr kamen Böhmen, Schlesien und Teile Polens zum Reich (1516). Ferdinands Schwester Maria heiratete den König von Ungarn (1526), der passenderweise kurz nach der Hochzeit verstarb und Ungarn den Habsburgern hinterließ. Mit diesen vier Eheschließungen schufen die Habsburger ein Reich, das vom unteren Donautal über Europa bis nach Mexiko und Peru, und von dort über den Pazifik bis zu den Philippinen (so benannt nach dem Habsburger Philipp von Spanien) reichte. Es ist eine tragische Ironie, daß Maximilian, der Mann, der ein Reich geschaffen hatte, in dem die Sonne nicht unterging, in seiner Todesstunde nur einen an seiner Seite hatte, seinen treuen Jagdhund. Der Weg seines Nachfolgers auf den Kaiserthron war gepflastert mit Gold aus den Truhen des *reichsten Mannes des Mittelalters*, Jakob Fugger, der all die ehrgeizigen Anwärter mit Säcken voller Golddukaten abfertigte. Karl V., aus der Ehe zwischen Philipp und Johanna von Kastilien stammend, regierte uneingeschränkt von 1519 bis 1556 und war der erste und letzte *Universalkaiser*. Er herrschte über ein Reich von noch nie dagewesener und auch später nicht mehr erreichter Größe.

Karl V. war sehr sprachbegabt. Er soll von sich gesagt haben, daß er Sprachen gelernt habe, um mit dem Papst italienisch, mit seiner Mutter spanisch, mit seiner Tante englisch, mit seinen Jugendfreunden flämisch und mit sich selbst französisch reden zu können. Deutsch habe er nur gelernt, um Kaiser zu werden – ansonsten gerade gut genug, um sich mit seinen Pferden zu verständigen.

Karl V. war römisch-deutscher Kaiser, König von Spanien, Sizilien, Neapel, Jerusalem, König der Balearen, der Kanarischen und indischen Inseln sowie des Festlandes jenseits der Ozeane, Erzherzog von Österreich, Herzog von Burgund und Brabant, Steiermark, Kärnten und Krain, Luxemburg, Limburg, Athen und Patras, Graf von Habsburg Flandern und Tirol, Pfalzgraf von Burgund, Hennegau, Pfirt und Rousillon, Landgraf in Elsaß, Fürst in Schwaben. Dank der Besitzungen Flandern, Burgund und Luxemburg sowie Spanien im Westen, hielten die Habsburger Frankreich umklammert und kamen in Konflikt mit dem französischen König Franz I. Obwohl ihm Heinrich VIII. von England ein Bündnis versagt hatte, ließ der französische König im Jahr 1525 sein

Heer gegen Karl V. ziehen. Unweit von Pavia fügte die habsburgische Kaiserliche Armee den Franzosen eine vernichtende Niederlage zu. Franz I., der gefangengenommen wurde, soll an seine Mutter geschrieben haben: *Alles ist verloren, nur die Ehre nicht!* Er kam für hohes Lösegeld frei. Der *Zwischenfall* hielt ihn aber nicht davon ab, weiter Unruhe zu stiften, indem er die deutschen protestantischen Prinzen und sogar den Osmanen Suleiman Pascha gegen Karl V. aufwiegelte. Die Türken rückten entlang der Donau vor, bis sie 1529 Wien erreichten, wo sie geschlagen wurden und die Belagerung aufgeben mußten. Das Endergebnis der *Italienischen Kriege* war, daß Frankreich Piemont und Savoyen an die Habsburger verlor.

Die ernsteste Herausforderung für Karl V. war jedoch eine innere Angelegenheit. Der Papst in Rom hatte mit Nachdruck gefordert, daß ein unliebsamer Augustinermönch wegen Ketzerei vor Gericht gestellt werde. Als Bewahrer des einzig wahren Glaubens unterschrieb Karl einen Geleitbrief für den feuerzüngigen Klosterbruder Martin Luther und gebot ihm, zwecks Klärung religiöser Fragen vor dem Reichstag in Worms zu erscheinen. Die folgenschwere Versammlung gipfelte am 18. April 1521 in den Worten des Offizials, der im Namen des Erzbischofs von Trier auf der für das ganze Verfahren entscheidenden Frage beharrte:

„Ich frage Dich, Bruder Martin, willst du nun die von dir anerkannten Bücher alle verteidigen oder willst du etwas widerrufen?"

Luther wandte sich unter Mißachtung der anderen Würdenträger direkt an den Kaiser, was ein unerhörter Affront war, und antwortete:

„Weil denn Eure kaiserliche Majestät … eine schlichte, einfältige, richtige Antwort begehren, so will ich eine geben … Wenn ich nicht mit Zeugnissen der Heiligen Schrift oder mit öffentlichen, klaren und hellen Gründen und Ursachen überwunden und widerlegt werde – denn dem Papst oder den Konzilien allein glaube ich nicht,

weil es feststeht, daß sie sich häufig geirrt und sich auch selbst wi-
dersprochen haben –, bin ich durch die Schriftworte, die ich angeführt habe, gebunden. Und solange mein Gewissen durch Gottes
Worte gefangen ist, kann und will ich nicht widerrufen ... Gott helfe
mir, Amen."[26]

Karl V., selbst ein Anhänger des Philosophen Erasmus von Rotter-
dam, wußte nur zu gut, daß die Kirche sehr reformbedürftig war.
Aber als Heiliger Römischer Kaiser war er der Inbegriff der katholischen Kirche, und Luther erschütterte sie in ihren Grundfesten:

„Ich stamme von einer langen Linie christlicher Herrscher der
edlen deutschen Nation und der katholischen Könige von Spanien
ab ...

„Ich habe beschlossen, den Glauben zu behaupten, den diese meine
Vorfahren gehalten haben. Ein einziger Mönch, der sich gegen die
tausendjährige Christenheit stellt, muß ein Irrtum sein."

Martin Luther blieb standhaft und weigerte sich zu widerrufen.
Nur mit einem Geleitbrief als Schutz floh er auf einem zweirädri-
gen Eselskarren und fand Zuflucht in der Wartburg, dem Sitz des
Kurfürsten von Sachsen, der ein leidenschaftlicher politischer Rivale der Habsburger war. Im Heiligen Römischen Reich brachen
gewaltsame Unruhen aus, und der mächtigste aller Herrscher
mußte seine ganze Aufmerksamkeit der Unterbindung von Aufständen im Reich schenken, während seine Konquistadoren in
Richtung Neue Welt segelten, um sie für die Krone zu erobern.
Cortez nahm das aztekische Mexiko ein (1521), und Pizarro eroberte das Peru der Inkas (1533). Im Jahr 1556 zog sich Karl V. in
ein Kloster zurück, und das weltumspannende Herrscherge-
schlecht zerfiel in eine spanische und eine österreichische Linie.
Die spanischen Habsburger mit ihren goldreichen Besitzungen in
der Neuen Welt betrachteten unter Philipp II. die Engländer als
ihre größte Herausforderung – und erlitten eine Niederlage, als
ihre *Armada* während eines heftigen Sturms sank. Der österreichische Habsburger, Ferdinand I., Bruder Karls V., war im In-

Die Habsburger

neren vom Problem der lutherischen Reformation und den ernsten Schwierigkeiten von seiten protestantischer Fürsten in Anspruch genommen. Nur in Angelegenheiten, die Frankreich und das Osmanische Reich betrafen, arbeiteten die beiden Häuser Habsburg zusammen, wie in der siegreichen Seeschlacht gegen die Osmanen bei Lepanto (1571) unter der Führung von Don Juan de Austria (dem illegitimen Sohn Karls V.). Die spanische Linie starb mit dem Tode König Karls II. aus. Auf dem Totenbett hatte dieser letzte spanische Habsburger den zweiten Enkel von Ludwig XIV., Philipp von Anjou, zu seinem Universalerben bestimmt. Anspruch auf den spanischen Thron erhob auch Leopold I. für Habsburg. Die Folge war der Spanische Erbfolgekrieg (1701–1713), der mit dem Frieden von Utrecht beendet wurde. Dem Sonnenkönig war es gelungen, seinen Enkel als Philipp V. auf den spanischen Thron zu bringen.

Ein letztes Mal versuchten die Türken, Wien zu erstürmen, wofür ihnen die Unterstützung seitens Frankreichs sicher war. Die Beweggründe des französischen Königs waren einfach, denn eine Niederlage Österreichs durch den Feind aus dem Osten würde die eiserne Umklammerung Frankreichs durch die habsburgischen Besitzungen Burgund und Lothringen lockern. Im Jahr 1683 schlug ein mächtiges Osmanenheer seine Zelte vor den Toren Wiens auf, aber die Kaiserstadt leistete heroischen Widerstand, bis der Sultan von der kaiserlichen Armee unter der Führung des polnischen Königs Jan Sobieski vertrieben werden konnte. (Der polnische König schlug des Kaisers Schlacht, weil ihm der Papst mehr Geld geboten hatte als Ludwig XIV.) Nach der erfolgreichen Beendigung der Belagerung Wiens gelang es den kaiserlichen Truppen, die Türken aus Österreich zu vertreiben, und die Habsburger konnten sich der Erweiterung ihres Besitzstandes entlang des Donautals widmen. Prinz Eugen von Savoyen, zweifellos der fähigste Kopf aller militärischen Denker vor Friedrich dem Großen und Napoleon, war von Ludwig XIV. wegen einer körperlichen Mißbildung in der Form eines Buckels abgelehnt worden. Er war

Der Untergang großer Dynastien

darob so erzürnt, daß er seine Dienste dem Erzfeind Frankreichs, dem österreichischen Herrscher, anbot. Es dauerte nicht lange, und er schlug die Franzosen, um sich dann mit seinen Truppen nach Süden zu wenden. Bei Zenta schlug er das türkische Heer in die Flucht (1697), und die Hohe Pforte mußte ganz Ungarn, Kroatien, Slawonien und Wallonien (Rumänien) herausgeben.

Unter Kaiser Karl VI. erzielten die Habsburger ihre größten Gebietsgewinne. Er starb 1740 ohne männlichen Nachkommen, und seine Tochter Maria Theresia wurde aufgrund der Pragmatischen Sanktion (1713) römisch-deutsche Kaiserin. Die Folge dieser Sicherung der weiblichen Nachfolge war eine Reihe von Kriegen, im Süden gegen Frankreich und im Norden gegen Friedrich den Großen von Preußen. Der Siebenjährige Krieg war auch ein Kampf um die Vorherrschaft in Deutschland. Die aufstrebende Militärmacht Preußen wurde Österreichs größter Rivale. Um ihre Grenzen entlang des Rheins zu sichern, suchte Maria Theresia ein Bündnis mit Frankreich zu erlangen, und es gelang ihr, indem sie ihre Tochter Maria Antonia (Marie Antoinette) dem späteren König Ludwig XVI. zur Frau gab. Unter ihren innenpolitischen Leistungen ragen eine Staatsreform, der Codex Theresianus (ein neues Strafgesetzbuch) und die Neuregelung des Schulwesens heraus. Eine treffende Bemerkung zu ihrer Person stammt von Friedrich II.:

„Einmal haben die Habsburger einen Mann, und dieser ist eine Frau!"

Der Nachfolger Maria Theresias war ihr Sohn Joseph II., ein Reformer. Zu seinen größten Errungenschaften im Inneren zählen die Aufhebung der Leibeigenschaft und der Folter, konfessionelle Toleranz, die Zivilehe und Milderung der Zensur. Er gewährte den Nichtadeligen größere Rechte, eine Maßnahme, die ihn in den Augen der Fürsten des In- und Auslandes als Revolutionär erscheinen ließ. Als Fehlleistung muß die Schaffung einer ausgedehnten und erdrückenden Bürokratie (die noch im heutigen Österreich spürbar ist) angesehen werden. Sein Sohn Franz II. war

Die Habsburger

das genaue Gegenteil. Die sich im Sog der Französischen Revolution in ganz Europa entwickelnden revolutionären Bewegungen betrachtete er mit Feindseligkeit. Die Massaker an den französischen Adeligen, und insbesondere der Tod seiner Tante Marie Antoinette unter der Guillotine, ließen ihn zum neuen Garanten aristokratischer Ordnung werden. Frankreich und Österreich waren erneut auf Kollisionskurs.

Nun betrat Napoleon die geschichtliche Bühne: In einer Reihe glänzend durchgeführter Schlachten schlug er die Österreicher in Oberitalien. Österreich erwirkte einen Friedensschluß, und Napoleon krönte sich selbst zum Kaiser der französischen Nation. Nach der Niederlage der französischen Flotte in der Seeschlacht von Trafalgar trat Österreich dem anglo-russischen Pakt bei und rückte gegen Napoleon ins Feld. Der österreichische General Mack fiel in Bayern ein, Napoleon überschritt den Rhein und trieb seine Truppen in die Auseinandersetzung mit Mack. Bevor dieser noch seine 50.000 Mann starke kaiserliche Streitmacht in Stellung bringen konnte, fand er sich umzingelt. Der baumlange österreichische General, eingeschüchtert von dem nur 1.55 m großen Korsen, ergab sich in Demut. Der russische Feldmarschall Kutusow, der an der Spitze der restlichen österreichisch-russischen Truppen stand, konnte mit Geschick vermeiden, das gleiche Schicksal wie der glücklose General Mack zu erleiden. Napoleon betrat am 14. November 1805 Wiener Boden. Seine nächste Sorge galt der politischen Haltung des preußischen Königs, der 180.000 Mann gegen seine ungesicherte nördliche Flanke schicken könnte. Napoleon rechnete mit der bis dahin an den Tag gelegten Inaktivität des Preußen, und er hatte ihn richtig eingeschätzt. Der Preußenkönig mobilisierte nicht, während der österreichische und der russische Herrscher auf Napoleons Vernichtung sannen. Am 2. Dezember 1805 sah sich Napoleon bei Austerlitz den vereinigten Truppen des russischen Zaren und des österreichischen Kaisers gegenüber. Die Schlacht wurde Napoleons Meisterstück, dem in puncto Kühnheit nur die Heldentaten eines Friedrich des Großen gleichkamen.

Der Untergang großer Dynastien

Der Nebel hing tief über dem böhmischen Schlachtfeld. Napoleon lockte die österreichisch-russischen Streitkräfte in eine falsche Gefechtsposition, indem er die von einem Spion in Erfahrung gebrachten Trompetensignale der Österreicher verwendete. Die Alliierten hatten ihre Linien zu lang und zu dünn gestaltet, und während ihres Vorrückens gegen den rechten Flügel der Franzosen verloren manche Regimenter die Verbindung untereinander. Nachdem die sprichwörtliche *Sonne von Austerlitz* durch den Winternebel gebrochen war, erkannte Napoleon den Bruch in den feindlichen Linien und dirigierte sein bestes Korps gegen die Mitte des Feindes auf den Pratzener Höhen. Einer seiner Generäle war Louis Friant, der sich vom einfachen Soldaten hochgedient hatte und für seine Offenherzigkeit bekannt war. Als er merkte, daß seine angreifenden Grenadiere aus Angst vor dem Geschoßhagel die Köpfe einzogen, schrie er ihnen zu: *Es sind doch nur Kanonenkugeln, die umherfliegen und nicht Scheiße!* Mutige Befehlshaber wie Friant halfen Napoleon, die alliierte Armee aufzureiben, und der Tag – der erste Jahrestag seiner Krönung – endete für Napoleon mit dem entscheidendsten all seiner Siege. Die Verluste auf österreichischer Seite waren schwer: 12.000 Gefallene, 15.000 Gefangene und 180 Geschütze. Die *Dritte Koalition* war zerschlagen, und Franz II. (als Franz I. seit 1804 Kaiser von Österreich) mußte im Frieden von Preßburg den Verlust von Venedig und Dalmatien an Illyrien, und von Tirol an Bayern, ein neues Königreich von Napoleons Gnaden, unterschreiben.

Als wäre die Etablierung Bayerns als Gegengewicht zu Österreich nicht genug gewesen, betrieb Napoleon die Bildung des *Rheinbundes*, eines losen Zusammenschlusses von sechzehn deutschen Fürstentümern. Seine leicht durchschaubare Absicht war die Zerstückelung des Habsburgerreiches, des Erzfeindes der Franzosen. Österreich war gezwungen, Bayern, Württemberg und Baden als unabhängige Königreiche anzuerkennen, und die Habsburger verloren ihre letzten Stellungen in Deutschland, ein Umstand, der dem Heiligen Römischen Reich (deutscher Nation) den Todesstoß versetzte. Anfang August 1806 legte Kaiser Franz II. die römisch-

Die Habsburger

deutsche Krone zurück. Von jenem Tag an war er als Franz I. nur mehr Kaiser von Österreich.

„Im Interesse der vollkommenen Ranggleichheit mit den vorzüglichsten Regenten Europas und in Hinsicht auf den uralten Glanz der österreichischen Souveräne ..."

hatte er sich im August 1804 den erblichen Kaisertitel zugelegt.

1809 war das Jahr des Erwachens in ganz Europa. Es kam zu Aufständen, unter Andreas Hofer in Tirol wie auch unter dem preußischen Offizier Ferdinand von Schill in Preußen. Nachdem Erzherzog Karl von Österreich ein neues Heer von 150.000 Mann versammelt hatte, erklärte Österreich im April 1809 Frankreich den Krieg. Napoleon beantwortete die Kriegserklärung mit dem lapidaren Befehl an seine Armee: *Bewegung und Schnelligkeit* – und er war wahrlich sehr schnell. Schon im Mai marschierte er an der Spitze seiner Truppen in Wien ein. Einige Truppenverbände hatten Order, die Donau zur Lobau zu übersetzen. Erzherzog Karl schickte drei Sandprahmen stromabwärts, die die von den französischen Pionieren errichtete Holzbrücke zerstörten. Auf sumpfigem Gebiet in der Nähe von Aspern trafen die feindlichen Heere aufeinander. Napoleon unterschätzte seinen Gegner, und zum ersten Mal in seiner glänzenden Laufbahn erlitt er eine Niederlage. Seine Reserveeinheiten standen abgeschnitten am anderen Donauufer, und seine Mitte stürzte in sich zusammen. Schnell reparierte er den Schaden, den sein Ruf genommen hatte, als er bei Wagram erneut den Österreichern gegenüberstand. Bei diesem Angriff setzte er Artillerie ein, die breite Breschen in die kompakten Truppenverbände Erzherzog Karls schlug. Aber er hatte einen ihm Ebenbürtigen gefunden, was den Einsatz optimal positionierter Artillerie betraf. Napoleon errang den Sieg, verlor aber mehr Soldaten als sein Gegner. Von da an begann sich seine Taktik, ohne Rücksicht auf Verluste zu agieren, zu rächen, und der Mythos seiner Unbesiegbarkeit zu verblassen.

Bestärkt durch den Sieg bei Aspern versuchte der österreichische Kaiser seine Tiroler Untertanen mit der Zusicherung militärischer

Unterstützung zu ermutigen, sich gegen den bayrischen Usurpator zu erheben. Unter der Führung eines Gastwirtes namens Andreas Hofer fügte die Bauernschaft in drei blutigen Gefechten in der Nähe von Innsbruck einer französisch-bayerischen Armee eine vernichtende Niederlage zu.

Wie eine Stoßwelle wirkte auf Europa die Nachricht, daß einem *Maréchal de l'Empire*, der eine bestens ausgebildete, erfahrene Streitmacht befehligte, von einem Gastwirt und dessen Horde roher Bergbewohner die Nase blutig geschlagen worden war. Schließlich wurde eine Belohnung ausgesetzt und Andreas Hofer von einem seiner Leute verraten. In Ketten wurde er in die Festung von Mantua gebracht. Der österreichische Kaiser unternahm nichts, um den heldenhaften Tiroler zu retten, und Napoleon zeigte sein wahres Gesicht, als er den Befehl aussandte: *Laßt diese Hofer-Affäre eine Angelegenheit von vierundzwanzig Stunden sein. Stellt ihn vor Gericht und laßt ihn dann erschießen.* Auf diese Art schuf er einen Märtyrer, und Andreas Hofer wurde zum Symbol eines deutschen Erwachens. Er wurde aber auch zum Schandmal eines Habsburgerkaisers.

Als Napoleon sich entschloß, gegen Rußland zu ziehen, mußte er für eine sichere Rückendeckung sorgen. Zu diesem Zweck sollte Österreich neutralisiert werden, was er auch erreichte, indem er die älteste Tochter des Kaisers, Marie Louise heiratete (was ihn aber nicht daran hinderte, mit seiner Exgattin Josephine de Beauharnais das Bett zu teilen). *La Grande Armée* zog ihrem Untergang im russischen Winter entgegen. Nach Paris zurückgekehrt, schrieb Napoleon, so wie es ein anderer Diktator 130 Jahre später vor den Toren Moskaus tun sollte: *Ich habe einige Verluste erlitten, aber das ist dem frühzeitigen Einbruch des Winters zuzuschreiben.* Trotz dieses Rückschlages gelang es ihm, eine 500.000 Mann starke Armee zu versammeln. Aber Napoleon hatte sich verändert, Erschöpfungszustände verursachten Unschlüssigkeit, und er fand sich in der Defensive.

Fürst Metternich, der meisterhafte Puppenspieler, der alle Fäden in Wien in der Hand hielt, warnte den französischen Kaiser,

Die Habsburger

als er ein letztes Mal mit ihm zusammentraf und den Franzosen
zur Unterzeichnung eines ungünstigen Friedensvertrages zu über-
reden versuchte. Napoleon war entrüstet. *Und was macht ihren Empereur so verdammt überheblich?* fragte
er schroff. *Ganz einfach, Ihre Kaiserliche Majestät, es hat alles mit
Geschichte zu tun. Mein Kaiser kann viele Schlachten verlieren und
wird immer noch Kaiser sein, aber Sie, Sire, dürfen keine einzige verlieren.*
Und so sollte es sein, bei Leipzig, vom 16. bis 19. Oktober 1813.
Die Alliierten verfügten über eine Truppenstärke von über einer
halben Million, wobei Blüchers Preußen und Bernadottes Schweden den Norden abdeckten und Schwarzenbergs Österreicher die
Mitte hielten. Für Napoleon endete die Schlacht in einer Katastrophe, als eine Brücke von seinen Pionieren gesprengt wurde, bevor
er noch den Rückzug des Restes seiner Armee vollzogen hatte. Napoleon entkam mit nur 60.000 seiner Soldaten über den Rhein.
Nicht einmal sechs Monate danach war Napoleon auf dem Weg
ins Exil auf der Insel Elba, und die Alliierten beriefen den Wiener
Kongreß ein. Fürst Bagration, der russische Delegierte, meinte
trocken zu Metternich: *Fürst, Sie haben offenbar größere Schwierigkeiten, die Beute aufzuteilen, als Napoleon zu schlagen.*
Er hatte natürlich recht. Der Wiener Kongreß vom Dezember
1814 war nichts anderes als ein Kuhhandel. Zar Alexander forderte
das gesamte Polen, wobei Sachsen an Preußen gehen sollte. Metternich lehnte dieses Ansinnen ab. Er konnte kein starkes Preußen
an Österreichs Grenzen brauchen und noch weniger einen russischen Kaiser, der sich in mitteleuropäische Angelegenheiten
mischte. Castlereagh, der englische Außenminister, wünschte die
Errichtung eines Pufferstaates zwischen Deutschland und Frankreich (sein Wunsch wurde mit dem Königreich Belgien erfüllt),
und Talleyrand lehnte sich einfach zurück und überließ es den
Großen, die Teilung auszufechten, während er durch seine still-
schweigende Unterstützung der *legitimen Rechte Sachsens* einen
Bruch zwischen den siegreichen Monarchien Preußen, Rußland
und Österreich schürte. Die Großen Drei zerrissen das alte Europa

wie drei Hunde, die ein totes Huhn verschlingen wollen. Dabei begruben sie für immer die Idee des *ancien régime de l'Europe* (und taten somit den ersten Spatenstich für ihre eigenen monarchischen Gräber). Schließlich entwarf der brillante aber verschlagene Fürst Metternich eine neue Karte Europas, die Österreich zur unbestrittenen Großmacht entlang der Donau machte. Im Tausch gegen das österreichische Flandern (Belgien) schloß er Oberitalien und die Adriaküste an Wien an. Zum letzten Mal, und unter Metternichs Führung, war der Habsburger Kaiser Franz I. der entscheidende Faktor in Deutschland, Italien und auf dem Balkan.

Sein Nachfolger auf dem österreichischen Thron war der äußerst naive Kaiser Ferdinand, der als Ferdinand der Gütige bekannt wurde. Er war in der Tat so gütig, daß ihn die Österreicher in einem Wortspiel *Gütinand der Fertige* (auch *Gütinand der Pferdige*) nannten. Da sich der Kaiser als regierungsunfähig erwies, nahm der alternde Metternich die Staatsangelegenheiten in die Hand. Was folgte, waren Jahre metternichschen Friedens, einer Art Scheinglückseligkeit. Die Zeit des Biedermeiers brachte großartige Möbel, aber keine politischen Leistungen hervor. Niemand nahm die dunklen Wolken am Horizont wahr, und die Gewitter, die sich dann entluden, trafen alle unvorbereitet.

Erzherzogin Sophie, bayerische Königstochter und Schwiegertochter von Kaiser Franz I., war zwei Tage in den Wehen gelegen, bevor sie am 18. August 1830 von einem gesunden Knaben entbunden wurde. Am 19. August 1830 konnte die Amtliche Wiener Zeitung melden:

> „ … wurde die Durchlauchtigste Erzherzogin Sophie, Gemahlin des Erzherzogs Franz Karl, gestern am 18. 8. 1830 … im k. k. Lustschloß von einem Prinzen glücklich entbunden."

Der Kaiser war überglücklich, insbesondere im Hinblick auf die Thronfolge, denn Kronprinz Ferdinand (der Gütige) war ein geistig labiler Epileptiker. Erzherzogin Sophie und ihr Gatte, Erzherzog Franz Karl, der zweite Sohn des Kaisers, gaben ihrem Sohn

Die Habsburger

den Namen Franz. Er wurde meist *Franzl* gerufen und nahm erst
bei der Thronbesteigung (1848) den Namen Franz Joseph an. Die
Kindheit des frühreifen Knaben stand unter dem maßgebenden
Einfluß seiner ehrgeizigen Mutter, die ihn auf seine zukünftige
Rolle vorbereitete. Als Franz I. starb und Ferdinand den Thron be-
stieg, war die allgemeine Überzeugung, daß es nur eine Frage der
Zeit war, bis er der österreichischen Kaiserkrone würde entsagen
müssen.

Aber Metternich, die wirkliche Macht im Reich, war immer
noch gut für eine Überraschung. Er verschaffte Kaiser Ferdinand
eine tugendhafte Prinzessin, die katholische Maria Anna von Savoyen, mehr zu Hause in einem Kloster denn in einem Ehebett. Es
ist nicht bekannt, ob das Paar überhaupt versuchte, einen Thronfolger zu zeugen, die Ehe war jedenfalls kein Erfolg.

Das Jahr 1848 bedeutete das Aus für die gemütliche Zeit des
metternichschen Friedens. Die bestehenden Strukturen wurden
ein Opfer der Flammen blutiger Aufstände in Paris, Wien, Budapest, Berlin, Prag und Mailand. Die Revolution breitete sich wie
ein Flächenbrand auf dem Kontinent aus, bis ganz Europa erfaßt
war. Als der einfältige Ferdinand seine Wiener vor seinen Fenstern
in der Hofburg *Lärm machen* hörte, blickte er Metternich verwirrt
an: *Sagn's mir, mein lieber Metternich, was ist denn der ganze Wirbel?*

Worauf ein erstaunter Fürst antwortete: *Eine Revolution, Sire!*

Der Kaiser wandte sich um, sah zum Fenster hinaus und fragte:
Ja, dürfen's denn des?

Ja, durften denn die Menschen revoltieren? Sie fragten nicht um
Erlaubnis. Zwanzig Jahre hindurch hatten europäische Dichter und
Denker sich gegen die Tyrannei der politischen und sozialen Kon-
ventionen gestellt. Die Welt hatte sich verändert. An die Stelle der
Könige traten Waffenbarone, Industrielle, die die Mittel für die
Verteidigung oder die Eroberungen ihres Monarchen zur Verfügung stellten. Mit der Fabrik kam eine neue industrielle Klasse auf,
die nach Verbesserungen strebte, nach Reformen rief. Die Dampf-
lokomotive und der elektromagnetische Telegraph beförderten

Menschen und ihre Ideen zunehmend schneller. Das Blatt wendete sich abrupt, und die Herrschenden fanden sich in eine stürmische neue Zeit versetzt. Mit dem Tag, an dem sich der aufgestaute Zorn der Massen Luft machte, stürzte Europa ins Chaos, Banner einer neuen Ordnung wehten von den Barrikaden, und für kurze Zeit schienen die großen Monarchien steuerlos dahinzutreiben. Die Hoffnungen auf Demokratie lösten sich im Pulverrauch auf: in Paris, Berlin, Wien und Budapest. Die Fürsten waren nicht bereit, Demokratie zuzulassen, und 1849 waren die letzten Revolutionäre geschlagen; aber nur vorübergehend, denn Musketen und Bajonette konnten ihren Ideen, ihren grundlegenden Werten, wie Freiheit und Gerechtigkeit für alle, nichts anhaben.

In Wien war es nicht anders. Der gütige Kaiser Ferdinand schien endlich begriffen zu haben ..., und am 2. Dezember 1848 dankte er zugunsten seines achtzehnjährigen Neffen Franz Joseph ab.

Die Regierungszeit des jungen österreichischen Kaisers Franz Joseph I. begann mit einem Knalleffekt. General Windischgrätz, der Oberbefehlshaber der kaiserlichen Armee, brachte seine Kanonen rings um Wien in Stellung und beschoß die aufrührerischen Stadtviertel vier Tage lang, bis die Behausungen der Aufständischen in Trümmern lagen, und diese die Waffen streckten. Daraufhin ließ er Aufständische auf dem Glacis außerhalb der Stadtmauern Aufstellung nehmen und öffentlich erschießen, zur Abschreckung neuerlichen Aufruhrs. Die Rebellion blieb nicht auf Wien beschränkt. Zudem gewann überall im Habsburgerreich das Nationalitätenproblem an Brisanz. Fünfzig Millionen Tschechen und Slowaken, Ungarn, Ruthenen und Ukrainer, Serben und Kroaten, Slowenen und Italiener waren es müde geworden, unter den schwerfälligen österreichischen Beamten in den Provinzen und unter der drückenden zentralistischen Bürokratie Wiens zu leiden. Das habsburgische Reich glich einem Druckkessel, der einfach Dampf ablassen mußte. Der junge Kaiser gab Anordnung, die nationalistischen Bewegungen auf österreichischem Herrschaftsgebiet im Keim zu ersticken. In Oberitalien, Böhmen und Ungarn unterdrückten die österreichischen Generäle Radetzky, Windisch-grätz und Jelačić die Unabhängigkeitsbestrebungen mit großer Brutalität.

Die kaiserlichen Truppen erstickten die regionalen Unruhen, und die Monarchie war nun so groß und mächtig wie schon lange nicht. Der Doppeladler Österreich-Ungarns herrschte uneingeschränkt, und endlich war wieder Frieden im Lande.

„Welch schönes Land, schaut rings umher, wohin der Blick sich wendet, lacht's wie dem Bräutigam die Braut entgegen ...",

schrieb Franz Grillparzer.

Am 18. Februar 1853 promenierte der junge Kaiser in Begleitung seines Adjutanten und guten Freundes Graf Maximilian Karl O'-Donnell auf einer der alten Basteien Wiens, die den Ansturm der Türken aufgehalten hatten. In eine angeregte Unterhaltung vertieft und außerdem von einem auf dem Glacis exerzierenden Regiment abgelenkt, bemerkten sie nicht die in einen Umhang gehüllte Figur, die sich von hinten an sie heranschlich. Plötzlich zog der Mann eine lange schmale Klinge unter seinem Umhang hervor und führte sie gegen das Genick des Kaisers. Zweimal konnte er zustechen, bevor es O'Donnell gelang, den Attentäter zu überwältigen. Wie durch ein Wunder kam der Kaiser mit leichten Verletzungen davon, sein hoher steifer Uniformkragen hatte ihm das Leben gerettet. Der Attentäter, Janos Libényi, ein ungarischer Schneidergeselle, gab vor Gericht an, daß er den Monarchen habe töten wollen, um Ungarn von der Tyrannei zu befreien. Bereits am 26. Februar wurde er auf der Simmeringer Heide gehängt. Dieser Zwischenfall mußte für Franz Joseph ein warnender Hinweis auf künftige Ereignisse sein. Zum Dank dafür, daß ihr Kaiser dem Attentat entkommen war, sammelten die Wiener eine beträchtliche Summe Geldes, die den Bau einer herrlichen doppeltürmigen Gedächtniskirche, der Votivkirche, finanzierte.

Erschüttert vom Mordanschlag auf ihren Sohn, einen Kaiser ohne Thronerben, machte sich Erzherzogin Sophie mit aller Ener-

gie auf die Suche nach einer passenden Ehefrau für den jungen
Kaiser. Ihre endgültige Wahl fiel auf die älteste Tochter ihrer
Schwester, der Herzogin in Bayern. Helene war eine wohlerzo-
gene und fügsame junge Dame. Die Erzherzogin und ihre königliche Schwester kamen überein, die jungen Leute bei einem *im-
provisierten Treffen* in Bad Ischl, der Sommerresidenz des Kaisers,
zusammenzubringen. In Bayern waren die Reisevorbereitungen
getroffen, die Koffer gepackt, doch als man sich anschickte abzur-
eisen, bekam Helenes kleine Schwester Elisabeth einen Wutanfall.
Um die Fünfzehnjährige zu besänftigen, willigte die Mutter ein,
sie auf die Fahrt mitzunehmen. Der junge Kaiser traf mit den
Schwestern zusammen und verliebte sich auf den ersten Blick in
die jüngere Schwester, die Sisi gerufen wurde. Erzherzogin Sophie
war wütend, die Herzogin in Bayern war wütend, und ebenso die
ältere Schwester Helene. Aber Franz Joseph war der Kaiser, und
er heiratete Elisabeth, zum Zeitpunkt der Hochzeit sechzehn Jahre
alt.

Es dauerte nicht lange, und die blutjunge Kaiserin empfand das
habsburgische Hofzeremoniell erdrückend. Sie haßte jede Minute,
die sie im kaiserlichen Schloß Schönbrunn verbringen mußte; das
Verhältnis zu ihrer Schwiegermutter hätte schlechter nicht sein
können. Der Kaiser, obwohl sehr verliebt in seine schöne junge
Frau, unternahm nichts, um seine herrische Mutter zu zügeln, und
die arme Sisi litt. Als das erste Kind auf die Welt kam, bestand
Erzherzogin Sophie darauf, sich der Erziehung des Kindes anzunehmen. (Das erstgeborene Kind starb im Alter von fünf Jahren.)
Auch das zweitgeborene Kind, wieder ein Mädchen, wurde der
Mutter weggenommen und von der Großmutter, der dominieren-
den Erscheinung am kaiserlichen Hof, aufgezogen. Im Jahr 1858
wurde das kaiserliche Paar, und mit ihm das Reich, mit einem
männlichen Erben, Kronprinz Rudolf, gesegnet.

Im Jahr darauf erhoben sich die habsburgischen Gebiete in Italien in offener Revolte. Der alternde Fürst Metternich, schon längere Zeit im politischen Ausgedinge, beschwor Kaiser Franz
Joseph: *Kaiserliche Majestät, um Gottes Willen, kein Ultimatum!*

Die Habsburger

Worauf der junge Kaiser nur antworten konnte: *Es ist gestern abgegangen.* Die kaiserlichen Streitkräfte erlitten im Italienischen
Krieg durch die vereinten Armeen Frankreichs und Italiens emp-
findliche Niederlagen bei Magenta und Solferino, und Österreich
verlor die Lombardei. In der Frage des Ultimatums hatte Metternich recht behalten – und die Geschichte sollte sich wiederholen,
55 Jahre später und mit noch schrecklicheren Folgen.

Eine neue Bedrohung tauchte auf, die Frage der deutschen Vorherrschaft. Preußen stellte unter dem *Eisernen Kanzler* Otto von
Bismarck Gebietsansprüche. Der von Preußen und Österreich gegen das kleine Königreich Dänemark geführte Krieg (1864), der
von Bismarck angezettelt worden war, um Bereitschaft und
Zustand seines Verbündeten zu testen, endete mit der Annexion
Holsteins durch Österreich. Es war nur zu offensichtlich, daß
Österreichs Militärbudget zum Großteil für die Besoldung der ver-
wöhnten Offiziershierarchie aufging und veraltetes Kriegsmaterial
nicht ersetzt wurde, während Bismarck und sein Stabschef General von Moltke die preußische Armee mit einer revolutionären
neuen Waffe, dem Zündnadelgewehr (einem Hinterlader), aufrü-
steten, das neben der höheren Geschwindigkeit den großen Vorteil hatte, daß der Schütze in Deckung liegend nachladen konnte,
was die eigenen Verluste bedeutend verringerte.

Im Jahr 1866 zog Preußen gegen Österreich in den Krieg. Der
Kriegsgrund war eben jenes Holstein, das Österreich mit Preußens
Hilfe erobert hatte. General Radetzky war zu alt, und das Kommando über die 250.000 Mann starke österreichische Nordarmee
sollte Ritter Ludwig von Benedek, ein ungarischer Adeliger, übernehmen. Er war zwar ein brillanter Korpskommandant, kannte
aber den böhmischen Kriegsschauplatz nicht und hatte noch nie
eine ganze Armee befehligt, weshalb er sich der ehrenvollen Aufgabe zu entziehen suchte. Unter dem großen Druck Kaiser Franz
Josephs nahm er den Oberbefehl dann doch an. Am 3. Juli 1866
trafen zwei preußische Heere nahe dem Dorfe Sadowa (bei Königgrätz) auf die Österreicher. Infolge mangelnder Kommunika-

tion war der Truppenteil des preußischen Kronprinzen verspätet, und der Beginn der Schlacht war für die Österreicher günstig. Zwei österreichische Korpskommandanten, die eine defensive Schlüsselstellung hielten, fühlten sich ihres Ruhmes beraubt und mißachteten die Befehle *dieses ungarischen Emporkömmlings minderen Standes, Benedek,* rückten mit ihren Einheiten vor und rissen eine Lücke in den von Benedek klug entwickelten Verteidigungsplan. Als die Armee des preußischen Kronprinzen schließlich auf der Bildfläche erschien, konnte sie ohne auf Widerstand zu stoßen durch die österreichische Mitte marschieren. Trotz heroischer Gegenwehr (in dem die beiden gräflichen Korpskommandanten ihren Ungehorsam mit dem Leben büßten) eroberten die Preußen die Schlüsselposition Chlum, und die österreichische Armee brach zusammen. Es sollte sich als eine überaus teure Niederlage erweisen, denn Österreich verlor nicht nur 45.000 Mann, sondern es mußte auch seine Besitzungen in Deutschland herausgeben. Ein Sündenbock mußte gefunden werden, und General Benedek hatte den Preis zu zahlen. Die Vorherrschaft des Habsburgerreiches endete bei Königgrätz, was dramatische Entwicklungen zur Folge hatte. Ferdinand der Gütige soll sich zu Königgrätz folgendermaßen geäußert haben: *Des hätten mir a z'sammbracht!*

Kaiser Franz Joseph hatte einen jüngeren Bruder, Maximilian, der das tat, was jüngere Brüder von Monarchen zu tun pflegten, nämlich nichts. Bis zu dem Tag, an dem eine Delegation in seinem prachtvollen Schloß Miramare an der adriatischen Küste auftauchte und ihm die Krone Mexikos anbot. Er wußte wenig über Mexiko, doch er nahm an und herrschte drei Jahre lang als Kaiser von Mexiko, bis er vom gewählten Präsidenten des Landes gefangengenommen wurde. Am 19. Juni 1867 sah er sich in Querétaro, Mexiko, einem Erschießungskommando gegenüber. Jeder einzelne des Kommandos bekam von ihm ein Goldstück, und seine letzten Worte waren: *Ich gebe mein Blut für das Wohl dieses Landes!* Es war nie das seine gewesen, dieses Land.

Kaiserin Elisabeth, schöner denn je, blieb eine unheilbare Ro-

Die Habsburger

mantikerin. Sie versuchte, Wien und dem steifen Leben am Habsburger Hof zu entkommen. Die übermächtige Erzherzogin Sophie konnte den Tod ihres zweiten Sohnes Maximilian nie ganz überwinden, was für Elisabeth den Vorteil hatte, daß ihr die Erziehung des Kronprinzen überlassen wurde. Kronprinz Rudolf war ein aufgeweckter Junge, der zum Unglück für Habsburg und Österreich immer wieder mit seinem kaiserlichen Vater in Konflikt kam, und die elterlichen Auseinandersetzungen nahmen an Bitterkeit zu.

In seinem Tagebuch vermerkte Rudolf, daß die Monarchie eine mächtige Ruine sei, die letztendlich einstürzen müsse. Er wuchs auf in der Einsamkeit eines Kronprinzen, der auf seine Stunde wartet. Er versuchte sich durch amouröse Abenteuer zu zerstreuen, bis sich in der Person Stephanies von Belgien eine geeignete Prinzessin fand. Es war keine gute Ehe, von Liebe konnte nicht die Rede sein, aber beide Teile bemühten sich, die Fassade aufrechtzuerhalten.

Auf der politischen Bühne formierte sich unter Georg von Schönerer (dem Judenfeind, der Adolf Hitler inspirierte) eine neue rechtsgerichtete Gruppierung, und eine heftige, wenn auch nicht offene Rivalität entwickelte sich zwischen Rudolf mit seinen liberalen Ideen und den Rechtsextremisten, deren Ansichten beim Kaiser Unterstützung fanden. Mit Rudolf ging eine Wandlung vor sich: Dieses Etwas, das ihn so faszinierend gemacht hatte, dieser Elan und Esprit fielen von ihm ab. Das Ereignis, das sein Leben ändern sollte, fand im Hofburgtheater statt, während einer Vorstellung zu Ehren seines hohen Gastes, des britischen Kronprinzen und zukünftigen Edward VII. Rudolf sah das Mädchen erst, als Edward ihn auf es aufmerksam machte: eine betörende Schönheit, die den Kronprinzen so faszinierte, daß er sie in der Pause *stellte*. In weniger als zwei Wochen hatte sich die junge Mary, Tochter der verwitweten Baronin Vetsera, Kronprinz Rudolf hingegeben.

„Ich bin so glücklich, denn heute bin ich die Seine geworden. Ich war von sieben bis neun bei ihm. Wir haben beide den Kopf verloren, und jetzt gehören wir uns mit Leib und Seele an",

135

Der Untergang großer Dynastien

berichtet sie an eine Vertraute, allerdings ohne einen Namen zu nennen. Nur drei Personen wußten von der Liaison: Gräfin Marie Larisch, eine Kusine Rudolfs, sein bester Freund Prinz Philipp von Coburg, und sein Kammerdiener Loschek. Es war Gräfin Larisch, die Mary zur Hofburg brachte, wo Loschek an einem Seiteneingang wartete, um sie über die Dienerstiege und Geheimgänge zu Rudolfs Privatgemächern zu bringen.

Mary Vetsera war erfüllt von der gleichen Unruhe und Rastlosigkeit wie Rudolf, und die Familiensituation ihres Liebsten wie der Reiz der ihm bestimmten Kaiserkrone, der sie teuer zu stehen kommen würde, müssen sie sehr belastet haben. Es gab keine Hoffnung für ihre Liebe, eine Scheidung Rudolfs kam nicht in Frage, und wahrscheinlich hatte sie eine Vorahnung von dem tragischen Schicksal, das ihr bevorstand. Was auch immer geschah, sie würde ihn verlieren, und ein Leben ohne ihn bedeutete ihr nichts.

Am 28. Januar 1889, einem dunklen Wintertag, holte Gräfin Larisch die junge Baronesse wieder einmal zu einem *Einkaufsbummel* ab. Sie tranken heiße Schokolade im *Demel*, dem Hofzuckerbäcker in nächster Nähe der Hofburg. Von dort ging Mary Vetsera in die Hofburg, Gräfin Larisch aber zurück zum Haus der Vetsera, um zu melden, daß Mary verschwunden sein mußte, während sie selbst in einem Geschäft Einkäufe tätigte. *Keine Sorge, wahrscheinlich hat sie Freunde getroffen und ist mit ihnen ausgegangen*, sagte Gräfin Larisch, wohl wissend, was wirklich passiert war. Mary wurde in einer Kutsche zu dem Örtchen Mayerling im Wienerwald, unweit von Baden, gebracht, wo Rudolf ein Jagdhaus unterhielt.

Während des Vormittags legte Rudolf große Nervosität an den Tag; er erwartete eine wichtige Nachricht. Als er sie in Händen hielt, las er sie (weder Absender noch Inhalt sind je festgestellt worden), sprang in seinen eigenen Wagen und folgte Mary nach Mayerling, wo sie den Rest des Nachmittags miteinander verbrachten. Nur Rudolfs Diener Loschek und sein Kutscher Bratfisch, dessen Quartier auf der anderen Seite des Hofes lag, waren

136

anwesend. Am folgenden Morgen kamen Rudolfs Jagdfreunde, Graf Hoyos und Prinz Philipp von Coburg, mit der Bahn. Loschek servierte der kleinen Jagdgesellschaft das Abendessen im ebenerdig gelegenen Speisezimmer. Rudolf klagte über Kopfschmerzen und zog sich zurück. Seine Gäste hatten keine Ahnung, daß Mary Vetsera im Oberstock auf ihren Liebsten wartete.

Mittlerweile war Marys Mutter dermaßen beunruhigt über die Abwesenheit ihrer Tochter, daß sie den Chef der Wiener Polizei aufsuchte. Gemeinsam inspizierten sie Marys Zimmer. Was für ein Schock muß es für die Baronin gewesen sein, als sie in einer Eisenkassette einen Abschiedsbrief und eine Fotografie Rudolfs fand. Der Polizeichef erklärte, daß er in Hofangelegenheiten nichts unternehmen könne, worauf die Baronin zu Ministerpräsident Taaffe eilte, der sie mit der gleichen Erklärung abspeiste. An diesem Abend erschien Kronprinz Rudolf nicht zum in der Hofburg angesetzten Galadiner. Ein eher ungewöhnliches Benehmen für einen Kronprinzen, das seine Mutter, Kaiserin Elisabeth, in Besorgnis versetzte.

In Mayerling wurde Graf Hoyos früh am folgenden Morgen, dem 30. Januar, vom Diener Loschek mit der Meldung geweckt, daß sein Herr auf den bestellten Weckruf nicht reagiert hätte. Sie fanden beide Türen zum Schlafzimmer Rudolfs von innen verschlossen. Ihr lautes Klopfen blieb unbeantwortet. Dies kam Graf Hoyos zwar seltsam vor, aber er entschloß sich doch, auf die Rückkehr Prinz Philipps von Coburg aus Wien zu warten. Der Prinz erschien und gebot Loschek, mit einer Axt die Türfüllung einzuschlagen. Loschek griff durch die Öffnung, schob den Riegel zurück und trat als erster in das Zimmer. Durch seinen Aufschrei alarmiert, stürzten Coburg und Hoyos in den Raum. Mary lag vornüber auf dem Bett. Aus einem kleinen Loch in ihrer Schläfe war Blut in das Laken gesickert. Der Körper des Kronprinzen lag ausgestreckt über dem fast unbekleideten Leichnam des Mädchens, sein Kopf in einer Lache geronnenen Blutes.

Nachdem er den ersten Schock überwunden hatte, sprang Graf Hoyos in einen Wagen, raste zur nahen Bahnstation und befahl dem Stationsvorstand, den Triest-Wien-Expreß anzuhalten. Hoyos eilte in die Hofburg und teilte die furchtbare Nachricht zuerst Kaiserin Elisabeth mit, die sich sofort zum Kaiser begab. Die Mutter Marys, noch ahnungslos, irrte in Verzweiflung durch die Gänge der Hofburg, bis sie endlich bei der Kaiserin vorgelassen wurde. *Baronesse,* sagte diese, *Sie müssen stark sein. Ihre Tochter ist tot,* und dann, *und auch mein Sohn. Und bitte merken Sie sich, daß Rudolf an einem Herzschlag gestorben ist.*

> *„Liebe Mutter, verzeih mir, was ich getan habe. Ich konnte der Liebe nicht widerstehen … Ich bin glücklicher im Tode als im Leben. Deine Mary",*

stand im Abschiedsbrief an die Mutter. Als die achtzehnjährige Schönheit nahe dem jetzigen Kloster Heiligenkreuz zu Grabe getragen wurde, hatte sie noch immer eine dünne goldene Kette mit dem Geschenk Rudolfs, einem eisernen Ring und einem Medaillon mit der Inschrift I-L-V-B-I-T, um den Hals. Die Buchstaben standen für *In Liebe vereint bis in den Tod.* Der Kaiser gestattete es nicht, die Liebenden im Tod zu vereinen, und Rudolf wurde in der Kapuzinergruft zur letzten Ruhe gebettet. Die wahren Todesumstände wurden in einer Verschwörung des Schweigens begraben. Die Tragödie sorgte für fette Schlagzeilen auf der ganzen Welt. Die Berichte gaben keine Einzelheiten an, es gab auch keine und würde nie welche geben, dafür sorgten der Hof und die Polizei. Das *Neue Wiener Tagblatt* verkündete in einer schwarzumrandeten Meldung:

> „Kronprinz Rudolf, die Hoffnung des Reiches, der Liebling aller Völker der Monarchie ist tot! Ein Jagdunfall hat Österreich seines begabten, idealistischen Thronerben beraubt."

Die amtliche Todesanzeige in der *Wiener Zeitung* vom 31. Januar 1889 hingegen lautete:

> „Seine k. u. k. Hoheit der durchlauchtigste Kronprinz Erzherzog Rudolf ist gestern, den 30. d. Mts. zwischen 7 und 8 Uhr früh in sei-

Die Habsburger

nem Jagdschlosse in Mayerling bei Baden, am Herzschlag plötzlich verschieden."

In Wien war das Motiv für den Selbstmord hauptsächlich eine Sache von Mutmaßungen seitens einer nach romantischen Geschichten gierenden Öffentlichkeit (zu vergleichen mit dem Tod Prinzessin Dianas und ihren romantischen Verwicklungen). Wann immer Kaiserin Elisabeth von ihrem Sohn sprach, geschah das in dem bitteren Ton einer Mutter, deren Traum zerstört worden war. *Wenn der Himmel Augen hätte ...* Nie sagte sie, wem sie die Schuld gab. Was den Kaiser betraf, so hatte er Tragisches noch nie so sehr am eigenen Leibe verspürt, war ihm doch klar, daß sein einziger Sohn aus Kummer und Enttäuschung gestorben war.

Nun mußte ein neuer Thronerbe gefunden werden. Erzherzog Franz Ferdinand war ein Neffe des Kaisers, der aus Liebe, aber unter seinem Stand geheiratet hatte, und zwar eine einfache böhmische Gräfin namens Sophie Chotek, Hofdame der ihm als Frau zugedachten Prinzessin. Als der Kaiser von der Änderung erfuhr, war er so aufgebracht, daß er den Erzherzog vom Wiener Hof verbannte. Mit dem Tod des Kronprinzen war Franz Ferdinand der nächste Thronanwärter. Um seine geliebte Sophie heiraten zu können, hatte er sogar dem Ausschluß seiner Kinder von der Thronfolge zugestimmt.

Und wieder erschütterte eine unerwartete Tragödie das Kaiserhaus. Am 10. September 1898 fand das Leben Kaiserin Elisabeths ein jähes und tragisches Ende. Die Kaiserin und ihre Begleiterin warteten an der Mole in Genf auf einen Ausflugsdampfer, als plötzlich ein Mann auf die Frauen zurannte und die Kaiserin zu Boden warf. Sie wurde wieder auf die Beine gestellt, brach aber zusammen – tödlich verwundet durch eine zugespitzte Eisenfeile. Luccheni, ein geistesverwirrter italienischer Anarchist, konnte keinen triftigen Grund für seine feige Tat angeben. Als der Kaiser die telegraphische Todesnachricht bekam, brach er an seinem Schreibtisch zusammen und weinte. Die schwarze Serie der Habsburger schien kein Ende zu nehmen.

Um die Jahrhundertwende war Wien eine von sozialen Unruhen gezeichnete Stadt. Aus dem Osten kamen die von russischen Pogromen verfolgten Juden. Österreich nahm sie auf, und Wien wurde das Zentrum großer jüdischer Denker und Künstler, wie Freud, Schnitzler, Mahler. In Wien schuf Theodor Herzl die theoretische Grundlage für eine Heimstatt für die Kinder Israels. Andrerseits gab es zu dieser Zeit einen Wiener Bürgermeister, Karl Lueger, der ein ausgesprochener Antisemit war. Sein berüchtigter Ausspruch: *Wer ein Jud' ist, bestimme ich,* wurde später dem Führer des Dritten Reiches zugeschrieben. Viele junge Männer kamen nach Wien, wie jener in Braunau geborene, der 1921 in einem Aufsatz von *diesem zerlumpten Habsburgerstaat* und von den Habsburgern als *der erbärmlichsten Dynastie, die jemals über deutsche Lande herrschte* [27] schrieb – Adolf Hitler.

Im Jahr 1908 beging der betagte Monarch den 60. Jahrestag seiner Thronbesteigung, und ganz Österreich feierte. Während Wien tanzte, brachen in Prag und Budapest anti-österreichische Aufstände aus. In jenem Jahr annektierte Österreich mit russischer Unterstützung Bosnien und Herzegowina. Danach stellten die Österreicher die Geduld des Zaren auf eine harte Probe, denn sie hatten ihr Versprechen, die Türken zur Öffnung der Dardanellen zum russischen Schwarzmeer zu bewegen, nicht gehalten. Wien hatte noch immer nicht aus früheren diplomatischen Fehlern gelernt. Eine habsburgfeindliche Bewegung für ethnische Autonomie verschaffte sich in Teilen des Balkans zunehmend Gehör. Beamte in Wien beeilten sich festzustellen, daß schon die bloße Diskussion einer möglichen Unabhängigkeit für Teile der Monarchie einen gefährlichen Präzedenzfall schaffen würde; sie befürchteten, daß dies die Schleusen für sezessionistische Bewegungen im gesamten Reich öffnen könnte. Eine Verhandlungslösung kam nicht in Frage, und die Aussichten auf Stabilität in der österreichisch-ungarischen Monarchie waren wahrlich gering. Die österreichischen Serben waren die ersten, die sich erhoben, und General Conrad von Hötzendorf, Generalstabschef des Kaisers, drängte auf sofor-

Die Bourbonen

tigen Krieg gegen das Balkankönigreich Serbien. Franz Ferdinand, der sich mit Nachdruck gegen eine Annexion Bosnien-Herzegowinas ausgesprochen hatte, mußte Conrad von Hötzendorf auffordern, seine Lust auf militärische Unternehmungen zu zügeln. Franz Joseph erkannte die Falle rechtzeitig und entließ Conrad von Hötzendorf mit den Worten: *Meine Politik ist eine des Friedens. Damit müssen Sie sich abfinden.*

Während Franz Joseph Europa mit seiner subtilen Friedenspolitik belustigte, rüsteten sich die Preußen für einen Krieg. Viele dachten, daß der habsburgische Monarch für den deutschen Kaiser als Köder fungierte, der die *Entente*[28] bezüglich der Pläne des preußischen Verbündeten in Sicherheit wiegen sollte. Sie hatten unrecht, dem betagten Monarchen lag jede Doppelstrategie fern. Aber der Schaden war getan, und von da an hatte Österreich, neben seinen beträchtlichen Problemen im Inneren, zwei ernstzunehmende ausländische Gegner mehr. Serbien und Rußland begannen gegen die österreichisch-ungarische Monarchie zu arbeiten. Haß und Ehrgeiz paarten sich zu einer explosiven Mischung, die die ganze Welt ins Unglück stürzen sollte.

Der Sommer des Jahres 1914 war sonnig und heiß. Die Reichen suchten die mondänen Badeorte der Monarchie auf, um der ungewöhnlichen Hitze zu entkommen. Eine Periode der Gluthitze als furchtbares Omen. In Serbien hatte sich eine terroristische Organisation, bekannt unter dem Namen *Schwarze Hand*, gebildet. Ihre Mitglieder waren zum Großteil Offiziere der serbischen Armee, und sie erfreute sich der aktiven Unterstützung durch Rußland. Der Kopf hinter der Verschwörung war ein Mann, der nur als *Apis*, der Stier, bekannt war. In Wirklichkeit war er niemand Geringerer als der Chef des serbischen militärischen Geheimdienstes, Oberst Dragutin Dimitrijevic.

Tod dem Este (Franz Ferdinand d'Este) war eine der Parolen der Verschwörer. Eine in den USA erscheinende Zeitschrift für serbokroatische Einwanderer ging sogar so weit, folgenden Aufruf zu veröffentlichen:

"Serben, ergreift alles, was ihr könnt, Messer, Gewehre, Bomben und Dynamit. Nehmt heilige Rache! Tod der Habsburgdynastie!"

Trotz solch drohender Meldungen ließ es sich Erzherzog Franz Ferdinand nicht nehmen, auf Inspektionstour in dieses hochexplosive Gebiet zu gehen, eine Reise getarnt als Präsenz der Krone bei den Sommermanövern, aber gedacht als Demonstration der Stärke in dieser unbeständigen Region. Am 28. Juni 1914, dem letzten Tag des offiziellen Besuches, der auf einen Sonntag fiel, sollte das hoheitliche Paar, Erzherzog Franz Ferdinand und Herzogin Sophie, im Rathaus von Sarajevo empfangen werden. Sophie, in einem wallenden weißen Gewand und mit breitkrempigem Federhut zum Schutz vor der mörderischen Sonne, saß in dem offenen Automobil neben ihrem Gemahl in seiner hochdekorierten Uniform mit dem grüngefiederten Generalshut. Der Konvoi hatte sich kaum in Bewegung gesetzt, um den Appelkai entlangzufahren, als sich ein junger Mann aus der Menge löste und eine Handgranate auf das in langsamer Fahrt befindliche Fahrzeug warf. Das Geschoß prallte vom Wagen ab und detonierte auf dem Pflaster, wobei mehrere Personen, darunter ein hoher bosnischer Beamter, verwundet wurden.

> "Herr Bürgermeister! Da kommt man zu Besuch nach Sarajewo und wird mit Bomben empfangen", knurrte der Thronfolger.

> "Ihre Kaiserliche Hoheit," stotterte der Mann, „der Attentäter ist bereits verhaftet."

> "Der Kerl wird ... nach echt österreichischer Art noch mit einer Medaille dekoriert", murrte ein verärgerter Franz Ferdinand.

Er versuchte Sophie zu überreden, die Stadt sofort zu verlassen, aber sie weigerte sich hartnäckig, von der Seite des Mannes, den sie liebte, zu weichen, und so fuhr das Ehepaar in sein Verderben. Sie begaben sich zu einem Empfang ins Rathaus, wo der Bürgermeister eine Rede verlas:

> "Ihre Kaiserliche und Königliche Hoheit, die Bürger von Sarajevo sind überglücklich und heißen Sie begeistert willkommen ..."

Die Habsburger

Auf eine eher zynische Bemerkung des Erzherzogs soll der Bürgermeister gesagt haben:

„Glauben Sie, Sarajevo steckt voll von Mördern?"

Die Hoheiten bestiegen wieder ihren Wagen. Den letzten Knoten in der Kette tragischer Begebenheiten knüpfte unwissentlich der Chauffeur des offenen Wagens. Hätte er die geplante Route über den Appelkai genommen und wäre nicht irrtümlich rechts abgebogen, wäre er nicht am Standort des zweiten Attentäters vorbeigekommen.

Aber das Schicksal hatte die Karten gemischt, das Auto bog hinter dem Bürgermeister zur Franz-Joseph-Straße ab. Der Bürgermeister rief dem Chauffeur zu: *Halt! Sie sind in der falschen Straße.* Nach einem Augenblick des Zögerns legte der Chauffeur den Retourgang ein und bewegte sich im Schneckentempo auf die Straßenecke zu. Und genau dort, verdeckt durch fähnchenschwingende Kinder, stand ein achtzehnjähriger Gymnasiast auf Posten, die Pistole griffbereit. Gavrilo Princip war der zweite willfährige Handlanger der serbischen Verschwörergruppe *Schwarze Hand.* Der schwarzgekleidete junge Mann brach durch die Kindergruppe auf die Straße, seine Hand schnellte unter dem schwarzen Mantel hervor ..., und das Unfaßbare geschah ...

Es mag der leichteste Meuchelmord der Geschichte gewesen sein: Das Auto bewegte sich keine zwei Meter entfernt an Gavrilo Princip vorbei, der mehrere Schüsse abgab. Nach dem ersten lähmenden Schock beschleunigte der Fahrer, und der Wagen verließ den Ort des Geschehens. Das Thronfolgerpaar hatte sich nicht bewegt, saß aufrecht im Fond ..., plötzlich ergoß sich ein Strom von Blut aus dem Mund des Erzherzogs. Sophie schrie auf: *Mein Gott, Franzl, was ist dir passiert?* Das waren ihre letzten Worte, bevor sie über den Knien ihres Gatten zusammenbrach. Eine Kugel hatte ihren Magen perforiert. Franz Ferdinand, erstarrt, murmelte: *Um Gottes Willen, was ist geschehen? Sopherl! Sopherl, stirb mir net! Denk an unsere Kinder...,* bevor er über dem Körper seiner Frau zusammensackte. Die Todeszeit wurde mit 11 Uhr angegeben.

143

Der Untergang großer Dynastien

Jemand mußte für die schändliche Tat bezahlen. Ein Aufwiege-
lungsprozeß war im Gange, und der Ruf nach *Krieg! Krieg!* gellte
in den Ohren der Bevölkerung. Es gab kein Zurück. Wenn Rußland versucht hatte, Österreich am Balkan zu provozieren, so übertraf der Erfolg seine wildesten Erwartungen. Der Mord an einem
österreichischen Erzherzog trieb die Welt in einen Krieg, dem
über zehn Millionen Soldaten und Zivilisten zum Opfer fielen,
und der das Ende dreier großer europäischer Dynastien, der Romanows Rußlands, der Hohenzollern Preußens und der Habsburger Österreichs sah. Die Kriegspartei um Generalstabschef Conrad
von Hötzendorf, in den aktiven Dienst zurückberufen, zwang den
greisen Kaiser, Serbien ein auf 48 Stunden befristetes 12-Punkte-
Ultimatum zu stellen. Franz Joseph entsann sich des Rates, den er
kurz nach seiner Thronbesteigung vom großen Diplomaten Metternich bekommen hatte: *Kaiserliche Majestät, um Gottes Willen,
kein Ultimatum.*

Aber so wie damals war die Note bereits überreicht worden:

„ … Erwarte Ihre Antwort vor Ablauf des Ultimatums, sonst werden
die Ereignisse ihren natürlichen Lauf nehmen …"

Den Rat des russischen Botschafters befolgend, akzeptierten die
Serben nur elf der zwölf Punkte, was Krieg bedeutete. Die kniff-
ligen Bündnisverträge zwischen den Großmächten setzten eine
Kettenreaktion in Gange. Rußland mobilisierte zugunsten Serbi-
ens, Deutschland in Unterstützung Österreichs, die Türkei schlug
sich auf die Seite Deutschlands und gegen Rußland, und Frankreich nahm die Gelegenheit wahr, die verlorenen Gebiete Elsaß
und Lothringen von den Deutschen zurückzuholen. Nur Italien
blieb draußen *(nicht kriegführend)*. Der deutsche Vormarsch durch
das neutrale Belgien zog England in den Krieg hinein.

Leidenschaftliche Ausbrüche patriotischer Begeisterung wurden
in den Reihen der europäischen Armeen verzeichnet. Österreich
sandte seine gesamte Streitmacht in den Kampf gegen Rußland.
Das Maschinengewehr war die Waffe der Stunde. Die Bataillone
des Kaisers erlitten schwere Verluste nahe der polnischen Stadt

Die Habsburger

Lemberg (was die russischen Verluste bei Tannenberg ausglich).
Im Jahr 1915 witterte Italien *die* Gelegenheit für Gebietsgewinne,
verließ das Bündnis mit den Achsenmächten, schlug sich auf die
andere Seite und griff Österreich an seiner ungeschützten südli-
chen Grenze an. Bürgerwehreinheiten, bestehend aus betagten Ve-
teranen und aus Halbwüchsigen, brachten die Italiener entlang der
Hochalpenkette und am Fluß Isonzo zum Stehen. Anfang des Jahres 1916 unternahm der russische General Brussilow einen Über-
raschungsangriff, der ebenfalls, mit Hilfe einer deutschen Division,
pariert werden konnte.

Die tödliche Pranke des Krieges schlug wahllos zu. Die Verluste
der Arbeiterklasse waren schwer, und die Opferzahlen unter jenen,
zu denen die Bevölkerung traditionellerweise als Führungspersönlichkeiten aufblickt, waren erschreckend hoch. Sie konnten nicht
ersetzt werden. Es war in der Tat eine verlorene Generation, und
als dann im Reich dringender Bedarf an Führungspersönlichkeiten
bestand, fand sich niemand, der der Strömung in Richtung Auflösung der Monarchie hätte Einhalt gebieten können. Im Inneren des
Reiches war die Lage gleichfalls äußerst schlecht. In diesem riesigen Agrarland hungerte die Bevölkerung, weil die Bauern im Feld
und nicht auf den Feldern waren. Die Frauen riefen nach Brot für
ihre Kinder, und die Unruhen begannen auf die Städte überzugreifen. Am 21. Oktober 1916 erschoß Friedrich Adler, der Sohn des
Führers der Sozialdemokratischen Partei Österreichs, Victor Adler,
den österreichischen Ministerpräsidenten Karl Graf von Stürgkh im
Speisesaal eines Lokals in der Wiener Innenstadt. Der junge Adler
wollte die Wiedereinberufung des österreichischen Parlamentes er-
zwingen, das vom Kaiser zu Beginn des Krieges aufgelöst worden
war. Der Zeitpunkt der Tat hätte schlechter nicht sein können,
denn die allgemeine Aufmerksamkeit galt den neuesten Meldungen aus dem Schloß Schönbrunn. Das Befinden des greisen Monarchen, der gerade seinen 86. Geburtstag und 68. Jahrestag als an
Lebens- und Regierungsjahren ältester Monarch der Welt gefeiert
hatte, verschlechterte sich rapide. Während des Ersten Weltkrieges,
am 21. November 1916, verschied Kaiser Franz Joseph. Ein Gigant

145

hatte die Weltbühne verlassen. Er war der Architekt eines friedlichen Österreichs, die Antriebskraft für die Vereinigung vieler Völkerschaften und Nationalitäten zu einem großen Donaureich. Seine Regierungszeit war die längste in der österreichischen Geschichte, die am wenigsten durch Krieg oder innere Unruhen gestört war. Er war einer der Großen der Geschichte, wie sehr dies auch Erstaunen und vielleicht sogar Mißfallen bei vielen auslösen mochte, die seine außergewöhnlichen politischen Fähigkeiten immer wieder unterschätzten.

Die Krone ging an seinen Großneffen. Der letzte Habsburger-Kaiser bestieg als Karl I. den Thron der österreichisch-ungarischen Monarchie und stand im Schatten einer Legende. Beim Begräbnis Kaiser Franz Josephs säumten über eine Million Menschen den Weg des Kondukts, und die meisten weinten. Franz Joseph war mehr als nur ein Kaiser. Sein Dahingehen beraubte eine Nation einer Vaterfigur. Er war ohne Zweifel der beliebteste aller Habsburger Herrscher, der als Person von fast allen der 53 Millionen Untertanen verehrt wurde. Karl hingegen war für seine Aufgaben als Träger der Krone gänzlich unvorbereitet – das sollte zu seinem Untergang beitragen.

Der zerbrechliche junge Mann, der einem Kaiser, der die Geschicke eines Reiches mit Samthandschuhen und eiserner Faust geleitet hatte, das letzte Geleit gab, sollte nur hundert Wochen, hundert tragische Wochen, die Krone tragen. An seiner Seite schritt eine zarte Frau, Zita, Prinzessin von Bourbon-Parma, Kaiserin von Österreich, Königin von Ungarn, mit dem gemeinsamen Sohn Otto, dem späteren Anwärter auf den Thron, an der Hand. Das Leben Karls gleicht einer Tragödie von Shakespeare, die mit dem Tag des Mordes in Sarajevo begann. Der greise Kaiser hatte Karl zu sich gerufen.

Mir bleibt doch nichts erspart, seufzte Franz Joseph. *Aber ich kann auf dich zählen. Du bist ein guter Bursch.* Karl war ein so entfernter Verwandter des Kaisers, daß er sich nie als Thronerbe sah. Aber Geschichte kann kompliziert sein. Der einzige Sohn des Kaisers beging Selbstmord, ohne einen Thronerben zu hinterlassen. Der erste Bru-

Die Habsburger

der des Kaisers, Maximilian, wurde in Mexiko hingerichtet. Der
nächste Bruder, Karl Ludwig, ein frommer Mann, trank Jordan-
wasser und starb an Cholera. So kam Erzherzog Franz Ferdinand,
der erstgeborene Sohn Karl Ludwigs, an die Reihe. Doch Franz Ferdinand heiratete die Frau, die er liebte, und mußte für diese Liebe
auf das Thronrecht für seine Söhne verzichten. Der zweite Sohn Karl
Ludwigs mit Namen Otto verstarb in jungen Jahren, hinterließ jedoch einen Sohn, und das war Karl. Mit der Ermordung seines Onkels Franz Ferdinand in Sarjevo rückte der Großneffe des Kaisers
zum Thronfolger auf. Der junge Erzherzog, der sich lieber seinen
Büchern und dem einfachen Leben mit seiner Familie auf dem Land
gewidmet hätte, fand sich plötzlich auf dem Kaiserthron.

Die Österreicher waren in einen Krieg gezogen – mit der Devise
Gott mit uns auf ihren Gürtelschnallen eingestanzt. Ja, sie waren
Katholiken und Gott sollte auf ihrer Seite sein, aber Gott war so
weit weg und die Russen so nahe. Das bekamen die österreichischen Truppen in Galizien zu spüren, wo sie große Verluste erlitten. Die Opferzahlen waren erschütternd hoch in Lemberg, bei
Přemysl, am Bug und San, und nach 1915 auch am Isonzo, als die
Italiener, aus dem Dreibund ausgebrochen, Österreich angriffen.
Die Italiener verfügten über ein motorisiertes Transportwesen,
aber Fahrzeuge konnten keine Berge erklimmen, und so schafften
es dürftig ausgerüstete Bürgerwehren, langgezogene Frontlinien
zu verteidigen. Jahrelang war es den Tirolern und Kärntnern gelungen, die Italiener am Betreten ihrer Gebiete zu hindern, aber
in diesen kalten Herbsttagen des Jahres 1917 begann ihre Front
nachzugeben, insbesondere am Fluß Isonzo, wo die Italiener zwischen Juni 1915 und August 1917 elfmal versucht hatten, die er-
starrten Stellungen zu durchbrechen – und elfmal gescheitert
waren. Der Österreichische Generalstab wandte sich an den deutschen Bündnispartner um Hilfe, aber die Deutschen konnten nur
eine kleine Reserveeinheit von sechs Divisionen erübrigen. Aber
in einem Hauptstoß eingesetzt (eine Taktik Napoleons), würde sie
ausreichen, um die italienischen Linien zu durchbrechen.

Der preußische General Krafft von Delmensingen erkundete die italienische Front und entdeckte den einen verwundbaren Punkt, einen kleineren Brückenkopf am Isonzo bei Tolmein (Tolmino), den die österreichischen Truppen trotz elfmaliger Angriffe der Italiener hatten halten können. In aller Heimlichkeit ließ er im Dunkel der Nacht Geschütze und Munition heranbringen und brachte die sechs deutschen und neun österreichischen Divisionen in Stellung, die als 14. Deutsche Armee unter dem Kommando von General Otto von Below mit General Krafft von Delmensingen als Stabschef standen. Unterstützt wurde die Streitmacht durch dreihundert österreichische Batterien. Zur gleichen Zeit rückten zwei österreichische Armeen der Heeresgruppe General Boroević entlang der Ebene in der Nähe von Triest vor.

Man schrieb den 21. Oktober 1917. Der italienische General Cadorna hatte von einem in der Nacht zu den Italienern desertierten österreichisch-tschechischen Offizier die Nachricht erhalten, daß eine österreichisch-deutsche Offensive mit Hauptstoßrichtung Karfreit (Caporetto) und Flitsch (Flezzo) geplant sei. Der Befehlshaber an der Isonzofront, General Capello, machte sich keine Sorgen um den linken Flügel seiner Zweiten Italienischen Armee. Er erklärte, daß die Warnung von einem Tschechen stammte, also von jemandem, der aus Erbitterung über seine österreichischen Vorgesetzten seine Wichtigkeit für die neuen Herren unter Beweis stellen wollte. Cadorna gab ihm recht und ging zu Bett.

Die Nacht des 24. Oktober 1917 war besonders kalt und nebelig. Ein junger Hauptmann einer Württemberger Division, Erwin Rommel mit Namen, hatte seinen Soldaten eingedrillt: *Bewegt Euch! Bewegt Euch! Bleibt immer in Bewegung und schlagt hart zu!* Dreiundzwanzig Jahre später sollten seine raschen Truppenbewegungen die Abwehr der Alliierten in Frankreich und Afrika vernichten.

Um 2:30 Uhr am Morgen eröffneten um die tausend österreichische Geschütze das Feuer. Alle paar Meter schlug ein schweres Geschoß in die feindliche Linie ein, so konzentriert war das Sperrfeuer. Die italienischen Schützengräben wurden unter hoch-

Die Habsburger

explosivem Sprengstoff begraben, und dann kam Giftgas. Der
österreichisch-deutsche Angriffsplan hätte Napoleon alle Ehre
gemacht. In diesem Fall war die Angriffsfront nur zwanzig Kilometer breit, das heißt eine angreifende Division ungefähr alle ein-
einhalb Kilometer. Und genau dort, wo man sie am wenigsten erwartet hatte – bei Karfreit.

9 Uhr früh: Die österreichische Edelweiß-Division und die
Württemberger rückten blitzschnell vor. Die italienischen Schützengräben waren eingebrochen, die Verteidiger tot oder vollkommen kopflos. Aus dem dichten Oktobernebel tauchte plötzlich
eine Masse grauer Männer auf, die über die benommenen und
demoralisierten Italiener hinwegmarschierten und nicht einmal
anhielten, um Gefangene zu machen. Denjenigen, die den mörderischen Beschuß überlebt hatten, wurde befohlen, hinter den
rasch vorrückenden österreichisch-deutschen Truppen in die Gefangenschaft zu marschieren. Der Angriff war plangemäß verlau-
fen, es gab keine oder nur schwache Gegenwehr. Gegen Mittag
hatten die Österreicher eine zweite Front eröffnet und stießen in
einer Zangenbewegung den italienischen Truppen in den Rücken.
Während die 12. Deutsche Division Tolmein überrannte, überschritt die 22. Schützendivision den Isonzo und nahm den Ort
Flitsch ein.

Bereits um 9:30 Uhr waren die italienischen Linien in ihrer
ganzen Länge durchbrochen, um 11 Uhr waren die zweiten Verteidigungsstellungen zusammengebrochen, und zu Mittag befand
sich General Capellos 2. Italienische Armee in Auflösung. Der
Kampfgeist der Italiener war unter dem vereinten österreichisch-
deutschen Ansturm zusammengebrochen, nicht nur Einzelperso-
nen, ganze Bataillone desertierten. Aufgrund der Schreckensmel-
dungen weigerten sich die Reserveeinheiten, an die Front zu
gehen, die ohnehin in keiner erkennbaren Form mehr existierte.
Bis zum Einbruch der Dunkelheit waren die vereinten österreichisch-deutschen Streitkräfte 23 Kilometer vorgerückt, was das
italienische Oberkommando in Panik versetzte. Der Oberkom-
mandierende Cadorna wollte von General Capello die genaue Po-

149

sition des Feindes wissen. *Ich kann Ihnen sagen, wo sie vor einer Stunde waren, aber nicht, wo sie jetzt sind,* war Capellos Antwort.

Verstehen Sie denn nicht, wenn Sie die Piave-Linie aufgeben, werden sie den ganzen Norden des Landes abtrennen. Wir werden nicht nur Venedig, Mailand und Turin verlieren, wir werden den Krieg verlieren. Cadorna wurde durch General Armando Diaz ersetzt.

Der nächste Tag war nur eine Neuauflage des Vortages. In 48 Stunden hatte die italienische Armee die Gebietsgewinne von zweieinhalb Jahren wieder verloren. Der österreichische Erfolg war überwältigend, und die Doppelmonarchie wollte darangehen, den Krieg an allen Fronten zu beenden. Mit dem Ausscheiden Italiens, so wurde angenommen, würde die Stellung der Alliierten an der Westfront unhaltbar werden. Die deutschen Armeen in Frankreich würden als Hammer eingesetzt werden, um die Franzosen und ihre Verbündeten auf dem österreichischen Amboß zu erdrücken.

Kaiser Karl besuchte in Begleitung seiner beiden Armeekommandanten die Front, wo ihnen die siegreichen Truppen, diese polyglotten Bataillone mit Ungarn und Bosniern, Tschechen und Tirolern, in Hochstimmung zujubelten. Das waren *seine* Soldaten, ein österreichisches Regiment, bestehend aus vier verschiedenen Volksgruppen, die sich kaum verständigen konnten. Trotz Granateneinschlag in seiner Nähe blieb der Kaiser auf seinem Beobachtungsposten. Wie oft im Verlauf der letzten zwei Jahre hatte er die Maske des tüchtigen Kaisers zeigen müssen? Er zog es deshalb vor, an der Front zu sein. Da mußten keine Botschafter empfangen werden und keine Politiker, die eine Sofortlösung erwarteten. Selbst familiäre Probleme blieben ausgeblendet. In der Hofburg fühlte er sich wie der Kapitän eines Schiffes in der Hand einer meuternden Besatzung, das zu zerschellen drohte. Wer von seinen Gesprächspartnern am Wiener Hof verstand schon, was er vorhatte? Trotz schwindender Kriegsbegeisterung im Volk gelang es dem bürokratischen Apparat, neue Rekruten auszuheben, um die enormen Verluste an der Front auszugleichen. Diese jungen Rekruten saßen

Die Habsburger

aber dann in Ermangelung von Gewehren und Munition tatenlos
in ihren Kasernen, und das war schlecht für die Moral. Wann immer der Kaiser solche Probleme, wie auch die mangelnde Zielori-
entiertheit in den Ausbildungslagern anschnitt, bekam er nur
nichtssagende Antworten, was ihn verständlicherweise verärgerte
und ungeduldig machte. Verstanden diese Leute denn nicht, daß
zur Untätigkeit verdammte Soldaten ein guter Nährboden für die
giftige Saat von Agitatoren waren? *Ihre Kaiserliche Hoheit scheinen
zu vergessen, daß alle Soldaten auf ewig der Doppelmonarchie verbunden sind.* Ein Doppeladler auf tönernen Füßen, allerdings.

> „Ihre Verehrung für Ihre Kaiserliche Person und ihre absolute Loya-
> lität gegenüber ihrem Land stehen außer Frage."
> „Wollen Sie damit sagen, daß es keine Kritik in der Armee gibt?"

Diese Hofnarren müssen um Vergebung für ihre Lüge gebetet haben. *Ihre Majestät, jegliche Kritik ist ungerecht, töricht und unwahr.*
Das Land brauchte Führung, und Kaiser Karl selbst wußte am besten, daß er nicht das Zeug eines Franz Joseph in sich hatte. Die
übermächtige Erinnerung an seinen Großonkel war schwer aus-
zulöschen.

Diese Narren, sahen sie denn nicht, daß die leichteste Art,
Österreich zu Fall zu bringen, nicht darin bestand, es im Feld zu
schlagen, sondern in seinem Inneren Unruhe zu schüren? In den
Kasernen, in den Familien der Soldaten. Die Mittel lagen auf der
Hand: Man mußte nur ein Samenkorn der Unzufriedenheit säen,
die Fabriken in Prag, in Budapest, in Wien infiltrieren, nationale
Gefühle in Triest und Lemberg (Lwow), Laibach (Ljubljana) und
Preßburg (Bratislava), im gesamten polyglotten Reich wecken, den
Prozeß der ethnischen Gärung in Gang halten. Verstanden sie denn
nicht, daß der einzige Weg, aus diesem schrecklichen Krieg her-
auszukommen, im Zusammenhalten bestand und daß Österreich
immer schon ein Vielvölker- und Vielsprachenreich war, zusammengehalten durch das Bindemittel Habsburg? Es galt *semper Austria* (Österreich immerdar), der auf illustre Vorfahren wie Karl V.,
den Universalkaiser, und Maria Theresia zurückgehende Begriff.

151

Aber die Zeiten hatten sich geändert, jetzt war es ein grausamer Kampf ums Überleben, mit den Russen im Osten, den Italienern im Süden, und den Franzosen, Engländern und Amerikanern im Westen.

Karfreit. Bis zum 10. November 1917 waren 600.000 Italiener gefallen oder außer Gefecht gesetzt. General Otto von Below ging daran, seine Truppen zu reorganisieren. Bei seiner bevorstehenden Offensive ließ er sich mehr von politischen denn militärischen Erwägungen leiten. Eine zermürbte italienische Streitmacht auf fluchtartigem Rückzug müßte doch mit einem weiteren Schlag auf immer niederzuringen sein, müßte dann um Waffenstillstand ersuchen. Die politischen Führer der *Entente* erkannten den Ernst der Lage. Ein Aus für Italien würde das Aus für den Krieg im Westen bedeuten. In dem verzweifelten Bemühen, die österreichische Flut einzudämmen und die italienischen Alliierten zu stützen, mobilisierten sie sämtliche noch verfügbaren Reserven. Nur der rasche Einsatz französischer und englischer Truppen sowie ein Selbstmordkommando von General Laderchis IX. Italienischem Korps vermochten den totalen Zusammenbruch Italiens zu verhindern. Ein glücklicher Umstand trug erheblich zum Gelingen der Bemühungen bei: Als die unterernährten österreichischen Soldaten auf die wohlgefüllten italienischen Versorgungsdepots stießen, hielten sie an, um sich vollzustopfen, statt dem sich in Auflösung befindlichen Feind nachzusetzen. Dergleichen hätte Napoleon nie erlaubt. Die Folge der Schlemmerei waren Zehntausende an Durchfall Erkrankte, und die österreichische Offensive lief sich am Piave – in Sichtweite der Kirchtürme Venedigs – tot.

Die Italiener waren erledigt, moralisch gebrochen, ihre Truppen außerstande, einem weiteren Angriff zu widerstehen. Die Österreicher, deren Nachrichtendienst unglaublich schlecht war, wußten gar nicht, wie nahe sie an jenem Novembertag 1917 dem Sieg waren. Der Ausgang des Weltkrieges war eine Frage noch einer Woche, noch eines konzentrierten Stoßes, einer abschließenden *attaque à l'outrance*, und sie hätten die ganze Poebene, von Venedig bis Mailand, und von dort bis zur französischen Grenze

Die Habsburger

aufgerollt. Aber die k. u. k. Armeen blieben stehen, kein weiterer
Angriff auf die demoralisierten und zerstreuten italienischen Truppen fand statt. Italien und mit ihm seine Verbündeten wurden
durch einen Glücksfall oder, soll man sagen, durch Unentschlossenheit gerettet. Es gab Momente, wo Karls Herz über seinen Verstand siegte. Bei Karfreit hatte er seine Generäle dazu angehalten,
die Soldaten ausruhen und sich vollessen zu lassen. So etwas wäre
dem deutschen Kaiser nie eingefallen.

Karfreit 1917 sollte der letzte österreichische Sieg in diesem
furchtbaren Krieg sein. Viele Jahre später, als Feldmarschall Rommel gefragt wurde, was seiner Meinung nach die wichtigste militärische Gelegenheit war, die je versäumt wurde. *Karfreit! Wir hatten sie in die Flucht geschlagen, und dann blieben wir einfach
stehen.* Diesen Fehler sollte Erwin Rommel nie begehen.

Im Frühjahr 1917 beschloß der junge Kaiser Karl I., Friedens-
fühler auszustrecken, unterließ es aber, den einzigen verbliebenen
Verbündeten, Kaiser Wilhelm II., davon in Kenntnis zu setzen. Karl
bat die zwei Brüder seiner Frau Zita, Sixtus und Xavier von Bour-
bon-Parma, französische Staatsbürger und Offiziere der belgischen
Armee, zu einem Geheimtreffen mit ihm nach Wien zu kommen.
Dieses Treffen gipfelte in der geschichtsnotorischen *Sixtus-Affäre.*
Für ihre Geheimmission mußten die Brüder die Reiseerlaubnis des
französischen Präsidenten Raymond Poincaré einholen. Im Schloß
Laxenburg am Stadtrand Wiens trafen die beiden Emissäre den
Kaiser und seine Gemahlin. Der österreichische Außenminister Ottokar Graf Czernin wurde beigezogen. Kaiser Karl übergab Prinz
Sixtus ein Schreiben für den französischen Präsidenten, in dem er
seine Unterstützung für den Anspruch Frankreichs auf Elsaß und
Lothringen anbot. In gewisser Weise betraf dieses Angebot unmittelbar den österreichischen Monarchen, da dieser auch das nomi-
nelle Haupt des Hauses Lothringen war; faktisch war aber Lothringen von Preußen nach dem Sieg von 1871 annektiert worden
und mußte folglich als Domäne des deutschen Kaisers angesehen
werden. Die *Sixtus-Affäre* machte Schlagzeilen, als sich Ottokar
Graf Czernin zu der Erklärung hinreißen ließ, daß es doch Frank-

reich gewesen wäre, das hinter dem Rücken seiner Alliierten Friedensgespräche aufgenommen hatte und von Österreich wegen des ungerechtfertigten Anspruchs auf Elsaß-Lothringen abgewiesen worden war. Der französische Premierminister George Clemenceau war über diese Erklärung dermaßen aufgebracht, daß er die Veröffentlichung des Briefes in voller Länge anordnete, was Kaiser Karl als Lügner brandmarkte. Gleichermaßen entrüstet war der deutsche Kaiser, der berechtigterweise wissen wollte, was man hinter seinem Rücken ausheckte – gerade als er die größte und letzte Schlacht des Krieges in Angriff genommen hatte. (Die *Kaiserschlacht* in Frankreich brachte die deutschen Truppen noch einmal bis vor die Tore von Paris.) Die Österreicher flüchteten in lahme Rechtfertigungen, und Kaiser Karl sandte eine hochtrabende Depesche an seinen deutschen Onkel: *Meine Antwort wird von meinen Kanonen im Westen gegeben.*

Der einzige, der die volle Bedeutung dieser Affäre erkannte, war der amerikanische Außenminister Robert Lansing, der in einem Geheimmemorandum an Präsident Woodrow Wilson schrieb: *Es ist schwer zu verstehen, warum Clemenceau den unglaublichen Fehler begangen hat, den Sixtus-Brief zu veröffentlichen. Indem er Graf Czernin zum Lügner stempelte, hat er Österreich nur noch tiefer in die Arme Kaiser Wilhelms getrieben.* Angesichts der Tatsache, daß die Russen nun im bolschewistischen Lager standen, hatte Lansing bis zu jenem Augenblick gehofft, die österreichische Monarchie intakt halten und als Gegengewicht zu deutschen Ambitionen in Mitteleuropa einsetzen zu können. Diese Hoffnung war zunichte gemacht.

Für den österreichischen Kaiser verlief der Krieg nicht gut, Verbitterung im Inneren wuchs sich zu einer Revolte gegen den Krieg und seine Führer aus. Trotz all dieser Gefahrenzeichen schien sich niemand die Frage nach dem Danach zu stellen. Konnte die Habsburgermonarchie als Ganzes überleben, oder würden ihre ethnischen Minderheiten die Unabhängigkeit begehren? Kaiser Karl war sehr bemüht, allgemeine Übereinstimmung aufgrund eines vernünftigen Herangehens an die Selbstbestimmung zu erzielen.

Er befürwortete die Idee einer Donauföderation, in der die verschiedenen Gebiete Selbstverwaltung haben sollten, worauf ein demokratischer Prozeß zu einer endgültigen Entscheidung über den permanenten Status der Region führen sollte. Vorgesehen war die Entscheidung für die Unabhängigkeit oder das Recht, sich wieder unter die Fittiche des Doppeladlers zu begeben. Niemand wollte auf ihn hören.

Das Jahr 1918 brachte den endgültigen, vernichtenden Schlag gegen die letzten Reste habsburgischer Macht. Es trat ein, was Kaiser Karl befürchtet hatte. Nationalistische Unruhen brachen im ganzen Reich aus. Als der österreichische Außenminister einen Hilfeschrei nach Washington sandte, brauchte der US-Außenminister keine dreißig Minuten, um ihn abzulehnen. Und Georges Clemenceau, *le tigre*, beendete eine Ansprache an das französische Volk mit: *Auf zum fleckenlosen Sieg!*

Kaiser Karl hatte keine andere Wahl, als das Parlament wieder einzuberufen, was ihm aber nichts brachte. In Wien kämpften Frauen um vordere Plätze in den Warteschlangen vor Lebensmittelgeschäften, Gymnasiasten fanden sich zu Antikriegschören zusammen. Als die Studenten zu demonstrieren begannen, ordnete der Kaiser in einem Telegramm die Polizei an, mit Glacéhandschuhen vorzugehen. Zur gleichen Zeit verlangten seine Generäle eine durchgreifende Säuberung des ewigen Unruheherdes Prag, bevor die Ansteckung auf die ganze Monarchie übergreifen konnte. Das beste Mittel zur Erhaltung der Doppelmonarchie wäre gewesen, die Waffen sprechen zu lassen, wie es von einem Monarchen erwartet wurde, aber der Kaiser wollte nichts von Gewalt wissen. Er war gegen jedes weitere Blutvergießen.

Im Sommer des Jahres 1918 wurde der Druck auf den jungen Monarchen immer stärker, bis er am 25. September eine Depesche von König Ferdinand von Bulgarien erhielt, in der dieser seine unmittelbar bevorstehende Kapitulation vor der Entente ankündigte. *Das schlägt dem Faß den Boden aus*, klagte der Kaiser. Unheil kommt selten allein: die Spanische Grippe wütete unter der ausgehungerten Bevölkerung in der Monarchie. Millionen wurden da-

Der Untergang großer Dynastien

hingerafft, mehr als je an der Front fielen. Zum ersten Mal seit Ausbruch des Krieges war die Wiener Oper geschlossen. Selbst die Kaffeehäuser schlossen ihre Pforten. Die österreichische Frontarmee war ausgehöhlt durch Hunger und Krankheit. Die Tagesration bestand aus getrocknetem Schnittkraut, das die Soldaten angewidert *Drahtverhau* nannten. Die Alliierten griffen an der italienischen Front an, und es regnete Granaten auf die österreichischen Schützengräben, bis die französisch-italienischen Schützen vor Erschöpfung Schluß machten. Wenn die italienischen Generäle geglaubt hatten, ein flotter Spaziergang durch die österreichischen Linien würde genügen, so wurden sie eines Besseren belehrt. Pulvergeschwärzte Gerippe hatten dem Beschuß standgehalten, hatten aus den Trümmern ihrer Unterstände neue Schützengräben angelegt, sie feuerten auf die anrückenden Italiener, und als sie keine Kugeln mehr hatten, blieben ihnen immer noch die Bajonette. Aber ihr heldenhafter Widerstand mußte zusammenbrechen.

Am 5. Oktober 1918 befahl Karl einer Friedenskommission, mit dem *Commando Supremo Italiano* Kontakt aufzunehmen, und am 16. Oktober rief er seine Untertanen in dem sogenannten *Völkermanifest* auf, sich zu einem Bundesstaat zusammenzuschließen, in dem *jeder Volksstamm aus seinem Siedlungsgebiet sein eigenes staatliches Gemeinwesen bildet.* Zum Unglück für Europa – und für den Rest der Welt – wurde sein visionärer Aufruf verworfen; er kam 75 Jahre zu früh.

Am 24. Oktober 1918 versuchte General Diaz, an der Spitze von 21 italienischen Divisionen in Südtirol einzudringen, was ihm nicht gelang. Kaiser Karl sandte eine Botschaft an die Fronttruppen, in der er den Mut der Soldaten, ihre Haltung und Opferbereitschaft würdigte. Aber die Kämpfe hatten die 11. Österreichische Armee unter General Boroević zu viel an Substanz gekostet, die meisten Einheiten hatten nur mehr für zwei Tage Munition – und gegen sie rollte eine Welle eben in Stellung gebrachter alliierter Verstärkungen.

Am 26. Oktober rissen französische, amerikanische und italienische Einheiten die Linien der verhungernden Österreicher auf,

Die Habsburger

und Wehrverweigerung erfaßte sechsundzwanzig der gemischtsprachigen Divisionen. *In Eurem Lager ist Österreich* – die totale Umkehrung dieses Aufrufs wurde zur Losung für die ungarischen Soldaten, die ihre österreichischen Kameraden ihrem Schicksal überließen. Zwei der besten Linienregimenter des Kaisers (27. und 38. Honvéd Division) weigerten sich, an die Front zu gehen. Erzherzog Joseph, der den Oberbefehl von Conrad von Hötzendorf übernommen hatte, versuchte vergeblich, seine Ungarn wieder um sich zu scharen. Weitere Truppenteile meuterten ..., die Front konnte nicht mehr gehalten werden.

Der Gedanke an das Schicksal, das Österreich nach der Niederlage bevorstand, quälte den jungen Kaiser. Ohne Unterlaß suchte er nach einem Weg, sein Volk angesichts der unvermeidlich scheinenden Katastrophe zu festigen. Mit der Schwächung der Front wurden die Rufe der nationalen Minderheiten nach Unabhängigkeit immer schärfer – bis zum *Los von Österreich.*

26. Oktober. Der neue österreichische Außenminister, Graf Julius Andrássy, richtete eine Note an Präsident Wilson mit dem Waffenstillstandsangebot auf Basis der von Wilson geforderten Bedingungen (Selbstbestimmung für die Völker der Doppelmonarchie). Das bedeutete den endgültigen Bruch des Bündnisses mit dem deutschen Kaiser.

Knapp vor Ablauf eines Ultimatums (3. November, Mitternacht) der Alliierten zur Annahme der Bedingungen eines Waffenstillstandes ging ein entsprechendes Telegramm an die Friedenskommission unter General Weber in der Villa Giusti bei Padua.

Und am 3. November 1918 um 1:20 Uhr morgens telegraphierte Generalstabschef Arz :

> „PO GEHEIM 2101. An alle Armeekommanden der k. u. k Streitkräfte. Waffenstillstandsbedingungen der Entente wurden angenommen. Alle Feindseligkeiten zu Lande und in der Luft sind unverzüglich einzustellen ...“

Eine Tiroler Schützenkompanie hielt die Paternkofelhöhen in den Dolomiten. Die Schützen waren alle Lokalpatrioten, die ihr Dorf auch ohne Treueid gegenüber dem Kaiser gegen die *Itaker* verteidigt hätten. Als den Hauptmann die Meldung erreichte, daß seine Kompanie aufgelöst werden sollte, rief er die Mannschaft zusammen: *Mander, s'ischt aus!* Ungläubige Blicke von allen Seiten. Drei lange Jahre hatte ihre dünne Front von ortsansässigen Bauern und Lehrern den Feind in Schach gehalten, und nun sollte alles aus und vorbei sein? Der Hauptmann nickte und schickte seine Leute nach Hause. *Ihr wart gute Soldaten.*

In der Villa Giusti wurde um 18 Uhr des 3. November 1918 ein Waffenstillstand unterzeichnet – aber die Italiener hielten sich nicht an die Bestimmungen. Der italienische Delegierte, General Badoglio, hatte einen Aufschub von vierundzwanzig Stunden erreicht, den seine italienischen Truppen nützten, um das gesamte österreichische Gebiet des Trentino zu besetzen, was ihnen in drei Kriegsjahren nicht gelungen war. Die einzige Reaktion des psychisch erschöpften Kaisers waren die bezeichnenden Worte an die Kaiserin: *Wenigstens werden keine Österreicher mehr an dieser Front sterben.*

Das also war Italiens berühmter *Sieg von Vittorio Veneto*, der in Wirklichkeit nichts anderes war als eine Kombination italienischer Doppelzüngigkeit und österreichischer Stümperei. Triest fiel ohne einen Schuß, und italienische Motorradeinheiten rasten den Brenner hinauf. Die Italiener nahmen geographische Fälschungen vor, indem sie in Plänen die Namen historischer Städte und Ortschaften italienisierten. Aus Meran wurde Merano, und die Wiege dieses Berglandes, Burg Tirol, hieß fortan Castello Tirolio. Dieser Trick funktionierte so gut, daß der amerikanische Präsident Wilson bei der Friedenskonferenz von St. Germain 1919 überzeugt war, daß es sich um ehemaliges italienisches Territorium handle, und er gab Tirol *zurück an Italien.* Auch wurde die mit Unterschrift besiegelte Zusage, österreichische Soldaten nicht als Kriegsgefangene zu behandeln, nicht eingehalten: Österreichische Truppenteile, die ihre Waffen auf Anordnung ihres Oberbefehlshabers niedergelegt hatten, wurden in Gefangenschaft geschickt. Nur die rasche Stationierung deutscher Truppen entlang des Brennerpasses hielt die Italiener davon ab, in die Tiroler Hauptstadt Innsbruck einzumarschieren.

Während österreichische Truppen entwaffnet wurden oder ins nördliche Tirol flüchteten, fand bei Colonel House in Paris eine Konferenz statt, an der Ministerpräsident Clemenceau, Premierminister Lloyd George und der Präsident des Italienischen Staatsrates, Orlando, teilnahmen. Die Sitzung neigte sich ihrem Ende zu, als ein Adjutant dem italienischen Teilnehmer eine Nachricht übergab. Orlando warf einen kurzen Blick darauf und verkündete vergnügt: *So ist es recht. Ein Waffenstillstand ist unterzeichnet worden.* Clemenceau und Lloyd George zeigten sich verwundert. *Ja. Ein Waffenstillstand mit Österreich ist unterzeichnet.* Der französische und der englische Staatsmann konnten ihre Enttäuschung nicht verbergen. Ihr Feind war Deutschland.

Als der französische Verhandlungsführer General Franchet d'Esperey sich nach Kaiser Karl erkundigte, antwortete ihm der österreichische Unterhändler: *Der arme junge Mann!* Und das war er auch. Ihm fehlte das Charisma seines Vorgängers, des *Guten Vaters* Franz Joseph. Die Auflösung der Habsburgermonarchie begann am 21. Oktober 1918, als die deutschsprachigen Abgeordneten des Reichsrates in Wien zusammentraten und sich zur Provisorischen Nationalversammlung für Deutsch-Österreich erklärten, und die Sozialdemokraten unter Karl Renner (der 1945 erster österreichischer Bundespräsident nach dem Zusammenbruch des Hitlerregimes wurde) die Regierung in Wien übernahmen. Damit waren die Bande zu den neun Volksgruppen der Monarchie durchtrennt, und das Signal gegeben: zuerst für Ungarn, dann für die Tschechoslowakei, dann für Jugoslawien. Es war eine Sache von wenigen Tagen, und die ehedem riesige Doppelmonarchie Österreich-Ungarn war ein Rumpf ohne Glieder, ein *Rest*.

Am Stadtrand von Prag, an der Stelle, wo im Jahr 1620 eine kaiserliche österreichische Streitmacht einen böhmischen Aufstand niedergeschlagen hatte, sprach der tschechische Dichter Josef Machar zu Tausenden von fahnenschwingenden Studenten:

Der Untergang großer Dynastien

„Die letzten dreihundert Jahre waren die Habsburger das Unglück aller Nationen unter ihrer Fuchtel. Was für eine Familie von Degenerierten, Narren, Idioten, Schwachsinnigen und Lümmeln! Das ist der Grund, weshalb das Mittelalter in Österreich nicht mit der Entdeckung Amerikas durch Columbus endete, sondern mit der Entdeckung Europas durch Präsident Wilson."

Die aufgestachelten Massen überschwemmten die Innenstadt. Studenten erklommen die Barockstatue der Heiligen Jungfrau, das Symbol Habsburgs apostolischer Herrschaft. Derjenige, der ein Seil um die heilige Statue schlang, um sie zu stürzen, war der Sohn eines Arbeiters, ein gewisser Gustav Husák, dessen Statue Jahrzehnte später gestürzt werden sollte …

Victor Adler, alterfahrener österreichischer Sozialist, immer schon realistischer und weniger gefühlsbetont als die meisten seiner Kollegen, bemerkte gegenüber dem Führer der abtrünnigen Tschechen: *Nun da ihr euren verdammten Staat habt, müßt ihr ihn auch zum Funktionieren bringen.* Und Adler sollte recht behalten. Innerhalb weniger Tage sagte sich das polnische Galizien vom tschechischen Staat los und erklärte sich zur Republik, während Prag in aller Eile eine mit Bajonetten unterstützte Delegation ausschickte, um sich der Slowakei zu bemächtigen.

In allen Teilen der Monarchie drohte Bürgerkrieg. Nun waren es die Ungarn, die mobilisierten, um die Tschechen an der Besetzung Preßburgs (Bratislava) zu hindern, sie kamen jedoch um einige Stunden zu spät. Vor dem ungarischen Parlament waren mehr als zweihunderttausend Menschen versammelt, die patriotische Lieder sangen und rot-weiß-grüne Fähnchen schwenkten. Im Kuppelsaal des Parlaments tagten fünfhundert Abgeordnete. Eine Erklärung Kaiser Karls wurde verlesen:

„Ich will Meine Person der Entfaltung der ungarischen Nation, für die ich große und immerwährende Liebe empfinde, nicht als Hindernis entgegenstellen …"

Die Habsburger

Er verzichtete auf jeden Anteil an den Staatsgeschäften und akzeptierte vorab die Entscheidung über die künftige Staatsform Ungarns. In einer ersten Abstimmung (13. November) beschloß das ungarische Parlament, die bestehende Versammlung aufzulösen, in einer zweiten, Neuwahlen abzuhalten. Die Menge vor dem Parlament, davon in Kenntnis gesetzt, begann die Marseillaise zu singen. Sie konnten nicht ahnen, daß in einem Zug aus Moskau bereits eine neue Bedrohung in der Person des Bela Kun, eines besonders skrupellosen Bolschewisten nahte. Der Kommunismus sollte seinen Einzug in Ungarn halten.

Widerstand kam dem Kaiser nicht in den Sinn. Mit aschfahlem Gesicht saß er an seinem Schreibtisch. Gleichzeitig verspürte er große Erleichterung – die Bürde seines Amtes, die zwei lange Jahre auf seinen Schultern gelastet hatte, war von ihm genommen. Niemand wollte den Kaiser auf die schrecklichen Gefahren aufmerksam machen, die ein Führungsvakuum heraufbeschwören würde. Offiziere standen bereit, um die Befehle des Kaisers entgegenzunehmen, aber es gab keine ... Unruhe im Schloßhof ließ Zita ans Fenster gehen. Die Soldaten des Honved Ehrengarde-Bataillons kamen aus ihren Quartieren gerannt, um im Hof Aufstellung zu nehmen. Die Offiziere saßen entschlossen im Sattel. Um die Monarchie zu verteidigen? Die Antwort ließ nicht lange auf sich warten. Ein kurzes Kommando – und die Truppe schwenkte nach rechts und marschierte aus Schönbrunn. Die Loyalsten der Loyalen überließen ihren Kaiser seinem Schicksal. Sie machten sich nicht viel aus dem Kaiser, aber sie liebten ihre Kaiserin und fühlten, daß sie Zita und die Kinder dem Zorn des Wiener Pöbels aussetzten. Als die Minister der kaiserlichen Regierung erfuhren, daß Schönbrunn keine Verteidiger mehr hatte, eilten sie an die Seite ihres Kaisers. Eine Stimmung tiefster Hoffnungslosigkeit schlug ihnen durch die leeren Säle und Korridore entgegen. *Ihre Kaiserliche Hoheit, wir flehen Sie an, Schönbrunn sofort zu verlassen. Sie sind hier nicht mehr sicher. Der Wiener Mob könnte hierher marschieren.* Keiner von ihnen hatte jedoch den Mut, dem Kaiser die Abdankung nahezulegen.

Der Untergang großer Dynastien

In eben jener Nacht (10. November 1918) brachte der kaiserliche Sekretär die Nachricht ins Schloß Schönbrunn, daß die Sozialdemokraten die Republik ausrufen wollten. Ihr Aufruf traf zusammen mit einem Telegramm von Präsident Wilson, zeitgleich in Budapest, Prag und Wien zugestellt, in dem er den einzelnen Nationalitäten gratulierte, *das Joch ihres österreichischen Monarchen abgeschüttelt zu haben.* Mit der Bekräftigung, daß die Vereinigten Staaten entschlossen wären, die Doppelmonarchie nicht aufrechtzuerhalten, begann sich die soziale Struktur um Kaiser Karl I. aufzulösen. Das Ende nahte mit Riesenschritten: In derselben Nacht wurde bekannt, daß sein Waffenbruder, Kaiser Wilhelm II., der am 9. November abgedankt hatte, ins Exil geflüchtet war. In diesem Augenblick fiel die Autoritätsstruktur in sich zusammen, den letzten regierenden Habsburger unter ihrem Schutt begrabend.

Der Fall des Hauses Hohenzollern riß das Haus Habsburg mit sich. Sobald in Berlin bekanntgegeben wurde, daß der Deutsche Kaiser Wilhelm II. abgedankt hatte, begann der österreichische Staatsrat an einer ähnlichen Abdankungsformel für den eigenen Kaiser zu arbeiten. Am Abend des 10. November versammelten sich die Minister der Regierung Lammasch im Barocksaal des Staatsrates in der Wiener Herrengasse. Sechs Stunden wurde diskutiert und an dem Dokument gebastelt, das dem Kaiser zur Unterschrift vorgelegt werden sollte. Strenggenommen hatten sie keine andere Wahl, denn die Gefahr, daß die gefürchteten Roten Garden, deren Banden bereits durch die Straßen von Wien zogen, das ganze Land in einen Bürgerkrieg stürzen könnten, war einfach zu groß. Der Jurist Josef Redlich, die Sozialisten Karl Renner und Karl Seitz, der Christdemokrat Prälat Ignaz Seipel hatten Tränen in den Augen, als das Dokument vorlag. *Wir haben gerade tausend Jahre Habsburg zu Grabe getragen*, seufzte Seipel.

Noch immer in Schönbrunn ausharrend, blieb der Kaiser bei seinem Standpunkt: *Diese Krone ist eine Verantwortung, die mir von Gott auferlegt wurde, und ich kann mich ihrer nicht entledigen.* Für die Rettung der Krone des Kaisers war die Zeit abgelaufen, denn Kaiser Karl zählte nicht mehr, er hatte für Österreichs Zu-

Die Habsburger

kunft nichts zu bieten. Seit den frühen Morgenstunden hatten Arbeiter ihre Fabriken verlassen, um nach Schönbrunn zu marschieren. Wieder beschworen die Adjutanten den Kaiser zu fliehen, und wiederum weigerte er sich. Der letzte, der dem Kaiser seine Aufwartung machte, war der ungarische Reichsverweser Admiral Horthy; mit Tränen in den Augen schwor er, daß er die ungarische Krone für seine Apostolische ungarische Majestät bewahren würde. Karl war zwar als erbberechtigter Träger der Krone des Hl. Stephan, des ungarischen Nationalheiligen, gesalbt worden, aber das hinderte Horthy nicht daran, die Macht, die zum endgültigen Untergang des Kaisers führen sollte, um sich zu vereinigen.

In den Straßen Wiens wurden die Rufe *Lang lebe die Republik* von Minute zu Minute lauter, heftiger. Agitatoren versuchten die Massen zu offener Rebellion anzustiften. Im Parlament versuchte der Sozialist Victor Adler die Versammlung zur Annahme der Idee einer Föderation im Donauraum zu bringen: *Ich bin überzeugt, daß es an uns Deutschsprachigen ist, ein wegweisendes Beispiel zu geben, wie man eine Revolution auf die schnellste und einfachste Art abwickelt.* (Die Österreicher wollten nichts davon wissen, sie befürchteten ein Aufleben des Pan-Germanismus unter preußischer Flagge. Was 1938 betrifft, sollten sie recht behalten.)

Als letzten, verzweifelten Versuch schickte Kaiser Karl einen seiner Getreuen zu den Abgeordneten. Deren Antwort war kurz und bündig: *Sagen Sie Ihrem Kaiser, daß die Sozialisten noch heute vormittag die Republik Österreich ausrufen werden.*

Um 11 Uhr vormittag des 11. November 1918, in dem Augenblick, als die Kanonen auf der ganzen Welt verstummten, betrat der Chef der österreichischen Regierung, Professor Heinrich Lammasch, ein bekannter Völkerrechtler und Besitzer der größten Lebensmittelkette Wiens, das private Audienzzimmer im Schloß Schönbrunn und übergab Kaiser Karl das vorbereitete Abdankungsdokument. Der Kaiser wanderte mit dem Dokument in der Hand auf und ab, von Lammasch und dessen Ministern zur Unterzeichnung gedrängt. *Wenn Sie mir nicht Zeit geben, dieses Papier zu lesen, kön-*

nen Sie nicht erwarten, daß ich unterschreibe. Eine Türe wurde aufgerissen, und Kaiserin Zita stürmte in den Raum. Sie entriß ihrem Gatten das Dokument, las es genau und sagte:

> „Niemals kann ein Herrscher abdanken. Er kann abgesetzt werden, kann seiner Herrscherrechte verlustig erklärt werden. Gut. Das ist Gewalt. Sie verpflichtet ihn nicht zur Anerkennung, daß er seine Rechte verloren habe ..., aber abdanken – nie, nie, nie! Lieber falle ich mit dir hier, dann wird Otto kommen. Und wenn wir alle fallen sollten – noch gibt es andere Habsburger!"

Die Minister waren verblüfft, sie hätten dieser zarten Frau nicht so viel innere Kraft zugetraut. Um die Situation zu retten, fügte der schlaue Prälat Seipel in Windeseile dem Manifest eine versöhnliche Klausel hinzu. Aber das änderte nichts an der Tatsache, daß alles vorbei war, daß es keinen Weg gab, dem Unentrinnbaren zu entrinnen und daß der Doppeladler in Trümmern lag:

> „Seit meiner Thronbesteigung war ich unablässig bemüht, meine Völker aus den Schrecknissen des Krieges herauszuführen ..., möge das Volk von Deutschösterreich in Eintracht und in Versöhnlichkeit die Neuordnung schaffen und befestigen ... Nur der innere Friede kann die Wunden dieses Krieges heilen."

Unter diese Proklamation setzte er seine (mit Bleistift gekritzelte) Unterschrift, die das Ende einer Dynastie besiegelte, einer Dynastie, die die Geschicke eines Reiches gelenkt hatte, in dem die Sonne nie unterging. Nach 650 Jahren war die österreichische Monarchie nicht gestürzt worden, sie war einfach in sich zusammengestürzt.

Sie nannten ihn schwach, diesen letzten Kaiser, weil er Menschlichkeit und Mitgefühl zeigte. Seine Schwäche lag darin, daß er es nicht fertig brachte, ein wankendes Regime von seinen destruktiven Elementen zu befreien. Kaiser Karl rettete Österreich, als er den Weg für neue Parteien freigab und extreme revolutionäre Gruppierungen an der Machtübernahme hinderte. Aber er war nicht der große Monarch, der er gerne gewesen wäre. Es half ihm

Die Habsburger

auch nicht der deutsche Kaiser, der die Welt glauben machen
wollte, daß der österreichische Monarch nicht ein Verbündeter,
sondern Deutschlands Domestik sei. Selbst vom Klerus wurde der
katholischste aller Monarchen im Stich gelassen. Von der Kanzel
wurde gegen seine Entscheidungen opponiert. Die einzige Macht,
die voll hinter dem Kaiser stand, war die Armee. Umgeben von einer Schar inkompetenter Minister ging der Kaiser, und mit ihm
die österreichisch-ungarische Monarchie, dem Untergang in der
typisch wienerischen Art des *laissez-faire*, der Halbwahrheiten und
der halbherzigen Maßnahmen, entgegen.

Am 12. November 1918 verbreitete sich das Gerücht eines Militär-
putsches; in den Fabriken wurde die Arbeit niedergelegt, und
Wien ging auf die Straße. Eine riesige Menschenmenge versammelte sich auf dem Platz vor der Hofburg, wo die Reiterstatue
Prinz Eugens wie eine Insel aus dem Menschenmeer ragte. Volks-
delegierte erschienen auf dem Balkon, der einst nur dem Allerhöchsten Herrscher vorbehalten war (und den 1938 Hitler betrat,
um den Anschluß zu verkünden). Sie forderten die Menge auf,
ihre Anliegen einige hundert Meter weiter entfernt vorzubringen,
nämlich im Parlament, wo kurz vorher, am 12. November um
15:55 Uhr die Republik Österreich ausgerufen worden war. Zu
Tausenden marschierten die Demonstranten zu dem neo-helleni-
stischen Gebäude des Parlaments. Einige Polizisten versuchten,
sich ihnen in den Weg zu stellen. Im allgemeinen kamen die Wiener und die Polizei gut, um nicht zu sagen, *gemütlich* miteinander
aus. Diesmal aber war die Menge ganz und gar nicht gemütlich
und ließ sich nicht zurückdrängen. Noch war die allgemeine Stimmung ruhig und friedlich. Der Ruf *Lang lebe die Republik Österreich* erklang, und aus Tausenden Kehlen kam das Echo. Ein De-
monstrant hatte den Fahnenmast vor dem Parlament erklommen
– und herunter kam der schwarz-gelbe Doppeladler der Monarchie, um durch die Fahne des neuen Staates ersetzt zu werden:
Rot-Weiß-Rot, die Farben der Babenberger tausend Jahre vorher.
Eine Gruppe der kurz zuvor gegründeten Kommunistischen Ar-

beiterpartei hatte sich unter die dichtgedrängte Menge gemischt. Im nachhinein konnte niemand mit Sicherheit sagen, wer oder was die Panik ausgelöst hatte, die mit dem Schrei einer Frau *Sie schießen auf uns* losbrach. In der Tat, ohne Vorwarnung gellten Schüsse, und Kugeln bohrten sich in die Mauern des Parlaments – die Heckenschützen feuerten vom Dach des nahegelegenen Justizministeriums. Menschen gingen zu Boden, manche aus purer Angst. Wer konnte, versuchte wegzukommen. Die Polizei gab Schüsse in die Luft ab, in dem Versuch, die Massenflucht, in deren Verlauf Menschen zu Tode getrampelt wurden, zu stoppen. Viele versuchten, sich im Parlamentsgebäude in Sicherheit zu bringen, fanden aber die schweren Eichentüren verschlossen. So als wäre sie geplant gewesen, machte sich jemand die allgemeine Panik zunutze, holte die rot-weiß-rote Fahne vom Mast und ersetzte sie durch eine, aus der der weiße Mittelstreifen entfernt worden war. Nun war es eine Flagge ganz in Rot. Diese törichte Handlung, das Aufziehen einer roten Fahne über dem österreichischen Parlament, bedeutete für längere Zeit das Ende kommunistischer Ambitionen. (Erst 1945 sollte es wieder Kommunisten im Parlament geben, allerdings nur mit 5 % der Wählerstimmen.)

Aus ganz Wien kamen Polizisten ihren bedrängten Kollegen zu Hilfe. Die Leichen wurden abtransportiert, die Verwundeten in einer Erste-Hilfe-Station im nahegelegenen Volksgarten versorgt. Es dauerte Stunden, bis die Ordnungskräfte, immer noch in ihren k. u. k. Uniformen mit der kaiserlichen Rosette, die Ordnung einigermaßen wiederhergestellt hatten.

Mittlerweile war ein Kommando der Roten Revolutionären Garden unter der Führung zweier Kommunisten, Karl Steinhardt und Elfriede Eisler-Friedländer, in die Büros der Neuen Freien Presse eingedrungen und rief in einem hastig gedruckten Leitartikel zu einer bolschewistischen Erhebung auf. Zum Glück für Wien und Österreich folgte niemand ihrem Aufruf. *Diese österreichischen Trotteln*, meinte eine angewiderte Elfriede Eisler-Friedländer beim Verlassen der Redaktion, *sie sind noch nicht reif für eine Revolution.*

Die Habsburger

WIEN BRENNT, schrien die Schlagzeilen ins Land. Es gab nur zwei Tote, aber zahlreiche Verletzte an jenem Tag. Es war schlimm, aber es hätte viel schlimmer kommen können. In gewisser Weise war das Endergebnis ein typisch *österreichisches* – ein Kompromiß.

Kaiser Karl zog sich mit seiner Familie in ein Schloß im Marchfeld zurück. Vor seinen Augen lag das Schlachtfeld, auf dem sein illustrer Vorfahre Rudolf I. 650 Jahre zuvor König Ottokar von Böhmen im Kampf um die deutsche Krone geschlagen und damit den Grundstein für die Habsburgerdynastie gelegt hatte. Von dort wurden Kaiser Karl und die kaiserliche Familie von britischen Soldaten ins Schweizer Exil eskortiert. Es war eine harte Zeit für den Exmonarchen, in der ihm die Stärke und Festigkeit seiner Frau Zita eine große Hilfe war.

Zita wurde von den Ungarn angebetet, und im Oktober 1921 verleitete der ungarische Reichsverweser Admiral Horthy das hoheitliche Paar, nach Budapest zu kommen und die ungarische Krone entgegenzunehmen. Es war eine triumphale Rückkehr, Tausende jubelten ihnen zu, und an jeder Bahnstation gab es eine Ehrengarde und eine Musikkapelle. *Eljén Király – Lang lebe der König!*

Karls Salonwagen hielt für die Nacht auf einem Nebengleis der kleinen Station Bia-Tobagy. Der Einzug in Budapest war für den nächsten Morgen geplant. In jener Nacht geschah der Verrat des Reichsverwesers Horthy an Karl (den Horthy bis an sein Lebensende, und auch Ungarn bitter bereuen sollte, als das Land unter kommunistische Herrschaft kam). Horthy versuchte Einheiten aufzubieten, die bereit waren, auf den König zu schießen, aber es fanden sich keine. Einem gewissen Hauptmann Gömbös, der dreihundert revolutionäre Studenten zu einem Bataillon formierte und mit Gewehren und je fünf Schuß Munition versorgte, hatte Horthy seine Angriffstruppe zu verdanken. Diese kleine Gruppe von Studenten lag am Stadtrand Budapests auf der Lauer und feuerte auf den in Fahrt befindlichen Zug. Einige Kugeln trafen, und der Zug hielt an. Der Monarch zögerte, einen geschichtsentscheidenden Augenblick lang, und gab seinen Begleittruppen keine präzisen Befehle. Innerhalb weniger Minuten änderte sich die Lage zugunsten Horthys. Der Zug kehrte um, und Karls erster Versuch einer Restauration der ungarischen Monarchie war gescheitert. Einen weiteren unternahm er noch, ebenfalls 1921: In einem Privatflugzeug flog er von der Schweiz Richtung Ungarn und landete in einem Getreidefeld bei Györ (Raab). Der General, der ihn mit einem Detachement loyaler Truppen erwarten sollte, war nicht zur Stelle, und was noch schlimmer war, das Unternehmen war an Horthy verraten worden. Der zweite Versuch, die Krone zurückzuerobern, war gescheitert. Horthy lieferte den König an die Entente aus. Auf Anordnung des britischen Premierministers Lloyd George mußten Karl und Zita an Bord des britischen Kanonenbootes *Glowworm* gehen, das sie von Budapest zum Schwarzmeerhafen Galatz brachte. Dort bestiegen sie den Kreuzer *HMS Cardiff*, der sie nach einer kurzen Zwischenstation in Gibraltar auf der Insel Madeira absetzte.

Warum lassen's uns net nach Haus' geh'n?, fragte er seine Gattin, nicht mehr als Monarch, sondern als ein seines Geburtslandes Verwiesener. Zita mußte mitansehen, wie ihr geliebter Mann sich vor Kummer verzehrte, jeden Kontakt scheute und doch nach Mitgefühl verlangte. Er hatte eine letzte Hoffnung gehegt, auf ein Wunder gehofft, das es der Familie Habsburg erlauben würde, in das Land ihrer Väter zurückzukehren. Aus Kummer und Enttäuschung wurde er krank und zunehmend sprachloser. Er saß zusammengesunken im Lehnstuhl, eingewickelt in Decken, unzugänglich. Erschreckend war sein Gesichtsausdruck: Verschwunden war der gütige Blick, das jungenhafte Lächeln, jetzt zeigten sich nur mehr die Spuren, die Jahre der Enttäuschung hinterlassen hatten. Seine Gesundheit verschlechterte sich rasch, ein Husten peinigte seinen geschwächten Körper, und am 1. April 1922 verschied Kaiser Karl im Alter von nur 35 Jahren. Verlassen von allen, wurde der letzte der Habsburger in fremder Erde bestattet. Nur sieben Personen folgten seinem Sarg.

Die Habsburger

Im Gegensatz zum Untergang der deutschen und russischen Dynastien, deren Ende gewaltsam und blutig war, ging die österreichische Revolution dem österreichischen Charakter entsprechend verhältnismäßig sanft vor sich. Wien bekam wenig von den umwälzenden Kräften der Gewalt zu spüren, die das Reich der Romanows in Rußland oder das der Hohenzollern in Deutschland zerrissen. Die Doppelmonarchie als ein riesiges Reich war nicht mehr oder weniger gewalttätig oder repressiv als manch eine moderne Republik. Die österreichische Monarchie war immer ein loser Bund vieler Nationalitäten gewesen (im Jahr 1914 waren es neun), die gelernt hatten, miteinander zu leben. Sie empfanden vielleicht keine große Liebe füreinander, aber sie respektierten einander und ihren Kaiser, und sie alle kämpften in einer vereinten Armee, um das Reich vor seinen Feinden zu schützen. Vor der Schlacht von Austerlitz gab Talleyrand Napoleon folgendes zu bedenken: *Die österreichische Monarchie ist eine Vereinigung zusammengewürfelter Staaten. Solch eine Macht ist notwendigerweise schwach, aber sie bietet ein geeignetes Bollwerk gegen die Barbaren, ein notwendiges sogar. In der Zukunft wird das Habsburgerreich mit dem Rücken gegen Europa und mit der Vorderseite gegen den Osten stehen, und so die westliche Zivilisation vor der Aggression Rußlands schützen.* Dessen eingedenk ließ Napoleon nach seinem erdrückenden Sieg bei Austerlitz das österreichische Imperium intakt. Die Überlegung war richtig. Aber die Alliierten sahen die Sache nicht von dieser Seite und unterstützten aufrührerische Bewegungen im Inneren. Hundert Jahre nach Napoleon hörte der neugewählte amerikanische Präsident Wilson auf fanatische Emigranten, Männer wie den Tschechen Tomáš Masaryk[29], der ihm erklärte, daß der habsburgische Kaiser nichts anderes als der Kerkermeister versklavter Völker sei. Und somit war die Idee Karls I., eine Donauföderation als letzte Verteidigungslinie gegen russische Bestrebungen zu bilden, eine Totgeburt. Letztendlich zerfiel die Doppelmonarchie aufgrund der Wilson-Diplomatie – *kein einziger Faktor trug mehr zu diesem Ergebnis bei als die Thunderbolts des amerikanischen Präsidenten*, schrieb Lt. Col. F.O. Miksche in seinem Buch *Danubian Federation*. Eine Generation später sollte Amerika, ja die ganze Welt, den grundlegenden Fehler Präsident Wilsons bitter bereuen.

Wer zerstörte die Habsburgermonarchie? Man muß gar nicht nach einzelnen Bösewichten suchen – es war die ganze Welt. Am Ende des Ersten Weltkrieges zertrümmerten nationalistische Bestrebungen Österreich. Die Donaumonarchie zerbrach an ihren eigenen inneren Widersprüchen gemäß einer unerbittlichen Dialektik, die von den beiden letzten Kaisern vielleicht erahnt, aber nicht wirklich verstanden wurde. Die Widersprüche ergaben sich aus der grundlegenden Unvereinbarkeit einer vereinigten hierarchischen Monarchie und der gegenseitigen Abhängigkeit ihrer vielen nationalen Bestandteile. Das Versprechen der nationalistischen Führer einer klassenlosen proletarischen Gesellschaft und *eines besseren Lebens für alle* obsiegte. In Wirklichkeit aber rückte eine andere privilegierte Gruppe an die Stelle der alten kaiserlichen Aristokratie. Rumänien, Jugoslawien und die Tschechoslowakei bildeten eine *Kleine Entente*, um eine Restauration des Hauses Habsburg zu verhindern. Es war dies ein wackeliges Bündnis, schon bevor Hitler *mit diesem Unfug*, wie er es nannte, Schluß machte.

Die Bevölkerung des durch die Gebietsverluste verstümmelten Österreich verlor ihren persönlichen Stolz. Das Bild des gemütlichen Österreichers, eines Menschen, der sich *durchwurstelt*, formte sich, während der Rest der Habsburgerwelt untereinander verbittert um Happen aus der Doppelmonarchie kämpfte. Es war nicht die Schuld der Sieger, daß die vielen unabhängigen Staaten entstanden; das war fast unvermeidlich. Es erwies sich jedoch als schwerer Fehler, daß die Siegermächte verabsäumten, für politische, wirtschaftliche und kulturelle Stabilität in der Mitte des europäischen Kontinents zu sorgen, ein zusammenhängendes Staatengefüge Mitteleuropa anstelle der historischen österreichisch-ungarischen Monarchie zu schaffen. In das so entstandene Vakuum sollten bald darauf Männer wie Hitler und Stalin stoßen.

Die Habsburger

Was die Welt seit dem Untergang des Kommunismus beobachten kann, ist nichts anderes als die Rückkehr zu der Idee einer solchen *Mitteleuropäischen Föderation*. Die neuen Demokratien sind die direkten Erben eines Reiches, das tausend Jahre währte und in der verheerenden Umwälzung, die den Adler Habsburgs zu Sturz brachte, zerschlagen wurde.

***

Geschichte ist nie nur Vergangenheit, sondern wirkt in die Gegenwart hinein. Am 2. April 1989 wurde die letzte österreichische Kaiserin, Zita, in der Kapuzinergruft, der Familiengruft der Habsburger, zur letzten Ruhe gebettet. Das republikanische Österreich hatte seine Tore dem letzten Mitglied eines ehemaligen Herrscherhauses im Exil geöffnet. Die Begräbnisfeierlichkeiten waren eine prunkvolle Zeremonie. Hunderttausende Wiener standen Spalier, um der Großnichte des verehrten Kaisers Franz Joseph und der Gemahlin des letzten Kaisers die letzte Ehre zu erweisen. Sechs edle schwarze Pferde, zur Verfügung gestellt von der Bevölkerung der damals noch unter kommunistischer Herrschaft stehenden Tschechoslowakei, waren dem Leichenwagen vorgespannt. Angeführt wurde der Leichenzug von einer Ehrengarde aus Ungarn, damals ebenfalls noch unter kommunistischer Herrschaft, die das kaiserliche Banner mit dem Doppeladler trug.

An jenem Tag wurde mehr zu Grabe getragen als die sterblichen Überreste einer zarten Frau. Hätte es eines Beweises bedurft, daß die Veränderung der politischen Ausrichtung in Osteuropa einem Höhepunkt zutrieb, so war es die Anteilnahme an diesem Ereignis. Und tatsächlich ging das Staatsbegräbnis dem Fall der Berliner Mauer um nur sieben Monate voraus.

In der Nähe des Einganges zur Gruft kniete eine alte Frau mit runzeligem Gesicht und dem roten Kopftuch der ungarischen Bäuerin. Sie hatte den Weg von ihrem Dorf über die Grenze zu Fuß zurückgelegt. Tränen strömten über ihr Gesicht, und nicht wenige der Schaulustigen hatten Tränen in den Augen. Tränen, die ausdrückten, was viele, nicht nur in Österreich, sondern auch

171

in den Ländern, die einst ein Teil dieser großen Nation gewesen waren, fühlten. Die politischen Strukturen waren zerstört, der Doppeladler zertrümmert, aber im Grunde ihres Herzens bewahrten sie die Erinnerung an die Größe und den Glanz dessen, was einst die Habsburgermonarchie war.

Das Reich, in dem die Sonne nie unterging ...

Die Hohenzollern (1415–1918)

Verläßt die Kugel erst den Lauf,
hält sie kein Kaiser Willi auf!
Volkstümlicher Reim, August 1914

Ihr müßt sie aufhalten, ihr müßt sie aufhalten! brüllte der Kaiser. In dieser Atmosphäre der Verwirrung und drohenden Unheils, die all jene, die sich in dem Kartenraum drängten, nervlich überforderte, schien dieser unkontrollierte Ausbruch fehl am Platz. Ein Ausdruck hilfloser Verzweiflung huschte über das Gesicht des Kaisers. Lange Zeit verharrte er regungslos, zu verstört, um sich durch den hochmütigen Ton des Oberbefehlshabers seiner mächtigen Armee angegriffen zu fühlen. Der Monarch war in einem Alptraum gefangen, alle um ihn schienen verrückt, und jetzt benahm er sich selbst wie ein Verrückter, überwältigt von einem Gefühl unbeschreiblicher Beklemmung. Die Schuld hatte er bei sich zu suchen, hatte doch er die Würfel in der Hand gehabt.

> „Verläßt die Kugel erst den Lauf
> hält sie kein Kaiser Willi auf."

So trällerten die Kinder auf der Straße, leierten die Bauern auf dem Feld, aber die Diplomaten aus London, Paris und aus St. Petersburg versetzten diese Worte in Angst und Schrecken. Wie wahr, selbst der Kaiser konnte die Kugel nicht mehr aufhalten. Kaiser Wilhelm hatte die Bestie des Krieges losgelassen, als er einen *Zivilisationsschock* dem diplomatischen Gespräch vorzog. Der Kaiser war fassungslos. Wie hatte es so weit kommen können?

Deutschland hatte gedroht, und *Deutschland* war gleichzusetzen mit dem *Preußischen Generalstab*. Rußland mobilisierte im

Hinblick auf Serbien, und so auch Österreich. Italien blieb neutral. Frankreich hatte ein deutsches Ultimatum zurückgewiesen, ebenso Belgien, das nicht bereit war, den deutschen Truppen den freien Durchmarsch durch sein neutrales Gebiet zu gestatten. Großbritannien wurde *wegen eines Fetzens Papier* in den Krieg hineingezogen, um Belgiens Neutralität zu schützen. Diesmal war der Kaiser einen Schritt zu weit gegangen. Einmal in Gang gesetzt, rollte diese teuflische Kriegsmaschinerie unaufhaltsam weiter.

In dem großen Raum, zum Bersten voll mit Generälen und deren Stäben, herrschte die Stille des Schocks. Der Kaiser hatte gesprochen! *Ihr müßt sie aufhalten*, diesmal im Flüsterton und wie ein Flehen. Der Mann mit den roten Streifen an der Hosennaht und dem Goldblattmotiv auf der Schulterspange preßte sein Monokel ins Auge und tat so, als studierte er eine Karte.

Ihre Kaiserliche Majestät, es ist geplant und in Gang gesetzt worden, jetzt kann es nicht mehr geändert werden, antwortete der General mit kalter, schneidender Stimme und, mit seinem Stab auf eine blaue Linie auf der großen Europakarte deutend: *Die deutsche Armee hat den Rhein überschritten*.

Am 3. August 1914 rumpelte der erste Zug mit jubelnden Soldaten über die Stahlbrücke über den majestätischen Fluß, der Deutschland von Frankreich trennte.

***

Das Haus Hohenzollern bestand 503 Jahre lang. Seine Anfänge liegen im Sommer des Jahres 1415, als ein eher unbedeutender fränkischer Graf den hehren Namen und Titel eines Friedrich I., Kurfürst von Brandenburg, erwarb und sich auf einem mageren Streifen Landes zwischen den Flüssen Oder und Elbe niederließ. Es endete mit der Abdankung Kaiser Wilhelms II. im Spätherbst des Jahres 1918.

Es waren nicht so sehr hervorragende geistige Fähigkeiten und Energie (wenn auch, zumindest zum Teil, für den rasanten Aufstieg verantwortlich) denn glückliche historische Umstände, die die Hohenzollern Vorherrschaft in der Welt erlangen ließen. Was

Die Hohenzollern

mit einem Stück Land mit Sümpfen und düsteren Wäldern, mit armen Fischerdörfern zwischen Elbe und Oder begonnen hatte, entwickelte sich zu einer imperialen Machtzentrale, deren Truppen über ganz Europa marschierten.

In den Gründerjahren waren die Kurfürsten von Brandenburg von niederem Adel und ihr Herrschaftssitz war ein kleines Dorf, Berlin, dessen Bevölkerung ihr Einkommen hauptsächlich aus Wegelagerung der aus den reichen Rheinstädten Trier und Köln zu den Königreichen von Polen und Rußland ziehenden Handelskarawanen bezog. Einhundert Jahre nach der Gründung der Dynastie fand ein Ereignis statt, das nicht nur die Geschicke Preußens, sondern der ganzen Welt verändern sollte. Am Tag vor Allerheiligen, am 31. Oktober 1517, schlug ein Augustinermönch seinen trotzigen Angriff auf das bis dahin *unangreifbare Bekenntnis* der katholischen Kirche an das Tor der Stadtkirche von Wittenberg. Sein Name war Martin Luther. Der Papst exkommunizierte Luther, und der Habsburgerkaiser verbannte den Mönch aus seinen christlichen Landen.

Den deutschen Bauern sagte der demokratische Geist der lutherischen Reformation zu, und sie schüttelten nicht nur die Autorität des Papstes und seiner Wanderpriester ab, sondern auch die der Steuereintreiber des deutschen Kaisers. Der Markgraf von Brandenburg nahm rasch den neuen Glauben an, nicht als überzeugter Anhänger, sondern als schlauer Opportunist. Er sah es als einmalige Chance, sich des Machteinflusses des katholischen Habsburgerkaisers auf sein Lehen zu entledigen. Diese Herausforderung mußte zu Krieg führen, und Krieg war die Antwort. Der verheerende Dreißigjährige Krieg (1618–1648) machte den Bruch zwischen dem protestantischen Norden und dem katholischen Süden vollständig. Der Kurfürst von Brandenburg verbündete sich mit Christian IV. von Dänemark, und König Gustav Adolf von Schweden schlug die kaiserlichen Armeen unter Wallenstein. Im Namen der Religion zogen ausländische Söldner vergewaltigend und plündernd durch deutsche Lande, und die Pest wütete. Letztendlich behielten die Habsburger die Oberhand, und katholische

175

Streitkräfte fielen in die Mark Brandenburg ein. Dies zeigte den Preußen, wie notwendig ein starkes Militär für die Verteidigung ihres Heimatlandes war.

Der Mann, der die Hohenzollern als Dynastie etablieren und seinen Platz im Rat der Prinzen und Granden einnehmen sollte, wurde 1620 in Küstrin geboren. Friedrich Wilhelm wurde als der *Große Kurfürst* bekannt. Als junger Mann mußte er zusehen, wie sein Land von Invasionsheeren aus Schweden, Österreich, Frankreich und dem Nachbarland Polen zerrissen wurde. Er kam 1640 an die Macht, und nach einer Reihe seiner Jugend anlastbaren Fehlern stellte er eine 8.000 Mann starke, gut ausgerüstete und geschulte Armee auf. Das Glück der Hohenzollern war ihm treu. Zwischen den skandinavischen Rivalen war Krieg ausgebrochen, ein dänisches Heer erteilte den Schweden eine vernichtende Niederlage und vertrieb diese aus Norddeutschland – wie gerufen, um Preußen als Schiedsrichter bei den Friedensverhandlungen von Osnabrück (Westfälischer Friede 1648) auftreten zu lassen. Dies stärkte die Hand des Kurfürsten, und er vermochte bedeutende Gebietsgewinne auszuhandeln. Weniger Glück hatte er mit seinem Versuch einer politischen Ehe. Die schwedische Königin Christina, zu deren Vorlieben Männer nun einmal nicht gehörten, wies ihn als einen Hanswurst ab. Dann versuchte er sein Glück am französischen Hof, aber dessen Erster Minister war nicht daran interessiert, eine kostbare Prinzessin für das Ehebett eines niederen Markgrafen hinzugeben. Schließlich ehelichte Friedrich Wilhelm die niederländische Kronprinzessin. Als der neue schwedische König Karl Gustav in Polen einfiel, stellte sich ihm der *Hanswurst*-Kurfürst mit 9.000 Mann seiner preußischen Regimenter entgegen. Es war dies die erste Probe für die militärische Stärke Preußens, und wahrlich eine entscheidende. In drei Tage (vom 28. bis 30. Juli 1656) währenden Gefechten schlug der Kurfürst eine zahlenmäßig stark überlegene schwedische Streitmacht.

Dieser Sieg bedeutete das Ende der schwedischen Vorherrschaft in Norddeutschland und den Beginn der preußischen Hegemonie. Gegen Ende seines Lebens bekam es der Große Kurfürst mit

Die Hohenzollern

einem neuen Gegner zu tun, der weitaus mächtiger war als alle, mit denen er es bis dahin aufgenommen hatte: dem Sonnenkönig, Ludwig XIV. von Frankreich. Dieser aber zeigte kein Interesse an einem armen Fürstentum entlang der polnischen Grenze, seine Augen waren auf die reichen habsburgischen Besitzungen am Rhein gerichtet. Außerdem war Preußen ein wichtiger Teil seiner Gesamtstrategie: Jedwede erstarkende deutsche Macht war eine willkommene Bedrohung des habsburgischen Thrones. Aus diesen Gründen ließen Ludwigs Generäle Preußen in Frieden.

Im Jahr 1701 erhob sich Preußen selbst in den Rang eines Königtums. Der König, der Preußen zu einer Großmacht formte, wurde 1712 geboren und bestieg 1740 als Friedrich II. den Thron. Ausdruck seines Ruhms ist die Bezeichnung *Friedrich der Große*. In seiner Jugend war der Prinz mit einem der führenden philosophischen Köpfe der Zeit, Voltaire, in Berührung gekommen, einem geistreichen, aber überaus zynischen Mann, dessen Ideen, weil revolutionär, als gefährlich galten, und der deshalb vom Hof Ludwigs XV. verjagt worden war. Das Zusammentreffen von Denker und Prinz sollte sich zu einer lebenslangen Haßliebe entwickeln. Es kam vor, daß die beiden, die Zimmer an Zimmer in Friedrichs Schloß in Potsdam wohnten, wochenlang kein Wort wechselten. Voltaire prägte den arroganten Prinzen und befeuerte dessen politisches Denken. Zugegeben, Preußen hatte nichts von der *grandeur* Frankreichs, aber bald hatte er nur mehr das eine Bestreben, nämlich Preußen zur Weltmacht zu machen. Der plötzliche Tod des römisch-deutschen Kaisers, des Habsburgers Karl VI., bot Friedrich eine einzigartige Gelegenheit. Der Kaiser hatte keinen männlichen Erben hinterlassen, und dank der Pragmatischen Sanktion kam seine älteste Tochter auf den Thron. Maria Theresia sollte als eine der größten habsburgischen Herrscherpersönlichkeiten in die Geschichte eingehen. Auf dem europäischen Schauplatz, durchdrungen von religiösem Hader, legte sie große Weisheit an den Tag, und was die innerdeutsche Politik anbelangte, erwies sie sich ihrem preußischen Rivalen mehr als ebenbürtig. Bei der Frau auf dem österreichischen Thron biß Friedrich auf Granit.

Der preußische König war ein Politiker von Rang. Er hatte klar erkannt, daß er nicht an zwei Fronten Krieg führen konnte und daß er seine Flanke absichern mußte. Er nahm Verhandlungen mit Ludwig XV. von Frankreich auf und bot der Mätresse des Königs, Madame Pompadour, das Herzogtum Neuenburg an. Der französische König akzeptierte das Angebot, allerdings ersuchte er Friedrich, auf Anraten seiner Minister wie auch seiner Mätresse, die Grundstücksurkunde eigenhändig zu unterzeichnen. Dieser weigerte sich, seinen Namen auf ein Dokument zugunsten einer Dirne zu setzen. (In Wirklichkeit wollte er nicht von den deutschen Fürsten als Verräter, der Land an Deutschlands Erzfeind verschenkt, gebrandmarkt werden.) Das war zu viel für die Pompadour, und sie brachte den König dazu, einen Krieg zu beginnen. Im Jahr 1757 fand sich Friedrich von Preußen in einer mißlichen Lage. Maria Theresia hatte die Preußen durch ein Bündnis mit der Zarin Elisabeth Petrowna geschickt in die Enge manövriert. Ein russisches Heer fiel in Preußen ein, während schwedische, französische und pommerische Truppen plündernd durch Friedrichs Lande Braunschweig und Hannover zogen. Aus dem Süden rückte eine riesige österreichische Armee nach Schlesien vor. Friedrich reagierte mit Verzagtheit, die so weit ging, daß er öffentlich erklärte, er hätte nur den einen Wunsch – mit dem Schwert in der Hand zu sterben. Aber das Schicksal wollte es anders. Nach einem unklugen Manöver des französischen Armeekommandanten wurden die Franzosen am 5. November 1757 bei Roßbach geschlagen. Mit der durch den Sieg gegen die Franzosen moralisch gestärkten Streitmacht wendete sich Friedrich nach Süden gegen die 60.000 Mann starke österreichische Armee, die in einer unverwundbaren Verteidigungsstellung zusammengezogen war. Aber im Gegensatz zu Friedrichs homogenen Regimentern bestand das österreichische Heer aus sehr unzuverlässigen gemischtsprachigen Aufgeboten: Württemberger, die dem preußischen Protestantismus gewogener waren als dem österreichischem Katholizismus, ja sogar Bayern, die traditionellen Gegner Österreichs. Friedrichs 40.000 Soldaten waren durchwegs Preußen, eine Tatsache, die sich

Die Hohenzollern

zu seinen Gunsten auswirken sollte. Überdies war er waffenmäßig überlegen. Der entscheidende Faktor aber war das Kaliber der Befehlshaber: ein unfähiger Charles de Lorraine auf seiten der Österreicher gegenüber einem technisch brillanten Friedrich. Am Vorabend der Schlacht von Leuthen sagte Friedrich zu den versammelten Offizieren, daß sie keine andere Wahl hätten, als zu siegen oder ehrenhaft für Preußen zu sterben. Dann sprach er die geschichtsbekannten Worte zu seinen Soldaten: *Ihr Hunde, wollt ihr ewig leben?*

Am Morgen danach begingen die Österreicher, wie die Franzosen vorher, einen schweren Fehler, indem sie ihre uneinnehmbaren Verteidigungsstellungen verließen. Die Schlacht von Leuthen begann am frühen Morgen des 5. Dezember 1757 und sollte Friedrichs strategisches Meisterstück werden. Er hielt seinen linken Flügel zurück, griff in schiefer Schlachtordnung an und schlug die Österreicher vernichtend. Beide Seiten verzeichneten ziemlich hohe Verluste. Der Sieg verschaffte Friedrich eine dringend notwendige Atempause. Die Österreicher, besiegt aber nicht geschlagen, mußten Schlesien räumen, und Friedrich hoffte, einen ehrenhaften Frieden mit der Kaiserin aushandeln zu können. Doch der Krieg ging weiter, fünf Jahre lang. Eine Schlacht folgte der anderen, bei Zorndorf, bei Hochkirch; keine war kriegsentscheidend. Dann kam der 12. August 1759, und Kunersdorf. Die Österreicher hatten in General Laudon einen neuen Strategen gefunden, der Friedrichs Bataillonen so furchtbar zusetzte, daß diese, ihre Waffen zurücklassend, in wilden Haufen über die Oder flüchteten. Für Friedrich schien der Krieg beendet, aber wieder kam ihm das *Wunder des Hauses Hohenzollern* zu Hilfe.

Russen und Österreicher feierten, dann stritten sie. Die Sieger unterließen es, die nicht verteidigte Straße einzunehmen und gegen Berlin zu marschieren. Der Wintereinbruch verhinderte weitere Kampfhandlungen. Im folgenden Jahr starb die Zarin Elisabeth, und die österreichisch-russische Koalition zerfiel. Im Februar 1763 wurde ein Friedensvertrag unterzeichnet, mit dem Schlesien an Preußen fiel. Den nächsten Landgewinn errang Friedrich, ohne einen Schuß abgegeben zu haben. Er verband sich mit seinen ehemaligen Feinden, und im Jahr 1772 wurde Polen zwischen Rußland, Österreich und Preußen aufgeteilt. Danach wandte er sich wieder gegen Österreich und verstärkte seinen Einfluß im Gefolge des Bayerischen Erbfolgekrieges. Preußen annektierte die Fürstentümer Ansbach und Bayreuth. Maria Theresia starb 1780, und ihr Sohn Joseph II. zeigte sich Friedrich dem Großen nicht gewachsen. Kaiser Joseph II. war völlig von Problemen im Inneren seines Reiches in Anspruch genommen. Er stand unter dem Einfluß der Lehren Rousseaus, und der österreichische Adel hielt den Kaiser für einen ausgemachten Revolutionär. Dieser Ruf kam den Preußen zugute. Um den habsburgischen Expansionsgelüsten einen Riegel vorzuschieben, formierten sich die deutschen Fürsten zum *Fürstenbund*, einem zutiefst machiavellischen Entwurf, der vom preußischen König selbst stammte und zu seinem politischen Testament wurde.

Und dann kamen die Französische Revolution und Napoleon. Der Herzog von Braunschweig verlor bei Valmy, und Preußen sah sich gezwungen, einen Verteidigungspakt mit Österreich zu unterzeichnen, um dem ehrgeizigen korsischen Emporkömmling Einhalt zu gebieten. Es kam zu mehreren Schlachten. Trafalgar besiegelte Napoleons Schicksal auf hoher See, aber zu Land waltete dieses militärische Genie uneingeschränkt. Am 2. Dezember 1805 schlug er in der Nähe des kleinen böhmischen Ortes Austerlitz die vereinten Streitmächte Österreichs und Rußlands. Der selbstsüchtige, moralisch schwache preußische Monarch Friedrich Wilhelm III. weigerte sich, sein verbindliches Versprechen einzulösen und den Verbündeten mit seiner Armee zu Hilfe zu kommen. Das kam ihn teuer zu stehen, als Napoleon sich nordwärts wandte. Nachdem er also die *Dritte Koalition*, die (vor Austerlitz) zwischen seinem Königreich, Rußland und Österreich bestand, zerstört hatte, beging König Friedrich Wilhelm III. militärischen Selbstmord, indem er sich Napoleon im Alleingang stellte. Im Oktober 1806 traf das militärische Erbe von Friedrich dem Großen bei Jena auf die Franzosen, und Napoleon bereitete den Preußen eine vernichtende Niederlage. Im nahegelegenen Auerstedt traf am selben Tag die preußische Hauptmacht auf Marschall Davouts Armeekorps. Gleich zu Beginn der Gefechte fiel der Herzog von Braunschweig, und der preußische König wagte nicht, das Kommando zu übernehmen. Die Preußen, obwohl zahlenmäßig stark überlegen, rannten kopflos vom Feld. Nun, da Napoleon die Österreicher, Russen und Preußen besiegt hatte, blieb noch das standhafte England. In der preußischen Hauptstadt, in die der französische Kaiser als Sieger einmarschiert war, verkündete er die *Berliner Erklärung* – die Kontinentalsperre gegen England.

Das Jahr 1812 sah das Vordringen von Napoleons *Grande Armée* über preußisches Gebiet bis Moskau. Nach dem verlustreichen Rückzug vor den Schrecken des russischen Winters wurde Napoleon in die entscheidendste Schlacht seiner Laufbahn getrieben – in die *Völkerschlacht* bei Leipzig. Vom 16. bis 19. Oktober 1813 blockierte eine Koalitionsarmee von Österreichern, Russen und den neuformierten Truppen Preußens unter dem alten Marschall Blücher den Rückzug der Franzosen über die Elbe. Zum ersten Mal war Napoleon entscheidend geschlagen worden. Mit nur 80.000 Mann seiner vordem 600.000 Mann starken *Grande Armée* floh Napoleon über den Rhein und mußte 1814 abdanken. Die Periode der Napoleonischen Kriege war somit zu Ende. Waterloo besiegelte nur mehr die mit Leipzig zwei Jahre vorher geschaffenen Tatsachen. Der Wiener Kongreß trug wenig zur Veränderung des Kräfteverhältnisses zwischen Preußen und Österreich bei. Die Rivalität der beiden Mächte betreffend die Vorherrschaft in Deutschland war so groß wie ehedem. Dies mußte sich ändern.

Nach der Ära Napoleons schuf Preußen den *Deutschen Zollverein*, eine zollpolitische Einheit der Mehrheit der souveränen Gliedstaaten des Deutschen Bundes unter der Führung des preußischen Königs. Fürst Metternich, die führende Politikergestalt jener Tage, versuchte seinen österreichischen Monarchen vor den Absichten des Preußenkönigs und vor den damit verbundenen Gefahren für das Habsburgerreich zu warnen; aber der Blick des Kaisers war auf den Donauraum fixiert, und er konnte sich zu keinem Entschluß durchringen. Statt dessen ging er töricherweise ein Bündnis ein, die von den Russen forcierte *Heilige Allianz* zwischen Rußland, Österreich und Preußen. Metternich bezeichnete diesen Vertrag als ein *laut tönendes Nichts.*

Die nächsten dreißig Jahre verbrachten die gekrönten Häupter Europas damit, europaweite Volkserhebungen zu ersticken. Königin Viktoria bestieg den Thron, England beherrschte die Meere und baute an seinem Kolonialreich. Frankreich widmete sich dem Wiederaufbau seiner militärischen Macht. Österreich war mit der Unterdrückung von Unruhen in Italien und Ungarn beschäftigt. Und wo war Preußen? Nirgends. In der Folge einer Auseinandersetzung betreffend das Fürstentum Hessen ergab sich Preußen kampflos Österreich (1850). Dies war eine bittere Lehre, eine, die sich der neue preußische König Wilhelm I. zu Herzen nahm. Die Rede bei seiner Krönung 1861 gab die Linie vor:

> „Die preußische Armee ist von nun an die preußische Nation in Waffen."

Um dieses Ziel zu erreichen, machte er Otto von Bismarck 1862 zu seinem Ministerpräsidenten (ab 1865 Graf, ab 1871 Fürst). Mit der Reichsverfassung von 1871 wird Bismarck Reichskanzler. Ein überaus fähiger junger Stabsoffizier, von Moltke (ab 1870 Graf), wird in den Großen Generalstab berufen. Als Chef des Generalstabes (1858–88) macht er diesen zu einem wichtigen Entscheidungsträger. Der General verfeinerte seine Strategie in einem erfolgreichen Probegalopp 1864 gegen Dänemark. Bismarck wußte nur zu gut, daß eine Annexion Schleswig-Holsteins unweigerlich zum Krieg mit Österreich führen würde. So war es auch von ihm geplant – und der Plan ging auf. Zweierlei Dinge mußten ihm gelingen. Erstens, gemäß seiner Einfrontenstrategie, mußte er Frankreich aus dem Krieg mit Österreich heraushalten. Zweitens mußte er Österreich in einem Blitzkrieg besiegen, ohne jedoch den Habsburger Kaiser zu demütigen, und die österreichische Armee soweit schlagkräftig belassen, um in ihr ein Gegengewicht gegen Frankreich in einem von langer Hand geplanten Krieg zu haben. Am 3.

Die Hohenzollern

Juli 1866 kam es bei Königgrätz (Sadowa) zu blutigen Gefechten zwischen einer halben Million Frontkämpfern. In einer brillant angelegten Zangenbewegung trafen zwei preußische Armeegruppen auf die österreichischen Stellungen. Das Glück war auf der Seite der Preußen. Aufgrund einer Verwechslung von Signalen setzte sich das Haupteer des preußischen Kronprinzen viel zu spät in Bewegung, um bei Schlachtbeginn aufgeschlossen zu haben. Aber es war gerade diese unvorhergesehene Verzögerung, die für den Ausgang entscheidend war, denn sie brachte die gesamte Armee des Kronprinzen in Stellung, als zwei österreichische Korpskommandanten, vom Mangel an Aktivität gelangweilt, die ihnen zugewiesenen Verteidigungsstellungen verließen und somit sich eine große Lücke im Zentrum der österreichischen Linien auftat. Beide Seiten hatten hohe Verluste zu verzeichnen, insgesamt 65.000 Mann. Als gutes Beispiel für das Diktum *Krieg ist eine viel zu ernste Angelegenheit, als daß man ihn Generälen überlassen könne*, schalt von Moltke seine Generäle heftig dafür, daß sie den geschlagenen Feind nicht energisch verfolgt hatten. Andererseits war Bismarck, der schlaue Staatsmann, sehr erfreut über den Ausgang, der ganz nach seinem Plan ausgefallen war. Die österreichische Armee war noch intakt, und ihr Kaiser nicht über Gebühr erschüttert. Bei Königgrätz war der große Verlierer nicht Österreich, sondern der französische Kaiser Napoleon III., den der rasche Erfolg der preußischen Armee unvorbereitet traf.

Nach Königgrätz nahm ein preußischer Fürst Bismarck zur Seite: *Exzellenz, heute sind Sie ein großer Mann. Aber hätten Sie versagt, wären Sie nur eine weitere Fußnote der Geschichte.* Worauf Bismarck in Wellingtons Worten antwortete: *Ja, es war knapp!* Hätte Preußen damals in Königgrätz verloren, wären preußische Stiefel nicht auf der Straße Richtung Erster Weltkrieg, und folglich auch nicht Richtung Zweiter Weltkrieg marschiert.

Bismarck hatte ständig das eine große Ziel vor Augen: die Vereinigung der deutschen Fürstentümer unter Preußens eiserner Faust, während Frankreich eine solche Vereinigung mit allen Mitteln zu verhindern suchte. Das preußische Zündnadelgewehr hatte sich gegenüber dem österreichischen Vorderlader bewährt; Frankreich rüstete mit einem verbesserten Modell des preußischen Gewehrs auf, dem Chassepot-Gewehr, und fügte seinem Arsenal eine vollständig neue Waffe hinzu, welche die zukünftige Kriegführung ändern sollte, nämlich *la mitrailleuse*, das Maschinengewehr. Das Glück blieb den Preußen treu, denn als es schließlich zur kriegerischen Auseinandersetzung kam, setzten die Franzosen die neue Waffe nicht ein!

Im Jahr 1870 trieben beide Länder auf den Krieg zu, den Bismarck geschickt eingefädelt hatte. Sein Plan war erfolgreich: Als die preußischen Truppen in Frankreich eindrangen, blieb Österreich als neutraler Zuschauer auf der Tribüne. Die französische Armee marschierte in eine Falle, die Preußen schlossen sie in der Stadt Sedan ein und feuerten dann mit den auf den umliegenden Hügeln postierten, brandneuen Krupp-Kanonen auf die Franzosen, bis ihr Kaiser die weiße Fahne hißte. General Reille wurde mit einem versiegelten Kuvert zu Wilhelm gesandt. Es war ein persönliches Schreiben von Napoleon III:

> „Monsieur mon frère,
> N'ayant pu mourir au milieu de mes troupes – da es mir nicht vergönnt war, inmitten meiner Truppen zu sterben, bleibt mir nichts anderes übrig, als mein Schwert in die Hände Eurer Majestät zu legen.
> Je suis de Votre Majesté, le bon frère, Napoleon (III).
>
> Sedan, le 1er septembre, 1870."

Nach einem Gespräch zwischen dem französischen General de Wimpffen und dem preußischen König erklärten sich die Franzosen zur bedingungslosen Kapitulation bereit, eine Tatsache, die in den folgenden Jahren eine große Rolle spielen sollte. Die Geschwindigkeit, mit der die preußischen Truppen eine der schlagkräftigsten Armeen in Europa erledigt hatten, war geradezu beispiellos. Die Leichtigkeit des Sieges sollte schwerwiegende Folgen haben, denn sie verleitete das Preußische Oberkommando zu der irrtümlichen Annahme, daß Frankreich schwach sei und in einem

Die Hohenzollern

möglichen nächsten Krieg ebenso schnell fallen würde. Aber 1914 war nicht 1871. Paris, das politische Zentrum seit der Herrschaft Ludwigs XIV., mußte seine führende Stellung an Berlin abgeben, und an den Höfen Europas wurde Deutsch hoffähig.

Le Roi Gouverne Par Lui Même war die passende Inschrift im Spiegelsaal von Schloß Versailles, wo der *Eiserne Kanzler* Otto von Bismarck am 18. Januar 1871 den König von Preußen als Wilhelm I. zum Deutschen Kaiser ausrufen ließ. Die Kaiserproklamation war ein diplomatisch äußerst unkluger Schritt mit dramatischen Folgen. Frankreich hingegen erklärte sich zur Republik, und die Franzosen übten sich in giftigem *Revanchismus*. Vorfälle, wie die berüchtigte *Dreyfus-Affäre* wurden unmittelbar mit Berlin in Verbindung gebracht. Im restlichen Europa, dessen Herrscherhäuser durch Heirat untereinander verwandt waren, widmete man sich nach wie vor dem Ausbau des Kolonialbesitzes in Afrika und Asien. Bald entwickelten sich Handelsrivalitäten, und England sah sein Handelsimperium bedroht.

Der Höhepunkt britischer Wirtschaftsmacht war vor 1880 erreicht, als die Stärke des Deutschen Reiches auf dem industriellen Sektor sich auf die Kontinentalpolitik auszuwirken begann. Zum Schutz der eigenen Produktion setzte England mit dem *Merchandise Marks Act* von 1887 einen bemerkenswerten Schritt : ... *so ist es z. B. erwünscht, daß zur Bezeichnung des Ursprungs deutsche Waren, die einer englischen Fabrik gehörende Namen oder Schutzmarken tragen, mit der Hinzufügung ‚Made in Germany' versehen werden* ... Aber deutsche Qualität behauptete sich.

Am 15. Juni 1888 bekam Deutschland einen neuen Kaiser. Wilhelm II., geboren 1859, war der Lieblingsenkel von Königin Viktoria. Bald nach seiner Geburt schrieb seine Mutter, Prinzessin Viktoria von England, an die britische Monarchin: *Dein Enkel Wilhelm ist äußerst lebhaft und zu allerlei Streichen aufgelegt* ... Das war er, in der Tat. Nach dem Tod seines Großvaters, Kaiser Wilhelms I. und den 99 Tagen seines Vaters als Friedrich III., sollte ihm die traurige Ehre zuteil werden, der letzte Herrscher der Hohenzollern-Dynastie zu werden. Als Wilhelm II. war er ein

Der Untergang großer Dynastien

Monarch mit einer großen Krone und einem übergroßen Ego, dem Schmeicheleien Labsal waren; ein schwerfälliger Autokrat, der seine intellektuellen Fähigkeiten maßlos überschätzte, dessen Ehrgeiz seinen politischen Scharfsinn übertraf, ein humorloser Mann, der blinden Gehorsam forderte. Er litt an einer körperlichen Mißbildung, einem verkrüppelten Arm, den er unter einem langen Ärmel oder einem Uniformumhang zu verbergen suchte. Eine seiner ersten Handlungen war, den Baumeister des Hohenzollernreiches, Fürst Otto von Bismarck, nach Hause zu schicken. Diese Maßnahme sollte sich als folgenschwerer Mißgriff erweisen. Mit einem unüberlegten Schritt hatte sich der Kaiser des einzigen Mannes entledigt, der in der Lage gewesen wäre, die politischen Bomben zu entschärfen. Bismarcks Bestreben war es immer gewesen, Frankreich und Rußland davon abzuhalten, ein Bündnis einzugehen. Der Mangel Wilhelms II. an staatsmännischem Fingerspitzengefühl erboste seine beiden Nachbarn dermaßen, daß sie ein Verteidigungsbündnis (1893) eingingen. Dieses Geheimabkommen vereinte seine beiden ärgsten Feinde auf dem Kontinent und nahm Preußen in die Zange. Wenn nichts unternommen würde, mußte es zum Krieg kommen. Und es wurde nichts unternommen! Die nächste Maßnahme des Kaisers war gleichermaßen verhängnisvoll. Zum Schutz ihrer Handelswege zur See benötigte jede Kolonialmacht eine mächtige Kriegsmarine, was einen wilden Rüstungswettlauf zur Folge hatte. England verfolgte die Ambitionen Preußens zur See mit Mißfallen, aber es konnte nichts unternehmen, um dem Kaiser Einhalt zu gebieten. Als die Engländer die gepanzerte *Dreadnought* aufboten, antworteten die Preußen mit den Schlachtkreuzern *Scharnhorst* und *Gneisenau*. Diese Bedrohung rückte die traditionellen Feinde Frankreich und England näher aneinander, und 1904 gingen sie das als *Entente Cordiale* bekannte Bündnis ein.

Nach der Niederlage Rußlands gegen die Japaner im Jahr 1905 kam es in Rußland zur Revolution. Deutschland versuchte von dem Umbruch zu profitieren, aber die *Entente Cordiale* bestand ihre erste Bewährungsprobe. Die britische Hochseeflotte lief aus,

Die Hohenzollern

und bei der Algeciras-Konferenz 1906 erlitt Deutschland einen erniedrigenden politischen Rückschlag. Im Jahr darauf bewerkstelligte England ein Handelsabkommen mit Rußland. Aus dem bereits bestehenden Verteidigungspakt zwischen Frankreich und Rußland, im Verein mit der *Entente Cordiale* zwischen England und Frankreich, entstand die *Triple Entente*. Plötzlich sah sich Deutschland eingekreist. Wilhelm wollte die Bedrohung nicht wahrhaben, auf die sein Außenminister, Graf von Bülow, hinzuweisen gewagt hatte. Nicht einen Augenblick zog er in Betracht, daß ihn sein Cousin *Nicky*, der russische Zar, im Stich lassen könnte. Frankreich, vielleicht – aber der König von England, wie könnte er nur? Das war doch sein Onkel!

Immerhin war auch er der Meinung, daß die Situation nach einer Gegenmaßnahme verlangte. Wiederum gelang es Wilhelm, die falschen Antworten parat zu haben. Statt nach einer diplomatischen Lösung zu suchen, erging er sich in Kriegsdrohungen. Preußens Antwort auf die *Triple Entente* war der *Dreibund* zwischen Deutschland, Österreich-Ungarn und Italien, eine äußerst unzuverlässige Achse, wie sich zeigen sollte, als Italien, nach seinem Grundsatz des *sacro egoismo (geheiligter Egoismus*, geprägt vom italienischen Ministerpräsidenten Salandra im Oktober 1914) handelnd, im Jahr 1915 die Seite wechselte. Zwischen dem *Dreibund* und den Festland-Nachbarn, wie auch Großbritannien, das zwar noch immer die Meere beherrschte, aber zunehmend durch eine mächtige deutsche Flotte unter Druck kam, entwickelte sich eine gefährliche Situation. Die *Achse* war wie ein Stachelschwein im Waffenkleid, während die *Entente* die Schlinge um den Hals des Stachelschweins war. Krise folgte auf Krise. Entscheidend war der Tag, an dem die wankenden Monarchien Rußlands und Österreichs über die Aufteilung Polens und des Balkans in Streit gerieten. Als Österreich 1908 das von ihm bereits seit 1878 besetzte Bosnien-Herzegowina, einen Staat, den Rußland als sein slawisches Protektorat betrachtete, annektierte, war der Zündstoff vorhanden, durch den schließlich der Krieg entflammte.

Es hätte sich noch alles durch kluge Diplomatie regeln lassen, wäre nicht der Beginn des 20. Jahrhunderts durch Führungsprobleme gekennzeichnet gewesen. In Österreich-Ungarn herrschte ein greiser Monarch, Rußland war von Revolutionen und Meuchelmorden erschüttert, Frankreich war eine Republik mit häufigem Präsidentenwechsel, und England hatte einen König, der mit seiner Mätresse nach Monte Carlo reiste und die Staatsgeschäfte größtenteils seinen Ministern überließ. Die in Europa am meisten präsente Herrscherfigur war sicherlich Kaiser Wilhelm II., ein Mann, der vom Gottesgnadentum der Monarchen besessen war. Seine Präsenz erreichte einen Höhepunkt im Jahr 1913, als der fünfundzwanzigste Jahrestag seiner Thronbesteigung begangen wurde. Die Feierlichkeiten wurden prunkvoll in Szene gesetzt, um den vielen hohen und höchsten Gästen Deutschlands beispiellose Expansion in die Welt der Industrie und seine militärische Stärke vor Augen zu führen. Er begriff nicht, daß all die gekrönten Häupter dies als schwere Irritation über die Ambitionen des Kaisers, eines rücksichtslosen Monarchen, der nach öffentlichem Beifall gierte, empfanden. Englands Besorgnis ob der militärischen Bestrebungen Preußens, besonders auf hoher See, führte zu großer Verbitterung, geschürt durch Wilhelms Prahlerei über seine mächtige Flotte. Noch dazu bewies er großes Talent im Entfachen internationaler Eifersüchteleien. Vor der Jahrhundertwende hatte sich der Kaiser offen in Englands Kolonialpolitik eingemischt, als er den sich gegen diese wehrenden südafrikanischen Buren unter Ohm Krüger Unterstützung bot. Einen weiteren Schnitzer leistete er sich, als er Japans Sieg über Rußland pries. Er war natürlich, wie übrigens viele zu jener Zeit, beeindruckt vom militärischen Bravourstück der Japaner, aber Tokio war in weiter Ferne, und St. Petersburg nicht weit von der Grenze.

Im Jahr 1908 schlugen die Engländer eine Verringerung des Baus von Kriegsschiffen als friedenssichernde Maßnahme vor. Der Kaiser reagierte empört: *Ich werde mich nicht verschleierten Drohungen beugen. Deutschland wird die stärkste Flotte der Welt haben – ob es England gefällt oder nicht.* Und dann sprang er – militärisch gesprochen – aus der Deckung : *Wenn sie Krieg wollen, können sie*

Krieg haben. Wir ducken nicht. Indem er seine Absichten kundtat, den Ausbau einer mächtigen Kriegsflotte betrieb, der an Feuerkraft nur die Britische Große Flotte gleichkam, mußte er in Konflikt mit den rohstoffreichen und wohlhabenden Vereinigten Staaten kommen. Das war ein Faktor, den er vernachlässigt hatte, oder auf den aufmerksam zu machen sich niemand getraut hatte.

Wilhelms Drohung mit seiner Kriegsmarine hatte ihre Wirkung nicht verfehlt. Der französische Präsident Poincaré kam 1913 auf Staatsbesuch nach England. Er war sehr beeindruckt von seiner Besichtigungstour der mächtigen britischen Kriegsflotte, die in Portsmouth vor Anker lag. Die britische Presse lobte die enge Zusammenarbeit zwischen England und Frankreich in Angelegenheiten der gegenseitigen Verteidigung. Das war ein weiterer Fingerzeig, den der Kaiser ignorierte. Es gab niemanden, der dem Kaiser gesagt hätte, daß der Kern des militärischen Problems, das Deutschland angesichts der *Triple Entente* haben würde, in seiner geographischen Lage zwischen Rußland im Osten und Frankreich im Westen bestand, und darin, daß seine Zugänge zum offenen Meer von England blockiert waren. Die Einkreisung war allmählich erfolgt, nun aber war sie fest verankert, und seit der Entlassung des Eisernen Kanzlers durch seinen undankbaren Monarchen hatte niemand für eine solche Eventualität Vorkehrung getroffen. Die einzige Gegenstrategie, ausgearbeitet vom preußischen Oberkommando unter Alfred Graf von Schlieffen für den Fall eines Zweifrontenkrieges, sah einen raschen Vorstoß nach Westen, gegen die linke Flanke der Franzosen, vor. Sein berühmter Plan XVII – *macht mir die rechte Flanke stark* – mußte mit einem Hammerschlag durchgeführt werden und innerhalb von wenigen Wochen zum Sieg über Frankreich führen. Militärisch klug – politisch sehr unklug. Denn um ihr Ziel zu erreichen, mußten die deutschen Truppen das *weiche* Belgien durchqueren, dessen Unabhängigkeit das *harte* Großbritannien garantierte. Die Länder Europas marschierten auf einer gut ausgeschilderten Straße in den Krieg.

Der neue deutsche Stabschef war der Neffe des berühmten

Der Untergang großer Dynastien

Moltke von Königgrätz und Sedan. Wie sein Kaiser war der junge
Graf eine blasse Kopie seines Vorgängers und nicht in der Lage,
einen bereits erstellten Aufmarschplan zu modifizieren. Es gab nur
eine Richtung, in die er marschieren wollte – nach Frankreich. Anstatt sich an den ursprünglichen Schlieffen-Plan zu halten, mit
dem Deutschland eine Chance für einen schnellen Sieg über
Frankreich gehabt hätte, entwarf er seinen eigenen, die Strategie
verwässernden Plan. Die Ermordung des österreichischen Thron-
folgers bot seiner Kriegspartei die Gelegenheit, die Truppen zu er-
proben. An diesem schicksalhaften Augusttag, als der Kaiser im
letzten Moment vor einer Invasion Belgiens zurückschreckte, antwortete Moltke: *Ihre Majestät, die deutsche Armee hat den Rhein
überschritten*. Und damit erloschen die Lichter in ganz Europa.

August 1914. Aus allen Himmelsrichtungen Europas marschierten
die Nationen in die Vernichtung. Sie ergriffen die Waffen *zur Verteidigung ihres heiligen Vaterlandes* – oder *Mutterlandes*, je nachdem, woher sie kamen: Deutsche, Russen, Österreicher, Franzosen, Briten, Serben, Türken. Geblendet von den Anfangserfolgen
seiner Truppen, dem schnellen Vorstoß tief in das Herz Frankreichs, dem Erfolg bei Tannenberg gegen die Russen, mißachtete
der Kaiser den Rat des großen Staatsmannes, der seinem Vorgänger so treu gedient hatte. Bismarcks Politik hatte sich immer an
zwei Prinzipien gehalten:
1. Lasse dich nie auf einen Zweifrontenkrieg ein, und
2. erkämpfe einen schnellen Teilsieg, und biete dann einen ehrenhaften Frieden an, ohne deinen Gegner zu vernichten.

Bismarcks Ziel war immer die Schaffung eines Deutschen Reiches
gewesen, und nicht seine Zerstörung. Im Jahr 1914 wagten die Berater Kaiser Wilhelms nicht, ihrem erlauchten Herrscher zu wi-
dersprechen, und ließen ihn ins Verderben stolpern. Sein Ziel war
klar: die Welt zu beherrschen. Für Preußen war der Preis zu hoch:
eine Nation verdammt zur Sklaverei des Krieges und dem Untergang geweiht, sobald sie es mit der ganzen Welt aufnahm.

Die Hohenzollern

Wie alle Hohenzollern litt Wilhelm II. unter Größenwahn, einer Besessenheit, die Wilhelm I. in die Spiegelgalerie von Versailles gebracht hatte. *Deutschland ist groß und sein Kaiser ist der Größte!* Um das zu beweisen, mußte er seinen Vorgänger übertreffen. Er mußte spektakuläre Gebietsgewinne durch die Eroberung Frankreichs vorweisen, ein sich von den Pyrenäen bis zu den Masurischen Seen erstreckendes Teutonisches Reich schaffen, so daß er an Größe einem Caesar oder Karl dem Großen ebenbürtig sein würde: Wilhelm der Große. Er war so besessen von seiner geschichtlichen Sendung, daß er jede Vorsicht außer acht ließ. Er wollte Friedrich den Großen übertrumpfen, vergaß dabei aber, daß dieser als kluger Politiker nie gegen zwei Feinde gleichzeitig gekämpft hatte. Diesmal waren den in Frankreich kämpfenden Deutschen zwei weitere mächtige Gegner, das zaristische Rußland und die Seemacht Großbritannien, erwachsen. Und so senkte sich auf Deutschland der historische Alptraum eines Zweifrontenkrieges – an der West- und an der Ostfront, nicht zu vergessen die dritte Front, die See.

Die Länder Europas zogen in den Krieg in dem Wissen, daß hohe Verluste zu erwarten waren. Das traf insbesondere auf Preußen zu, dessen Strategie die einer Vernichtungsschlacht war. Daher wurden die jungen Männer in dem Bewußtsein ins Feld geschickt, daß sie nicht nur für ihr Land zu kämpfen, sondern zu sterben hätten. Es war der Beginn einer neuen Ära, der des *höchsten Opfers*, eine Wendung, die Ansprachen und Zeitungen beherrschte.

Zu Beginn der Offensive rückten die Truppen des Kaisers rasch in Richtung Paris vor, aber im November 1914 kam die gut gewartete preußische Militärmaschinerie an der Marne, in Sichtweite der Türme von Notre-Dame, zum Stehen. Der Rückzug von der Marne begrub jede Hoffnung auf ein schnelles Ende des Krieges, den der deutsche Generalstab mit so großem Selbstbewußtsein begonnen hatte. Statt des erhofften raschen Sieges kam es zu verbissenen Stellungskämpfen, ziel- und entscheidungslos, die erschütternd hohe Verluste auf beiden Seiten verursachten. Deutschlands

Der Untergang großer Dynastien

Trumpfkarte, rasches In-Stellung-Bringen von Truppen, konnte nicht ausgespielt werden, und aus dem Bewegungskrieg wurde ein Grabenkrieg. Winston Churchill beschrieb diese Phase folgendermaßen: *Konfrontiert mit dieser völligen Erstarrung, blieb die Kriegskunst stumm.* Die nächste Phase glich einem mittelalterlichen Belagerungskrieg: Katapulte schossen mit Sprengstoff gefüllte Ölfässer, und Soldaten standen bis zu den Hüften in Wasser und Schlamm. Der tote Punkt mußte durch eine neue Waffe überwunden werden.

Der Schlachtplan mußte umgebaut, neue Taktiken in die Gesamtstrategie eingebaut werden. Das erforderte die Mobilisierung von Industrie und Gesellschaft und Änderungen auf militärpolitischer Ebene. Kaiser Wilhelm berief einen Kronrat ein. Die neue Waffe war gefunden: das U-Boot. Zu Beginn des Jahres 1915 verfügte Deutschland über 28 U-Boote, von denen 20 nutzbringend im Seekrieg gegen England eingesetzt werden konnten. Da jeweils ein Drittel auf Reede war, ein weiteres Drittel sich auf dem Weg in feindliche Gewässer oder auf dem Rückweg zum Auftanken und zur Neubeladung mit Torpedos befand, hatte das deutsche Marinekommando zu einem gegebenen Zeitpunkt bestenfalls sieben einsatzbereite U-Boote. Mit sieben U-Booten erklärte Deutschland einen uneingeschränkten Seekrieg, der England durch die Blockade seiner Häfen aushungern sollte. Bismarck hätte die Sinnlosigkeit eines solchen Unterfangens erkannt. Nicht so Wilhelm II.

Hans Delbrück, der Kritiker in Zivil im Generalstab und ein Wunder von einem Strategen[30], versuchte, seinen Kaiser zu warnen. Nach dem Schachmatt an der Marne wurde ihm klar, welche Bedeutung der politische Aspekt des Krieges gewonnen hatte. Seiner Meinung nach sollte Deutschlands Strategie auf die Auflösung der feindlichen Allianz und eine sich daraus ergebende Isolierung Englands und Frankreichs gerichtet sein, und es sollten keine Maßnahmen ergriffen werden, die den Westmächten neue Bündnispartner verschaffen würden. Er prophezeite, daß ein U-Boot-Krieg die Vereinigten Staaten zum Eingreifen veranlassen würde.

Die Hohenzollern

Der Ausdruck *uneingeschränkt* im Zusammenhang mit Seekrieg verursachte ein Problem mit dem Internationalen Seerecht.
U-Boote konnten nicht auftauchen und wie Großkampfschiffe
Handelsschiffe anhalten und durchsuchen. Sie konnten nur Torpedos abfeuern, und ein Schiff, irgendein vom Periskop erfaßtes
Schiff, versenken. Das brachte Deutschland in Konflikt mit den
neutralen Staaten, insbesondere mit den Vereinigten Staaten von
Amerika. Politiker in Berlin warnten den Kaiser vor den schwer-
wiegenden Folgen und dem politischen Risiko dieser Erklärung
eines *uneingeschränkten Seekrieges*. Einige U-Boote auszuschicken,
würde den Ausgang des Krieges kaum beeinflussen[31], aber das
Versenken eines Schiffes unter amerikanischer Flagge würde mit
hoher Wahrscheinlichkeit die militärische und industrielle Großmacht USA zum Kriegseintritt veranlassen.

Die Herausforderung durch den U-Boot-Einsatz brachte den
entscheidenden Wendepunkt des Krieges. Der U-Boot-Krieg von
1915 *war kein Verbrechen, aber ein schwerer Fehler* (um Talleyrand
zu bemühen). Der britische Premierminister Lloyd George
meinte: *Der schlimmste Fehler Deutschlands im ganzen Kriege war
sein Streit mit Amerika. Es war, gelinde gesagt, eine leichtsinnige
Fehlrechnung – aber eigentlich eine unerklärliche Torheit.*

Am 7. Mai 1915 wurde vom Periskop eines in der Irischen See, nur
15 km vor der irischen Küste, kreuzenden U-Bootes ein riesiges
Schiff mit vier Schornsteinen geortet. Auf Anordnung des Kapitäns
wurde das vordere Torpedoausstoßrohr geöffnet, und ein *Fisch*
ging auf Zielsuche. Er traf den großen Ozeandampfer unter der
Wasserlinie und versenkte die *Lusitania*, die Kisten mit Munition
für die britischen Streitkräfte, aber auch einige hundert amerikanische Staatsbürger an Bord hatte. Dieser feindselige Akt rief wütende Reaktionen in der amerikanischen Presse hervor. Die Zeitungen vergaßen zu erwähnen, daß die *Lusitania* eigentlich unter
britischer Flagge fuhr und daß das deutsche Marinekommando
eine eigene Fahrrinne für in Amerika registrierte Dampfer offen
gehalten hatte. Darüber hinaus bleibt auf der politischen Ebene

eine Frage unbeantwortet: Warum veranlaßte Winston Churchill, First Lord of the British Admiralty (britischer Marineminister), nicht eine Kursänderung der *Lusitania*, wo er doch wußte, daß drei U-Boote in der Irischen See lauerten? Im Gegenteil, wenn man Jahre später veröffentlichten Geheimberichten Glauben schenken kann, hat Churchill das Schiff direkt vor das deutsche U-Boot manövriert. Für die britische Regierung, unter Druck wegen der schwer mitgenommenen britischen Verbände in Flandern und durch die Bevölkerung im Hinterland, war der Tod von 128 amerikanischen Staatsbürgern ein Geschenk Gottes. In den USA wurden die Rufe, auf seiten der Alliierten in den Krieg einzutreten, immer lauter.

Das furchtbare Gemetzel zu Lande war nun in seinem zweiten Jahr, hatte aber keine Entscheidung herbeigeführt. Von der Kanalküste bis an die Schweizer Grenze lieferten sich beide Seiten einen Grabenkrieg unter Einsatz von Granatwerfern und Maschinengewehren. Um die an der Front und im Hinterland nachlassende Kriegsbegeisterung wieder anzufachen, brauchte der Kaiser einen entscheidenden Sieg.

Die Schlacht, die kriegentscheidend hätte sein sollen, wurde zur See ausgetragen, in Sichtweite der Küste des neutralen Dänemark. Eines Nachmittags im Mai 1916 trafen die zwei mächtigsten Hochseeflotten, die die Welt je gesehen hatte, in einer Schlacht beispiellosen Ausmaßes aufeinander. Sie dauerte nur etwas mehr als eine Stunde, aber der Verlust an Menschenleben und Schiffen war horrend. Sie endete ohne klare Entscheidung, da die beiden Kriegsflotten in dem dichten Rauch der Schlote und explodierenden Kreuzer einander aus den Augen verloren. Da sein Lieblingskind, die Hochseeflotte, ein Patt hatte hinnehmen müssen, war der Kaiser nun der festen Überzeugung, daß das U-Boot das Mittel wäre, um England in die Knie zu zwingen und den Krieg zu beenden.

Eines der Opfer der Entscheidung des Kaisers, seinen U-Boot-Krieg fortzusetzen, war der Begründer der deutschen Seemacht, Admiral Graf von Tirpitz, der den Kaiser vor den *amerikanischen Konsequenzen* warnte. Sein Nachfolger, Admiral Capelle, überschritt den Punkt, von dem es kein Zurück mehr gibt. *Null! Null! Null!* äußerte er sich hochtrabend vor dem Deutschen Reichstag, womit er sagen wollte, daß ein militärisches Eingreifen der USA nicht zu befürchten stand. *Die Amerikaner können nicht schwimmen und sie können nicht fliegen. Sie werden nie in Europa ankommen.*

Das erwies sich als schwerwiegende Fehlkalkulation, übertroffen nur vom sogenannten *Zimmermann-Telegramm* (vom 16. Januar 1917) an den deutschen Botschafter in Washington, in dem der Staatssekretär im deutschen Auswärtigen Amt, A. Zimmermann, unklugerweise Mexiko die Unterstützung seines Landes in einem Krieg mit den USA anbot. Das Telegramm wurde vom britischen Geheimdienst in den USA abgefangen, der Text an die amerikanische Regierung weitergeleitet und der amerikanischen Presse übergeben. In dem Telegramm hatte Zimmermann Mexiko einige amerikanische Staaten als Gegengeschäft für Mexikos Kriegseintritt in Aussicht gestellt.

Diese beiden Ereignisse, die *Versenkung der Lusitania mit großen Verlusten an amerikanischen Zivilisten* und das *Zimmermann-Telegramm* erleichterten Präsident Woodrow Wilson die Entscheidung, den Achsenmächten den Krieg zu erklären. Er tat dies am 6. April 1917. Nicht nur konnten die Amerikaner *nach Europa schwimmen,* sie hatten in kurzer Zeit vier Millionen Mann kampfbereit in Frankreich. Die Waagschale des Krieges neigte sich. Trotz der Oktoberrevolution in Rußland und des Waffenstillstandsabkommens der Bolschewiki mit Deutschland, wurde der Kriegsaustritt Rußlands durch den Kriegseintritt der Amerikaner mehr als wettgemacht. Sie brachten Waffen, Munition, Lebensmittel und Charlie-Chaplin-Filme und vor allem neuen Kampfgeist.

Die Offensive an der Westfront war nur der Kern einer Folge von Ereignissen, die dort weder begonnen hatte noch enden sollte. Über 100 Jahre vorher, noch bevor der große Carl von Clausewitz, preußischer General und Militärschriftsteller (1780–1831), seine (unvollendete) Kriegsbibel *Vom Kriege* schrieb, hatte ein preußischer Junker, Adam Heinrich Dietrich von Bülow (1757–1808), eine

Abhandlung mit dem Titel *Der Geist des neuen Kriegssystems* (1799) über den Zusammenhang zwischen Politik und Krieg verfaßt. Mit Nachdruck sprach er sich für einen einzigen, beide Aspekte verbindenden Kopf an der Spitze einer kriegführenden Nation aus und betonte, daß es unter modernen strategischen Bedingungen keine Trennung zwischen Politik und Krieg geben dürfe und daß große Soldaten Verständnis für Außenpolitik haben müssen, wie erfolgreiche Diplomaten für militärische Angelegenheiten. Während sein Vorfahre Friedrich der Große beide Aspekte hervorragend abdeckte, versagte Kaiser Wilhelm in beidem erbärmlich.

Der Winter von 1917/1918 zeigte die Abnutzung und Erschöpfung nach vier schrecklichen Kriegsjahren. Er war auch der Höhepunkt der Mobilmachung und brachte eine deutliche Änderung der Strategie. Nie zuvor in der Geschichte des Kriegswesens waren so viele Truppenverbände für eine einzige Operation, nie zuvor so viel Feuerkraft zusammengezogen gewesen: die totale Eskalation. Der *große Schlag im Westen* sollte die Entscheidung bringen, und eine Frühjahrsoffensive *(Unternehmen Michael)* wurde angeordnet. General Ludendorff zeigte deutlich die Art der bevorstehenden Schlacht auf, als er einen seiner Generäle niederschrie, der von einer bestimmten Operation sprach: *Ich will das Wort ‚Operation' nie wieder hören. Wir hacken eine Bresche in die Frontlinie. Der Rest kommt von selbst.* Aber weder er noch der Kaiser konnten das Ziel in die Sprache einer Strategie kleiden. Sie konnten nur in Begriffen eines totalen Sieges denken.

1918. Deutschlands Offensive an der Westfront war gescheitert. Marschall Foch attackierte unter Einsatz einer neuen Waffe, des Tanks. Am ersten Tag der großen Gegenoffensive durchbrachen französische Einheiten die deutschen Linien, nahmen 12.000 Gefangene und beendeten die vierjährige Pattsituation. Kurz danach griff General Haig mit seinen britischen Verbänden an. Er setzte 500 Tanks ein, und innerhalb von 48 Stunden nahm er 24.000 Deutsche gefangen und eroberte 400 Geschütze.

In der deutschen Armee wurde der Ruf *Kriegsverlängerer* immer drohender. Kaiser Wilhelm, nervös und beunruhigt, berief

Die Hohenzollern

einen Kronrat ein. Die Frage war, ob seine Generäle eine Wende würden herbeiführen können. *Ich werde die Franzosen an den Verhandlungstisch bringen*, versicherte ihm sein Stabschef Ludendorff.

Gegen Ende Mai brachte Ludendorff den Franzosen schwere Verluste bei, aber es war nur eine trügerische Aussicht auf einen Endsieg, denn weitere amerikanische Verbände stießen hinzu. Aber es hätte für die Aufnahme von erfolgverprechenden Waffenstillstandsverhandlungen mit den Franzosen gereicht. Der Kaiser glaubte immer noch an einen Endsieg in der *Kaiserschlacht* und rief zum zweiten Schlag in der Entscheidungsoffensive. Dieser letzte deutsche Angriff in der Nähe von Reims erstarb gegen Ende Juli. Dann kam, in Ludendorffs Worten, der *schwarze Tag des deutschen Heeres in diesem Krieg*, der 8. August 1918, als die Franzosen an der Somme mit Tanks angriffen und die deutsche Hauptkampflinie zum Einsturz brachten. Ludendorff konnte seinem Kaiser keinen Trost mehr bieten, er sah nur noch die bevorstehende Niederlage der deutschen Streitmacht.

Ihre Majestät, vor drei Wochen sagte ich Ihnen, daß ich den Feind zu Friedensgesprächen zwingen könnte. Heute bin ich mir dessen nicht mehr sicher. So Ludendorff.

Der Kaiser war unentschlossen – bis zur Handlungsunfähigkeit. Knapp vor Zusammentreten des Kronrates nahm der Staatssekretär des Auswärtigen Amtes von Hintze Kanzler Hertling beiseite und drohte mit Rücktritt, falls Deutschland nicht Friedensgespräche aufnehme. *Aber dann lassen Sie mich alten Mann doch lieber zuerst gehen*, antwortete der betagte Kanzler.

Im Kronrat dominierte General Ludendorff die Debatten. Doch er streifte die militärische Lage nicht einmal, jeder konnte selbst sehen, daß die Zeit der patriotischen Begeisterung vergangen war, daß die Westfront das Waterloo Deutschlands geworden war. Der General beklagte gegenüber dem Kaiser nur den Verrat der Politiker im Inland. Der Kaiser hörte zu und erklärte rundweg, daß für Gespräche mit dem Feind der nächste militärische Erfolg im Westen abgewartet werden müsse. Er glaubte noch immer an die

Möglichkeit eines Erfolges. Der alte Generalfeldmarschall Hindenburg sprach nicht aus, was er dachte. Warum sagte Ludendorff nicht einfach, daß es keine Hoffnung mehr gab, daß die amerikanische Flut Deutschlands Dämme durchbrochen hatte? Nach dieser historischen Sitzung fragte der engste Mitarbeiter Ludendorffs seinen Chef: *Sollen wir das Auswärtige Amt über die militärische Lage informieren?*

Kommt nicht in Frage, antwortete der General, *wenn sie über die tatsächliche Lage aufgeklärt werden, geraten sie in Panik, und alles wird in einer Katastrophe enden.*

Die Ereignisse nahmen einen dramatischen Verlauf. Die deutschen Streitkräfte hatten eine halbe Million Mann bei der Verteidigung unhaltbarer Positionen eingebüßt. Sie kämpften tapfer, aber das war nicht genug, und erste Anzeichen dumpfer Meuterei machten sich bemerkbar. Die nächsten schlechten Nachrichten kamen von der Südfront, wo der bulgarische Verbündete in die Knie gezwungen worden war und König Ferdinand abdankte. Ungefähr zur gleichen Zeit schlugen englische Truppen, verstärkt durch aufständische arabische Stämme unter der Führung von Oberst Lawrence, die Türken in Palästina, und die Front im Nahen Osten brach zusammen.

Am 27. September 1918 sprengten Einheiten der Alliierten die Siegfriedstellung (Hindenburglinie), und am Tag darauf sagte General Ludendorff seinem Vorgesetzten, Generalfeldmarschall Hindenburg: *Wir müssen mit einem entscheidenden Durchbruch von alliierten Kräften rechnen. Ich sehe nur eine Lösung. Wir müssen um Einstellung der Feindseligkeiten ersuchen.*

Der Kaiser war auf dem Rückweg vom Besuch einer Schule für U-Boot-Besatzungen in Kiel in sein Kriegshauptquartier im belgischen Spa. In der Heimat konnte er sich selbst überzeugen, wie unberechenbar das Alltagsleben geworden war. Einmal gab es Busse, aber kein Brot, dann Brot, aber keine Busse. Die Bevölkerung, hart getroffen vom täglichen Existenzkampf, murrte. Spontan an Hauswände geklebte Anschläge gehörten zum Straßenbild: *Kaiser raus!* Menschen standen in Gruppen beisammen und tu-

Die Hohenzollern

schelten, Arbeitervereinigungen wurden dreister. Aber es geschah noch immer nichts, selbst als der Kaiser vom Zusammenbruch seines bulgarischen Verbündeten hörte. Am 28. September stellte ihn Hindenburg, der sich kein Blatt vor den Mund nahm: *Majestät, die Amerikaner haben die Siegfriedstellung durchbrochen. Die Armee ist in Auflösung. Wir müssen eine sofortige Feuereinstellung erreichen.* Der Kaiser verließ wortlos den Raum. Am Gang versuchte ein Berater, ihn aufzuheitern. *Majestät, wie immer dieser Krieg enden wird, unsere Nationen haben große Tapferkeit bewiesen. – Ja,* antwortete Wilhelm, *aber unsere Politiker haben uns erbärmlich im Stich gelassen.*

Am 29. September verlangte die Oberste Heeresleitung ein Waffenstillstandsangebot, und die Regierung Hertling trat kurz darauf zurück. Der Kaiser mußte einen neuen Reichskanzler ernennen und eine Regierung bilden, die Frieden schließen konnte. In diesen Stunden mußte ihm klar geworden sein, daß es mit seiner Rolle als souveräner Monarch zu Ende ging.

Am 3. Oktober wird Prinz Max von Baden, ein Cousin des Kaisers, Kanzler. Kaum im Amt, läßt er eine Friedensnote an Präsident Wilson abgehen, in der Deutschland sich bereit erklärt, auf der Basis der *Vierzehn Punkte*, von Präsident Wilson in einer Botschaft an den Kongreß am 8. Januar 1918 formuliert, in Friedensverhandlungen einzutreten. Einen Tag später stimmt Österreich-Ungarn dem deutschen Waffenstillstandsangebot zu.

Die Friedensnote war der Beginn eines Notenaustausches von großer Tragweite zwischen der deutschen und der amerikanischen Regierung. In den Wilson-Noten wird unter anderem die sofortige Räumung der Truppen der Mittelmächte aus den besetzten Gebieten, die Einstellung der unmenschlichen Handlungen eines uneingeschränkten U-Boot-Krieges, die uneingeschränkte Annahme der Friedensbedingungen und eine Änderung der politischen Verhältnisse verlangt. Ganz deutlich wird Wilson in seiner dritten Note vom 24. Oktober: *... Wenn sie* (die Regierung der *Vereinigten Staaten*) *mit den militärischen Beherrschern und monarchischen Autokraten Deutschlands jetzt verhandeln müsse, dann müsse sie*

Der Untergang großer Dynastien

nicht Friedensverhandlungen, sondern Übergabe fordern. General
Ludendorff wies diese Forderung zurück. Nach einer stürmischen
Auseinandersetzung entließ der Kaiser seinen fähigen General am
27. Oktober.

Die Novemberrevolution von 1918 in Deutschland ist in der Haupt-
sache auf folgende zwei Umstände zurückzuführen. Zum einen die
Rückschläge der deutschen Streitkräfte an der Westfront, zum
anderen die unzulängliche Behandlung innenpolitischer Probleme,
die das Mißfallen der Massen im Hinterland erregte. Die Deutschen waren eines Krieges müde, der sich hinzog, Tag um Tag, und
den die Presse mit der notorischen Schlagzeile *Im Westen nichts
Neues* belegte. Die beharrliche Weigerung der deutschen Regierung, sich einer Sozialreform anzunehmen, hatte einen Keil zwischen die herrschende Klasse und das städtische Proletariat getrieben. Deutschland wurde zu einem Pulverfaß, und der Funke, der
es zum Explodieren brachte, kam von den Matrosen der deutschen
Hochseeflotte. Die Revolte war nicht geplant, sie war vollkommen
spontan und bezog ihre Triebkraft aus sich heraus, was den Nachteil hatte, daß es ihr an koordinierter Führung mangelte. Das
erkannten die an der Macht befindlichen gemäßigten Sozialdemokraten und bildeten Komitees gegen die radikale linke Gruppierung *Spartakus-Bund* (die Keimzelle der Kommunistischen Partei
Deutschlands, die unter dem Namen *Spartakisten* 1919 die Errichtung einer Räterepublik plante) und gegen die Soldatenräte (nach
dem Muster der russischen Sowjets). Die Sozialdemokraten waren
die einzige politische Gruppierung mit genügend Macht, um die
Massen im Zaum zu halten und um die Spartakisten an der Durch-
setzung ihrer Ziele zu hindern. In Deutschland herrschte Angst vor
einer bolschewistischen Übernahme. Von diesem Zeitpunkt an war
die Deutsche Revolution ein Drahtseilakt im Kampf um die Unterstützung der Massen zwischen den radikalen Sozialisten und *Spartakisten* einerseits und den gemäßigten Sozialisten in der Regierung andererseits.

Der Vorsitzende der Sozialdemokratischen Partei, Friedrich

Die Hohenzollern

Ebert, berief eine Versammlung im Zirkus Busch in Berlin ein, an der dreitausend Delegierte teilnahmen. Die Linksradikalen waren in der Minderheit und mußten mit einer Niederlage rechnen. Die Führer der *Spartakisten*, Rosa Luxemburg und Karl Liebknecht, weigerten sich, dem neu geschaffenen Sozialistischen Führungsrat anzugehören und verließen die Tagung. Die restlichen Delegierten stimmten für die Schaffung eines *Exekutivrates* als Ersatz für die provisorische Regierung.

Rosa Luxemburg und Karl Liebknecht waren überzeugt, daß das Potential einer Massenrevolution nicht ausgeschöpft war. Unter dem Einfluß der Ereignisse des Vorjahres in Rußland übernahmen die *Spartakisten* das bolschewistische Muster eines Rätesystems als organisatorische Form einer proletarischen Revolution. In der ersten Ausgabe ihres Nachrichtenblattes *Die Rote Fahne* begann der Leitartikel folgendermaßen: *Arbeiter, Soldaten. Eure Stunde ist gekommen* ... Er führte einige Punkte auf, wie die Befreiung aller politischen Gefangenen, die Bildung von Soldatenräten und den kritischen Punkt, die Aufnahme von Kontakten mit dem russischen Arbeiterproletariat, und schloß den Aufruf mit den Worten: *Wir müssen die Dynastien beseitigen.* Rosa Luxemburg und Karl Liebknecht sprachen von Balkonen, in Fabriken, auf öffentlichen Plätzen und in Kasernen. Ihre lodernden Aufrufe wurden von Tausenden bejubelt.

Jedem in der deutschen Regierung war eines klar: der Kaiser mußte gehen, und mit ihm die Monarchie. Keiner aber wagte es, die kaiserliche Autorität öffentlich in Frage zu stellen. Am 1. November entsandte Prinz Max von Baden den Staatssekretär im Auswärtigen Amt nach Spa, um den Kaiser mit Argumenten zu überzeugen, aber Wilhelm wollte von Abdankung nichts wissen. Max von Baden drohte mit Rücktritt: *Als Verwandter und deutscher Fürst* forderte er Wilhelm zu einem freiwilligen Opfer auf. Der Kaiser hörte nicht auf ihn: *Du hast das Waffenstillstandsangebot hinausgegeben, Du mußt auch die Bedingungen entgegennehmen.* Aber dann nahmen die Ereignisse eine plötzliche Wende zum

Schlechteren. Der Brennpunkt des Krieges verlagerte sich zurück nach Deutschland, genauer gesagt, nach Kiel, dem Heimathafen der deutschen Hochseeflotte.

Die Kessel des dritten Geschwaders, darunter die Schlachtkreuzer *Markgraf* und *Großer Kurfürst*, wurden für einen letzten, totalen Einsatz gegen die britische Hochseeflotte angeheizt. Dieser Befehl war ein Akt des Wahnsinns, ein Selbstmordkommando. Im Kriegshafen von Kiel waren 25.000 Matrosen und 15.000 Marineinfanteristen versammelt. Es kam zu einer leichten Meuterei, worauf die Rädelsführer verhaftet wurden. Die Matrosen der *Markgraf* forderten die sofortige Freilassung ihrer Kameraden. Der Hafenkommandant von Kiel bestrafte alle Einheiten mit Kasernenarrest und bewaffnete das Offizierskorps. Als die Matrosen den Gehorsam verweigerten, befahl der Hafenkommandant einer Kompanie von Marineinfanteristen, die Demonstration aufzulösen. Sie hatten je 30 Schuß und den Befehl *Laden und Zielen!* bekommen. Karl Artelt, Heizer und Mitglied der Deutschen Arbeiterbewegung (entsprach dem russischen *Sowjet* von 1917), rief von einer eiligst errichteten Barrikade: *Wir sind nicht hier, um Euch Leid anzutun!*, und die Marineinfanteristen verweigerten den Befehl.

Da es die *Markgraf* war, die den größten Wirbel verursacht hatte, bekam sie den Befehl auszulaufen, aber die Heizer ließen die Kessel erkalten, und das Schiff blieb liegen. Weitere Einheiten wurden aufgerufen, Munition verteilt. Wiederum weigerten sich alle bis auf dreizehn gegen ihre Kameraden zu marschieren. Die Stadt stand vor einem Bürgerkrieg, und der Stadtkommandant Admiral Souchon gab neue Befehle aus, allerdings nie die richtigen: er rief das Kriegsrecht aus. In Erwartung eines Protestmarsches der Matrosen in die Stadt stellte er eine *Weiße Garde* aus unerfahrenen jungen Kadetten auf. Damit war alles getan, um den Funken überspringen und das imperiale Machtgebäude zum Einsturz bringen zu lassen. Bei so viel Zunder geschah, was geschehen mußte. Die Kadetten der *Weißen Garde* gerieten in Panik und feuerten in die Masse marschierender Matrosen. Siebenund-

Die Hohenzollern

dreißig ließen ihr Leben, neunundzwanzig wurden schwer verletzt. Mit dem Ruf *Lang lebe die Internationale!* stürmten die Matrosen das Waffendepot der Marine und bewaffneten sich mit Flinten und Maschinengewehren. In den frühen Morgenstunden des 4. November schworen 4.260 Matrosen der *Großen Kurfürst* einen heiligen Eid, die Ermordung ihrer Kameraden zu rächen. Die Meuterer bildeten einen *Soldatenrat*, den ersten von vielen, die noch kommen sollten. Der Aufruhr verbreitete sich wie ein Flächenbrand. Bis Mittag hatten sich die Soldatenräte 20.000 Gewehre sowie den Großteil der schweren Marineartillerie angeeignet. Die Führer der Soldatenräte gaben ihre Forderungen bekannt. Artikel 1: *Abdankung der Hohenzollern ...*

Ein Aufruf zum Generalstreik erging am 5. November. Die Vertreter der Soldatenräte stürmten ohne Vorwarnung in das Büro des Stadtkommandanten, der unwillig, aber doch Gesprächsbereitschaft zeigte. Aber für Gespräche war es zu spät, viel zu spät. Mittlerweile hatten Offiziere die manuellen Tätigkeiten auf den Großkampfschiffen übernommen, und es gelang ihnen auszulaufen; sie wurden aber von den Matrosen mit Waffengewalt zur Umkehr gezwungen. Aus Berlin kam eine Regierungsdelegation, angeführt von einem Mitglied der Sozialistischen Partei, Gustav Noske, um mit den Aufständischen zu reden. Aber alles was sie tun konnten, war zuzusehen, wie schnell sich der Matrosenaufstand ausbreitete und die meisten deutschen Häfen erfaßte.

Was die Aufständischen benötigten, war politische Führung. Gustav Noske erwies sich als schlauer Politiker. Als er erkannte, daß die Rebellion nicht zu stoppen war, machte er sich daran, das Vertrauen der Matrosen zu gewinnen. Es gelang ihm, zum Führer der Soldatenräte gewählt zu werden, und mit ihrer Hilfe verdrängte er Admiral Souchon und ernannte sich zum Gouverneur von Kiel, was die Matrosen in einer geheimen Abstimmung vom 7. November billigten. Noskes erste Amtshandlung war, den Matrosen zu befehlen, ihre Waffen abzugeben, wobei ihm kein Erfolg beschieden war. Der nächste Schritt war die Bildung einer Provinzregierung und die Aufstellung einer *Eisernen Brigade*, zusam-

Der Untergang großer Dynastien

mengesetzt aus Berufssoldaten und Gegnern der Bolschewiki, um eben jene *roten Matrosen* niederzuschlagen, die ihm zu seinem Amt verholfen hatten. Auf diese Art brachte er den Aufstand unter Kontrolle. Die Hauptursache für das Mißlingen der Matrosenbewegung von 1918 war das Fehlen einer politischen Führung, wie sie Lenin und Trotzkij in Rußland während des Roten Oktobers zwölf Monate zuvor geboten hatten.

Der 9. November war ein trüber, kalter Tag mit einem bleiernen Himmel über Spa, und das schlechte Wetter reichte bis nach Berlin, wo um 9:15 Uhr folgende Meldung Reichskanzler Max von Baden erreichte: *Die Oberste Heeresleitung hat sich entschlossen, Seiner Majestät zu melden, daß die bewaffneten Streitkräfte im Fall eines Bürgerkrieges nicht hinter Ihm stehen würden.*

Angesichts der explosiven Lage im Inneren erwog der Kaiser, seine loyalen Fronttruppen gegen die aufständischen Matrosen zu führen. Die Meuterei seiner Flotte hatte er als größere Schmach empfunden als die der Niederlage in Frankreich. Er berief das oberste Beratungsorgan, den Kronrat, ins Château de la Fraineuse in Spa zur Beratung *einer Operation in der Heimat unter der Führung des Kaisers*. Sowohl Hindenburg als auch General Groener (der Nachfolger Ludendorffs als Generalstabschef) waren sich jedoch im klaren darüber, daß es für einen solchen Versuch in letzter Minute bereits zu spät war. Die einst so stolze deutsche Armee war in Auflösung begriffen, ja schlimmer noch: Die Sieger von Leuthen, Waterloo, Sedan, durchdrungen von der preußischen Tradition blinden Gehorsams, diese Soldaten befanden sich nun in offenem Aufruhr, nahmen Offiziere fest, schnitten die Verbindungen zwischen Front und Hinterland ab. Der greise Feldmarschall Hindenburg brach zusammen, zu bewegt, um seinem Kaiser zu sagen, daß alles vorüber sei, und überließ Groener das Wort:

> „Majestät, es ist keine Rebellion mehr, es ist ein Bürgerkrieg. Die Meuterer haben alle wichtigen Rheinbrücken in der Hand. Ein Großteil der Truppen ist zu den Revolutionären übergelaufen."

Die Hohenzollern

Die Anwesenden hatten den Eindruck, daß der Kaiser den Ernst der Lage nicht erfaßte, nicht erfassen wollte. Schließlich holte General Groener tief Luft, sah seinem Kaiser in die Augen und sagte: *Ihre Majestät hat keine Armee mehr. Die Truppen werden ihren Generälen in die Heimat folgen, aber nicht auf Order Ihrer Majestät.* Und nach einer kleinen Pause: *Die Truppe steht nicht mehr hinter Eurer Majestät!* Der Kaiser zuckte zurück, seine Augen wurden feucht, Zornesröte stieg ihm ins Gesicht. Langsam ging er auf seinen General zu und schrie: *Exzellenz, ich möchte ihre Erklärung auf einem Blatt Papier. Ich möchte schwarz auf weiß lesen, daß die Deutsche Armee ihrem Kaiser nicht mehr folgt. Sie haben mir einen Treueid geschworen!"*

General Groener blickte um sich, sah den tränenumflorten Blick des betagten Feldmarschalls und die bleichen Gesichter hochrangiger Offiziere und Diplomaten. *Majestät, wie die Dinge jetzt stehen, ist dieser Eid eine Fiktion.* Da brach die Welt des Kaisers zusammen. Er war gewillt, eine Umbildung der Regierung zu unterschreiben, aber ein Angriff auf seine erlauchte Person war zu viel. Er schob alle Schuld auf die rote Regierung in Berlin, auf diese Sozialdemokraten, die nur auf eines aus waren, seinen Sturz. *Herr General, mit Ihnen bin ich fertig!* kreischte er. In dem Augenblick wird ein Anruf aus Berlin gemeldet: Kanzler Max von Baden mit der Nachricht von chaotischen Zuständen in Berlin.

> „Heute nachmittag werden die Arbeiter- und Soldatenräte die Republik unter der Führung des bolschewistischen Liebknecht ausrufen ..., fast alle Truppen sind übergelaufen ..., unsere Regierung ist ohne Macht ..., wir haben nur noch drei Regimenter auf unserer Seite ..."

Kurz darauf folgt die Meldung, daß auch diese drei Regimenter abgefallen sind. Die Regierung in Berlin kommt immer mehr unter Druck, eine riesige Menge hat sich vor dem Sitz der Regierungsstellen in der Wilhelmstraße versammelt. Ein Sturm auf den Gebäudekomplex steht zu befürchten. Minuten später war Prinz Max wieder am Telefon: *Ihre Majestät, ein Generalstreik ist ausge-*

rufen worden. Sie müssen abdanken, sonst stürzt Deutschland in einen Bürgerkrieg.

Der Kaiser gab keine Antwort und legte den Hörer auf. Der kurzsichtige Politiker in ihm glaubte immer noch, daß all dies seine erlauchte Person nicht berührte. *Wir werden einen großen Sieg erringen, wir müssen Truppen dorthin verlagern.* Truppen, die es nicht mehr gab oder die sich in offener Revolte befanden. Nach einigen Minuten läutete wieder das Telefon. Es war ein Schrei der Panik aus Berlin. *Ihre Majestät, es ist eine Frage von Minuten. Ich flehe sie an …*

Die Sitzung des Kronrates wurde aufgehoben. Hindenburg und Groener gingen in ihr Hotel, und der Kaiser setzte sich mit seinem Gefolge zum Frühstück! Er befand sich in einem Zustand höchster Nervosität, sein Mund zuckte, die Augen waren stumpf. Schließlich verließ er die Runde und setzte sich an seinen Schreibtisch. *Ich bin drauf und dran, mein Reich zu verlieren,* murmelte Wilhelm, bevor er eine Depesche aufsetzte, die seinen Entschluß, den Titel eines deutschen Kaisers aufzugeben, bekanntgab. Allerdings fügte er die Klausel hinzu: *Wir werden die Krone als König von Preußen behalten.* Sein Ego ließ nichts anderes zu. Wenn schon nicht mehr Kaiser, so würde er doch noch König sein.

In Berlin war die Lage gänzlich außer Kontrolle geraten. Zehntausende riefen nach der Abdankung des Kaisers, und eine entfesselte Menge war daran, der rechtmäßig gewählten Regierung die Kontrolle zu entreißen. Es bedurfte eines mutigen Schrittes, dem, was von Deutschland übriggeblieben war, die Grausamkeiten eines Bürgerkriegs zu ersparen. Es war ein Glück für das Land, daß es einen Mann gab, der zu diesem mutigen Schritt bereit war. Noch bevor das Telegramm des Kaisers in Berlin eingelangt war, trat Max von Baden auf den Balkon des Reichsrates. Es dauerte einige Minuten, bis er die Menge zum Verstummen brachte.

„Seine Kaiserliche Majestät hat abgedankt …"

Die Menge, wie betäubt, blieb stumm. Also wiederholte Max von Baden seine Ankündigung. *Seine Kaiserliche Majestät hat abge-*

Die Hohenzollern

dankt ... Die Menschen umarmten und küßten einander und brachen in Jubelrufe aus: *Der Kaiser hat abgedankt ... Wilhelm ist weg ... der Krieg ist vorbei ...*

Um Blutvergießen im übrigen Land zu verhindern, beauftragte der Reichskanzler das Wolffsche Telegraphenamt, folgende Meldung mit höchster Dringlichkeit zu verbreiten:

> „Seine Majestät der Kaiser und König von Preußen hat sich entschlossen, dem Thron zu entsagen. Der Reichskanzler bleibt solange im Amt, bis die mit der Abdankung des Kaisers, dem Thronverzicht des Kronprinzen des Deutschen Reiches und von Preußen ... verbundenen Fragen geregelt sind ..."

Max von Baden wußte, daß er rechtlich nicht befugt war, ohne vorherige Absprache mit dem Kaiser eine solche Meldung auszusenden, aber die Ereignisse hatten ihm keine andere Wahl gelassen.

In Spa war es 14:30 Uhr. Die Depesche des Kaisers war endlich abgegangen. Einige Minuten waren vergangen, als eine Meldung aus Berlin eintraf. Es war die kurze und klare Antwort darauf:

> „Zu spät, kann nicht mehr verwendet werden. Der Kanzler hat das Land bereits telegraphisch wissen lassen: Kaiser und Kronprinz haben abgedankt. Prinz Max ist Sachwalter. Ebert ist Kanzler."

Verrat!, schrie der Kaiser, als er die *Baden-Note* zu Gesicht bekam. *Heimtückischer Hochverrat!* Er diktierte einige sich widersprechende Botschaften. Aber es war sinnlos. Die Generäle wußten, daß Wilhelm auch nicht mehr als König von Preußen in Frage kam. Die Spartakisten Karl Liebknechts und Rosa Luxemburgs hatten bereits das königliche Schloß in Berlin gestürmt. Die Sozialdemokratische Partei unter Friedrich Ebert geriet in Panik. Der Reichstag war in puncto Zielsetzung keineswegs einig. Viele Sozialdemokraten schlossen sich ihren ehemaligen Feinden, den Spartakisten, an. Im prächtigen Saal brach die Hölle los. Philipp Scheidemann, Staatssekretär im Kabinett Max von Baden und sozialdemokratischer Abgeordneter zum Reichstag, lief die Prunktreppe des Reichstagsgebäudes hinauf und verkündete vom obersten Treppenabsatz:

> „Der Kaiser hat abgedankt. Er und seine Freunde sind verschwunden. Über sie alle hat das deutsche Volk auf der ganzen Linie gesiegt ... Das Alte und Morsche ist zusammengebrochen. Es lebe das Neue! Es lebe die deutsche Republik!"

Diese Erklärung wurde von der Linken mit großem Jubel begrüßt. Philipp Scheidemann, im Hochgefühl dieses Augenblicks, riß die Arme hoch, und Schweigen legte sich über den Saal. Mit einem einzigen Satz hielt er Einzug in die Geschichtsbücher:

> „Ich erkläre hiermit die Deutsche Republik ..."

Den Mitgliedern des Reichstags entfuhren Jubelschreie und Schmährufe. Überwältigt von einem Gefühl der Erleichterung, daß das Ende des Krieges bevorstand, trampelten die Delegierten und trommelten mit den Fäusten.

> „Es lebe die Republik Deutschland!"

Auch diejenigen, die einige Minuten zuvor noch einen Funken Loyalität ihrem Kaiser gegenüber gezeigt haben mochten, überließen den Monarchen seinem Schicksal. Nach 503 Jahren waren die Hohenzollern gestürzt und die deutsche Monarchie Geschichte geworden.

Während diese historischen Ereignisse in Berlin stattfanden, herrschte im Gefolge des Kaisers in Spa totale Verwirrung. Am Morgen hatte man erfahren, daß die Brücken über den Rhein von rot beflaggten Armee-Einheiten kontrolliert und die Straßen nach Berlin von rebellierenden Regimentern blockiert wurden, daß blutige Straßenkämpfe zwischen den Mehrheitssozialisten ergebenen Polizeieinheiten und Spartakisten ausgebrochen waren. Sie prügelten sich um die Überbleibsel des Hohenzollern-Reiches. Alle politischen Gefangenen waren auf freien Fuß gesetzt worden. Im Reichstag votierten die Spartakisten für einen Arbeiterstaat à la Rußland, während die Sozialdemokraten für eine gemäßigtere Bürgerrepublik stimmten. Diese Auseinandersetzungen griffen auf

Die Hohenzollern

die Straße über: Spartakisten hatten sich Waffen beschafft und schossen sich den Weg in das Hauptquartier der Armee in Berlin frei. Die Stabsoffiziere entschieden sich dafür, Gespräche aufzunehmen statt loyale Verbände einschreiten zu lassen und sich eines Massakers schuldig zu machen.

Die Deutsche Armee an der Westfront hatte keinen Oberbefehlshaber mehr. Hindenburg und Groener kamen zu einer Unterredung mit dem Kaiser. Diesmal war es Hindenburg, der sprach: *Ich muß Ihre Majestät ersuchen, die Abdankung offiziell zu machen und in das neutrale Holland zu gehen. Als preußischer General kann ich es nicht zulassen, daß Sie von Ihren eigenen Truppen verhaftet und vor ein Revolutionstribunal geschleppt werden.* Man mußte nur an das Schicksal von Ludwig XVI. und Zar Nikolaus II. denken. Es handelte sich nicht mehr um eine Revolte, es war eine Revolution. Die Verachtung des Kaisers für die Unruhestifter in der Heimat war grenzenlos. So wie seine Irritation über seine eigene Unfähigkeit, die Generäle davon abzuhalten, ihm lächerliche Rollen anzudichten. *Glauben Sie denn wirklich, daß ich Angst davor habe, bei meinen Truppen zu bleiben?* Darauf Hindenburg mit ernster Miene: *Sie haben keine Truppen mehr, Majestät. Die Armee unterstützt Sie nicht mehr, noch gehorcht sie Ihnen.*

Kaiser Wilhelm nahm seine Lieblingspose ein: kerzengerade, das rechte Bein leicht vorgestellt, so als wollte er ausschreiten, um die Welt zu unterwerfen. Aber etwas an ihm war verändert. *War es allein mein Fehler?* fragte er, und *Wie bin ich an diesen Punkt gelangt?* Der Kaiser schien zu begreifen ...

Aus Berlin kam die Nachricht, daß die Kaiserin, beschützt von loyalen Garden, in ihrem Schloß in Potsdam in Sicherheit sei ... Es war die einzige gute Nachricht des Tages. Dagegen war die Sicherheit des Kaisers aufs äußerste gefährdet. Nicht einmal dem Bataillon Rohr, dem der Schutz des Monarchen oblag, konnte mehr getraut werden. Der Mann, der in seinem Leben nur eines kannte, das Gefühl unendlicher Macht, jammerte: *Ich habe keine Armee und keine Flotte mehr! Ich kann es nicht zulassen, von meinen eigenen Truppen gefangengenommen zu werden.*

Der Untergang großer Dynastien

Der dunkle Mantel der Nacht hatte sich über sein Reich gebreitet. Welch eine unendliche Tragödie hatte er über sein Volk gebracht, keine Nation konnte eine solche Verheerung unbeschadet überstehen. Nicht einmal der mächtigste Potentat ist gegen den Zorn seines Volkes gefeit. Die Schmach der Niederlage ...Wilhelm II., ehedem deutscher Kaiser, König von Preußen, informierte den Kronprinzen von seiner Absicht, nach Holland ins Exil zu gehen.

19:30 Uhr. Der Kaiser bestieg sein Automobil, das ihn zu seinem Salonwagen auf einem Nebengeleise des Bahnhofs von Spa brachte. Bewacht wurde er von fünfundzwanzig vertrauenswürdigen bewaffneten Soldaten. Der Zug dampfte in die Dunkelheit des letzten Kriegstages. Als Hindenburg, nachdem er vom Entschluß seines Kaisers erfahren hatte, diesem ein Lebewohl entbieten wollte, sah er nur mehr die roten Schlußlichter des weiß-goldenen Zuges in der Ferne. Knapp vor Lüttich bekam der Kaiser plötzlich Bedenken: *Ich kann nicht mit diesem Zug nach Holland fahren, was, wenn die Bolschewisten die Schienen blockiert oder die Grenze gesperrt haben?* Auf sein Geheiß hielt der Zug in Lüttich, und er stieg aus. Um diese Nachtstunde war Lüttich eine tote Stadt. Sein Adjutant, Sigurd von Ilsemann, mußte sich eine Petroleumlampe vom Stationsvorsteher besorgen, um den Kaiser über das Bahnhofsgelände und aus der Station zu lotsen. Es war eine kalte Nacht, und zum ersten Mal in seinem Leben stand der deutsche Kaiser allein auf einer menschenleeren Straße. Vor Kälte zitternd wartete er auf die Ankunft der in aller Eile requirierten Autos. Zwei Limousinen tauchten auf. Die erste bestiegen die Adjutanten Zeiss, Niederer, von Falkenburg und Grünau; Wilhelm nahm im Fond eines schweren, feldgrau übermalten Wagens Platz, mit General von Plessen neben sich. Den Vordersitz belegte von Ilsemann. Jedem Passagier wurde ein geladenes Gewehr ausgehändigt.

Nachdem sie das Weichbild der durch die Gefechte des August 1914 gezeichneten Stadt in nördlicher Richtung verlassen hatten, setzten sie die Reise zur holländischen Grenze in der nebelver-

Die Hohenzollern

hangenen Finsternis auf kurvenreichen Wegen und Nebenstraßen fort, um nicht auf rebellierende Verbände zu stoßen. Sie waren nicht mehr weit von der Grenze, als plötzlich Gestalten, das Gewehr im Anschlag, im Scheinwerferlicht auftauchten ..., eine Straßensperre. Männer in Grau mit Stahlhelmen umringten die Autos. Glücklicherweise war es ein Verband, der noch ein gewisses Maß an Gehorsam einem deutschen General gegenüber zeigte, und von Falkenburg verhandelte mit Erfolg ...

Eine doppelte Stacheldrahtabsperrung zeigte ihnen, daß sie an der Grenze angekommen waren – und drüben lag das neutrale Holland. Im Scheinwerferlicht tauchte ein geschlossener Schranken auf, bewacht von Männern eines Verbandes der Bayerischen Landwehr. Der Kaiser begrub seine Hoffnung auf ungehinderte Durchfahrt, als er das rote Stück Stoff an einem in den Boden gerammten Stock bemerkte. Im Lichte von Fackeln, das die Fahrzeuglenker blendete, richteten Soldaten ihre Gewehre auf die Zwei-Wagen-Kolonne, die durch das Schwenken eines an einem Besenstiel befestigten roten Tuches zum Stehen gebracht wurde. Im Gegensatz zum vorherigen Aufenthalt zeigten diese Männer großes Interesse für die Fahrzeuge, insbesondere nachdem einer von ihnen Spuren des kaiserlichen Emblems unter einer Schmutzschicht auf einer der Türen entdeckt hatte. Die Lage wurde zunehmend kritischer. Ein Feldwebel näherte sich den Autos, die Faust am Griff der Pistole in seinem Gurt.

Offiziere, Karl, sagte einer seiner Männer, *feige Scheißer, Ausreißer. Was sagst, soll'n wir's ...?,* und sein Gewehr war genau auf von Falkenbergs Kopf gerichtet. Der Feldwebel winkte ab und steckte seinen Kopf in das Wageninnere. *Wohin willst Du?* Kein Salutieren, kein *Herr General,* nur das vertrauliche *Du.*

Im zweiten Auto hielten von Ilsemann, von Plessen und der Kaiser ihre Gewehre so gut wie möglich versteckt. Wilhelm atmete schwer, der Gedanke an das, was ihnen bevorstehen könnte, ließ ihn nervös zucken. Würden sie es wagen, Hand an die Person

Der Untergang großer Dynastien

ihres Kaisers zu legen? Er rückte vorsichtig in den weniger ausgeleuchteten Teil des Fonds, weg von den kalten, feindlichen Blicken. *Was werden sie mit uns machen?* fragte er leise mit nach Beherrschung ringender Stimme. *Hoffen wir, daß die Vernunft siegt,* flüsterte von Ilsemann, der sonst so kühl Beherrschte, und seine Worte waren nicht frei von Panik. Mehrere Soldaten näherten sich von hinten, jede Möglichkeit eines Rückzuges vereitelnd. Der Kaiser wußte, daß er verloren war, und ein Gefühl des Ausgeliefertseins durchflutete ihn. Es konnten doch nur noch Augenblicke sein, bis der Feldwebel das Gesicht erkannte, das jedem Deutschen auf Münzporträts und Tausenden von Photographien entgegenstarrte. Würde Wilhelm das gleiche unwürdige Schicksal erleiden wie sein russischer Cousin Nikolaus? Aber noch bevor der Feldwebel eine Chance hatte, die Insassen des zweiten Autos zu identifizieren, sprang jemand aus dem vorderen Wagen. Es war General von Falkenberg. Die roten Streifen an der Hosennaht waren im Licht der Fackeln klar erkennbar.

Was soll denn das? bellte er. Der gebieterische Ton brachte den gewünschten Erfolg. Ein Augenblick des Zögerns – die Soldaten wußten nicht, wie sie reagieren sollten, bis der Feldwebel die Hand an seinen Helm führte und vor dem ranghöheren Offizier salutierte, der im barschen Ton antwortete: *General Falkenburg in dringender Mission auf dem Weg nach Holland.* Es war ein gewagter Bluff, aber der General baute auf den in jedem deutschen Soldaten tief verwurzelten blinden Gehorsam – und er sollte recht behalten: Feldwebel Alois Mittermaier vom 193. Bayrischen Landwehrbataillon salutierte und geleitete ihn zum Schranken.

Schranken auf! Es sind unsere Unterhändler. Der Feldwebel schien die Eile des Generals zu verstehen. Gerüchteweise hatte er von der bevorstehenden Unterzeichnung eines Waffenstillstandes gehört, und er glaubte, die deutsche Delegation vor sich zu haben. *Jawohl, Herr Feldwebel,* ertönte es aus der Gruppe der Wachsoldaten mit ihren roten Armbinden. Von Falkenburg sprang auf das Trittbrett seines Wagens. *Jetzt schnell über die Grenze,* zischte er seinem Fahrer zu, *und nicht anhalten, egal, was passiert.*

Die Hohenzollern

Der deutsche Exkaiser war auf neutralem Gebiet angelangt und innerhalb weniger Minuten war das niederländische Zollgebäude erreicht. Wilhelm wollte nur Ruhe. Benommen saß er im Wagen und starrte auf den Horizont, wo sich ein neuer Morgen ankündigte. In einigen hundert Metern Entfernung konnte er den Stacheldraht sehen und vor seinem geistigen Auge den Krieg, den er hinter sich gelassen hatte. Der Diplomat Grünau verhandelte mit einem verschlafenen und verdutzten niederländischen Grenzpolizisten und konnte diesen dazu bewegen, Den Haag anzurufen. Königin Wilhelmina der Niederlande wurde informiert und berief sogleich eine außerordentliche Sitzung ihres Kronrates ein. Wilhelm stieg aus dem Auto. Mit zitternden Händen zündete er sich eine Zigarette an. Die Spannung der letzten Stunden fiel von ihm ab. *Kinder* - so hatte Blücher seine Soldaten am liebsten angeredet -, *Kinder, raucht nur, ihr habt es euch verdient.*

Die aufgehende Sonne vergoldete ein Land, dem die Schrecken des Krieges aufgrund seiner Neutralität erspart geblieben waren. Nach einigen Stunden tauchte ein langgedienter niederländischer Diplomat in einem staubbedeckten Auto auf, dem man förmlich ansah, daß er schnell und weit gefahren war. Er begrüßte den Exkaiser mit Ehrerbietung. *Ihre Kaiserliche Majestät, ein Sonderzug erwartet Sie in der Bahnstation Eijsden.*

Dreihundert Kilometer entfernt, auf einer Lichtung im Walde von Compiègne, saß der deutsche Chefdelegierte bei den Waffenstillstandsverhandlungen, General Matthias Erzberger, an einem Tisch in einem Eisenbahnwagen. Sein Gegenüber war ein zäher Verhandler, der französische Marschall Ferdinand Foch. Als die deutsche Delegation zögerte, das Kapitulationsdokument zu unterschreiben, meinte der *Maréchal* schroff: *Haben Sie sich noch immer nicht entschlossen?* Beim Verlassen des Waggons rief er über seine Schulter hinweg: *Ich bin in einer Viertelstunde zurück, und, ich versichere Ihnen, dann werden wir mit Ihnen in fünf Minuten fertig sein.*

Der Untergang großer Dynastien

Um 5:20 Uhr am Morgen des 11. November, während der letzte Herrscher der Hohenzollern, eine Zigarette rauchend, auf die Erlaubnis zur Einreise nach Holland wartete, wurde der Waffenstillstand unterzeichnet. Der schrecklichste Krieg, den die Welt je erlebt hatte, fand sein Ende ungefähr um die Zeit, als Wilhelm II., ehedem deutscher Kaiser, König von Preußen, ins Exil ging.

Sollte der entthronte Monarch noch irgendwelche Illusionen gehabt haben, so wurden diese schnell zerstreut, als der für die Internierung verantwortliche holländische General in sein Abteil trat. *Ihr Schwert*, forderte er in eisigem Ton. Das Schwert, das Vorfahren des Kaisers siegreich gegen die Dänen 1864, gegen die Österreicher 1866 und auch am 18. Januar 1871, dem glorreichen Tag der Erhebung der Hohenzollern zur deutschen Kaisern, in Versailles getragen hatten! In dem Versuch, seine Würde zu verteidigen, sagte er: *Es wurde Uns gesagt ...*, nur um von dem General rüde unterbrochen zu werden: *Ich bin der einzige, der hier entscheidet, und ich gebiete Ihnen, Ihr Schwert zu übergeben.* Das war der Gipfel der Erniedrigung für einen Hohenzollern.

Um elf Uhr am elften Tag des elften Monats im Jahre des Herrn 1918 verstummten die Waffen, und das Sterben fand ein Ende. Immer wieder wurde die Frage gestellt: Wie konnte eine Nation, die hundert Siege in hundert Schlachten errungen hatte, letztendlich den Krieg verlieren? Die Antwort war hundert Jahre zuvor gegeben worden, und zwar von Napoleon: *Gegen eine große Übermacht kann man eine Schlacht gewinnen, aber schwerlich einen Krieg.*

Die tragische Ironie liegt darin, daß Deutschland bis zum Frühjahr 1918 einen ehrenvollen Frieden hätte erreichen können. Sowohl Clemenceau wie auch Lloyd George hatten begonnen, sich über eine neue Gefahr, eine vom Osten drohende, Sorgen zu machen: das Schreckgespenst des Bolschewismus. Sie wollten eine intakte deutsche Armee als Bollwerk gegen die roten Horden erhalten wissen, und der Kaiser hätte seine Krone als König von Preußen retten können. Doch sein Ego konnte sich mit der Niederlage nicht abfinden, und er verspielte seine letzte Chance durch eine Reihe strategischer und politischer Fehler. Die Folge war die

Die Hohenzollern

auf Halsstarrigkeit beruhende Verlängerung des Krieges, die Millionen an unnötigen Verlusten forderte, eine schlecht geplante deutsche Offensive im Frühjahr 1918, für deren Aufrechterhaltung der Nation die Mittel fehlten, und letzten Endes die Niederlage und eine Revolution im Inland. Aber wie sich zeigen sollte, war er nicht der einzige, der Fehler gemacht hatte.

Die Siegermächte begingen den unverzeihlichen Fehler, die eroberten Reiche zu demontieren, ohne für Strukturen politischer Stabilität zu sorgen. Die Bedingungen der Friedensverträge von Versailles und St. Germain lasteten schwer auf den Besiegten. Schlesien ging an Polen, Elsaß-Lothringen an Frankreich, Südtirol an Italien. Die Türkei wurde zu einem Nichts reduziert, und das Habsburgerreich wurde in sich zankende Einzelteile zerrissen, denen die wirtschaftliche Basis zum Überleben fehlte. Großbritanniens Größe, seine Pax Britannica, wurde durch einen schwachen Völkerbund ersetzt, und die Vereinigten Staaten bezahlten riesige Dollarbeträge für den Krieg, was zu einer finanziellen Depression führen sollte. Aber bevor diese eintrat, gab es das Problem des politischen Erbes im Inneren Deutschlands zu lösen. Es war offensichtlich, daß die Großmächte, die gemeinsam gekämpft hatten, um den Kaiser niederzuringen, nicht bedacht hatten, daß sie mit ihrer Forderung nach einer bedingungslosen Kapitulation eine Drachensaat ausgebracht hatten. Sie hatten Schande über eine stolze Nation gebracht und so ein Ungeheuer geschaffen, das einen noch viel schrecklicheren Krieg über die Welt bringen sollte.

***

Exkaiser Wilhelm litt im Exil. Nach einem Aufenthalt (1918–1920) im Schloß Amerongen bot man ihm bequemes Quartier in der Villa Doorn. Von dort schrieb er einige Briefe an Hindenburg, der, aus der politischen Versenkung geholt, 1925 zum Reichspräsidenten gewählt wurde. Hindenburg, wie übrigens einige Jahre später auch sein Nachfolger Adolf Hitler, lehnte Wilhelms Ansuchen um Rückkehr ab. Die Lage in Deutschland hatte eine dramatische Wende genommen. Während sich der Kaiser zur Machterhaltung immer auf die Armee und Industrie gestützt hatte, erkannte Hitler, daß er beider Einfluß zerstören mußte, um den Gipfel der Macht zu erklimmen. Dafür konnte er keinen Kaiser, auch keinen Exkaiser brauchen. Es gibt eine bezeichnende Geschichte – überliefert von Albert Speer – betreffend die Pläne der Faschisten zur Ausschaltung der unbequemen Person. Kurz vor der deutschen Invasion Frankreichs im Jahr 1940 und nach einer Stabsbesprechung zwischen Hitler und seinen Generälen, nahm Reichsmarschall Hermann Göring Hitler *für ein paar private Worte* beiseite. Zu ihnen gesellten sich der unheilvolle Schatten Hitlers, Martin Bormann, und der gleichfalls bedrohliche Josef Kaltenbrunner, Chef der berüchtigten Geheimpolizei.

„Mein Führer, was machen wir mit dem Kaiser?" fragte Göring.

Der kluge Politiker in Hitler erkannte sofort die tiefere Bedeutung der Frage. Jeder seiner militärischen Ratgeber, vom General bis zum Hauptmann, war irgendwann einmal Mitglied der kaiserlichen Armee gewesen und hatte einen Treueid geleistet. Wenn es dem Kaiser gelang, weiterhin einen gewissen Einfluß geltend zu machen, könnte er Hitlers noch nicht gefestigte Gewalt über die Generäle, und damit über die Streitkräfte, leicht untergraben. Diese Bedrohung aus dem Weg zu schaffen, erforderte einen kühnen Schritt. Aber welchen?

Göring, dereinst vom Kaiser selbst für besondere Tapferkeit ausgezeichnet (1918 als Kommandeur des Jagdschlosses *Richthofen)*, trat eindringlich für die Verhaftung des greisen Monarchen ein.

„Es ist nicht leicht, einen Kaiser zu verhaften. Es würde nicht ohne Folgen bleiben",

sagte Hitler in Erwägung der Reaktion seiner Militärs.

Kaltenbrunner schlug als nächstes vor, die Möglichkeit, *Wilhelm verschwinden zu lassen,* zu prüfen. Man könne doch nicht einfach Hohenzollern ermorden, man müsse an die Generäle denken, ließ sich Bormann vernehmen. *Was schlagen sie vor?* fragte ihn Hitler.

Die Hohenzollern

Bormann antwortete mit ruhiger, emotionsloser Stimme: *Ich komme gleich darauf zu sprechen, mein Führer, und ich habe die Möglichkeiten bereits untersucht. Im Interesse der Aufrechterhaltung der Sicherheit unserer Partei, und um die Generäle bei der Stange zu halten, sollten wir Vorkehrungen für die Isolierung des Kaisers in seiner Residenz treffen. Wenn er einmal abgesondert ist, kann er uns keinen Schaden mehr zufügen. Die Welt und unsere Generäle haben genügend andere Probleme ...* Hitler gab ihm recht.

Kurz nach Ausbruch des Zweiten Weltkrieges bot Winston Churchill dem hochbetagten Monarchen eine Sondermaschine der Royal Air Force an, die ihn nach England bringen sollte. Wie sehr bedauerte die britische Regierung nun, den Hohenzollern abgesetzt und durch ihre unnachgiebige Haltung einem Ungeheuer wie Adolf Hitler auf den *deutschen Thron* verholfen zu haben. Wilhelm lehnte das vom britischen Botschafter in Holland überbrachte Angebot ab. Er war ein Deutscher, und was auch immer er über den Emporkömmling Hitler gedacht haben mochte, es spielte keine Rolle. Er war noch immer der Kaiser, und als solcher hatte er zu seinem Volk zu stehen, in guten wie in schlechten Zeiten.

Als Hitlers Armeen im Frühjahr 1940 Holland überrollten, gab es strengste Befehle, die jeden Verkehr seiner Offiziere mit dem Exkaiser unterbanden, und für die Einhaltung sorgte unter anderem ein SS-Wachposten vor der Villa Doorn. Der kränkelnde Monarch verfolgte den Wahnsinn Hitlers, der sich anschickte, die gleichen furchtbaren Fehler zu machen wie er selbst 25 Jahre vorher. Er war älter geworden, weiser, und wußte jetzt, daß es manchmal größeren Mut erforderte, einen Waffengang zu unterlassen als Gewalt anzuwenden.

Das deutsche Volk hatte seinen Kaiser geliebt – bis er es in diesen desillusionierenden, auslaugenden Kampf verwickelte in dem Glauben, er könne es mit der ganzen Welt aufnehmen. Die meisten Historiker geben ihm einen Platz unter den schlechtesten deutschen Führungspersönlichkeiten. Nur einer war bestimmt schlechter, ein Mann namens Adolf Hitler. Aber das ist eine andere Geschichte.

217

Der letzte deutsche Kaiser, Wilhelm II. von Hohenzollern, sollte nie mehr heimatlichen Boden betreten. Am 5. Juni 1941 starb er im Exil eines friedlichen Todes.

Seine Grabinschrift schrieb Winston Churchill:

„It wasn't his fault, it was his destiny." –
Es war nicht sein Fehler, es war sein Schicksal.

Die Tennos (660 v.Chr.–1945)

Tenno Heika Banzai!
Lange lebe der Kaiser!

Die Zeit ist gekommen, da Wir das
Unerträgliche ertragen müssen.
Wir schlucken Unsere Tränen …

Kaiser Hirohito, 15. August 1945.

Was wollten sie, fragte der Kaiser, *warum wollten sie nicht verstehen, was Wir im Sinne hatten?* Verlegenes Schweigen war die Antwort. Tiefste Verzweiflung hatte alle im Raum Anwesenden erfaßt, keiner wagte, zu dem Erhabenen aufzublicken. Sie waren betreten, unsicher, noch immer voll Angst, es könnte irgendwo ein fanatischer Offizier lauern. Nur die unaufgeregte Tapferkeit, mit der der Kaiser der Krise begegnet war, gab ihnen Hoffnung für die Zukunft. Durch die Fenster sahen sie eine Rauchwolke über der Stelle, an der die Dokumente verbrannt wurden …

Auf einer Reisstrohmatte am aschebedeckten Boden eines Hauses, das dem Angriff auf die Kaiserstadt standgehalten hatte, kniete ein hoher Offizier, den Kopf gebeugt. Er sah in das Antlitz des Toten, der vor ihm lag. Er nahm das Blatt auf. Einige Blutstropfen mischten sich mit den mit ruhiger Hand gesetzten Tuschezeichen. Ein Ex-Premierminister sah seiner Tochter ins Auge. *Dein Gatte wird in einer Stunde hier sein. Bist du auf meine Nachricht gefaßt, meine Tochter?*

Ich bin es, mein Vater.

Er hat sich umgebracht.

Keine Träne löste sich aus den Augen der jungen Frau. *Seit einiger Zeit schon war ich darauf vorbereitet.*

Der Untergang großer Dynastien

Japan durchlebte seinen längsten Tag.

„Ein japanischer Soldat ergibt sich niemals!"
„Sein Leben gehört dem Göttlichen Kaiser!"

Sein fanatischer Glaube stählte den japanischen Soldaten zu einer mächtigen Waffe und die Armee, in der er diente, zur gewaltigsten in Asien. Jeder Soldat war bereit, sein Leben für seinen Kaiser hinzugeben, für den, der vom Himmel herabgestiegen war, ihren Gott, den Tenno, den Himmelskaiser, der den Geist einer ganzen Nation verkörperte. Japanische Soldaten hatten hart gekämpft und starben, um ihren Gottkaiser zu schützen. Denn für *Ihn* zu sterben, war die höchste Ehre, sich dem Feind zu ergeben, die größte Schande. Lieber *seppuku* (Harakiri)[32] begehen, denn in Schande leben. Keine Kapitulation!

Die japanische Armee hatte ihre Entschlossenheit auf Tarawa, diesem winzigen, vom Pazifischen Ozean umspülten Sandstreifen, nachdrücklich unter Beweis gestellt. Von den 4.836 Verteidigern gingen nur siebzehn japanische Soldaten in Gefangenschaft, der Rest starb einen heldenhaften Tod – durch Bomben, Kugeln oder die eigene Hand. Die meisten durch die eigene Hand.

August 1945. Es waren noch immer sechs Millionen Japaner unter Waffen, die bereitwillig dem Aufruf ihres Kaisers zum letzten Opfer folgen würden, wie diejenigen, die auf Okinawa und Iwojima dahingegangen waren. Orte des Ruhms mit ruhmreichen Märtyrern. Sie waren mit einem gewitzten und letztlich grausamen Gegner im Kampf gelegen und machten sich keine Illusionen über das, was vor ihnen lag: weitere verzweifelte Gefechte an den Küsten und noch mehr der monströsen Bomben, die ihre Städte zertrümmerten. Wenn auch ihre Städte vernichtet, ihre Angehörigen unter dem Schutt begraben waren, die japanische Armee war noch sehr lebendig. Sie würde jedes Feld, jeden Bach, jedes Dorf und jedes Haus ihrer geheiligten Nation verteidigen und dem Aggressor schreckliche Verluste beibringen. Das wichtigste jedoch war, daß nichts, aber auch wirklich nichts einen japanischen Soldaten seine heilige Pflicht vergessen lassen würde, seinen Göttli-

220

Die Tennos

chen Tenno, den Sohn des Himmels, zu schützen. Und so blieb in
diesen heißen Sommertagen des Jahres 1945 der Wille des japanischen Soldaten ungebrochen, der Glaube an seinen himmlischen
Souverän unversehrt. Wie siebenhundert Jahre vorher, als der *Kamikaze*, der *Göttliche Wind*, eine mächtige mongolische Invasionsflotte an der Entweihung von Japans Gestaden gehindert hatte, so
würde er jetzt furchtbare Rache am Feind nehmen. Der japanische
Soldat würde sich stellen, kämpfen und fallen. Mit seinem höchsten Opfer würde er sich einen Platz im Jenseits sichern.

Und nun hörten sie von diesem unvermuteten und beschämen-
den Aufgeben ihrer Politiker, dieser Verräter, die es gewagt hatten,
Ihren Kaiser zu zwingen, eine Ankündigung zu verlesen, die vom
Rundfunk an die Nation ausgestrahlt werden würde ... Die
Stimme des Kranichs entweiht ..., das konnte, das durfte nicht
sein ..., nein, sie würden es nicht zulassen ... Worte des Zornes,
der Wut erhoben sich in den Reihen der *Jungen Offiziere*[33], die geschworen hatten, die geheiligten Traditionen des *bushido*[34] wei-
terzutragen, des Ehrenkodex der rächenden Ritter dieses ehren-
werten Standes der *samurai*.[35] In einem ersten Schritt müßte
Japan von seinen Feinden im Inneren gesäubert werden, auf welche grausame Weise auch immer – und damit begann für Japan
ein Tag, der die Zukunft der japanischen Nation und die ihres Kaisers grundlegend ändern sollte. Schon seit dem frühen Morgen
unterbrach eine Ansage immer wieder die über die nationale
Rundfunkstation gesendete Militärmusik: *Eine Sendung von höchster Wichtigkeit wird heute 12 Uhr mittag ausgestrahlt, mögen sich
alle Zuhörer erheben* ... Zur Mittagsstunde würden die Menschen
im ganzen Land zum ersten Mal in der 2600jährigen Geschichte
dieser stolzen Nation die *Stimme des Kranichs* vernehmen, die
Stimme ihres himmlischen *Showa Tenno*, dem Rest der Welt als
Hirohito, Kaiser von Japan, bekannt.[36]

12 Uhr mittag. Ganz Japan hing am Radio, in Dörfern, in Schützengräben, in Unterständen, in Schulen und in nächster Nähe der
rauchenden Ruinen der Städte. Genau um die Mittagsstunde erhob sich eine Nation. Nur einer nicht – der Kaiser selbst. Starr, mit

gesenktem Kopf saß er in einem Luftschutzkeller, umgeben von seinen engsten Beratern. Die ganze Welt versuchte, auf der richtigen Wellenlänge zu sein. Es meldete sich die Stimme eines Ansagers: *Hier ist Radio Japan. Wir bringen Ihnen eine wichtige Nachricht.* Und dann eine ziemlich hohe Stimme, auf Schallplatte aufgezeichnet:

> „Wir sind Uns über euer aller, Unsere Untertanen, innerste Gefühle völlig klar. Jedoch dem Befehl der Zeit und des Schicksals gehorchend, haben Wir uns entschlossen, einem großen Frieden für alle kommenden Generationen den Weg zu bereiten, indem wir das Unerträgliche ertragen und erdulden, was man nicht erdulden kann."

Es war Japans längster Tag, dieser 15. August 1945.

***

Japans Anfänge sind in mythisches Dunkel gehüllt. Nach der heiligen Überlieferung stieg im 7. Jh. v. Chr. ein Halbgott, ein Nachkomme der Sonnengöttin Amaterasu, vom Hohen Himmelsgefilde. Diese geschichtliche Gottheit, die Herrscher über eine Reihe von Inseln wurde, nahm den Namen *Jimmu Tenno* (Himmelskaiser der göttlichen Tapferkeit) an. Er legte den Grundstein für das *Reich der Aufgehenden Sonne,* und seine göttliche Dynastie sollte ungebrochen 2600 Jahre lang herrschen. Jeder der nachfolgenden Kaiser wurde als Gottheit verehrt. Diese Gottkaiser wurden als über jedem irdischen Lebewesen stehend angesehen, und kein Sterblicher hätte je gewagt, seine Augen zu erheben und in das Himmlische Antlitz zu blicken, da er Gefahr lief, geblendet zu werden, wenn nicht durch die Sonne, so durch des Kaisers Leibwache. Seltsamerweise gibt es von diesen göttlichen Kaisern keine Darstellungen; kein Bild, keine Schriftrolle, kein Denkmal gibt Zeugnis von ihrem irdischen Dasein.

Vor sehr langer Zeit, und das japanische Herrscherhaus läßt sich wahrlich lange Zeit zurückverfolgen, war die erste ortsfeste Kaiserresidenz in Nara (ab 710 n. Chr.). Der Hof wurde dann von Kaiser Kammu im Jahr 794 nach Heiankyo (Kioto) verlegt, das bis

Die Tennos

1868 Kaiserstadt bieb. Ein buddhistischer Priester namens Kukai (Kobo Daishi) begründete im frühen 9. Jahrhundert die Shingon-Sekte des Buddhismus und war Urheber des synkretistischen *Shinto* (Mischreligion durch Verschmelzung mit buddhistischen Glaubensformen). Es kam eine neue Kaste auf, die der Soldaten-mönche, Männer, die nach dem starren Ehrenkodex des Bushido lebten – und starben: *Bereit, auf der verbrannten Erde oder stürmi-schen See zu sterben.* Sie nannten sich Samurai. Durch ihre führende Rolle in Eroberungs- und Verteidigungsangelegenheiten wurde die Macht des Kaisers auf eine zeremonielle Rolle zurück-gedrängt. Während eine Reihe ineffizienter und schwacher Kaiser in Heiankyo Hof hielten, begann ein Militäradel die Herrschaft in den *shoen* (Provinzen) auszuüben. Für die Kaiser in Heiankyo, und damit für das Land, brachen schwierige Zeiten an. Zwischen 823 und 1338 gab es dreiundvierzig Kaiser, von denen dreiund-zwanzig abdankten oder, zum Großteil von Familienangehörigen, ermordet wurden; drei wurden abgesetzt.

Die größte Gefahr kam von einem Soldatengeschlecht, den Fu-jiwara, die sich eine Machtbasis in Kamakura geschaffen und Bündnisse mit anderen Provinzfürsten geschlossen hatten. Nach außen hin stets dem Kaiser gehorchend, diktierten sie in den Pro-vinzen ihre eigenen Gesetze, während die Heiankyo-Kaiser zu ihren Marionetten wurden, hoffnungslos verstrickt in die Fäden der Macht, die erfahrene und gnadenlose Drahtzieher in Händen hielten. So war es möglich, daß ein Kriegsherr aus dem Ge-schlecht der Minamoto, Yoritomo, 1192 einen Lehensstaat grün-den konnte, wodurch es zu einer dualistischen Herrschaft kam. Da gab es einerseits den göttlichen Kaiser und andererseits seinen *treuen* Reichsfeldherrn oder *Shogun* [37], der die wirkliche Macht ausübte. Yoritomo war nicht nur ein ausgezeichneter General, son-dern auch ein gewiegter Politiker, dessen Gedankengut längere Zeit überlebte, nämlich bis 1333, als ein Kamakura-Shogun schließlich von der Armee des Kaisers geschlagen wurde.

Im *Schwarzen Jahr 1281* erfuhr Japan seine größte Bedrohung. Der Mongolenherrscher Khubilai Chan entsandte eine mächtige

Invasionsflotte, um die Inselkette vor der chinesischen Küste zu erobern. Als die Schiffe die japanischen Gestade ansteuerten und die mächtige Armee an Land gehen sollte, erfaßte ein Taifun die Armada des Chans, und die mongolischen Eindringlinge kamen in den aufgepeitschten Wellen um. Die Japaner dankten den Göttern für ihre Errettung und nannten den Sturm *Kamikaze*, den *Göttlichen Wind*, eine Bezeichnung, die auch Verwendung fand, als Japan erneut von einem ausländischen Angreifer bedroht wurde. Aber es sollten Jahrhunderte zwischen diesen beiden Vorkommnissen verstreichen; nie wieder versuchte eine ausländische Macht eine Invasion Japans, nie wieder ..., bis die Alliierten im Frühjahr 1945 an Land stürmten.

Das Ende des Kamakura-Shogunats war der Auftakt zu einer Reihe blutiger Bürgerkriege. Verschiedene Sippen übten Rache in Form ethnischer Morde und Verstümmelungen. Städte entleerten sich, nachdem Angreifer Tausende getötet und die Holzbauten niedergebrannt hatten. Der bestialischen Kriege, die das Reich erschüttert und es in rivalisierende, von grausamen Kriegsherren regierte Herrschaftsgebiete gespalten hatten, überdrüssig, wandten sich die trostsuchenden Menschen dem Shintoismus zu. Im Jahr 1568 gelang es einem Shogun aus dem Geschlecht der Taira, Oda Nobunaga, endlich wieder Ordnung im Land zu schaffen. Fünf Jahre später wurde er ermordet, und das Land fiel ins Chaos zurück. In dieser Zeit der Wirren konnte der Sohn eines einfachen Bauern, ein junger Mann mit außergewöhnlicher militärischer Begabung hochkommen. Hideyoshi, der später den Beinamen Toyotomo erhielt, unternahm einen Rachefeldzug, jagte und fing die Mörder seines geliebten Shoguns Nobunaga und ließ sie grausam hinrichten, um ein Exempel zu statuieren.

Jedem japanischen Helden gestattete man Momente der Grausamkeit, denn es war eine unbarmherzige Welt, in der eine Niederlage schnellen Tod bedeutete. Ein Shogun kämpfte um Macht, und wenn diese Macht einmal erobert war, mußte er jede Hand, die danach griff, abhacken. Unter Verwendung solcher Methoden gelang dem erbarmungslosen Hideyoshi die Wiedervereinigung

Die Tennos

des Landes, und er schuf Frieden mit eiserner Faust: *Das Reich gehört nicht einem Mann. Das Reich* ist *das Reich*. Nur sein ehrgeiziger Plan, japanisches Territorium auf das Festland auszudehnen, eine Expedition nach Korea, mißlang.

Nach Hideyoshis Tod übernahm einer seiner fünf Vizeregenten, Tokugawa Ieyasu, der japanische Napoleon, wie er später genannt werden sollte, die Macht. Dieser fahrende Ritter Japans, von der Nachwelt gelobt und geliebt, war ein Säbelraßler, der Diplomatie mit einer Prise Schießpulver würzte, um alle Herausforderer auszuschalten. Bei Sekigahara errang er 1600 einen entscheidenden Sieg über seinen Hauptgegner, ließ dann 40.000 Gefangene lebendig begraben und seinen Gegner enthaupten. Die Brutalität machte sich bezahlt, denn bis 1867 herrschten Shogune aus der Tokugawa-Sippe über Japan. Um etwas mehr Abstand zu schaffen zwischen seinem Shogunat und dem Heiankyo-Hof des Kaisers, der trotz aller Schwierigkeiten im Lande offiziell immer noch der göttliche Herrscher war, machte Shogun Ieyasu Edo (Tokio) zu seiner Residenz.

Die ersten Europäer, die an Japans Gestaden landeten (1543), waren portugiesische Händler (die den Shogun schnellstens wissen ließen, daß er alle Holländer und Engländer wie Gewohnheitsdiebe behandeln sollte). Ein Problem mit den Portugiesen war, daß sie kein Maß kannten. Waren sie schwach, betrieben sie Handel, waren sie stark, suchten sie Händel – bis der Shogun militärische Mittel gegen sie ergriff. Katholische Missionare, die den seefahrenden portugiesischen Händlern gefolgt waren und viele der *Heiden* bekehren konnten, waren die Opfer. Religiöse Verfolgung war nicht unbekannt und hatte im Verlauf der Jahrhunderte alle Glaubensrichtungen getroffen. Der Tokugawa-Shogun betrachtete den Katholizismus als ketzerisch, wahrscheinlich weil er feststellen mußte, daß gut über eine halbe Million seiner Untertanen unter der ideologischen Herrschaft eines ausländischen Potentaten in Rom stand. Wie auch immer, er machte das Christentum für die Schwierigkeiten in Japan verantwortlich und verbannte alle zum neuen Glauben Bekehrten aus den wichtigsten

Der Untergang großer Dynastien

Kultur- und Handelszentren. In der Annahme, daß Missionare
Wegbereiter für europäische Kolonisierungsbestrebungnen waren,
verstärkten die Shogune ab 1615 die Kontrolle über Fremde, insbesondere Missionare. Im Jahr 1638 erfolgte die blutige Unterdrückung der 600.000 Katholiken im Lande. In Nagasaki kreuzig-
ten die Samurai des Shoguns sechsunddreißig portugiesische
Missionare, und der Shintoismus wurde offiziell zur Staatsreligion.
Ein Jahr später, 1639, erließ der Shogun ein Edikt, das Ausländern
unter Todesstrafe verbot, japanischen Boden zu betreten. (Ausgenommen waren nur Holländer, die weder katholisch noch mis-
sionarisch tätig waren und Handelsinteressen mit China wahr-
nahmen.) Und es war ihm ernst damit. Als 1640 eine Gruppe
portugiesischer Handelsschiffe anlegte, wurde auf Anordnung des
Shoguns der Großteil der an Bord Befindlichen hingerichtet und
der Rest nach Europa zurückgeschickt – zur Verbreitung der Nachricht: *Laßt sie nicht mehr von uns denken, als ob wir nicht mehr auf
der Welt wären.*

Seine Grausamkeit hatte die erwünschte Wirkung. Bis zu Beginn
des 19. Jahrhunderts wagte sich kein Schiff in die Nähe japanischer
Gewässer. Nachfolgende Kaiser und Shogune ignorierten das Brau-
sen der Welt um sie herum und stolzierten blindlings durch die
Jahrhunderte – bis an das Ende der Planken ihres imperialen Schiffes. Plötzlich änderte sich alles. Im Gefolge der zwangsweisen Öffnung Chinas klopfte das Abendland an Japans verriegelte Tore. Die
Russen kamen aus ihrem expandierenden Reich über Sibirien, die
Briten aus ihren indischen Besitzungen, die Holländer segelten von
ihren Kolonien Java und Sumatra nach Norden. Mit dieser Gefahr
konfrontiert, machte der Kaiser einige Drohgebärden und gebot
dann seinem Volk, in den Schreinen um einen *Göttlichen Wind* (Kamikaze) zu beten, der die ausländischen Schiffe aufhalten sollte,
während die tatsächliche Macht im Lande, der Tokugawa-Shogun,
weder über Kriegsschiffe noch über moderne Geschütze verfügte,
um der Bedrohung zu begegnen. Zur großen Bestürzung Japans erschien eine neue, noch aggressivere ausländische Macht auf der
Bildfläche: die Vereinigten Staaten von Amerika, die vor der Küste

Japans unter dem Vorwand des Walfanges Flagge zu zeigen begannen. Amerikanische Walfänger und Handelsschiffe wurden von Kriegsschiffen der US-Marine begleitet, die sich weiter hinaus wagten denn je zuvor und dabei eine seit der Eroberung der Neuen Welt durch die Spanier nicht mehr dagewesene Flottenmacht eindrucksvoll unter Beweis stellten. Um ihre Interessen zur See gegenüber dem mächtigen Britannien, das die Meere beherrschte, durchzusetzen, benötigten die Vereinigten Staaten eine starke Marine, und somit auch ausländische Stützpunkte. Und so kam es, daß ein Leutnant Pinkerton der Madame Butterfly begegnete – tatsächlich war es Kapitän Matthew C. Perry mit seinen *schwarzen Schiffen*. Im Februar 1854 drangen drei Dampffregatten der US-Marine und fünf Linienschiffe in die Bucht von Tokio ein und richteten ihre Kanonen auf die Stadt. Der US-Konsul Townsend Harris, mit dieser Entfaltung von Kanonendiplomatie im Rücken, *überzeugte* den Shogun, den *Vertrag von Kanagawa* zu unterzeichnen, der drei Seehäfen für ausländische Händler öffnete.

Für das stolze Inselvolk war die Schmach dieses erniedrigenden Vertrages derart, daß die Herrschaft des *verräterischen Shoguns* in Frage gestellt wurde und ein Bürgerkrieg auf den Hauptinseln auszubrechen drohte. In den späten sechziger Jahren des 19. Jahrhunderts lag die japanische Wirtschaft darnieder, und es gab keine Bevölkerungsschicht, die nicht betroffen war. Bald waren aller Augen auf das Militär gerichtet, als die einzige Institution, die genügend Macht hatte, den Shogun zum Rücktritt zu zwingen, wie es auch die einzige Kraft war, der man zutraute, die Ordnung wieder herstellen und Japan vor der Selbstzerstörung bewahren zu können. Eine Gruppe *Junger Offiziere* scharte sich um den Kronprinzen und begann, zugunsten des kaiserlichen Thronerben, selbst ein Offizier, zu demonstrieren. Mit ihrer Unterstützung nahm es die Armee mit dem geschwächten Shogun auf. Die *Jungen Offiziere,* wie sie jetzt im ganzen Reich genannt wurden, stürzten 1867 den letzten Shogun und brachten den rechtmäßigen Erben des himmlischen Thrones, Mutsuhito oder Meiji Tenno – nach seiner Regierungsdevise *Meiji (aufgeklärte Regierung)* –, an die Macht.

Der Untergang großer Dynastien

Meiji Tenno wußte mit seinen Generälen umzugehen. Seine ganze Regierungszeit hindurch griff er zu *divide et impera*-Taktiken, wobei er, sich die persönliche Loyalität einzelner sichernd, Konflikte zwischen den Generälen schürte, so daß keiner sich zu einer möglichen Gefahr für seine persönliche Macht entwickeln konnte. Im Verlauf der sogenannten *Restaurationszeit* führte Meiji Tenno ein Land mit dreitausendjähriger asiatischer Vergangenheit in eine Zukunft europäischen Stils. Ausländische Handelsniederlassungen wurden errichtet und die Japaner durch sie mit breitgefächerten westlichen Kenntnissen bekanntgemacht. Nicht nur überlebte Japan den Angriff auf seine uralte Kultur, sondern wußte ihn zu seinem Vorteil zu nutzen. Meiji Tenno erwies sich als kluger Politiker, der Schwächen erkannte und nützte.

Im Jahr 1900 hatte die chinesische Kaiserinwitwe mit Aufruhr im Inneren zu kämpfen, dem *Boxeraufstand*.[38] Japan nahm dies zum Vorwand, um in China einzufallen. Vier Jahre später versuchte Rußland, aus seinem maritimen Engpaß auszubrechen. Eiligst unterzeichnete Japan ein Flottenabkommen mit Großbritannien, griff dann unter Admiral Togo die russische Schlachtflotte in der Straße von Tsushima aus dem Hinterhalt an und versenkte diese (1905). Rußlands Baltische Flotte in einer Stärke von 42 Schiffen hatte 18.000 Meilen zurückgelegt, um sich Japan um der Pazifikhäfen willen zu stellen. Die *Borodino* ging nach einem Treffer in ihr Pulvermagazin in die Luft, drei weitere Großkampfschiffe liefen auf Grund, und der russische Admiral flüchtete nach Norden, bevor der Rest seiner Schiffe von den schnelleren japanischen Torpedobooten abgefangen wurde. Nur drei Schiffe schafften es, nach Wladiwostok zu entkommen. Die russische Flotte kapitulierte; ihre Verluste betrugen 4.830 Mann gegenüber 117 Toten auf japanischer Seite. Die Japaner eroberten daraufhin Port Arthur, allerdings unter großen Opfern, und überrannten dann Korea (1905). Friedensverhandlungen zwischen Japan und Rußland setzte der US-Präsident Theodore Roosevelt in Gang, was ihm den Nobelpreis einbrachte. Mit seinem überzeugenden Sieg über die Großmacht im Fernen Osten wurde Japan zur führenden See-

und Landmacht in Asien. Noch dazu hatten *Tsushima* und *Port Arthur* ein für allemal die Annahme einer Unterlegenheit asiatischer Armeen entkräftet. Die Japaner mußten nicht lange warten, um einen neuerlichen Beweis zu erbringen: Beim Ausbruch des Ersten Weltkrieges sah der japanische Kaiser seinen Vorteil in einem Bündnis mit den Alliierten und annektierte daraufhin deutsche Handelsbesitzungen in China.

Was Kaiser Meiji betrifft, so war die mythische Verehrung durch sein Volk wahrlich verdient. Zum ersten Mal seit über tausend Jahren herrschte ein Kaiser souverän und militärisch erfolgreich. Auf der innenpolitischen Szene war alles, was er zur Umsetzung seiner Reformpläne brauchte, einige Jahre der inneren Ruhe. Er war ein Mann von schnellem Entschluß und großer Willenskraft, der die Korridore der Macht und Intrige, die manch einem seiner Vorgänger zum Verhängnis geworden waren, unter Kontrolle hatte. In einem beispiellosen Schritt schaffte er das Sippen- und Lehensystem ab, errichtete Schulen und führte die Wehrpflicht ein. Er schuf einen neuen, gewaltigen Machtapparat, Japans modernisierte Armee, was allerdings den Nachteil hatte, daß eine neue herrschende Schicht an Einfluß gewann, und das waren die Berufsmilitärs. Was für einen starken Herrscher wie Meiji förderlich war, erwies sich als schwerwiegendes Handikap für einen schwachen, wie seinen Sohn Yoshihito, genannt Taisho *(Große Gerechtigkeit)*, der nach dem Tod seines Vaters 1912 den Thron bestieg.

Bei Kaiser Meijis Tod kam es zu einem Vorfall, der einem späteren Armeechef als Beispiel gedient haben mag. Der Befehlshaber der Kaiserlichen Japanischen Armee, General Nogi, verübte Harakiri, um Buße zu tun für die enormen Verluste, die seine Befehle bei der Erstürmung der russischen Festung Port Arthur verursacht hatten.

Unter Yoshihito (Taisho Tenno) erlebte Japan einen wirtschaftlichen Aufbruch und rasche industrielle Entwicklung. Die Menschen waren willig und fähig. Die Japaner erwiesen sich als geborene Kapitalisten, sie arbeiteten hart und bewiesen Ideenreichtum. Auf der politischen Ebene lagen die Dinge nicht so günstig. Taisho fehlte die moralische Stärke seines Vaters, und das nützte die neue Militärkaste in einem Machtkampf aus, der Meijis demokratisches Experiment zunichte machte, dem Land eine Reihe von Konflikten bescherte und die Ära Taisho zu einer der politischen Unterdrückung machte. Premierminister Hara, ein Mann, der sich der Armee mutig entgegenstellte, wurde ermordet, und General Terauchi führte seine Truppen in ein politisch unkluges Abenteuer, als er eine erfolglose Invasion des Roten Sibirien unternahm. Bis 1921 hatte sich die Lage dermaßen verschlechtert, daß Taishos Sohn Hirohito die Angelegenheiten des Staates in die Hand nehmen mußte. Er war der erste Kronprinz, der einen Fuß nach Europa gesetzt hatte.

Am 1. September 1923 zerstörte ein furchtbares Erdbeben 75 % von Tokio und 95 % von Yokohama, und für einige Zeit hatte der innere Wiederaufbau Vorrang vor äußerer Expansion. Als Kaiser Taisho 1926 starb, gelangte Hirohito offiziell auf den Thron. Er legte sich den kaiserlichen Beinamen *Showa (Erleuchteter Friede)* zu. Als Begründung für seine Wahl erklärte Hirohito in seiner Krönungsansprache, die von den Ministern vor dem Volk und der Armee verlesen wurde: *Ich habe in Frankreich die Schlachtfelder des Großen Krieges besucht. Angesichts solcher Verwüstung sind mir der Segen des Friedens und die Notwendigkeit von Eintracht unter den Nationen bewußt geworden.*

Kaiser Hirohito war von zarter Statur, Brillenträger, ein ruhiger Mann, der das Licht der Öffentlichkeit scheute. Er trank nicht, rauchte nicht und bevorzugte einfache Mahlzeiten. Nach der Morgenandacht machte er seinen täglichen Spaziergang im Innengarten des Palastes und las dann die Tageszeitungen. Die heilige Ruhe seines Palastes verließ er so gut wie nie. Seine Regierungszeit begann mit einer weltweiten wirtschaftlichen Katastrophe. Der *Börsenkrach von 1929* verschonte Japan keineswegs. Als Land ohne Rohstoffquellen und mit viel zu wenig Ackerland, um seine rasch wachsende Bevölkerung zu ernähren, war Japan eine der am

Die Tennos

schwersten betroffenen Nationen. Die Regierung reagierte nicht rechtzeitig, was die Massen mit der Forderung nach einer *Politik des nationalen Prestiges* auf die Straße brachte. Die Armee sah überall *Rot wie im Kommunismus* und suchte einen Weg, die Aufmerksamkeit des Landes mit der imaginären *roten Gefahr* abzulenken – und fand auch einen: die Mandschurei. Der japanische Imperialismus begann seinen langen Marsch, der erst 1945 enden sollte.

Hirohito war keineswegs der von seinem Volk als Kriegsherr und Gottkaiser Verehrte. Er war ein liebenswürdiger Mann mit sanfter Stimme, kein Drachentöter-Samurai. Seine Militärs betrachteten dies als Schwäche. Theoretisch war jeder General seinem Kaiser verantwortlich, aber in Wirklichkeit handelte jeder nach Belieben. Und somit machte die große und mächtige japanische Armee ihre eigene Außenpolitik. Am 18. September 1931 beschloß die im besetzten Korea stationierte japanische Kwantung-Armee, Kampfhandlungen zu beginnen, *um der Ausbreitung des Kommunismus Einhalt zu gebieten.* Um diesen himmelschreienden Akt der Aggression zu rechtfertigen, erfanden sie den *Mukden-Vorfall,* einen vorgetäuschten Sabotageakt gegen eine ihrer Nachschublinien. Die Stadt Mukden wurde eingenommen, und von dort ergossen sich die Truppen in die Mandschurei. Die Nachricht von dem Angriff erschütterte den Kaiser, und er rief seinen Premierminister Inukai zu sich:

> „Wir sind der Meinung, daß internationale Gerechtigkeit und guter Glaube für Unser Land wichtig sind. Wir streben nach Weltfrieden – aber unsere Streitkräfte in Übersee (Japans Kwantung-Armee) beachten Unser Kommando nicht und bauschen den Vorfall mutwillig auf."

Dann befahl Kaiser Hirohito, die Kwantung-Armee von jeder weiteren Aggression abzuhalten. Trotz der kaiserlichen Anordnung rückte die Armee weiter vor, womit die Macht der Generäle unter Beweis gestellt war. Im Mai 1932 schließlich versuchte das Kabinett Inukai die Macht der Armee einzudämmen – Inukai büßte für diesen Versuch mit seinem Leben: Er wurde von einer Gruppe von Armeekadetten und Seeoffizieren erschossen. Ein hoher Militär erklärte auf eine Frage eines Auslandskorrespondenten betreffend den Mord am Premierminister rundweg: *Soweit ich das sehe, zielte dieses Ereignis darauf ab, die Politik zu befrieden.*

Es sollte nicht bei diesem einen Mord bleiben. In der Dämmerung des 26. Februar 1936 erstürmte eine Gruppe *Junger Offiziere*, unterstützt von zweitausend Soldaten, einige Regierungsgebäude in Tokio und ermordete mehrere Kabinettsminister. Zum Glück für Japan und seinen Kaiser gaben sie in Ermangelung weiterer Pläne auf, nachdem sie die Radiostation und die Regierungsgebäude besetzt und einige ausgewählte Minister erschossen hatten. Der Coup der Armee verwirrte allgemein, so auch den deutschen Botschafter, der einen gewissen Richard Sorge ersuchte, ihm dessen Bedeutung zu erklären, denselben Sorge, der für den Ausgang des Krieges in Europa eine so entscheidende Rolle spielen sollte, indem er Stalin 1941 wissen ließ, daß Japan Sibirien nicht angreifen würde.

Am 7. Juli 1937 kam es schließlich zu dem Zusammenstoß, den Kaiser Hirohito befürchtet hatte, und der die Großmächte zum Eingreifen in Asien veranlaßte. Die 1. Japanische Infanteriedivision lag vor der chinesischen Stadt Wanping. Einer der Offiziere befahl seinem Gegenüber auf chinesischer Seite, das Stadttor öffnen zu lassen, *damit nach einem japanischen Deserteur gesucht werden könne.* Der chinesische Stadtkommandant weigerte sich, worauf die japanische Artillerie Wanping in Schutt und Asche legte. So begann ohne Kriegserklärung der Krieg mit China. Kaiser Hirohito rief seine Generäle sofort zur Ordnung:

„Sie werden keinen einzigen Soldaten ohne meinen ausdrücklichen Befehl in Marsch setzen."

Wie zuvor ignorierten die Generäle den kaiserlichen Befehl, wie auch die neue Regierung, in der nun kriegslustige Generäle und Kriegsherrn saßen, die Proteste des Westens ignorierten. Einige Wochen später erlitt die Weltöffentlichkeit einen weiteren Schock, als japanische Truppen am 12. Dezember 1937 in Nanking eindrangen und Abertausende der unschuldigen Bewohner niedermetzelten (geschichtsbekannt als *Vergewaltigung von Nanking*).

Genau an jenem Tag, also dem 12. Dezember, bombardierte ein japanisches Geschwader das im Jangtsekiang-Fluß vor Anker liegende US-Kanonenboot *Panay* – und versenkte es. Die Besatzung, die auf Rettungsflößen an Land zu gelangen trachtete, wurde aus der Luft beschossen, und drei Amerikaner verloren ihr Leben. Allem Anschein nach hatten die japanischen Generäle keinen sehnlicheren Wunsch, als Amerika in einen Krieg in Asien zu verwickeln. Der *Panay-Zwischenfall* half, den Druck aus dem Westen zu erhöhen, und bald gab es zahlreiche deutliche Hinweise auf einen generalisierten Konflikt, aber sie blieben unbeachtet.

Die Japaner stampften durch China. Die großen Zentren wie Shanghai, Wuhan, Kanton und Peking fielen. In der Schlacht um Shanghai starben 250.000 unterernährte, schlecht bezahlte und mangelhaft bewaffnete zwangsverpflichtete Chinesen. Allerdings bewiesen die Chinesen eine unglaubliche Widerstandskraft, insbesondere nachdem sich nationalistische und kommunistische Streitkräfte zum Kampf gegen den gemeinsamen Feind vereinigt hatten. Eine Allianz von dieser Art paßte ganz und gar nicht in das von den demokratischen Nationen des Westens erdachte globale Szenario, und der Völkerbund richtete eine zahnlose Warnung an Japan. Zahnlos deshalb, weil sich mittlerweile die Aufmerksamkeit des Westens auf Europa konzentrierte, wo der Faschismus neue Höhen gewonnen und ein Bürgerkrieg Spanien zerrissen hatte. Als Vorzeichen der Dinge, die da kommen sollten, standen sich Republikaner (unterstützt von roten Milizen aus der Sowjetunion) und Konservative (unterstützt von den Bomberformationen aus dem faschistischen Deutschland und Italien) auf dem Kampffeld gegenüber.

Nun da sie freie Bahn hatten, unterbrachen japanische Truppen die unter britischer Kontrolle stehende Bahnverbindung von Kanton ins Innere Chinas (1938). Um die Blockade zu brechen, nahmen die Briten eines der ehrgeizigsten Straßenbauprojekte, das je unternommen wurde, in Angriff: die berühmte *Burmastraße*. Für den Westen war das weit entfernte China 1939 nur noch von zweitrangiger Bedeutung, denn das Geschehen hatte sich auf neue Schauplätze verlagert. Der erste Schock war Hitlers Nichtangriffspakt mit Stalin (23. August 1939). Nur eine Woche später fiel Hitler in Polen ein und begann den Zweiten Weltkrieg. Am 21. September 1940 unterzeichnete Japan den *Dreimächtepakt* mit Deutschland und Italien und versetzte den westlichen Alliierten einen weiteren Schock durch die Unterzeichnung eines Neutralitätspaktes mit der Sowjetunion. Die Absicht war deutlich: Japan wollte sich eine befriedete Nordgrenze (Sibirien – Mandschurei) sichern, bevor es sich nach Süden wandte, um das restliche China zu erobern. Am 12. Juli 1941 landeten 50.000 Mann starke japanische Truppen in Französisch-Indochina (Nordvietnam) und erklärten es zu einem japanischen *Protektorat*. Die Vereinigten Staaten ließen eine Protestnote überreichen, die Japan ignorierte. Am 25. Juli 1941 setzte der amerikanische Präsident Franklin D. Roosevelt schließlich eine Maßnahme in Form eines Embargos auf Kerosin, einen für Japans Luftflotte unentbehrlichen Kraftstoff. Japan war an die Wand gedrängt, das Embargo lähmte bald seine Kriegsmaschinerie. Weigerten sich die USA, den unverzichtbaren Treibstoff für Japans Expansionsbestrebungen in Asien zu liefern, so würden sich auch die Ölproduzenten in Niederländisch-Indien (Indonesien) weigern. Aber Japan war entschlossen, dem Würgegriff zu entkommen! Um an das holländische Öl zu kommen, mußten allerdings Hongkong und Singapur, beides englische Kronkolonien, eingenommen werden, was Japan automatisch in eine hochexplosive Situation mit der industriellen Großmacht Amerika bringen würde. Im Spätsommer unternahm Japan einen letzten Versuch, eine diplomatische Lösung zu erreichen, indem es den Vereinigten Staaten eine Aufteilung der Macht in einer *Zone der friedlichen Koexistenz in Großostasien* anbot. Der japanische Vorschlag wurde rundweg abgelehnt.

Anfang September 1941 riet der Generalstabschef der Kaiserlichen Marine seinem Kaiser: *Es ist besser, früher denn später in den*

Krieg zu gehen, unsere Ölreserven neigen sich dem Ende zu. Dann versprach er seinem Himmlischen Souverän, daß die geballte Macht der Kaiserlichen Marine und Armee den gesamten Südpazifik innerhalb von drei Monaten unter ihre Kontrolle gebracht haben würde. Die Vorhersagen des Admirals erwiesen sich als richtig. In einem Punkt allerdings beging er eine Fehleinschätzung – in der Reaktion der Vereinigten Staaten. Der Kaiser versagte seine Einwilligung, insbesondere unter dem Eindruck einer Besprechung unter vier Augen mit Japans fähigstem Strategen, Admiral Yamamoto. *Ihre Kaiserliche Majestät, sollten Sie mir befehlen, ohne Rücksicht auf die Folgen in einen Krieg zu gehen, werde ich Ihrem Befehl gehorchen und sechs Monate aus allen Rohren schießen. Aber ich kann Ihnen keinen Erfolg für die Zeit danach versprechen. Mein Rat, Kaiserliche Hoheit, vermeiden Sie einen Krieg mit den Vereinigten Staaten.*

Kaiser Hirohito gebot seinem neuen Premierminister, General Hideki Tojo, einem überzeugten Militaristen – nach Ansicht vieler aber doch der einzige, der in der Lage war, die Armee von offenen Feindseligkeiten mit dem Westen und den Vereinigten Staaten abzuhalten –, Gespräche mit Washington aufzunehmen. Aufgrund der Forderung Tojos, Japans Rechte über die eroberten Gebiete anzuerkennen, brach Washington die Gespräche nach kürzester Zeit ab. Am 10. November 1941 empfing der amerikanische Präsident Roosevelt den japanischen Botschafter Nomura und bedeutete diesem unumwunden, daß der japanische Plan für die Vereinigten Staaten unannehmbar sei. In einer Rundfunkansprache erklärte Präsident Roosevelt dem amerikanischen Volk, daß der Krieg sich der westlichen Hemisphäre nähere und knapp vor den Toren Amerikas stehe. Und doch wurde nichts unternommen, um die Streitkräfte der USA in Bereitschaft zu versetzen.

Ein Rettungsversuch der *Tauben* im japanischen Kabinett, der ein persönliches Treffen zwischen Kaiser Hirohito und dem amerikanischen Präsidenten vorsah, scheiterte, als Washington das Ansinnen auf ziemlich rüde Weise zurückwies. Es war ein diplomatischer Fauxpas, da Tokio dies als eine *Beleidigung seiner Gött-*

lichen Majestät sah, und der Versuch endete in einem bitteren Austausch von Ultimaten (25. November 1941). Am 29. November entschieden sich General Tojo und der Generalstab für Krieg. Aber für einen solchen Schritt war die Einwilligung des Kaisers nötig, und der zögerte immer noch, sein Land in einen Krieg mit Amerika zu verwickeln. (Ein Probelauf, so geheim, daß selbst Kaiser Hirohito nicht eingeweiht war, hatte schon Anfang November stattgefunden. Die *Taiyo Maru*, mit zwei hochrangigen Marineoffizieren an Bord, befuhr die geplante Angriffsroute und landete am 1. November in Honolulu. Fünf Tage lang wurden die Schiffsbewegungen in Pearl Harbour beobachtet und über die Position der US-Pazifikflotte Meldung erstattet.)

Im Verlauf der stürmischen Sitzung des Reichsrates vom 1. Dezember 1941 informierten Tojo und sein Kabinett, das ausschließlich mit Militärs besetzt war, den Kaiser, daß er seine Einwilligung nicht länger vorenthalten könne, ohne Japans Sicherheit ernstlich zu gefährden. Damit meinte Tojo die schrumpfenden Ölreserven bei Marine und Heer. Aber es war ohnehin schon zu spät für eine Umkehr, denn ohne Wissen des Kaisers war der Krieg bereits im Gange. Eine Woche bevor der Reichsrat zusammentrat, um eine endgültige Entscheidung zu treffen, hatte sich die Kaiserliche Marine, unbemerkt die Kurilen verlassend, auf den langen Weg in den Krieg gemacht (25. November 1941). Unter Vizeadmiral Nagumo legte eine riesige Armada von Flugzeugträgern, Schlachtschiffen, Kreuzern und Tankern die 5.600 km lange Reise zurück, ohne gesichtet zu werden. Der Kode war *Kurai Tanima* – Dunkles Tal. Das Ziel: die US-Pazifikflotte in Pearl Harbour.

Der Kaiser zögerte nach wie vor, bis ihn Premierminister Tojo mit den harten Tatsachen konfrontierte und als Nachsatz das fragwürdige Argument vorbrachte: *Ihre Kaiserliche Majestät, Ihre Flotte ist bereits unterwegs*. Erst als Tojo von dem als Gegner eines Krieges mit den Vereinigten Staaten bekannten Admiral Yamamoto unterstützt wurde – *Wenn ich als Befehlshaber der Kaiserlichen Marine weitermachen soll, so ist dieser Schlag unvermeidlich* –, fügte sich der Kaiser. Er fand sich alleingelassen, verlassen selbst von

Die Tennos

seinem kriegsfeindlichen Ratgeber Yamamoto. Er wurde zu einer
Entscheidung gedrängt, die andere bereits für ihn getroffen hatten.
Es war 10 Uhr vormittag des 1. Dezember 1941, als der *Showa
Tenno* schließlich den Kriegsbeschluß ratifizierte. Nichts konnte
den Krieg mehr aufhalten, die Welt ging einer Massenvernichtung
ungeahnten Ausmaßes entgegen. Als Datum des Angriffs war der
7. Dezember 1941, ein Sonntag, festgesetzt worden.

Die Vereinigten Staaten waren sich der Bedrohung wohl bewußt, wußten um Japans dringenden Bedarf an Öl, und deshalb
vermuteten ihre Strategen japanische Angriffe auf Ziele außerhalb
der Einflußsphäre Amerikas. So identifizierten sie als Ziele Bri-
tisch-Malakka und Niederländisch-Indien. Hawaii und die Philippinen übersahen sie aber. Das ist um so überraschender, als der
amerikanische Abwehrdienst ein Gerät mit dem bezeichnenden
Namen *Magic* entwickelt hatte, mit dem es gelang, den japanischen diplomatischen Kode zu knacken. Ein weiterer Vorfall bleibt
rätselhaft. Am Samstag, dem 6. Dezember 1941, das heißt vierundzwanzig Stunden vor dem Angriff, meldete eine Mitarbeiterin
der Dechiffrierabteilung des Geheimdienstes der US-Marine, daß
laut einer abgefangenen japanischen Nachricht ein Angriff auf Honolulu unmittelbar bevorstünde. Ihr Vorgesetzter war der Meinung, daß die Sache bis Montag Zeit hätte. Einige Stunden später
hielt der Stabschef der US-Armee, General George Marshall, eine
weitere abgefangene Nachricht in Händen. Er handelte unverzüglich und warnte Stützpunkte weltweit; aber der Teufel hatte seine
Hand im Spiel, denn atmosphärische Störungen machten eine
Verbindung mit dem Hauptstützpunkt der US-Pazifikflotte in Pearl
Harbor unmöglich.

Tokio, 7. Dezember. US-Botschafter Grew erhielt endlich Präsident Roosevelts Telegramm höchster Dringlichkeitsstufe, das von
der japanischen Zensur zehn Stunden lang aufgehalten worden
war. Grew eilte ins japanische Außenministerium.

Washington, 7. Dezember. Vom Geheimdienst der Marine war
eine Nachricht abgefangen worden, die schnellstens ins Weiße
Haus weitergeleitet wurde. Sie lautete:

Der Untergang großer Dynastien

„Die japanische Regierung bedauert, daß es unmöglich ist, ein
Übereinkommen mittels weiterer Verhandlungen zu erzielen."

An Bord seines Flaggschiffes *Akagi* verfaßte Yamamoto, Admiral
der Kaiserlichen Flotte, ein Gedicht:

„Es ist mein einziger Wunsch, dem Kaiser als Schild zu dienen. Ich
werde weder mein Leben noch meine Ehre schonen. Tenno Heika
Banzai!" Lang lebe der Kaiser!

Die japanische Flotte stampfte durch schwere See, nur mehr 230
Meilen nördlich der Insel Oahu (Hawaii), die Angriffsflugzeuge in
Reihen an Deck der sechs mächtigen Flugzeugträger, die Piloten
in ihren Kanzeln ... Der Krieg im Pazifik war nicht mehr aufzuhalten.

Im Morgengrauen des 7. Dezember 1941 gab Kommandant Misuo Fuchida, Anführer der ersten Welle der 183 japanischen Trägerflugzeuge, das berüchtigte Kommando aus: *Tora, Tora, Tora!*
(Kurz für *totsugeki* – greift an!) – und der Krieg im Pazifik hatte begonnen. Wellen von Torpedoflugzeugen fetzten über die Ananasplantagen, tauchten über Battleship Row ab. Innerhalb weniger
Minuten wurde das Schlachtschiff USS *West Virginia* von sechs
Torpedos getroffen, die *Oklahoma* von fünf, die *California* von
zwei, wie auch die *Utah*. Treffer bekamen auch die *Tennessee*,
Maryland, *Pennsylvania* und *Nevada* ab. Die *Arizona* explodierte
und nahm fast die gesamte Besatzung mit in den Abgrund. Eine
Meldung ging von der Insel Ford ab:

„Luftangriff Pearl Harbor – Dies ist keine Übung, wiederhole, dies
ist keine Übung!"

Zur gleichen Zeit, Tausende von Kilometern entfernt, herrschte
Verwirrung in der japanischen Botschaft in Washington. Der Botschafter hatte Order bekommen, persönlich dem amerikanischen
Außenminister eine Kriegserklärung zu überbringen, und zwar
eine Stunde vor dem Angriff auf Pearl Harbor. Ein Übersetzungsfehler in der chiffrierten Nachricht, die dadurch erforderliche Neu-

Die Tennos

schrift etc. führten dazu, daß die Kriegserklärung erst *eine Stunde nach* dem Luftüberfall auf Pearl Harbor überreicht wurde. Die Rede zum *Tag der Schändlichkeit* des US-Präsidenten vor dem Kongreß brachte die Vereinigten Staaten am 7. Dezember 1941 in den Krieg.[39]

Nach der Zerstörung der US-Pazifikflotte in Pearl Harbor wurde aufgrund eines neuerlichen Kommunikationsfehlers auch Mac Arthurs Luftflotte auf den Philippinen vernichtet. Zwei Tage später war die Ära des Schlachtschiffes Vergangenheit: Zwei britische Großkampfschiffe, die *Prince of Wales* und *Repulse* wurden durch landgestützte Flugzeuge versenkt. Ein japanischer Erfolg folgte dem anderen, japanische Truppen rollten Robotern gleich über den Pazifik. Hongkong fiel, dann Singapur, dann die Philippinen.

Es war ein Wirbelsturm der Eroberungen. Jeder Sieg wurde in Japan stürmisch bejubelt, das Land befand sich im Siegestaumel, während sich in Washington Niedergeschlagenheit breitmachte. Die Schuld für das Debakel lastet auf vielen Regierungen, vor allem auf der Amerikas, die die Macht und Möglichkeit hatte zu handeln, und nicht handelte, zumindest nicht rechtzeitig. Trotz zahlreicher Signale und früher Warnungen sahen die Vereinigten Staaten die Kriegsgefahr nicht als solche, vielmehr nur als eine weitere komplexe Krise in einem asiatischen Land. Überdies zeigt die schwache und unentschlossene Reaktion westlicher Mächte auf die Machtergreifung Hitlers und die Ausweitung seiner Kriegsmaschinerie, daß man nichts aus der Geschichte gelernt hatte. *Es kann nicht geschehen!* – und doch geschah es!

Bei Ausbruch der Feindseligkeiten erklärte die militärische Propagandamaschine Japans, daß der Pazifikkrieg *ein selbstloser Versuch der Befreiung Asiens* sei. Das war eine bemerkenswerte Aussage in Anbetracht der Unvereinbarkeit von Mittel und erklärtem Zweck. In den eroberten Gebieten mußten Armbinden mit dem Emblem der Aufgehenden Sonne getragen werden und die Bewohner mußten sich vor den japanischen Soldaten verneigen. Die *Kenpeitai* (japanische *Gestapo*) hob alle diejenigen aus, die für die

Der Untergang großer Dynastien

vorhergehende Regierung gearbeitet oder westliche Sympathien gezeigt hatten. In diesen repressiven Akten standen ihnen die Amerikaner um nicht viel nach. Am 19. Februar 1942 unterzeichnete der amerikanische Präsident Executive Order 9006, eine Verfügung, die das Militär ermächtigte, 127.000 unschuldige Amerikaner japanischer Abstammung in zehn speziell für diesen Zweck errichteten Lagern im Mittelwesten zu internieren.

Der Kaiserliche Generalstab sah sich einigen grundsätzlichen Problemen gegenüber, insbesondere, wie die Verteidigung des sich über viele Gebiete erstreckenden Reiches zu sichern und nichtsdestoweniger eine rasche friedensvertragliche Regelung mit den Vereinigten Staaten herbeizuführen sei, bevor die Produktionsmaschinerie der USA voll auf Touren kommen würde. Schon 1942 beauftragte Kaiser Hirohito seinen Premierminister Tojo, eine rasche friedliche Lösung des Konfliktes zu suchen. Er war sich bewußt, daß Japan einem längeren Konflikt nicht standhalten konnte und daß die erstaunliche Siegesserie einmal zu Ende sein würde. Der Kaiser blieb bei seiner Einschätzung der Lage, aber seine Generäle und Admirale, dank ihrer Erfolge im ganzen Südpazifik von maßlos gesteigertem Selbstbewußtsein, wollten von Frieden nichts wissen.

Mit dem Fall der letzten amerikanischen Bastion, Corregidor auf den Philippinen, lag der Pazifik offen da. Die Japaner begingen nun den unverzeihlichen Fehler, auf Ziele vorzurücken, die nichts brachten und zu weit von den Nachschubstützpunkten lagen, um notfalls erfolgreich verteidigt werden zu können. Während die Japaner jede Insel befestigen mußten, konnten die Amerikaner aus Hunderten von Zielen wählen. Guadalcanal (Insel der Salomonen) war das erste.

Wie der Kaiser und auch Admiral Yamamoto vorhergesagt hatten, waren die japanischen Nachschublinien bald am Ende ihrer Kapazität, die bis dahin siegreiche Armee verlor bei Kohima, und die vier größten Flugzeugträger, der Stolz der Marine, wurden von amerikanischen Trägerflugzeugen vor der Insel Midway auf Grund geschickt (4.–6. Juni 1942). 18 Monate nach Pearl Harbor begann

Die Tennos

Japan den Krieg zu verlieren. Die amerikanische Kriegsindustrie übertraf an Ausstoß alles bisher Dagewesene, und Wissenschafter arbeiteten an einem höchst geheimen Unternehmen, das selbst Eingeweihten nur unter dem Kode *Manhattan Project* bekannt war.

Im Norden von Santa Fe, Neumexiko, liegen die *Jemez Mountains*, eine Hügelkette, die ein Hochplateau umschließt, wahrlich eine unwirtliche Gegend. Die spanischen Konquistadoren hatten sie einst *Jornada de la Muerte* (Reise des Todes) genannt. Und gerade dort, in Los Alamos, wurde mit der Konstruktion des höchst geheimen Projektes begonnen. Eine Stadt für 6.000 Einwohner wurde aus dem Boden gestampft – mit Fertigteil-Unterkünften für die Bevölkerung und mit Glashäusern, *um eine wachstumsfähige Wüstenkultur von tropfbewässerten Pflanzen zu entwickeln.* Genug, um jeden Spion zu täuschen. Die Zentraleinheit war wie ein heiliger Schrein – eine Plutonium-Spaltungsanlage, betrieben von Wissenschaftern aus aller Welt. Die Atomwissenschaft sollte ihre Religion werden, wenn auch manche, an führender Stelle J. Robert Oppenheimer, sich nicht eines gewissen Unbehagens über die möglichen Folgen ihrer Arbeit erwehren konnten.[40] Es war ein gefährliches Unterfangen. Louis Slatin, einem kanadischen Wissenschafter, gelang es, eine ungewollte Kettenreaktion zu verhindern, aber dabei wurde er das erste bekannte Opfer einer neuen und tödlichen Bedrohung, der Strahlenkrankheit.

Ab Anfang 1944 verfolgten MacArthurs Verbände die Strategie des *Island Hopping* im Südwestpazifik und eroberten Insel um Insel. US-Marines landeten auf Saipan, die Regierung Tojo stürzte. Der neue Premierminister war ein pensionierter Admiral, Baron Kantaro Suzuki. Als nächstes fielen die Marianen, und dann kam es zu Japans Katastrophe zur See im Golf von Leyte (bei den Philippinen, 23.–26. Oktober 1944) mit enormen Verlusten an schwimmendem Material und an unersetzlichen Flugzeugen mit ihren Piloten. Alliierte Streitkräfte näherten sich der Vorpostenlinie der Hauptinseln. Japanische Truppen lieferten heftige Verteidigungsgefechte auf Iwojima, einer kleinen Insel, der die US-Marines den passenden Namen *Friedhof des Teufels* gaben, und die durch ein Foto zu besonderen Ehren kam: das Hissen der Flagge auf dem Berg Suribashi am 23. Februar 1945. Die wütende Schlacht dauerte 26 Tage, und als alle Hoffnung dahin war, versammelten sich die restlichen japanischen Verteidiger um ihren Kommandanten und jagten sich in ihrem Bunker in die Luft – gemäß dem heiligen Eid *Treue bis in den Tod.*

Der nächste Angriff richtete sich gegen Okinawa, und am 1. April 1945 landeten amerikanische Truppen auf der Insel. Japan hatte seine Verteidigung heldenhaften, aber nicht ausgebildeten jungen Männern, den *Piloten des himmlischen Windes*, den *Kamikaze* (Selbstmordfliegern) anvertraut. *Sicherer Treffer, sicherer Tod* war ihr Motto. Diese jungen Freiwilligen folgten dem Befehl: *Ein Flugzeug gegen ein Schiff* mit Selbstaufopferung. Der erste Kamikaze-Angriff, am 2. Februar 1945, traf die Flugzeugträger *Saratoga* und *Bismarck Sea*, wobei 500 amerikanische Soldaten ums Leben kamen. Insgesamt wurden bei Kamikaze-Angriffen 300 amerikanische Schiffe versenkt oder schwer beschädigt. Aber so wie die Landstreitkräfte war auch der *Himmlische Wind* nicht in der Lage, die alliierte Flut, die gegen Japans Küsten brandete, einzudämmen. (Allerdings gab es einen *Himmlischen Wind*, der die US-Flotte beinahe vernichtet hätte. Aufgrund eines Signalfehlers segelte die gewaltige Armada geradewegs in einen Taifun, der eine größere Anzahl von Schiffen beschädigte und mehr Opfer verursachte als die Kamikaze-Angriffe.)

Immer mehr amerikanische Bomberformationen ließen die Sirenen in japanischen Städten heulen. In der Nacht vom 9. auf den 10. März 1945 griffen 279 der riesigen B-29 Bomber, bestückt mit den neuen, verheerenden M-69 Napalmbomben, Tokio an. Die meisten Bewohner Tokios ignorierten die Luftschutzsirenen und blieben in ihren Holzhäusern. Welle um Welle entlud sich über der Stadt: insgesamt 1.900 Tonnen Napalm. Der Feuersturm, der vier Tage anhielt, erreichte Temperaturen von bis zu 1.800°C, tötete mindestens 80.000 Menschen, machte über eine Million obdachlos und verwandelte ein Viertel der Stadt in schwelende Asche. Tag für Tag kam Japan unter schweren Beschuß. Das Groß-

Die Tennos

kampfschiff *Yamata* unternahm eine Selbstmordmission und
wurde zerstört. Amerikanische U-Boote kreisten die Inseln ein; an
versenkter Tonnage übertrafen sie bei weitem die deutschen U-
Boote.

Mit dem 21. Juni 1945 war Okinawa in amerikanischen Händen.
Die 7.000 Überlebenden der 120.000 japanischen Verteidiger wurden gefangengenommen, während der Kommandant und sein
Stab Harakiri begingen. Am folgenden Tag berief Kaiser Hirohito
den Obersten Kriegsrat ein und legte den Herren sofortige Waffen-
ruhe, gefolgt von Verhandlungen mit dem Feind, nahe. Die Falken,
angeführt vom Kriegsminister, lehnten jegliche Konzession ab und
bestanden auf einer Fortführung des – bereits hoffnungslosen –
Kampfes. Nach dem Fall der letzten die japanischen Hauptinseln
Hokkaido, Kyushu, Shikoku und Honshu schützenden Inselfestung
versammelten die Amerikaner eine gigantische Invasionsflotte.
Gleichzeitig wurde ein höchst geheimes Unternehmen in Gang gesetzt. Der erste Schritt war die Verlegung der *509th Composite
Group, Twentieth US Air Fleet* auf das Pazifikatoll *Tinian*.

Dann ging alles sehr schnell. Am 16. Juli 1945 zündete das
Team um J. Robert Oppenheimer auf einem Testgelände in der
Alamogorodo Wüste, New Mexico, um 5:25 Uhr die erste atomare
Vorrichtung mit dem Decknamen *Trinity*. Die Wirkung der Ex-
plosion betrachtend, soll der große Wissenschafter gesagt haben:
Ich bin der Tod geworden, der Vernichter von Welten. (Gott Vishnu
in dem religionsphilosphischen Gedicht *Bhagavadgita*.)[41]

Am 26. Juli 1945 erfuhr Japan durch eine Note der Viermächte-
Konferenz in Potsdam, daß die Großmächte in einer Erklärung Japan aufgefordert hatten, die Unterwerfung all seiner Streitkräfte zu
befehlen. *Die Alternative für Japan ist sofortige und völlige Zerstörung* durch jegliches verfügbare Mittel. Es sollte sich bald her-
ausstellen, welcher Art dieses Mittel war. Die Weisungen aus dem
Weißen Haus an Douglas MacArthur, Oberbefehlshaber der alliierten Streitkräfte im Südwestpazifik, lauteten: *Unsere Beziehungen zu Japan beruhen nicht auf einer Vertragsbasis, sondern auf be-
dingungsloser Kapitulation.*

Der Untergang großer Dynastien

Um 2:45 Uhr des 6. August 1945 dröhnte eine amerikanische B-29 Superfortress, die *Enola Gay*, über die Startbahn vom Tinian Atoll. Der Pilot war Paul W. Tibbets, Oberst der US-Luftwaffe, sein Auftrag eindeutig: ... *die Spezialbombe nach Maßgabe der Wetterbedingungen über einem der folgenden Ziele – Kokura, Niigata, Hiroshima, Nagasaki – abzuwerfen ...*

Kurz vor 7 Uhr früh am 6. August entdeckte der diensthabende Techniker der Radarstation in Hiroshima einen Leuchtfleck auf seinem Schirm. Er löste die Alarmsirenen aus, und die 250.000 Einwohner der Stadt begaben sich in die Schutzräume. Bald darauf wurde Entwarnung gegeben (das Objekt auf dem Radarschirm erwies sich als Wetterflugzeug). Um 8 Uhr wurde erneut Fliegeralarm gegeben, diesmal von den Menschen nicht ernst genommen. Himmelwärts blickend sahen sie einen Kondensstreifen im klaren Blau und dann einen Schwarm von Fallschirmen langsam herabschweben. Es war das letzte, was sie je sehen sollten. Der Blitz versengte ihre Augen, bevor ein Sturm von Tornadostärke Gebäude zum Einsturz brachte und ein Wolkenpilz emporstieg. Es war 8:15 Uhr und 17 Sekunden an diesem 6. August 1945, als die Welt in das Atomzeitalter eintrat ...

Der Atomschlag hatte eine Stadt getroffen. Späteren Schätzungen zufolge waren an die 100.000 Menschen umgekommen, und jeden Tag starben weitere. Eine schwarze Wolke, durchbrochen von gigantischen roten Flammen, lastete über der toten Stadt. (Der Kopilot der *Enola Gay*, Kapitän Robert Lewis, schrie: *Mein Gott, was haben wir getan!*) Der Himmel glühte wie das Innere eines Hochofens. Aus der Entfernung bot sich das Bild einer schwarzen Landschaft und der verschmolzenen Erde um *Ground Zero*. Im weiteren Umkreis waren die Gebäude zu einem Wald von Stümpfen reduziert. Kein Wunder, daß das japanische Militär, im Hinblick auf die Moral der Nation, ein Photographierverbot verhängte.

Ein Feuerblitz war der Beginn einer undenkbaren Zukunft für Japan und hatte die Regeln der Kriegführung geändert. Der wissenschaftliche Geist hatte ein prometheisches Ungeheuer erdacht und das Feuer der Sonne selbst in Menschenhände gelegt. Am Tag

Die Tennos

danach hatte der Vizestabschef die unangenehme Pflicht, dem Kaiser mitzuteilen, daß eine einzige Bombe unbekannter Stärke die Stadt Hiroshima ausgelöscht hatte.

Später an jenem Tag erklärte US-Präsident Harry Truman: *Die Quelle, aus der die Sonne ihre Kraft bezieht, kann nun das Land der Aufgehenden Sonne in totale Finsternis stürzen ...* Die Radiosendung wurde vom Leiter des japanischen Horchpostens abgehört, der seinen Minister über die Verwendung eines neuen Ausdrucks, *Atombombe*, informierte. Die Regierung Suzuki, die bis dahin gehofft hatte, die guten Dienste der Sowjetunion einsetzen zu können, um den Pazifikkonflikt zu einem annehmbaren Ende zu bringen, war schwer enttäuscht, als die Sowjetunion am 8. August 1945 Japan den Krieg erklärte und ihre Truppen, nach dem Sieg über Nazideutschland vom europäischen Kriegsschauplatz freigesetzt, innerhalb von drei Tagen die Mandschurei überrannten. *Ich habe entschieden, daß dieser Krieg beendet werden muß,* sagte Kaiser Hirohito nach dem Kriegseintritt Rußlands.

Aber das war schon nach dem schicksalsschweren 6. August.

Der Gedanke an Japans Schicksal in der Niederlage quälte Seine Kaiserliche Majestät. Ein furchtbares Los erwartete Japan, gefangen in dem Alptraum weiterer dieser alles vernichtenden Bombenungeheuer. Und sicherlich würde es zu einer Invasion der Alliierten kommen. Wie Admiral Yamamoto einst gewarnt hatte, nach den ersten sechs Monaten glänzender Siege dürfe man keine Wunder erwarten. Angesichts der überwältigenden Industriemacht Amerikas stand der militärische Ausgang fest. Die einzige Frage war, wie könnte Japan seine Integrität und Ehre im Hinblick auf die unvermeidliche Niederlage bewahren. Kaiser Hirohito wußte, daß er der einzige war, der die Nation in der nunmehr unvermeidlichen Katastrophe moralisch stützen und das Land vor dem Wüten totaler Anarchie schützen konnte. Wie könnte man ein Ende des Krieges herbeiführen, wie die eigenen Militärs davon überzeugen, daß ein Waffenstillstand, egal unter welchen vom Feind diktierten Bedingungen, die einzige Möglichkeit war, Japan

245

vor der totalen Vernichtung zu bewahren. Am 27. Juli 1945 trat der Oberste Kriegsrat zusammen, um die Potsdamer Erklärung des Vortages zu erörtern. *Die Armee akzeptiert die Erklärung in der derzeitigen Fassung nie und nimmer*, erklärte rundweg Außenminister Shigenori Togo. Der Kriegsminister General Anami reagierte erwartungsgemäß: *Senden Sie eine scharfe Protestnote an die Alliierten.*

Nein, befand Premierminister Suzuki – und die folgenden Worte sollten berühmt werden –, *wir werden ganz einfach die Erklärung mit Schweigen töten*. Das war ein fataler Fehler, denn Washington mußte annehmen, daß Japan der amerikanischen Forderung keine Beachtung schenkte, und der US-Kriegsminister Henry Stimson erklärte im nachhinein: *Wir mußten beweisen, daß das Ultimatum es ernst meinte mit der unvermeidlichen und vollständigen Vernichtung der japanischen Streitkräfte und der totalen Zerstörung japanischen Staatgebietes*. Die amerikanische Antwort wurde am 6. August in Hiroshima gegeben ... Unter dem Eindruck der furchtbaren Nachricht sagte der Kaiser zu seinem Premierminister: *In Anbetracht des neuen Waffentyps ist Japan ohnmächtig und kann den Krieg nicht fortführen* – mit dem Nachsatz, daß sich eine Tragödie wie Hiroshima nicht wiederholen dürfe.

Am selben Tag ersuchte der japanische Botschafter in Moskau um eine Audienz beim sowjetischen Außenminister Molotow, um eine Intervention seitens der Sowjetunion bei den Alliierten zu erreichen. Bei der Audienz ließ Molotow den Botschafter nicht zu Wort kommen, sondern verlas eine vorbereitete Note: ... *die Sowjetregierung erklärt, daß ab morgen, dem 9. August 1945, die Sowjetunion sich als im Kriegszustand mit Japan befindlich betrachtet.*

Der Schock war niederschmetternd, insbesondere als eben an jenem Morgen eine andere Stadt, Nagasaki, durch die zweite Atomexplosion der Welt ausgelöscht worden war. Dem Japanischen Kaiserreich blieb keine Wahl, als die beschämende bedingungslose Kapitulation zu akzeptieren. Aber immer noch weigerte sich die Armee, sich zu ergeben. *Sie werden mein Schwert nicht in*

Die Tennos

die Hände bekommen, sagte Generalstabschef Umezu und behauptete, daß Japan den Krieg nicht verloren hätte. Eine derartige Erklärung machte deutlich, daß die Armee eine Chance suchte unterzugehen, um sich nicht in die Schande fügen zu müssen. (Es ist eine Ironie des Schicksals, daß es ausgerechnet jener General Umezu war, der schließlich an Bord der USS *Missouri* im Hafen von Yokohama für Japan das Kapitulationsprotokoll mitunterzeichnen mußte.)

Am Donnerstag, dem 9. August trat um 14:30 Uhr das Kabinett zusammen, um über das Schicksal Japans zu entscheiden. Marineminister Admiral Yonai eröffnete die Sitzung mit der freimütigen Feststellung: *Wir werden die erste Schlacht gewinnen, aber nicht die zweite. Der Krieg ist für uns verloren, und wir sollten uns nicht damit aufhalten, das Gesicht zu wahren, sondern so schnell wie möglich kapitulieren.*

Kriegsminister General Anami widersprach auf das heftigste: *Es ist zu früh zu sagen, daß der Krieg verloren ist. Unsere Armee wird die Waffen nicht strecken, wissend, daß es ihr nicht erlaubt ist, sich zu ergeben. Für uns gibt es keine Alternative, als den Krieg fortzusetzen.*

Um die offensichtliche Pattsituation innerhalb der führenden Clique zu überwinden, unternahm der Premierminister einen Schritt, den vor ihm noch keiner gewagt hatte: Er ersuchte um die Gegenwart des Kaisers bei einer Sondersitzung des Kabinetts. Unter gewöhnlichen Umständen waren politische Entscheidungen nie die Aufgabe des Gottkaisers, sondern seiner engsten Ratgeber gewesen. Diesmal war es anders, denn der *deus ex machina* war der einzige, der das Problem der Rettung des Landes lösen konnte – und mußte. Durch die absolute Notwendigkeit eines salomonischen Urteils wurde der Kaiser aus der Zurückgezogenheit seines Lebens gerissen.

9. August, Mitternacht. Seine Kaiserliche Hoheit schritt einen engen und dunklen Gang entlang. Der Sitzungsraum befand sich in einem schwach beleuchteten und für die drückende Augusthitze nicht ausreichend belüfteten Luftschutzbunker. Zwei Reihen von

Tischen und ein Stuhl für den Kaiser waren das spärliche Mobiliar. Die elf Mitglieder des Obersten Rates verneigten sich, die Augen zu Boden gesenkt. Baron Suzuki ließ die Potsdamer Erklärung verlesen:

„... Militaristische japanische Berater haben das Kaiserreich Japan an den Rand der Vernichtung gebracht ... Wir rufen die Regierung Japans auf, nur die bedingungslose Kapitulation aller japanischen Streitkräfte zu erklären und geeignete und ausreichende Versicherungen ihres guten Glaubens in solchem Handeln zu geben. Die Alternative für Japan ist unverzügliche und vollständige Vernichtung."

Nach einem Augenblick des Schweigens nickte der Kaiser, und der Premierminister forderte Außenminister Shigenori Togo auf, die sofortige Annahme der Potsdamer Erklärung zu empfehlen. Kriegsminister Anami, eine stramme Haltung einnehmend und sich seiner Rolle bewußt, entgegnete:

„Der Ausgang der Schlacht um Japan ist ungewiß, solange sie nicht geschlagen ist. Eine Situation ohnegleichen würde entstehen, sollte das Kabinett die Kapitulation billigen."

Der Premierminister verbeugte sich vor dem Kaiser: *Die Entscheidung Ihrer Kaiserlichen Majestät wird erbeten ...*

Für den Kaiser war nun der entscheidende Moment gekommen. Der nächste Schritt würde unwiderruflich sein. Er würde das Ende des 2600jährigen *Erhabenen Himmelskönigtums* bedeuten. Seine Vorfahren hatten sich immer als die Inkarnation absoluter Macht verstanden, indem sie vergängliche und ewige Macht vereinten. Aber wem sollte er die Macht abtreten? Nicht den ihre eigenen Ziele verfolgenden Generälen. Den Forderungen seiner Streitkräfte nachzugeben, wäre weder mit ihren Fähigkeiten noch mit seinen Wünschen vereinbar. Die Entscheidung war eine moralische und, für den Kaiser, eine philosophische. Diesem zarten, fast zerbrechlichen Mann waren große innere Kraft und Mut gegeben. Selbst die widrigsten Umstände hatten ihm seinen Willen nicht rauben können. Es mußte einen Weg geben. Das alte System, das Reich zu regieren, war zwar zum Tode verurteilt, aber noch nicht tot. Japan mußte neu erschaffen werden. Nur dann könnte es den Platz, der ihm gebührte, wieder einnehmen, könnte es erneut die von seinen Generälen verspielte Gelegenheit ergreifen und die führende Nation in Asien werden. Ein verjüngtes Japan, mit einer Regierung, die den Willen des Volkes und nicht den Willen eines Gottkaisers oder eines kriegshetzerischen Generals ausführen sollte. Er mußte daher schnell handeln, die *Kriegsclique* schachmatt setzen.

Einige Minuten war nur das schwere Atmen von zwölf Männern zu hören – und in diese Stille fiel die ruhige *Stimme des Kranichs:*

„Daß es für mich unerträglich ist, meine loyalen Truppen entwaffnet zu sehen, versteht sich von selbst. Aber die Zeit ist gekommen, das Unerträgliche zu ertragen."

Ohne ein weiteres Wort schritt er an den gebeugten Häuptern vorbei. Der Kaiser hatte gesprochen und sein Wille war der göttliche Wille. Es dauerte noch vier Stunden, bis folgendes Kommuniqué durch Japans Botschafter in Schweden und in der Schweiz ausgegeben werden konnte:

„Die japanische Regierung ist bereit, die in der gemeinsamen Erklärung von Potsdam ... aufgezählten Bedingungen anzunehmen, mit der Maßgabe, daß besagte Erklärung keine Bestimmung enthält, die die Vorrechte seiner Majestät als souveräner Herrscher beeinträchtigt."

In Washington hatte Kriegsminister Henry Stimson Präsident Truman zu verstehen gegeben, daß die Position des Kaisers aufrechterhalten werden müsse, um die Kapitulation zu erleichtern. In Japan stieg die Besorgnis in Erwartung der Antwort des Gegners. Als sie eintraf, war die darin enthaltene Forderung ein Schock für die Armee:

Der Untergang großer Dynastien

„ ... der Kaiser und das Japanische Oberkommando sind aufgefordert, die Kapitulationsbestimmungen zu unterzeichnen."

Das war nicht nur ein Affront gegen die Person des *Himmlischen Herrschers*, sondern ein ungeheurer diplomatischer Fauxpas seitens der Amerikaner, der die endgültigen Sieger teuer zu stehen kommen sollte. Faktisch bedeutete diese Forderung eine offene Aufkündigung der Herrschaft des Kaisers; sie trieb die Japaner, deren Ehrenkodex es gebot, für ihren Gottkaiser zu sterben, in einen sinnlosen Kampf, der das Land mit Blut tränken sollte. An jenem Abend übertrug Radio Tokio eine Verlautbarung General Anamis: *Wir haben nur die eine Wahl: Wir müssen weiterkämpfen, denn in unserem Tod liegt die Aussicht auf das Überleben unseres Landes.* Und es kam zu einer weiteren, noch bedeutenderen Begebenheit.

Im Keller des Kriegsministeriums versammelten sich fünfzehn *Junge Offiziere*, um zu entscheiden, was zu unternehmen sei, um die Unantastbarkeit des Kaisers zu *schützen* und die heilige Ehre der kaiserlichen Streitkräfte zu wahren. Das Haupt dieser Verschwörung war ein fanatischer junger Offizier, Major Kenji Hatanaka, dem die Erniedrigung durch eine mögliche Niederlage und die Schändlichkeit der amerikanischen Forderung an seinen göttlichen Kaiser in der Seele brannte. Überdies konnte er nicht zulassen, daß dieser durch die eigenen Minister in die Schmach der Unterzeichnung der Kapitulation getrieben werde. Sein *Die Verräter müssen verschwinden* bezog sich auf die Kriegsgegner in der Regierung. Premierminister Suzuki, Außenminister Togo und der Lordsiegelbewahrer, Marquis Kido, der einzige, der direkten Zugang zu *Seiner Göttlichen Majestät* hatte, waren die drei, denen die sofortige Ermordung bestimmt war. Der Schlüssel zur Verschwörung würde die Reaktion von Generalleutnant Takeshi Mori sein, der die handverlesene Kaiserliche Garde befehligte und dessen Zustimmung unerläßlich war, um in den Palastbezirk zu gelangen. Sollte er sich weigern, sich dem Komplott anzuschließen, müßte auch er liquidiert werden.

Die Tennos

Zu früherer Stunde jenes Tages hatte der Kaiser gegenüber Marquis Kido versichert, daß die Sicherheit seiner Person von geringem Belang sei, wenn es darum ginge, das Land zu retten, und daß er gewillt sei, alles zu unternehmen, um eine sofortige Kapitulation zu garantieren. Der Marquis riet zu einem beispiellosen Schritt: einer Rundfunkansprache des Kaisers an die Nation. Hirohito stimmte zu und beauftragte Außenminister Togo, eine Note mit der Annahme der Forderung der Alliierten abgehen zu lassen. Auf von amerikanischen Flugzeugen abgeworfenen Flugblättern war der genaue Text der Kapitulationsnote zu lesen. Die Amerikaner handelten dabei in dem guten Glauben, dadurch weiteres Blutvergießen zu verhindern, aber für den Durchschnittsjapaner hatte die Meldung, daß sein Kaiser gezwungen worden war, sich dem Feind zu beugen, Sprengkraft. Marquis Kido überreichte eines der Flugblätter dem Kaiser mit den warnenden Worten: *Wir müssen schnell handeln, sonst erhebt sich die Armee.* Der Monarch willigte ein, gab Anordnung, die Aufnahme der Radioansprache vorzubereiten und eine weitere Sitzung des Kaiserlichen Rates einzuberufen, um seinen Ministern und Militärs den Allerhöchsten Entschluß, sich an die Nation zu wenden, kundzutun: *Ich wünsche, daß das Kabinett ein Reskript* (Kaiserlicher Bescheid) *ausarbeitet, das die Beendigung des Krieges verkündet.* Er war sich nur zu sehr bewußt, daß dieser Schritt das Ende von 2600 Jahren ununterbrochener Herrschaft der *Himmlischen Tennos* einläuten würde.

Oberstleutnant Takeshita, der Schwiegersohn des Kriegsministers Anami und eine der Schlüsselfiguren der Verschwörung, bezichtigte den General des Verrats, sollte er es verabsäumen, die Armee aufzubieten, um die Unterzeichnung des Waffenstillstandes zu verhindern. Anami schüttelte nur den Kopf. *Der Kaiser hat seine Entscheidung getroffen und ich muß meinem Kaiser gehorchen.* Dann informierte er Generalleutnant Mori, den Kommandanten der Kaiserlichen Garde, über die Entscheidung des Kaisers. Mit den Worten *Dann müssen wir ihr Folge leisten,* unterschrieb er sein Todesurteil.

Der Untergang großer Dynastien

14. August 1945. Eine Mitteilung Anamis ging hinaus:

„Das Kriegsministerium, 14. August, 14:30. Die kaiserlichen Streitkräfte werden strikt im Einklang mit der Entscheidung Ihrer Majestät des Kaisers handeln. (Gezeichnet) General Anami."

Der Kriegsminister hatte Partei ergriffen. Kurz darauf erfolgte eine ähnliche Erklärung des Befehlshabers der Ostarmee, General Tanaka. Major Hatanaka beschloß, keine Zeit mehr zu verlieren und zu handeln. Er fürchtete, daß es zu spät sein könnte, wenn der Kaiser einmal sein Reskript verlesen hatte. Auf dem Fahrrad fuhr er zum Hauptquartier der *Kaiserlichen Gardedivision*. Als er dem Kommandeur des 2. Bataillons der Gardedivision gegenüberstand, nahm Hatanaka sofort Zuflucht zu einer Lüge: *Der Kriegsminister, der Befehlshaber der Ostarmee und der Divisionskommandant sind in den coup d'état eingeweiht*. Der Bataillonskommandeur zögerte, aber nicht lange.

Prinz Konoye, Bruder des Kaisers, verlangte Marquis Kido zu sehen: *Ich habe beunruhigende Gerüchte gehört, und ich bin besorgt über das, was bei der Gardedivision geschehen könnte. Haben Sie etwas gehört?* Kido schüttelte den Kopf und war gerade dabei, sich respektvollst zu entfernen, als er durch das Fenster eine Gruppe schwer bewaffneter Soldaten in den Hof marschieren sah. Es waren Männer des 2. Bataillons der Gardedivision.

Kaiser Hirohito, in der Uniform des Generalissimus, wurde zum Ministerium für den Kaiserlichen Haushalt gefahren, wo das Radioteam wartete, um seine Ansprache an die Nation aufzunehmen. Es war Mitternacht.

„Wir sind Uns über euer aller, Unsere Untertanen, innerste Gefühle völlig klar. Jedoch dem Befehl der Zeit und des Schicksals gehorchend, haben Wir uns entschlossen, einem großen Frieden für alle kommenden Generationen den Weg zu bereiten, indem Wir das Unerträgliche ertragen und erdulden, was man nicht erdulden kann."

Die Tennos

Und er endete mit Worten, die den zukünftigen Weg Japans umrissen:

„Vereinigt Eure Kräfte, um sie dem Aufbau der Zukunft zu widmen. Bestellt die Wege der Rechtschaffenheit, pflegt den Adel des Geistes und arbeitet mit Entschlossenheit, auf daß es Euch gelingen möge, den Ruhm des Kaiserlichen Staates zu mehren und mit dem Fortschritt der Welt Schritt zu halten."

Es waren prophetische Worte.

Die Aufnahme wurde zwei kaiserlichen Kammerherrn, Togo und Tokugawa übergeben, die für die sichere Verwahrung der Wachsplatte verantwortlich waren. Tokugawa sperrte sie in einen kleinen Privattresor, den er mit losen Papieren zudeckte. Er konnte nicht wissen, daß diese Maßnahme die Aufnahme vor der Vernichtung bewahren würde. Major Hatanaka hatte von einem Vertrauensmann in der Radiostation von der Aufnahme gehört. Er wandte sich zu Takeshita: *Das 2. Bataillon ist bereits im Inneren des Palastes, aber Mori ist noch immer nicht auf unserer Seite.*

Und Anami, warf Oberstleutnant Takeshita ein, *was immer geschieht, er wird sein Wort halten.*

Dann müssen Sie sehen, daß Sie den Kriegsminister überzeugen, sagte Hatanaka, bevor er sich auf den Weg zu General Mori im Hauptquartier der Kaiserlichen Garde machte. General Mori war in einer Besprechung mit seinem Vize, Oberstleutnant Shiraishi, als Major Hatanaka und Kapitän Uehara ohne Anmeldung eintraten. Was dann passierte, wird nie völlig aufgeklärt werden, da es keine unmittelbaren Zeugen gibt. Kaum waren die zwei Verschwörer in das Büro des Generals getreten, als ein Schuß fiel und Schreie aus Moris Zimmer drangen. Dann trat Hatanaka, eine Pistole in der Hand, aus der Türe. *Es gab keine Gelegenheit zum Diskutieren, daher tötete ich ihn.* Hinter ihm trat Kapitän Uehara aus dem Zimmer, das Blut von seinem Schwert wischend.

Die Ermordung Moris und Shiraishis vereitelte die letzte Chance, die Hatanaka vielleicht gehabt hätte, Unterstützung von der Armee zu bekommen. Schnelles Handeln war daher notwen-

253

Der Untergang großer Dynastien

dig. Gemeinsam mit Major Koga erließ er die *Strategische Order Nr. 548 der Kaiserlichen Gardedivision,* mit der der Coup voll in Gang gesetzt wurde:

„1. Die Division wird den Plan des Feindes zunichte machen. Sie wird den Kaiser schützen und die nationale Politik aufrechterhalten.

2. Der Kommandeur des 1. Infanterieregiments wird ... besetzen, und so die kaiserliche Familie bewachen. Der Kommandeur wird auch einer Kompanie Order geben, die Tokioter Radiostation zu besetzen und alle Sendungen zu verbieten ..."

Major Hatanaka nahm das private Siegel General Moris vom blutverschmierten Schreibtisch und legalisierte damit seine Order 548 – eine perfekte Fälschung. Nach getaner Tat eilte er in Oberst Hagas Hauptquartier und gab vor, der Sonderbeauftragte General Moris zu sein und daß das 2. Bataillon Befehl hätte, den Palast zu besetzen, *um die Göttliche Majestät zu schützen,* die im Palastbezirk anwesenden Minister *auszuheben,* und, vor allem, die Aufnahme mit der dem Kaiser *von den Verrätern* aufgezwungenen Proklamation zu finden. Innerhalb von Minuten war das gesamte Palastareal in den Händen der Aufständischen. Anwesende, egal welchen Alters und Standes, wurden weggesperrt, die beiden Kammerherrn aber, die einzigen, die wußten, wo die Aufnahme versteckt war, konnten entwischen.

Während immer mehr Soldaten die Palasträumlichkeiten auf der Suche nach der kostbaren Aufnahme durchstöberten, hatte derjenige, welcher durch seine bloße Gegenwart die Lage hätte wenden können, keine Ahnung von dem Staatsstreich. Selbst in einer so kritischen Situation wagte es niemand, den Schlaf *Seiner Göttlichen Majestät* zu stören.

General Tanaka, Befehlshaber der Ostarmee, erfuhr schließlich von General Moris Tod und gab folgenden Befehl an seine Truppenverbände aus:

„Alle den Kaiserlichen Palast umstellenden Verbände haben sich unverzüglich zu zerstreuen."

Die Tennos

Major Hatanaka, ein impulsiver Mann, ließ sich durch diesen Befehl nicht stören. Der Wille, seinem Kaiser, der seiner Meinung nach schamlos hintergangen worden war, zu dienen, war von solcher Ausschließlichkeit, daß nur der Tod ihn von seinem Vorhaben hätte abbringen können.

Oberstleutnant Takeshita raste durch die Stadt, um seinen Schwiegervater, General Anami zu sehen – und fand ihn einen Abschiedsbrief schreibend:

„Für mein höchstes Verbrechen erflehe ich Vergebung durch den Akt des Todes. Korechika Anami, in der Nacht des 14. August 1945."

Er muß dabei an einen seiner illustren Vorgänger unter Kaiser Meiji gedacht haben, der sich wegen folgenschwerer Führungsfehler entleibt hatte. Zu Takeshita sagte er:

„Des Kaisers Ansprache wird zu Mittag gesendet werden, und ich könnte es nicht ertragen, sie zu hören."

General Tanaka rief von seinem Hauptquartier Oberst Haga, Kommandeur des 2. Bataillons an, um ihm mitzuteilen, daß Mori einem Mord zum Opfer gefallen war, daß es sich bei Order Nr. 548 um eine ungeheuerliche Fälschung handle und daß er seine Einheit unverzüglich vom Palastareal abzuziehen habe. Wutentbrannt fiel Haga über Hatanaka, der gerade neben ihm stand, her: *Jetzt verstehe ich, die ganze Sache war nichts als eine Lüge. Es geht nicht darum, das Leben des Kaisers zu retten. Dies ist glatte Rebellion, und ich will nichts damit zu tun haben.*

Wortlos und bevor der Oberst ihn aufhalten konnte, verließ Hatanaka den Raum. Es gelang ihm, aus dem Palast zu entkommen, nur Minuten bevor General Tanaka auftauchte, um das Kommando zu übernehmen und die Dinge ins Lot zu bringen.

Anami kniete auf einem *tatami* (Reisstrohmatte), in der Hand einen blutigen Dolch. Sein Oberkörper schwang vor und zurück, Blut tränkte sein weißes Sterbegewand. Er hatte Harakiri an sich vollzogen. Seine Seele war entwichen, aber der Körper wollte nicht sterben. Takeshita, der die Agonie seines geliebten Generals nicht mehr mit ansehen konnte, ergriff den Dolch und stieß ihn in Anamis Hals.

Morgendämmerung. Major Hatanaka, dem nach ihm ausgelegten Fangnetz entkommen, fuhr per Rad zur Radiostation, die er unbewacht vorfand. Im Inneren herrschte große Verwirrung. Unbestätigte Meldungen über einen Staatsstreich überschlugen sich; nervöse Journalisten konnten keine Bestätigung erhalten, die Telefonleitungen zum Palast waren unterbrochen, seine Tore blockiert durch bewaffnete Wachen, die den Auftrag hatten, auf alle zu schießen, die sich Zutritt verschaffen wollten. Hatanaka stürmte ins Nachrichtenstudio und verlangte, auf Sendung zu gehen. Die Techniker erklärten ihm, warum das nicht ginge: eine Stromstörung, keine offene Leitung ... Hatanaka war wütend, fuchtelte mit seiner Pistole. Aber Probleme einer ihm unverständlichen Technik konnte er nicht überwinden. Er wußte, daß es vorbei war. Das Blatt mit der Erklärung, die er verlesen wollte, entglitt seiner Hand, und er taumelte aus dem Gebäude.

Um 7:21 Uhr Tokioter Zeit meldete sich der Radiosprecher: *Seine Kaiserliche Hoheit hat ein Kaiserliches Reskript erlassen. Es wird heute um 12 Uhr mittag gesendet werden ...*

Um 8:00 Uhr marschierte das 2. Bataillon der Kaiserlichen Garde hinter fliegenden Fahnen aus dem Palast.

Um 8:10 wurde der Großkämmerer Fujita vom Kaiser empfangen. Die wenigen Worte des Kaisers waren: *Warum wollten sie nicht verstehen, was Wir im Sinne hatten?*

In einem vorläufigen Hauptquartier im Palast war die erste Amtshandlung General Tanakas die Ausstellung eines Haftbefehls gegen Major Hatanaka und seine Verschwörer. Kapitän Shigetaro Uehara, der Mörder Oberstleutnant Shiraishis wurde vom *Kempeitai* gefangengenommen, aber gegen das Versprechen, Selbstmord zu begehen, freigelassen. Andere wurden festgenommen, nicht aber der Anführer Major Kenji Hatanaka, nach dem in der ganzen Stadt gesucht wurde. Er befand sich dort, wo ihn niemand vermutete: vor dem Kaiserpalast. Ein letztes Mal kniete er auf dem

Kies nieder, zog seine Pistole – dieselbe, mit der er General Mori niedergestreckt hatte –, um sich eine Kugel durch den Kopf zu jagen.

Admiral Takijiro Onishi, der Vater des *Göttlichen Windes*, und die Offiziere seines Stabes versammelten sich vor dem Kaiserpalast, knieten nieder und begingen rituellen Selbstmord. Die letzten Kamikazeflieger hoben ab und stürzten sich mit ihren Flugzeugen ins Meer. Die Rundfunkansprache des Kaisers ging wie geplant auf Sendung. Es war punkt 12 Uhr mittag an diesem denkwürdigen 15. August 1945.

***

Nach der Unterzeichnung des Kapitulationsdokumentes an Bord des Schlachtschiffes USS *Missouri* am 2. September 1945 war die öffentliche Meinung in den Siegerländern dafür, Kaiser Hirohito wegen Kriegsverbrechen vor Gericht zu stellen. Es schien undenkbar, daß der Tenno nichts von den in seinem Namen verübten Greueltaten gewußt hatte. Und doch konnte nie der Beweis erbracht werden, daß er von den Massakern auf den Schlachtfeldern und der Behandlung der Kriegsgefangenen in den Gefangenenlagern je informiert worden wäre.

Was der Kaiser vorhergesehen hatte, trat ein. Im Dezember 1945 wurde der Shinto-Staat, tausend Jahre das Bollwerk des Kaiserkultes, abgeschafft. Es war der Scheideweg für die japanische Gesellschaft und ein einschneidender Generationenwechsel. Der nächste Schritt schien nunmehr unvermeidlich, und das große Vorbild für die Genesung einer Nation war der *Himmlische Herrscher* selbst.

Am 1. Januar 1946 erklärte Kaiser Hirohito in einer kurzen Stellungnahme, die das Land überraschte und von seiner Bevölkerung mit großer Betroffenheit aufgenommen wurde: *Die Bindung zwischen dem Kaiser und seinem Volk gründet sich nicht auf Mythen und Legenden. Sie beruht nicht auf der Vorstellung, daß ihr Kaiser göttlich sei.*

Mit wenigen Worten hatte sich der von der Sonnengottheit abstammende Herrscher seines Rechtes und des Rechtes seiner Nachkommen, als Gottheit angesehen zu werde, begeben.

Ein neues Zeitalter, das der Demokratie, dämmerte herauf. Ein Anfang war gemacht ...

Nach sechs Schreckensjahren endete der Zweite Weltkrieg schließlich an Bord eines amerikanischen Schlachtschiffes im Pazifik. Und was hatte der Krieg gebracht? Wer waren die wirklichen Sieger?

> „Die menschliche Tragödie erreicht ihren Höhepunkt darin, daß wir nach all den Mühen und Opfern von Hunderten von Millionen Menschen und nach den Siegen der gerechten Sache noch immer nicht Frieden und Sicherheit gefunden haben, und daß wir uns inmitten von Gefahren befinden, die noch schlimmer sind als die überwundenen",

schrieb Winston Churchill in seinem epischen Werk *Der Zweite Weltkrieg.*

Amerika trat 1941 vollkommen unvorbereitet in den Krieg ein, es verlor seine Flotte in Pearl Harbor und seine Luftstreitkräfte auf den Philippinen – in nur 24 Stunden. In wenigen Monaten war der Pazifik zum japanischen Teich geworden. Dann kam die Schlacht der Trägerflotten bei den Midway-Inseln und damit die Wende. Innerhalb von achtzehn Monaten war es der amerikanischen Industrie gelungen, die größte Kriegsmaschinerie zu schaffen, die je die Meere befahren hatte. Während der Hauptkriegsschauplatz nach wie vor ein in verbissene und verzweifelte Schlachten verstricktes Europa war, während die deutschen Panzer aus Rußland vertrieben wurden, während die Normandie besetzt und Frankreich befreit wurde, ging der Krieg im Pazifik beinahe unbemerkt weiter.

Im Jahr 1944 stand Japan unter schwerem Druck von vier Seiten. Da gab es China, das Land, dessentwegen der Krieg begonnen hatte. Von Burma her kam der Druck einer britischen Armee unter den Generälen Mountbatten und Slim, die die Japaner in der Doppelschlacht von Meiktila-Mandalay geschlagen hatten und im Mai 1945 in Rangun einmarschiert waren. Jedoch spielten weder China noch Burma eine maßgebliche Rolle in der Niederlage Japans.

Es waren die Amerikaner; sie stellten 95 % des Kriegsaufgebotes und griffen an zwei Fronten an: an Land, mit den Insel um Insel einnehmenden Landstreitkräften unter General Douglas Mac Arthur, mit dem Ziel, die Philippinen als Sprungbrett für eine Invasion Japans zurückzuerobern. Und zu Wasser, mit der gigantischen Armada des Admirals Chester Nimitz, der alles auf seine Schiffe verlagert hatte: sein Kommando- und Kommunikationszentrum, seine Landetruppen, seine schwimmenden Fliegerhorste, seine Bomben und sein Versorgungsmaterial. Seine Hauptaufgabe war, Japans Lebensader zu durchtrennen. Japans Wirtschaft, Rohstoffversorgung und Nachschub waren wie bei jedem anderen Inselstaat vollkommen abhängig von gesicherten Seewegen. Zu diesem Zweck hatte Japan eine riesige Flotte, die zweitgrößte der Welt, geschaffen. Das Ende dieser stolzen Flotte kam mit der vernichtenden Seeschlacht am Golf von Leyte (23.–26. Oktober 1944), Japans letztem Versuch, das Unhaltbare, die Philippinen, zu halten.

Der Verlust unserer Marine ist gleichbedeutend mit dem Verlust der Philippinen, und durch ihn ist der Weg frei für eine Invasion unserer Hauptinseln, mußte der japanische Marineminister seinem Kaiser 1944 mitteilen. Nach der Niederlage am Golf von Leyte kam ein Sieg Japans nicht mehr in Frage. Es ist die Tragödie beider Länder, Japans und Amerikas, daß amerikanische Führungspersönlichkeiten die weitreichende politische Bedeutung dieses Sieges nicht erkannten. Die Vereinigten Staaten, die die Hauptlast der Anstrengungen getragen hatten, den Inselstaat in die Knie zu zwingen, hatten größtes Interesse daran, einen schnellen *nicht mit ihren Alliierten geteilten Sieg im Pazifik* zu erringen und dadurch den größtmöglichen Gewinn aus ihrem enormen Einsatz zu ziehen. Das hieß, daß Amerika im Alleingang gewinnen mußte, um spätere Komplikationen, insbesondere mit der Sowjetunion, deren

Der Untergang großer Dynastien

Expansionspolitik nur zu gut bekannt war, zu vermeiden, und zwar bevor der Krieg in Europa zu Ende war. Nach Leyte war dies durchaus machbar.

Am 9. August 1945 verloren die USA jedoch all ihr politisches Übergewicht in Asien, als die Sowjetunion in letzter Minute Japan den Krieg erklärte und freie Hand bekam, ihren kommunistischen Einfluß auf den gesamten Fernen Osten und Südostasien auszudehnen. Der amerikanische Kreuzzug für Frieden im Pazifik verwandelte sich damit bald in eine Konfrontation zwischen den beiden Supermächten, die in den folgenden Jahren zu Schwierigkeiten in China, Korea und Vietnam führen sollte.

***

Der Gang der Geschichte wollte es, daß Amerika, angesichts des Schreckgespenstes des Kalten Krieges, eines bedrohlichen kommunistischen Chinas und des Konfliktes in Korea, einen verläßlichen Verbündeten in Asien brauchte. Es war dies ein mächtiger Ansporn zur Versöhnung. Amerika pumpte Milliarden in Japans Wirtschaft, wissend, daß Japan nicht *rot* werden würde, solange es einen Kaiser hatte.

Der Tenno hatte recht gehabt, als er sein Land an diesem schicksalhaften Tag im August mit folgenden Worten ermutigte: *Vereinigt eure Kräfte, um sie dem Aufbau für die Zukunft zu widmen.* Die Japaner machten sich an die Arbeit, das heißt an den Wiederaufbau eines in Trümmern liegenden Landes, und ein industrieller Phönix stieg aus der Asche. Die Wirtschaft erblühte, die Städte erstanden neu. *For men with yen* wurde zum Wahlspruch für den Fortschritt und zum Beweis, daß wahre Weltmacht nicht auf Klauseln auf Pergament beruhte, sondern auf klingender Münze. Und überdies hatte das Land noch seinen Kaiser, den es verehrte und liebte. Japan hatte seinen *Platz an der Sonne* wieder eingenommen.[42]

Anläßlich der Feierlichkeiten zum fünfzigsten Jahrestag des Endes des Zweiten Weltkrieges wurde in Japan und dem Rest der Welt viel über den Anteil des Kaisers an dem schrecklichen Krieg

Die Tennos

spekuliert. Hirohito konnte sich nicht mehr selbst verteidigen, er war in seinem 87. Jahr, am 7. Januar 1989, im Schlafe verschieden. Mit ihm starb Japans alte Geschichte. Unzählige Menschen knieten vor dem Kaiserpalast, nicht, um einem Gott, sondern einem Mann die letzte Ehre zu erweisen, der von seinem Volk geliebt worden war, einem Herrscher, dessen *Himmlische Wesenhaftigkeit* es ihm verwehrt hatte, seinem Volk nahe zu sein.

„Ich wollte, die weise Stimme
des Mannes auf der Straße
spräche direkt, um Uns zu leiten,
auf daß Wir nicht fehlgehen
in der Erfüllung unserer Pflichten."

Kaiser Hirohito, in seiner Handschrift, 1966.

Die Pahlewis (1926–1979)

Allahu maa es sabrin!
Allah ist mit den Geduldigen!

O die ihr glaubt, sucht Hilfe in Geduld
und Gebet; wahrlich, Allah ist mit den Geduldigen.
...

(Der Heilige Koran)[43]

Der Wind war eisig, wie immer im Winter auf dem Hochplateau. Die Straßen der Hauptstadt lagen verlassen, der Großteil der wohlhabenden Bevölkerung war geflüchtet. Das ganze Land war durch Streiks lahmgelegt. Ein Hubschrauber flog knapp über den Dächern, schraubte sich in die Höhe und blieb für Augenblicke in der Luft stehen, um seinen Passagieren einen letzten Blick über die große, über Täler und Hügel ausgebreitete Stadt zu ermöglichen, bevor er sie vor dem Königlichen Pavillon am Flughafen Mehrabad absetzte. Der Offizier der Ehrengarde schritt auf die schmächtige, feingliedrige Gestalt im einfachen anthrazitfarbenen Anzug zu, die himmelwärts starrte, so als wollte sie das Wetter erkunden, bevor sie sich dem salutierenden Offizier zuwandte.

„Tun Sie das, was Sie für notwendig halten. Ich hoffe nur, daß es keine Toten mehr gibt."

Der Offizier erwies seinem Souverän eine letzte Ehrenbezeugung, dann schritt das hoheitliche Paar langsam über den roten Teppich und ging an Bord der kaiserlichen Maschine. Es war zwei Uhr nachmittag des 16. Jänner 1979.

Während ein viermotoriges Flugzeug, mit dem Schah selbst am Steuerknüppel, himmelwärts raste, wurde im Radio seine Abreise verlautbart. Die Menschen stürzten aus ihren Häusern, Jubel erhob sich, aus Autos drang lautes Hupen, Leute tanzten auf den Straßen, das Portrait ihres neuen Messias, eines verehrten Mannes der Religion, hochhaltend.

Allahu maa es sabrin!, skandierte die Menge. *Allah ist mit den Geduldigen.*

Und Schlagzeilen über die ganze Breite der Zeitungen meldeten:

DER SCHAH IST FORT!

***

Im Jahr 1878, als einem armen Subalternoffizier in einem abgelegenen Berggebiet ein Knabe geboren wurde, war Persien das rückständigste Land im Mittleren Osten. Rückständig waren auch seine Bewohner, eine Mischung verschiedener ethnischer Gruppierungen, entstanden durch die Invasionen von Sumerern, Babyloniern, Assyrern, Griechen, Römern, Arabern, Mongolen, Kurden und Türken. Sie brachten ihre Sprache, ihre Lebensart und Religion mit sich, und ihre Gesetze. Persien war ein Schmelztiegel für einander bekämpfende Stämme aus den Steppen Zentralasiens. Diese zusammenzuhalten war das Hauptanliegen jedes Schahs.

Die Kadjaren-Dynastie (1794–1925) herrschte mit einigermaßen trügerischer Macht; Straßen waren kaum vorhanden, und das Reisen war, wenn überhaupt möglich, mit Gefahren verbunden. Banditen durchstreiften die Lande. Es gab keine Armee, das Erziehungs- und Rechtswesen waren fest in der Hand von Mullahs. Sie verstanden ihre Macht als ein Recht, für andere zu entscheiden, ihnen ihre Institutionen und Lebensweise aufzudrängen. Diese Art der Führerschaft war nicht dazu angetan, Frieden und Stabilität zu sichern. Überdies waren religiöse Konflikte immer schon ein großes Problem in der Geschichte des Landes gewesen. Die Mehrheitsreligion Islam war in die zwei feindlichen Richtungen Sunniten und Schiiten gespalten. Es gab die rebellierenden Kurden, und

Die Pahlewis

in den Bergen, in der Nähe von Yazd (Jesd), hatten Reste des ursprünglichen persischen Kultes überlebt: die *zaradoschi*, die Anhänger Zarathustras, die die Körper ihrer Toten in offenen Türmen den Geiern zur Entsorgung überließen.[44]

Die wahren Herrscher aber waren die Russen und Briten, deren Bestreben die Ausweitung ihrer Handelsinteressen war, was die Sicherung der Handelswege von Europa durch Persien nach Afghanistan und von dort über den Khyber-Paß nach Indien erforderlich machte. Entlang dieser Route entstanden Handelsniederlassungen, um die herum sich kleine Siedlungen bildeten. Im Jahr 1872 schlug der britische Eisenbahnmagnat Julius de Reuter den russischen Zaren um eine Nasenlänge im Kampf um das exklusive Recht, eine persische Eisenbahnlinie zu errichten. Aber Straße und Schiene allein ließen nicht riesige landwirtschaftliche Siedlungen wie im Westen entstehen; das Land, das befriedet werden mußte, war zu groß und der steinige Boden zu mager für eine Bebauung.

Es herrschte Gesetzlosigkeit, und als diese auf die Hauptstadt überzugreifen drohte, entschloß sich der kadjarische Schah zur Bildung einer Schutztruppe von Kosaken, die von zaristischen Offizieren ausgebildet und befehligt wurde. Ein Halbwüchsiger von fünfzehn Jahren, Resa Pahlewi, meldete sich als gemeiner Soldat zu dieser Kosakenbrigade, in der er sich in Kürze hochdiente.

Bei der Konferenz von Konstantinopel von 1914 zwang die britische Regierung den Golfstaaten Persien und Irak ein Protokoll auf. Im Jahr darauf schlug der britische General Nixon die türkische Armee und deren Stammesaufgebote in der Nähe von Basra. Er zog mit seinen Truppen nach Al Kurna am Zusammenfluß von Euphrat und Tigris. Nach der Demontage des türkischen Sultanats ging Großbritannien an eine willkürliche Teilung des strategischen Wasserlaufes Schatt el-Arab[45]. Basra, am rechten Ufer, ging an den Irak, wie auch die Howeiza-Marschen am linken Ufer. Dies sollte zu einer furchtbaren politischen Explosion zwischen den beiden benachbarten Staaten und letztendlich zum Ausbruch eines mörderischen Krieges (1980–1988) führen.

Beim Ausbruch des Ersten Weltkrieges sympathisierte der kad-

Der Untergang großer Dynastien

jarische Schah mit Deutschland. Das konnte vor allem Großbritannien nicht zulassen, denn die britische Flotte hatte von Kohlefeuerung auf Ölfeuerung umgestellt, und die persischen Ölquellen mußten daher abgesichert werden. Mit einem dem Schah 1919 aufgezwungenen Abkommen *(agreement of mutual understanding)* wurde Persien praktisch ein britisches Protektorat. Der britische General Sir Edmond Ironside informierte 1920 die britische Regierung über seinen guten Eindruck von einem Kosakenoffizier, Resa Khan. Dem Kadjaren Ahmed Mirsa Schah konnte man nicht trauen, und der Große Bär Rußland, die andere Bedrohung der Region, war vorübergehend anderweitig in Anspruch genommen – von den Geburtswehen der Roten Revolution. Für die Briten, insbesondere für die Anglo-Persian Oil Company, kam der Zeitpunkt sehr gelegen, und sie beschlossen, einen verläßlichen Bundesgenossen auf den Pfauenthron zu setzen. Vor seinem Abgang aus Persien im Jahr 1921 ließ General Ironside Resa Khan wissen, daß *Persiens Schutzmacht* sich nicht gegen eine – sofortige – Übernahme der Macht durch ihn stellen würde. Resa Khan verstand den Wink und handelte unverzüglich. Am 26. Februar 1921 ritt General Resa Pahlewi Khan an der Spitze seiner Kosakenbrigade aus Hamadan in Teheran ein und entmachtete den letzten der Kadjaren, Ahmed Mirsa Schah. Als Strohmann setzte er G. Saltaneh als Premierminister ein, der harte Säuberungen unter dem alten Adel durchführte und ihn durch Freunde des Pahlewi ersetzte. Ahmed Mirsa Schah ging nach Paris ins Exil, wo er 1925 abdankte.

Im Dezember 1924 wurde der Kosakengeneral zum Schah ausgerufen und im April 1925 als Resa Schah gekrönt. Eine seiner ersten Maßnahmen war darauf gerichtet, die Geistlichkeit, die er als größtes Hindernis für eine Modernisierung des Landes ansah, mundtot zu machen. Seine zweite Frau, Täj ol Molok, ebenso hartnäckig wie ihr hoheitlicher Gemahl und ihm in jeder Hinsicht ebenbürtig, entwickelte sich zu einer emanzipierten Frau. Auf ihr Drängen bot Resa Schah in einem folgenschweren Schritt dem heiligen Gesetz des Islam die Stirn, indem er den Schleierzwang (das Tragen des *tschador)* abschaffte. Sein Erlaß konnte in den

Die Pahlewis

Städten durchgesetzt werden, stieß aber auf dem Lande, wo die
Mullahs trotz der Maßregelung weiterhin das Sagen hatten, auf
Schwierigkeiten.

Mohammed Resa Pahlewi wurde am 26. Oktober 1919 in Teheran
geboren – wie seine Zwillingsschwester Aschraf. Er war ein kränk-
liches Kind und machte einige schwere Krankheiten durch. (Ganz
im Gegenteil zu seiner Zwillingsschwester, die als *der Junge in der
Schahfamilie* bekannt wurde, ein Ruf, dem sie während der Regierungszeit des Schahs alle Ehre machte: Sie half ihm mit Rat
und Tatkraft in vielen schwierigen Situationen.) Resa verbrachte
seine Entwicklungsjahre im Schweizer Internat Le Rosey. Mit seinem schneidigen und guten Aussehen gelangte er bald in den
zweifelhaften Ruf eines *tombeur des filles*, eines Frauenhelden, und
mußte in aller Eile nach Hause expediert werden, als seine Liaison mit einem Stubenmädchen ruchbar wurde.

In der Absicht, eine Dynastie zu gründen, durchforschte Vater
Resa den Nahen und Mittleren Osten nach einer geeigneten Braut
für seinen Sohn. Die besten politischen Aussichten versprach eine
Verbindung mit dem ägyptischen Königshaus, und der neunzehn-
jährige Resa wurde mit der Tochter König Fuads I. von Ägypten,
der Schwester Faruks, des späteren Königs von Ägypten, vermählt.
Prinzessin Fawzia brachte ein Mädchen zur Welt, konnte aber dem
persischen Thron keinen Erben schenken. Enttäuscht kehrte sie in
den väterlichen Palast zurück. Ihre Stelle nahm Soraya Esfandiary,
ein lebhaftes und hübsches Mädchen ein, der es ebenfalls versagt
blieb, dem Land den ersehnten Thronfolger zu schenken. Sie erlitt ein ähnliches Schicksal wie ihre Vorgängerin, die ägyptische
Prinzessin. Nachdem Soraya den Thron geräumt hatte, verkündete
der nunmehrige Schah – er löste 1941, auf Druck der Briten und
Russen, seinen Vater als Schah ab – seine Absicht, eine katholische
italienische Prinzessin von achtzehn Jahren, Tochter des Exkönigs
Umberto, zu ehelichen, allerdings ohne sich vorher vergewissert
zu haben, ob sie ihn auch wollte. Das Problem ließ sich auf diplomatische Weise lösen: Der Schah war ein Muslim, und der Papst

würde der Verbindung nicht zustimmen ... Die Erleichterung war groß, insbesondere bei dem jungen Mädchen. Aber die Pahlewis hatten immer noch keinen Thronerben. Resa erwählte schließlich eine junge Architekturstudentin aus einer Familie des niederen persischen Adels. Farah Diba wurde nach Paris geschickt, um sich eine ihrem neuen Stand gemäße Frisur und geziemende Garderobe zuzulegen. Im Nu hatte sich ein gewöhnliches Mädchen in eine Bilderbuch-Prinzessin aus 1001 Nacht verwandelt. In einer prunkvollen Zeremonie wurde das Paar am 21. Dezember 1959 getraut, und innerhalb eines Jahres schenkte Farah Diba dem Schah den heißersehnten Thronerben, einen neuen Resa.

Die neue Vaterrolle hielt den Monarchen aber nicht von Seitensprüngen ab. Sehr zum Kummer der jungen *Schahbanu* (Kaiserin) legte der Schah nicht nur wenig Diskretion seine Affären betreffend an den Tag, sondern auch ein unersättliches Verlangen nach Damengesellschaft. In St. Moritz, wo er eine prächtige Villa besaß, verbrachte er die Tage auf der Skipiste und die Nächte im *Hotel Suvretta*, von der berühmten Madame Claude von Paris mit ausgesuchten Gefährtinnen versorgt. Ein Mannequin mit atemberaubender Figur und blauen Augen hatte es dem Schah besonders angetan. Ihr Name war Ange, und sie stand längere Zeit in seiner Gunst.

Die Geschichte des modernen Iran ist auch die Geschichte des Öls. Ein britischer Abenteurer, William Knox D'Arcy, erhielt 1901 vom Kadjarenherrscher das Recht, *alles persische Öl zu erschließen und zu fördern, zu transportieren und abzusetzen.* Ausgenommen waren die fünf Provinzen des Nordens, um nicht den Nachbarn über der Grenze, das mächtige zaristische Rußland, zu provozieren.

Das Ölgeschäft wurde – wie heute – von den *Big Seven*, auch *Seven Sisters* genannt, dominiert – Standard Oil of New Jersey (Exxon), Mobil Oil, Socal (Standard Oil of California), Royal Dutch Shell, Texaco, Gulf Oil and BP (British Petroleum oder Anglo-Persian, später Anglo-Iranian). Zu Beginn des 20. Jahrhunderts war es die Geschichte eines Mannes, John D. Rockefeller,

auf vertrautem Fuß mit Königen und Präsidenten, der sich durch
sein Standard Oil-Imperium ein Weltmonopol für den Transport,
die Verarbeitung und Lieferung von Rohöl aufbaute und sicherte.
Aber 1911 wurde er aufgrund der amerikanischen Antitrustgesetze
(gegen Monopole und Wettbewerbsbeschränkungen) gezwungen,
seine Gesellschaft zu zerschlagen, und aus ihr entstanden die
Tochtergesellschaften Standard Oil of New Jersey und Standard
Oil of California, die noch immer den Markt beherrschen. Erst im
Jahr 1928 teilten die Großmächte im Rahmen der *Vereinbarung
von Achnacarry* die Ölquellen der Welt untereinander auf. Ohne
die Eigentümer des schwarzen Goldes einzubeziehen, schanzten
sie einander je ein Stück Land zu und sicherten sich eine Preisre-
gelung nach dem Motto *was der Markt trägt*. Die vordem schon
enormen Gewinne erklommen gigantische Höhen. Das System
funktionierte gut, insbesondere aufgrund eines verheerenden Wel-
tenbrandes, dessen Kriegsmaschinerie mit Öl betrieben wurde.

So wie das 19. Jahrhundert auf Kohle für seine Dampflokomo-
tiven angewiesen war, so war das 20. Jahrhundert das Zeitalter der
Verbrennungsmaschinen. Ohne Öl knirscht es im Getriebe der
modernen Industrie – bis zum Stillstand. Der Schah war der erste,
der erkannte, daß er Industrie und Transport auf der ganzen Welt,
und vor allem die hochgezüchtete Kriegsmaschinerie der Nationen, in den Würgegriff nehmen konnte. Der erste Schock für das
bis dahin unangefochtene Monopol der *Seven Sisters* kam ohne
jede Vorwarnung. Der Schah unterzeichnete 1957 eine Separatver-
einbarung mit ENI, Italiens nationaler Ölgesellschaft, gemäß welcher Italien 50 % in die Aufschließung investierte, aber nur 25 %
des geförderten Öls erhielt. Diese revidierte Konzession ließ das
Ölkartell erzittern (anfänglich eher aus Zorn denn aus Schock),
denn sie schuf einen gefährlichen Präzedenzfall. Der Beweis ließ
nicht lange auf sich warten: Ähnliche Konzessionsverträge wurden
mit Japanese Export Oil Co. und der französischen Erap-Elf abge-
schlossen.

Es war ein waghalsiger Schritt, wie auch schon der alte Schah
feststellen mußte. Unter der *Pahlewi-Doktrin* war die Außenpoli-

Der Untergang großer Dynastien

tik dorniger und weniger kooperativ, ja sogar leichtsinnig geworden. Resa I. beging 1932 den schweren Fehler, die Konzessionen
der Anglo-Iranian Oil Company aufzukündigen. Auch wenn er
bald darauf gezwungenermaßen eine Verlängerung von sechzig
Jahren unterschrieb, trauten die Engländer dem Mann, den sie auf
den persischen Thron gesetzt hatten, nicht mehr. Im Jahr 1940
wurde die Situation durch die Tatsache, daß der alte Schah mit
Deutschland sympathisierte, noch um einiges heikler.

Die Deutschen fielen in der Sowjetunion ein, und Schiffe der Alliierten wurden in Rußlands nördlichen Revieren von deutschen U-
Booten versenkt. Die beste Route, um ihre sowjetischen Verbündeten mit Nachschub zu versorgen, war für die Alliierten der Weg
über einen Paß an Rußlands gemeinsamer Grenze mit dem Iran.
(1934 war *Iran* die amtliche Bezeichnung des Staates geworden.)
Als der alte Schah zögerte, freien Übergang zu gewähren, war das
Ende seiner Herrschaft besiegelt. Die Sowjetunion und Großbritannien drangen 1941 im Iran ein und setzten den alten Schah (er
starb 1944 im Exil in Südafrika) zugunsten seines einundwanzi-
gjährigen Sohnes ab, der unverzüglich Deutschland den Krieg erklärte. So kam Schah Mohammed Resa II. durch das Diktat zweier
fremder Mächte auf den Thron. Jung und unerfahren, war Resa
Wachs in den Händen der Briten und eine Marionette der Russen.
Oder, wie Winston Churchill erklärte: *Wir haben einen Diktator ins
Exil gejagt, und einen konstitutionellen Monarchen eingesetzt, der einem ganzen Katalog lange anstehender, ernst gemeinter Reformen
und Reparaturen verpflichtet ist.* Es war im Jahr 1944, als sich eine
weitere Weltmacht in die inneren Angelegenheiten des Iran einzu-
mischen begann, nämlich die Vereinigten Staaten von Amerika. In
einem kurzen Memorandum an seinen Außenminister Cordell
Hull schrieb US-Präsident Franklin D. Roosevelt: *Mich reizt der
Gedanke, Iran als ein Beispiel dafür zu nehmen, was eine unei-
gennützige amerikanische Politik zuwege bringen kann.* Das plötzliche Interesse Amerikas an der Ölregion war weder den britischen
Ölinteressen noch den russischen Plänen, einen *Warmwasserhafen*
in ihr Rotes Reich einzubeziehen, förderlich.

270

Die russischen Pläne waren wohldurchdacht. Eine von den Sowjets unterstützte Unabhängigkeitsbewegung rief eine autonome
Republik im Nordosten des Iran aus, und die dem Kommunismus
sehr nahestehende *Tudeh*-Partei begann auf sich aufmerksam zu
machen. Die Gefahr innerer Unruhen zeigte sich unter anderem
in einem dem Schah geltenden Mordanschlag eines jungen Mit-
glieds der *Tudeh*-Partei (mit der Unterstützung einiger fanatischer
Mullahs). Der Schah verhängte das Standrecht und ließ die ausge-
hobenen Kommunisten ins Gefängnis werfen. Verhaftungen haben
nie abschreckend auf revolutionäre Bewegungen gewirkt, und die
Unruhen dauerten an.

In den Augen der Briten und Amerikaner stellte die gärende
Stimmung eine Gefahr für die garantierten Ölreserven des Westens dar, mit der man sich zu befassen hatte. Die politische Ver-
wundbarkeit des Schahs erhöhte sich 1951 durch die Bildung der
Nationalen Front (mit einem beträchtlichen Anteil der Linken der
wiedererstandenen *Tudeh-Partei)* unter Mohammed Mossadegh,
einem gewitzten Politiker und Drahtzieher. Er verlangte nichts weniger als die Verstaatlichung iranischen Öls. Premierminister General Rasmara sprach sich dagegen aus – mit der Begründung, daß
der Iran rechtlich nicht in der Lage sei, vertraglich vereinbarte
Konzessionen abzuerkennen. Vier Tage später war Rasmara tot –
er wurde auf dem Weg zur Moschee erschossen. Es kam zu weiteren Verhaftungen, und die Wirtschaft des Iran kam durch eine
Streikwelle aus dem Tritt. Um das Land aus der Sackgasse zu führen, bestellte der Schah Mossadegh zum neuen Premierminister.

Schon seit dem Jahr 1908 hatte die Anglo-Persian Oil Company
die Kontrolle über die Ölförderung des Iran. Fünfzig Jahre lang
war die Gesellschaft das Instrument britischer Herrschaft über den
Iran gewesen. Der Schock kam 1952, als der betagte Mossadegh
plötzlich einen gerechten Anteil am Erlös für sein Land verlangte.
Die britische Regierung reagierte auf unerklärliche Weise, indem
sie sich gegen Verhandlungen sperrte und ihre Fachleute aus den
Raffinerieanlagen in Abadan abzog. *Sie schaffen es ohne unsere In-
genieure nicht*, meinte der britische Energieminister. Er irrte ...

Der Iran setzte seine Ölpolitik fort, und Anglo-Iranian reagierte. In einer ersten Maßnahme wurden die internationalen Ölmärkte aufgerufen, iranisches Öl zu boykottieren. Unter dem Druck des Boykotts durch den Westen traf Mossadegh ein Abkommen mit der Sowjetunion, die ihm sein Öl abnahm. Dieser Affront reichte der konservativen Regierung Großbritanniens, um den Sturz Mossadeghs zu beschließen. Am Höhepunkt des Kalten Krieges und der Paranoia des McCarthyismus in Amerika war es ein leichtes für Großbritannien, Mossadegh als kommunistischen Agitator zu brandmarken. Der amerikanische Präsident sah rot, der Geheimdienst CIA wurde eingeschaltet und dessen Mann für den Mittleren Osten, *Kermit "Kim" Roosevelt* (ein Enkel des Präsidenten Theodore Roosevelt) mit der Leitung der *Operation Mossadegh* betraut. Die Einmischung Amerikas führte zu heftigen anti-amerikanischen Ausschreitungen im ganzen Land.

Während diese Planungen vor sich gingen, saß der Schah in der Sicherheit seines Palastes und fragte sich, was im Gange war. Er vermutete sogar, daß die Briten mit Mossadegh zusammenarbeiteten – bis zu dem Tag, an dem Kim Roosevelt, unter einer Decke versteckt, vor den Augen der Spione Mossadeghs in den Niavaran Palast gefahren wurde, um dem Schah die endgültigen Pläne für einen Gegenschlag zu unterbreiten.

In den glühenden Augusttagen des Jahres 1953 erreichte der Kampf seinen Höhepunkt. Mossadegh löste das Parlament auf und gab sich unumschränkte Machtbefugnisse. Am 12. August versuchte der Schah, Mossadegh zu entlassen und an seine Stelle einen ultra-rechten General, Fasollah Zahedi, zu setzen. Mossadegh aber, sich einer wachsenden Unterstützung in der Bevölkerung gewiß, weigerte sich zu gehen. Der Versuch einer Gruppe kaisertreuer Offiziere, die Mossadegh-Regierung zu stürzen, schlug fehl. Teheran ging in Flammen auf, in den Straßen gellten die Rufe *Yankee go home!* Jugendliche zogen mit roten Fahnen durch die Stadt, Autos brannten und Menschen starben. In den größeren Städten kam es zu gewaltsamen Demonstrationen mit Angriffen auf die Büros von Ölgesellschaften und Fluglinien. Der Schah ver-

Die Pahlewis

lor die Nerven. Statt seinen Mann zu stellen und zu kämpfen, bestieg er ein Privatflugzeug und flüchtete nach Rom. In Begleitung seiner Gemahlin kam er wie ein mittelloser Flüchtling an, und das Paar mußte sich mit einem persischen Geschäftsmann ein Apartment im *Hotel Excelsior* teilen. Alle, die dem Schah in jenen Tagen geholfen hatten, wurden fürstlich belohnt.

Diese explosive Situation hätte den gesamten Mittleren Osten in Brand setzen können und mußte daher schnellstens unter Kontrolle gebracht werden. CIA-Dollars gingen auf die Reise, und bald hieß es nicht mehr *Yankee go home!*, sondern *Long live America!* Bilder des Schahs tauchten wieder in den Auslagen und an den Mauern der Regierungsgebäude auf. Am 19. August 1953, als er in Rom beim Mittagessen saß, erhielt der Schah ein Telegramm:

> „Mossadegh gestürzt. Kaiserliche Truppen haben Teheran unter Kontrolle. Zahedi ist Ministerpräsident."

In einer wahnwitzigen CIA-Operation wurden mit CIA-Geldern Gegendemonstrationen auf die Beine gestellt und Mossadegh mit Hilfe einiger maßgeblicher Generäle im Sold der CIA gestürzt. Der alte Mann wurde verhaftet, vor Gericht gestellt und zum Tode verurteilt, aber der Schah verwandelte das Todesurteil in eine Gefängnisstrafe. Nach dreijähriger Haft wurde er entlassen und starb 1967 in Teheran.

Ein strahlender Pahlewi kehrte in die Hauptstadt seines Landes zurück. Er war freizügig mit Interviews, denn für ihn war es besonders wichtig, dem getrübten Bild eines Herrschers, der davongelaufen war und sein Land einem Bürgerkrieg ausgeliefert hatte, neuen Glanz zu verleihen. Da er einigen Attentaten entronnen war, entstand in ihm der Irrglaube, er wäre unsterblich und von allen geliebt – nur eine der Ursachen seiner Tragödie ... Er war äußerst empfänglich für Lob und Lobhudelei und dadurch übertrieben abhängig von der Meinung des Hofes. Auf negative Kommentare reagierte er mit erschreckender Empfindlichkeit. Was ihn in Teheran erwartete, waren eine skrupellose, schwer bewaffnete

Polizei, kleinliche Staatsmänner, nach Ruhm gierende Politiker und intrigierende *Geschäftspartner* – aus dem In- und Ausland. Diese finsteren Gestalten lauerten hinter dem Thron auf ihre Gelegenheit. Der Größenwahn des Schahs kannte keine Grenzen, und innerhalb weniger Monate waren Anzeichen für seine Vergöttlichung allgegenwärtig. Mit der Anwendung eines brutalen Pressegesetzes war jegliche kritische Diskussion das Land betreffender Kernfragen verboten. Die Zeitungen mußten die täglichen Ausgaben mit einer Titelblattgeschichte über Mohammed Resa, Schah-in-schah des Iran herausbringen, egal, was sonst noch in der Welt passiert war. Er wollte der Napoleon des Mittleren Ostens sein. Einkünfte aus dem Ölgeschäft und amerikanische Hilfe ermöglichten ihm die Schaffung einer riesigen Militärmaschinerie. Generäle, deren Loyalität über jeden Zweifel erhaben war, wurden gehätschelt und mit Villen belohnt. Nicht mehr aktive CIA-Bosse und französische Generäle pilgerten in ihrer neuen Rolle als Waffenhändler nach Teheran, um die Wirksamkeit ferngelenkter Geschosse und moderner Kampfflieger zu demonstrieren. Es regnete Petrodollars in die Taschen der Waffenverkäufer. Der Herrscher rechtfertigte die unmäßigen Ausgaben mit einem einzigen Satz: *Wir können wirtschaftliche Überlegenheit nicht ohne schlagkräftige Streitmacht erreichen.*

Im Jahr 1967 inszenierte der Schah seine eigene Krönung, ein von der geladenen Weltpresse gebührend beachtetes Ereignis. Wie ein anderer Herrscher vor ihm, Napoleon I., hob der Schah die Krone empor und setzte sie sich aufs Haupt. Er war in Generalsuniform, die Kaiserin im hermelinverbrämten Samtgewand, Kronprinz Resa in einer Phantasieuniform mit Epauletten und Medaillen und Schwesterchen Schams in einem weißen Spitzenkleid.

Der Schah war zwar der gesalbte und göttlich inspirierte Monarch, aber auf dem Teheraner Parkett trat eine Persönlichkeit, ebenso einflußreich und tonangebend wie der göttliche Schah selbst, in Erscheinung. Sie – denn es handelt sich um eine Frau – war bekannt unter der Bezeichnung SAIPA – *Son Altesse Impériale Princesse Aschraf*, Zwillingsschwester des Schahs. Sie war vielgeliebt und vielgehaßt, eine Person, die niemanden gleichgültig ließ. Viele waren der Meinung, daß sie auf dem Thron sitzen sollte und nicht ihr schwächerer Zwilling. Sie suchte nach einer führenden Rolle und fand sie als Sonderbotschafter des Schahs. Sie lernte, daß Diplomatie die Kunst des Machbaren ist, und erwies sich als Meisterin der Intrige und des Kompromisses. Als die Russen sich weigerten, aus Aserbaidschan abzuziehen, suchte sie Stalin auf (der ihr einen herrlichen Zobelmantel überreichte); in der *Mossadegh-Affäre* bewährte sie sich als Verbindungsglied zu den Amerikanern; und sie stellte diplomatische Beziehungen zwischen dem Iran und Maos China her. Ihren unzähligen Liebesgeschichten galt das recht laute Geflüster des Jet-sets an der Côte d'Azur. Ihr hervorragender Geschäftssinn machte sie reich. Krumme Geschäfte konnten ihr aber nie nachgewiesen werden. Zu jener Zeit waren Geldgeschenke die einzige Basis für Geschäfte mit dem Iran. Korruption war ein Übel der Gesellschaft, gegen das sich kaum Widerstand regte. Das schlimme war, daß der Korruption angesichts fest verwurzelter Interessen und Verhaltensweisen schwer beizukommen war.

Prinzessin Aschraf gab öffentlich ihr Mißfallen über die Frauen ihres Landes kund, die das Emanzipationsangebot ihres Bruders, des *Erleuchteten*, ablehnten, und weiterhin *diesen schrecklichen schwarzen Tschador ihrer Großmütter* trugen. Aber ihre Stunde hatte geschlagen – und sie wußte es. Der Bruder empfand ihre Freimütigkeit als schwere Belastung und verweigerte jedes Zusammentreffen mit ihr. Aschraf packte die Koffer und reiste in den Westen. Als sie 1979 um ein Visum für die Vereinigten Staaten ansuchte, sagte der Staatssekretär im US-Außenministerium, Harold Saunders, als ihr Antrag auf seinem Schreibtisch gelandet war: *Die Iraner halten sie für schlimmer als ihren Bruder.* Ob sie es wohl war?

1963 war der Höhepunkt der Kennedy-Ära, und der Schah, angeregt durch das *Peace Corps Program* des amerikanischen Präsidenten, rief seine eigene *Weiße Revolution* ins Leben, die eine

Reihe von Veränderungen, von Bodenreformen mit einem land-
wirtschaftlichen Hilfsprogramm bis zur Verstaatlichung der Was-
serressourcen vorsah. Mit seinen ehrgeizigen Reformplänen wollte
der Schah sein Land aus dem Feudalsystem lösen und den Iran
zur führenden Industriemacht im Mittleren Osten machen. Leider
blieb die geplante Bodenreform eine populistische Phrase. Land
wurde aus reichem Familienbesitz (der sich über ganze Provinzen
erstrecken konnte) angekauft – und dann an reiche Bauern verkauft. Alles was dadurch erreicht wurde, war die Aufsplitterung
der riesigen Bauernschaft in noch mehr Besitzende und Besitzlose.
Ganze Stämme begingen Landflucht und zogen mit ihren Familien in die Städte, wo sie ihr Dorfleben fortsetzen wollten und sich
auf der Suche nach Führung um ihre Mullahs scharten. Teheran
war kein angenehmer Ort. Im Sommer lastete drückende Hitze
über der Stadt, im Winter wurde sie von eisigen Winden ge-
peitscht. Immer wieder kamen Stürme aus der Wüste im Osten
wie ein Sandstrahlgebläse über die Stadt und brachten jede Aktivität im Freien zum Erliegen. Einige der Abgewanderten fanden
Arbeit als niedrige Bedienstete, die meisten aber blieben arbeits-
los und endeten als Slumbewohner in hastig errichteten Elends-
quartieren am Stadtrand. Ihr Schicksal verstärkte den allgemeinen
Unmut.

Einen weiteren Fehlschlag erlitt der Schah mit seinem schlecht
durchdachten Plan für ein Frauenwahlrecht, eine für islamische
Länder beispiellose westliche Errungenschaft, die sogleich von
den Mullahs in den 80.000 Moscheen des Landes verteufelt
wurde. Mehr als jede andere gesetzliche Maßnahme war es die
versuchte Emanzipation der Frauen, die zu den heftigen Kämpfen
zwischen weltlicher und geistlicher Macht führte. Und dabei wurden die Amerikaner zum Katalysator für den Sturz des Schahs.

Tausende Militärberater und Techniker waren ins Land gekommen, um zu helfen, seine Kriegsmaschinerie einsatzfähig zu machen. Mit ihnen kam Kriegsmaterial – und Alkohol, kistenweise.
Die Berater brachten auch ihre Kultur und andere Errungenschaften der westlichen Welt, von der Dosennahrung über Tiefkühlkost

bis zu den Lockenwicklern, und ihre leicht bekleideten Frauen mit sich. Sie hatten nicht berücksichtigt, daß der Iran ein islamisches Land mit weiblicher Sittsamkeit und sittenstrenger islamischer Gesetzgebung war. Diese jungen amerikanischen Techniker hatten kaum Auslandserfahrung, und die Komplexität der strengen religiösen Vorschriften der Schiiten war ihnen absolut fremd. Das blieb bei der Bevölkerung des Landes nicht unbemerkt, die überdies die Militärfachleute als Besatzungsmacht betrachtete. Es mußte zu Schwierigkeiten kommen, die von Tätlichkeiten bis zu Morden reichten. Schon 1964 kam es über der Frage, wer das Recht hatte, über Rechtsverletzungen durch amerikanische Berater zu richten, zum Bruch zwischen dem Schah und dem Mann, der seine Nemesis werden sollte, Ayatollah Khomeini.

In jener Zeit wurden solche Fragen auf nachhaltige Weise entschieden. Fraglos hatte sanktioniertes Töten Jahrtausende als das Symbol königlicher Macht gut funktioniert, und in diesem Sinne wurde der Iran zu einem höchst repressiven und paranoiden Regime. Kritik am *Erlauchten Herrscher* wurde nicht geduldet. Gab es den seinen entgegengesetzte Auffassungen über Grundsatzfragen in seiner Regierung, so mußten die auffälligsten Gegner dies mit langen Gefängnisstrafen oder mit dem Leben bezahlen. Aber das Töten von Widersachern forderte nur noch mehr Geheimniskrämerei und Widerstand heraus.

Mit einer Maßnahme, deren Absicht offensichtlich war, hatte der Schah 1957 ein Zweiparteiensystem geschaffen und sich seiner *Opposition* vergewissert, indem er selbst die Kandidaten der Opposition sorgsamst auswählte. Mit Hilfe seines Sicherheitsapparates hielt er das Land in eisernem Griff, und die Gefängnisse füllten sich mit seinen politischen Widersachern. Seine *Partei der Auferstehung* blieb die einzige Partei, die zählte. Der Bewahrer des Glaubens des Schahs war der berüchtigte Geheimdienst SAVAK, dessen 80.000 Agenten (die genaue Zahl war niemandem bekannt) keine Rechenschaft über ihre Tätigkeit ablegen mußten. Sein Arm reichte in jeden Winkel der iranischen Gesellschaft, und vom Minister bis zum Grubenarbeiter, vom Armeeoffizier bis zum

Dorfvorsteher waren alle betroffen. Dem Schah wurden tägliche Berichte vorgelegt. Manchmal fanden Schauprozesse statt, manchmal verschwanden Menschen einfach. Im Ausland belästigten SAVAK-Agenten des Landes verwiesene Oppositionspolitiker und Studentengruppen. In der Armee waren Zusammenkünfte von mehr als zwei Offizieren strengstens verboten. Angst wurde der geistige Nährboden für Revolte, und es kam ein Prozeß, einer Ansteckung gleich, in Gange: Gewalt gebar Gewalt, wie immer in der Geschichte. Der Kampf nahm ein anderes Gesicht an. An die Stelle von Soldaten in Tanks, bereit für ihren Schah zu sterben, traten eines Tages Halbwüchsige mit gestohlenen Gewehren, die bereit waren, für einen Ayatollah zu sterben.

Immer mehr verhielt sich der Schah gemäß der unsterblichen Devise Ludwigs XIV.: *L'état c'est moi*. Aber während sich der Sonnenkönig mit genialen Männern, wie einem Colbert, Berater in wirtschaftlichen Belangen, oder einem Turenne, Oberbefehlshaber der Armee, umgeben hatte, glaubte der Schah, alles selbst machen zu können. Aber dafür hatte er weder das Talent noch den entsprechenden Status in der Welt.

Für den 15. Oktober 1971 hatte der Schah ein Ausstattungsstück von so gewaltigen Ausmaßen angesetzt, daß es alles bisher Dagewesene überstrahlen mußte. Die Elite der französischen Modeschöpfer und Köche nähte bzw. kochte für den Anlaß. Flugzeugladungen von Mitgliedern fürstlicher Häuser und Jet-settern wurden auf einem eigens angelegten Rollfeld abgesetzt, eine riesige Zeltstadt war mitten in der Wüste errichtet worden (jedes Zelt verfügte über ein Marmorbadezimmer!). Es gab spezielle Parfum-Kreationen und goldbestickte Galauniformen. Der Haubenkoch vom *Chez Maxim* kreierte einen Gang mit pochierten Wachteleiern und Kaviar. (Da der Protokollchef es verabsäumt hatte, dem hochbezahlten Meisterkoch mitzuteilen, daß Seine Kaiserliche Majestät Kaviar nicht anrührte, konnte an der Tafel niemand essen – bis man Seiner Majestät gedünsteten Lauch vorgesetzt hatte.)

Zum ersten Mal seit dem Wiener Kongreß, als Könige und Staatsmänner das nachnapoleonische Europa aufteilten, waren die

regierenden Häupter der Welt eingeladen, über die Zukunft des
Globus zu diskutieren – und nichts weniger. Da Mohammed Resa
sich als direkten Nachfahren Kyros des Großen (6. Jh. v. Chr.)[46]
betrachtete, verband er die Feierlichkeiten zum 30. Jahrestag seiner Thronbesteigung mit dem 2500jährigen Bestehen des Reiches.
Der Schauplatz war trefflich gewählt: Persepolis, das noch immer
viel von der Prachtentfaltung im alten Persien erkennen ließ. Im
Jahr 330 v. Chr., nach seinem überwältigenden Sieg von 331 v.
Chr. über Darius bei Gaugamela (oder Gomel Su), wurde Alexander dem Großen von Thais, Seherin und schöne Mätresse seines
Generals Ptolemei, verkündet, daß er die persische Vergangenheit
zerstören müsse, damit die griechische Kultur die Welt erobern
könne. Alexander befahl, die Kaiserstadt niederzubrennen. So will
es die Legende, aber die Wahrheit ist vermutlich, daß Alexanders
Soldaten den Luxus liebgewonnen hatten und nicht mehr zu weiteren Eroberungen ausrücken wollten. Durch die Zerstörung Persepolis hatte er dieses Problem gelöst.

Mohammed Resa Pahlewi, der die Geschichte Persiens nach
seinen Vorstellungen hatte umgestalten lassen, eröffnete die Festi-
vitäten in seiner farblosen, monotonen Stimme: *Kyros, großer König und König der Könige, Ich, der Schah-in-schah von Iran und
sein Volk grüßen Dich!* Es folgte eine vierstündige Kostümparade
(alle Kostüme von berühmten Meistern der Haute Couture von
Paris entworfen), beginnend mit den bärtigen Kriegern der Perser
und Meder, Safawiden und Kadjaren. Die Macht des Iran, einst
durch die Reiterei des Xerxes und die Streitwagen des Kyros erobert, wurde mit einer Schaustellung der militärischen Macht des
Schahs in die Moderne umgelegt.

Diplomatisch gesehen war Persepolis ein Fiasko. Nach den An-
ordnungen des Schahs erfolgte die protokollarische Einstufung der
geladenen Gäste nach irgendeiner mittelalterlichen, auf Könige zu-
geschnittenen Rangordnung, was diplomatische Verwicklungen
zur Folge hatte. Könige ohne Reich hatten Vorrang vor Staatsmän-
nern der Großmächte. Der französische Präsident Pompidou weigerte sich, hinter irgendeinen kleinen Prinzen französischer Zunge

gereiht zu werden, und schickte seinen Premierminister, ein Affront, den ihm der Schah nie vergeben sollte. Die Königin von England entsandte ihre Tochter, Prinzessin Anne, die Königin von Holland ihren Gatten. Aber es war die Abwesenheit des US-Präsidenten Richard Nixon, die die Peinlichkeiten auf die Spitze trieb. Die Vereinigten Staaten wurden durch Vizepräsident Spiro Agnew vertreten, der nach dem alten Gotha-Protokoll als Vorletzter plaziert wurde, nur einen Sitz vor dem chinesischen Botschafter. Schlimmer noch war die Tatsache, daß die Ausgaben in der Höhe von 300 Millionen Dollar für diese eintägige Prunkentfaltung, in einem Land, in dem das durchschnittliche Jahreseinkommen 50 Dollar pro Kopf betrug, den verbissensten Feinden des Schahs die Munition in die Hand gab, Unruhen zu schüren.

Der Schah allerdings betrachtete die Persepolis-Veranstaltung als relativ erfolgreich. Er hatte ein Signal gesetzt, und nicht einmal einen Monat danach ließ er seine Muskeln spielen und brach die diplomatischen Beziehungen zum Irak ab. In einem Überraschungszug, der die gesamte Region aus dem Gleichgewicht bringen mußte, bemächtigte er sich dreier Inseln, klein und unbewohnt, aber die Straße von Hormus und damit den Zugang zum Golf beherrschend. Durch diese Besitznahme hatte er sich die Kontrolle über die gesamte Schiffahrt im ölreichen Golf gesichert.

Der 22. Dezember 1973 war ein bedeutungsvoller Tag für die Weltwirtschaft. Die sechs Ölminister der Golfstaaten traten in Teheran zu einer nicht öffentlichen Sitzung zusammen, in der grundlegende Meinungsunterschiede zwischen Scheich Jamani, dem Ölminister Saudi-Arabiens, der für eine Senkung des Preises für arabisches Rohöl plädierte, und dem Schah, der meinte, der Westen müßte mehr zahlen, zutage traten. Die erste Sitzung war ein Patt, worauf der Schah einen meisterhaften diplomatischen Schachzug lieferte, indem er eine Pressekonferenz einberief. In der großen Halle des *Intercontinental* von Teheran drängten sich die Journalisten. Der Schah absolvierte den üblichen hoheitsvollen Auftritt und setzte sich an den mit Mikrophonen gespickten Tisch. Durch Handheben verschaffte er sich Ruhe im Saal, um die

niederschmetternde Ankündigung zu machen: *$ 11.65 das Barrel!*
– das war mehr als das Doppelte des Preises vom Vortag – und
hinzuzufügen, daß sein Angebot *auf einer Basis der Großzügigkeit
und des Wohlwollens* erfolge. Seine Einnahmen aus dem Ölgeschäft schnellten im Jahr 1974 von 5 auf 24 Milliarden Dollar!

Öl war das Tagesgespräch – weltweit. Der Westen war nicht
übermäßig vom islamischen Problem in Anspruch genommen,
aber er taumelte unter dem *Ölschock*. Die *Araber* (wie sie verall-
gemeinernd genannt wurden) verursachten mit ihren Ölpreisen
ernste Störungen auf den Weltmärkten. Das waren Neuigkeiten!
Denn was *arabische* Innenpolitik betraf, hatten die Medien nicht
viel zu berichten, abgesehen von Meldungen über einige palästi-
nensische Terroristen (ebenfalls häufig gleichgesetzt mit Arabern),
die in Tel Aviv Bomben in Bussen deponierten. All das sollte sich
mit dem Erscheinen eines Mannes, eines charismatischen Mullahs, dessen Bescheidenheit beispielgebend war, ändern. Es war
der schiitische Ayatollah Ruhollah Mussawi Khomeini.

Für die Schiiten (Anhänger von Mohammeds Schwiegersohn
Ali), Todfeinde der Sunniten (Anhänger des Propheten Mohammed), verkörperte der Imam mehr als ein religiöses Oberhaupt; er
war der göttlich inspirierte Führer durch die im Heiligen Koran
niedergelegten Vorschriften. Durch die von Resa Schah in den
dreißiger Jahren des 20. Jahrhunderts durchgeführten Reformen
hatten die Imame viel von ihrem Einfluß auf die Regierungsgeschäfte verloren. Resignierend betrachteten die islamischen Fundamentalisten den Schah als allmächtig und nicht aus dem Sattel
zu werfen. Sein mächtiger Sicherheitsdienst sorgte dafür. Mullahs
waren an einem Attentat auf Schah Mohammed Resa im Jahr 1949
beteiligt und unterstützten mit Sicherheit Mossadegh – gemäß der
Maxime: *Jeder Feind meines Feindes ist mein Freund.* Ihre nächste
Offensive richtete sich in den sechziger Jahren gegen die *Weiße Revolution* des Schahs, besonders gegen die Bodenreformen und die
Emanzipation der Frauen. Ein autokratischer Schah kollidierte mit
dem Islam. Nun bedurfte es nur mehr einer Persönlichkeit mit der
geistigen Einstellung und der Vorstellungskraft, die eine Wende

herbeiführen könnten – eines politischen Enthusiasten, der sich die schwelende Stimmung zunutze machen würde. Und sie fand sich in einem alternden, weißhaarigen Professor für Islamisches Recht, in dessen Augen ein heiliges Feuer brannte.

Ruhollah Khomeini wurde 1902 in der Heiligen Stadt Kum in eine Familie unbedeutender Mullahs geboren und streng im islamischen Glauben erzogen. Nach dem erzwungenen Rücktritt von Schah Resa Khan verfaßte er eine Streitschrift, in der er den Ex-monarchen einen Usurpator nannte, der den Geboten des Islam entsagt und ein Reich auf Korruption und Grausamkeit aufgebaut hatte. Er kämpfte verbissen um die Errichtung eines islamischen Staates und bestritt die rechtlichen Befugnisse des neuen Schahs, Mohammed Resa. Mit zunehmender Schärfe seiner Attacken vergrößerte sich seine Anhängerschaft rasant. *Heutzutage sind der Heilige Koran und der Islam in Gefahr*, lautete seine Kriegserklärung an die weltliche Macht. Im Jahr 1963 beschuldigte er den Schah in aller Öffentlichkeit, ein Agent Israels zu sein. Seine Festnahme verursachte blutige Aufstände im ganzen Land, bei denen Tausende den Tod fanden.

Premierminister Assadollah Alam wollte den unbequemen Ayatollah beseitigen, aber der Schah verhinderte die Hinrichtung. Er befahl 1964 die Entlassung Khomeinis ins Binnenexil, an einen Ort, wo er Khomeini im Auge behalten konnte. Der Imam verstummte nicht, und seine Predigten schürten weitere Unruhen. Er wurde neuerlich verhaftet, und wiederum verhinderte der Schah seine Hinrichtung. Er versuchte den Ayatollah zu bewegen, Politik den Politikern zu überlassen. Khomeinis knappe und treffende Antwort war: *Seit den Tagen des Propheten stellt der Islam eine politische Macht dar und beschränkt sich nicht auf Religionsausübung.* Der endgültige Bruch zwischen den beiden war unausweichlich und kam im Herbst 1964. Der Anlaß waren die amerikanischen Militärberater und ihre Forderung, sich für ihre Verfehlungen vor amerikanischen Tribunalen zu verantworten und nicht vor der iranischen Justiz nach islamischem Gesetz.

Die Pahlewis

Khomeini floh 1965 ins Exil nach Nedjef, einer Stadt im Irak. Mit der Überquerung des Schatt el-Arab hatte der Ayatollah die staubigen Steppen Asiens hinter sich gelassen und tauchte in die Geschichte des Islams ein.

Im frühen 7. Jahrhundert verbreitete sich die Erzählung einer ungewöhnlichen Begebenheit in Mekka, die Geschichte von einem gewissen Mohammed ibn Abdullah[47], der behauptete, der Apostel Gottes zu sein. Die Menschen strömten zu seinem Haus, um seine Botschaft zu vernehmen. Nach dem Tod des Propheten im Jahr 632 in Medina brachen *das Schwert des Islams*, Khalid ibn al-Walid, und ein Beduinenheer, erfüllt von unbezähmbarem religiösem Eifer, auf, um die arabische Halbinsel zu erobern. Bei Quadisiya, in der Nähe von Nedjef, kam es 637 zum entscheidenden Zusammenstoß. In der *Mutter aller Schlachten*, wie die Araber sie nennen, die sich über vier Tage hinzog, schlug ein anderer muselmanischer Kriegsherr eine riesige persische Armee. Die Krönung seines Sieges war die Eroberung des Pantherfell-Banners des Sassaniden-Schahs Yesdgerd und der Fall seiner Hauptstadt Ktesiphon. Nach Quadisiya konnte nichts mehr die Ausbreitung des Islams aufhalten, und die Botschaft des Propheten wurde bis Nordafrika und von dort nach Spanien getragen. Der Islam brachte neue Impulse und führte in den eroberten Ländern zu grundlegenden politischen Veränderungen.

Schah Yesdgerd wurde 651 von einem seiner Adeligen getötet, und mit seinem Tod endete das 1200 Jahre alte persische Reich. Mit dem Verschwinden der regionalen Großmacht war der Weg frei für die siegreichen Armeen des Propheten. In der unglaublich kurzen Zeit von 25 Jahren eroberten sie den Großteil der antiken Welt. Doch bald kam es zu Streitigkeiten zwischen den Führern oder Kalifen, wie sie nun genannt wurden[48], insbesondere zwischen den Omajjaden Syriens und den Haschemiten Mesopotamiens (Irak). Unzufriedenheit und auch Mißtrauen zwischen Stadtbewohnern und Stammesangehörigen machten sich breit.

Der Vetter und Schwiegersohn des Propheten Mohammed, Ali, erbost, weil er nicht zum Kalifen gewählt worden war, eine

Der Untergang großer Dynastien

Würde, auf die er aufgrund seiner Ehe mit Mohammeds Tochter Fatima rechtmäßigen Anspruch zu haben glaubte, schmiedete im Jahr 656 ein Komplott zur Vernichtung des Kalifen Othman. Dieser wurde vor den Augen seiner Frau von Anhängern Alis erstochen und wurde so zum ersten Kalifen, der von einem anderen Muselmanen ermordet wurde. Ali ernannte sich selbst zum Kalifen, aber er entkam dem unerbittlichen Gesetz der Blutfehde nicht. Der Gouverneur von Damaskus aus dem Geschlecht der Omajjaden, Moawija, erkor das blutbefleckte Hemd Othmans zu seinem Banner und fiel im Irak ein, wo er eine Erhebung gegen Ali anfachte. Als der Haschemit Ali die Ermordung des Omajjaden Moawija anordnete, ein Attentat, das fehlschlug, wurde er selbst am Tag darauf auf dem Weg zur Moschee von Kufa ermordet (im Jahr 661). Sein Leichnam wurde nach Nedjef gebracht und dort beerdigt. Moawija war nun der unbestrittene Führer und Alis Mannen flohen in die Wüste. Der Bruch war nicht mehr zu heilen, und der Islam spaltete sich in zwei Hauptkonfessionen.

Und doch ist es nicht Ali, sondern sein Sohn Husain ibn Ali, der dritte Imam, der von den Anhängern Alis als der Stifter der *Schiat Ali* – der Partei Alis – verehrt wird. Im Jahr 680 erhielt Husain den göttlichen Auftrag, das Kalifat seines Vaters in Kufa fortzuführen und machte sich von Medina mit nur 72 Getreuen auf den Weg durch die Wüste. Der Omajjade Jesid, Moawijas Sohn, hatte dem Gouverneur von Kufa befohlen, die Karawane abzufangen, und in der Nähe von Kerbela, in Sichtweite eines Flusses, fanden Husain und seine Mannen, am Ende ihrer Kräfte, den Zugang zum Wasser durch das Heer des Omajjaden versperrt. Wissend, daß sie verloren waren, beschlossen sie, bis zum letzten zu kämpfen. In einem ungleichen Kampf gegen eine erdrückende Übermacht wurden Husain und seine Anhänger niedergemetzelt. Im Dunkel der Nacht stahl sich ein treuer Diener auf das Schlachtfeld und nahm das Haupt Husains an sich, das dann in Husains Grabmoschee in Kerbela zur Ruhe gebettet wurde. Der Wallfahrtsort Kerbela ist neben der Grabmoschee Alis in Nedjef den Schiiten heili-

284

ger als die Kaaba von Mekka oder das Grab des Propheten Mohammed in Medina.

Das *Massaker der Zweiundsiebzig* führte zum Großen Schisma des Islams. Anfangs war die Schia die Glaubenslehre nur einer Minderheit, einer kleinen Enklave im Irak (Nedjef und Kerbela) und in Teilen Persiens. Im Unterschied zu den Sunniten behaupten die Schiiten, daß allein Ali das unbestreitbare Recht auf das Kalifat gehabt hätte. Aber es war die Reaktion seitens nicht-arabischer Völker, allen voran der Perser, auf die arabischen Eroberungen, die die Schia stärkte und zu einem Sammelpunkt für all jene machte, die Grund zur Klage gegen ihre arabischen Herren hatten. Die Nichtbeachtung ihrer Beschwerden ließ politisch aktive, extremistische Bewegungen entstehen. Die berüchtigste war die der *Assassinen* [49], einer Sekte, deren Name zum Synonym für Mörder wurde und deren Begründer ein Perser war. Viele der in Persien im Laufe der Jahrhunderte bis in unsere Zeit begangenen Grausamkeiten lassen sich auf die schiitische Sekte der Assassinen zurückführen. Die Sekte als solche bestand bis 1256, als ein Mongolenführer ihre Hochburg in den Bergen überrannte und die Sektenmitglieder töten ließ.

Im Schiismus zeigt sich eine nicht unbedeutende Unterströmung einer vor-islamischen Vergangenheit. Wie die Könige des alten Persien erstrahlten die Märtyrer in einem göttlichen Licht, und ihren Nachfolgern, als Imame bezeichnet, wurden die Eigenschaften der heiligen Gestalten der Vergangenheit zugeschrieben. Für Millionen von Moslems haben die Märtyrer mit ihrem Blut die Spaltung geheiligt. Die Geschichte des Schismas ist eine von Invasionen, Vertreibungen, Morden und Kriegen; Feindseligkeiten zwischen Schiiten und Sunniten leben immer wieder auf. (Ayatollah Khomeini war Schiit, Saddam Hussein aus dem Irak Sunnit.)

Nedjef am Euphrat, bekannt als Treibhaus für islamische Eiferer, war eine erstaunliche Wahl als Exil für den Ayatollah, ist es doch eine der beiden heiligsten Stätten der Schia, der Staatsreligion des Iran. Aus diesem von der Grabmoschee Alis beherrsch-

Der Untergang großer Dynastien

ten Ort schickte dieser fanatische moderne Jünger des Sendboten Gottes seine theologischen Donnerkeile gegen den *gottlosen Diener des Dollars*. Er brandmarkte die Greueltaten des SAVAK, pries die Märtyrer in ihrem Kampf gegen Unterdrückung und rief die Mullahs zu aktivem Widerstand auf. Lange Zeit hielt man das Toben des Ayatollah für Gehässigkeiten eines alten Mannes ... Er konnte sich im Irak halten, bis 1978 Druck auf Saddam Hussein ausgeübt wurde, den alten Mann des Landes zu verweisen. Khomeini fand politisches Asyl in Frankreich (nach Rücksprache des französischen Präsidenten mit dem Schah).

Ein modernes Phänomen hielt Einzug in den mittelalterlichen Kreuzzug des Ayatollah – die westlichen elektronischen Medien. Ausländische Journalisten wurden seine schärfste Waffe. Bald war sein bescheidener Bungalow am Stadtrand von Paris von Horden von Journalisten belagert und von Fernsehkameras umstellt. Die Tatsache, daß es verhältnismäßig leicht war, Interviews von ihm zu bekommen, zeigte bald Wirkung, und seine Erklärungen fanden den Weg in die weite Welt und konnten auch im Iran aufgefangen werden. Für ihn gab es keine Trennung zwischen Religion und Politik, ein Kompromiß mit dem Schah kam nicht in Frage – er konnte doch nicht mit dem personifizierten Satan reden. In einem Zelt in einem Obstgarten vor seinem Bungalow saßen Mullahs mit gekreuzten Beinen auf einem abgetretenen Teppich und schrieben die Predigten ihres Imams nieder, vervielfältigten sie und brachten sie in Umlauf. Wenn der Schah gehofft hatte, ein alter Mullah in einem fernen Land würde bald vergessen sein, so hatte er nicht mit der religiösen Inbrunst der Massen gerechnet, insbesondere der *mustasafin*, der *enterbten* Slumbewohner, die, ähnlich den *Enragés* in der Französischen Revolution, zu Führern der Erhebung geworden waren – sie hatten nichts zu verlieren. Sie scharten sich um ihre Mullahs und lauschten begierig den aufwiegelnden Worten des Imams. Plötzlich wurde der Ayatollah zu einer Größe, die den Schah zu beunruhigen begann.

Die Gründe, die zum Abgang des Pahlewi Schahs führten, waren zahlreich, aber die Ölfrage hatte besonderes Gewicht. In ei-

286

nem Vieraugengespräch zwischen den Ölministern Saudi-Arabiens und Venezuelas wurde 1971 eine Senkung des Preises für Rohöl beschlossen.[50] Der Schah machte seinem Zorn in aller Öffentlichkeit Luft: *Das kann für Uns nicht annehmbar sein, denn es ist ohne Unsere Zustimmung beschlossen worden.* Mit diesem Zwischenfall war der Grundstein für die OPEC (Organisation Erdöl exportierender Länder) gelegt. Unter der Leitung des Schahs bildeten die wichtigsten Ölproduzenten eine lose Vereinigung, die bald ihre ersten Siege errang. Mit der OPEC endete das alte System der Ölkonzessionen. Zum ersten Mal vereint, konnten Länder von Indonesien bis Venezuela, von Saudi-Arabien bis Mexiko von den großen Ölgesellschaften bedeutende Änderungen der Konzessionen erkämpfen.

Mit der Schaffung der OPEC hatte der Ruf des Schahs einen Höhepunkt erreicht. Gleichzeitig aber besiegelte er sein Los, als er die Ölkrone an sich zu reißen versuchte und es gleichzeitig mit den *Seven Sisters* aufnahm. Es wurde ein Zweifrontenkrieg, der schlecht enden mußte, waren doch nationale und finanzielle Interessen im Spiel. Im Jahr 1973, während die OPEC-Minister noch immer über das Ausmaß von Preisanpassungen stritten, fielen Ägypten und Syrien in israelisch besetztes Gebiet ein. In einer Aktion, die ihn seinen arabischen Nachbarn nur entfremden konnte, belieferte der Schah Israel während des *Yom Kippur*-Krieges mit Öl. Während er seinen Freunden, den Amerikanern, treu blieb und Israel weiter mit Öl belieferte, belegten die Araber, angeführt von König Feisal von Saudi-Arabien, Ölexporte nach Holland und den USA mit einem Embargo. Am 20. Oktober 1973 trat die Maßnahme in Kraft und löste Panik aus. Die Iranian Oil Company brach im Auftrag des Schahs die Sperre mit einer ersten Serie von *Ölauktionen*, die den Preis von sechs auf siebzehn Dollar pro Barrel steigerten. Die Araber waren wütend, und selbst die Amerikaner begannen, unruhig zu werden. Der amerikanische Finanzminister lehnte einen Besuch in Teheran ab – mit der Begründung: *Der Schah ist verrückt.*

Im Frühling des Jahres 1975 zerbrach die OPEC beinahe an der

Der Untergang großer Dynastien

Rivalität zwischen Saudi-Arabien und dem Iran. Der Schah war
überzeugt, die Saudis hätten eine Geheimabsprache mit den Vereinigten Staaten getroffen. Er mißtraute nicht so sehr dem König,
sondern dem Emporkömmling Zaki Jamani. Jamani, Harvard-Ab-
solvent und ehemaliger Freund der Amerikaner, verfügte über
große Macht im Rat der OPEC-Minister. Es war an der Zeit, den
Schah loszuwerden, denn sein angeschlagenes Regime würde der
Region eher schaden denn nützen. Es gab wahrlich keinen Mangel an Gründen und Vorwänden. Religion war einer der wichtigsten. Die symbolische Macht des Schahs, die den islamischen Fundamentalismus bannen sollte, könnte eben das Ideal, das es zu
fördern galt, in Mißkredit bringen. Das Risiko war zu hoch und
der mögliche Gewinn zu klein. Der Schah mußte gehen.

Eine Zeitlang überlebte der Schah dank Nichthandeln. Der Westen hatte so viel in ihn investiert, daß man sich nicht vorstellen
konnte, ihn nun fallen zu lassen. Am Höhepunkt des Ölschocks
von 1973 hatten die westlichen Industriemächte noch gemeint, daß
es ohne den Schah, immer noch die treibende Kraft in der OPEC,
leichter sein würde, eine ihnen günstige Ölpolitik mit den Arabern
zu betreiben. Der Plan war illusorisch, da der Schah nun als Verräter am Islam angesehen wurde. Seine Nachbarn begannen
heimlich die Opposition zu unterstützen. Was die arabischen Golfstaaten dabei nicht berücksichtigten, waren die Folgen einer
Schwächung des Schahs; bestenfalls würde er von der nationalistischen Strömung hinweggefegt werden, schlimmstenfalls von
einem neuen religiösen Fanatismus, der leicht den gesamten *islamischen Halbmond* (eine geographische Bezeichnung für das Gebiet von Indonesien bis Nordafrika) erfassen könnte.

In den Tagen, die zur Krise von 1978 führten, hätten stärkerer
politischer Wille und größere Ehrlichkeit eine Abkehr vom Abgrund bringen können. Die Situation verlangte harte Maßnahmen,
ein Regierungswechsel, eine gegen Profitmacher gerichtete Säu-
berungskampagne waren durchaus vertretbar. Um dem Land Stabilität zu geben, hätte es des Vertrauens der Bevölkerung in den
Schah bedurft, aber dieses Vertrauen hatten er selbst und seine

288

Minister verspielt. Die Menschen, die nur ein Jahr zuvor den Aufstieg ihres Landes zur Weltmacht (Eroberung der Straße von Hormus) gefeiert hatten, gingen jetzt auf die Straße, um gegen die Unfähigkeit der Regierung und die von ihr verursachte wirtschaftliche Krise zu protestieren. Die Unruhen spielten in die Hände der Islamisten, und gerade jetzt wäre eine starke Führung notwendig gewesen.

Zu seinen wachsenden Problemen im Inneren gesellte sich ein weiteres: Der Schah war ein kranker Mann. Während seines ganzen Lebens hatte er mit Depressionsschüben auf den Umstand reagiert, daß er im Schatten seines übermächtigen Vaters, Schah Resa I., des Kosaken, stand, der mit den Methoden eines Kondottieres der Renaissance ein ganzes Volk bezwang. Und nun kam Verzweiflung hinzu. Schon 1975 war ein berühmter französischer Spezialist nach Teheran gerufen worden. Er stellte Blutkrebs fest und riet zu sofortiger Chemotherapie, gefolgt von intensiver Strahlentherapie, ein schwerer Schock für einen Mann, der immer Sport betrieben und sich fit gehalten hatte. Es ist nur zu verständlich, daß seine Gedanken nicht ganz bei den Staatsangelegenheiten waren.

Im Sommer 1975 kam es zu Entwicklungen von enormer Tragweite. Der neue starke Mann im Irak, Saddam Hussein, und der Schah begruben die uralten Streitigkeiten zwischen ihren Ländern und schlossen ein typisch orientalisches Geschäft ab. Der Schah erklärte sich bereit, die Waffenlieferungen an die gegen den Irak kämpfenden Kurden einzustellen, und Saddam Hussein öffnete den Schatt el-Arab für die iranische Schiffahrt. Eine Nebenklausel betraf das Schicksal eines betagten Mullahs, der auf irakischem Boden lebte und abgeschoben werden sollte ... Es war Ayatollah Khomeini, der schließlich von Präsident Giscard d'Estaing in Frankreich aufgenommen wurde – die Büchse der Pandora war geöffnet ...

Während der Ayatollah von Paris aus die Titelblätter der Weltpresse eroberte, mobilisierte sich im Iran breite Unterstützung für seine Revolte. Die radikalen Strömungen hatten sich mit der indirekten Verwicklung des Iran im verheerenden *Yom Kippur*-Krieg verstärkt, insbesondere unter den militanten Islamisten, die in der stillschweigenden Unterstützung Israels durch den Schah nichts weniger als Hochverrat sahen. Diese Militanten bildeten den harten Kern, um den sich hochmotivierte Gelehrte mit politischer Erfahrung und Reife, doch ohne Parteizugehörigkeit, gruppierten, die der Revolution moralisches und intellektuelles Gewicht gaben. Das waren also die Kräfte, die sich zur Führung der Islamischen Revolution zusammenfanden, zusammengehalten durch Ideologie und nicht durch Organisation.

Anfang 1978 kündigte sich die Explosion durch eine Reihe kleinerer Demonstrationen an, die alle mit Blutvergießen endeten. Die ersten schweren Unruhen brachen in der Geburtsstadt Khomeinis, in der heiligen Stadt Kum, aus. Am 9. Januar 1978 endete eine kleine Kundgebung mit 60 Toten. Eine Woche später gab es 100 Tote in Täbris, dann 200 Tote in Meschhed, die einem Fernsehaufruf des Ayatollah, den Schah zu stürzen, gefolgt waren. Ihr Begräbnis wurde zu einer Glaubensdemonstration. All dies wäre noch beherrschbar gewesen, wären da nicht andere Ereignisse eingetreten, die letztlich ausschlaggebend waren. Der erste Vorfall ereignete sich in einem Kino in Abadan im August 1978. Als im Projektionsraum Feuer ausbrach, stürzten Hunderte von Zuschauern in Panik zu den Ausgängen – und fanden sie von außen versperrt. 377 Menschen starben eines qualvollen Todes. Der Schah beschuldigte die Fundamentalisten der Brandstiftung – Brandstiftung war es in der Tat –, die Mullahs gaben dem SAVAK die Schuld an dem Drama, und die Mehrheit der Bevölkerung war nur zu bereit, ihnen Glauben zu schenken.

Der Schauplatz wechselte in die Hauptstadt des Landes. In einer weitgehend spontanen Aktion, die Teheran überrumpelte, drängten Tausende von Menschen auf die Straßen. Mit ihren Schreien *Tod den Mördern!* verurteilten sie diejenigen, die das Feuer im Kino in Abadan gelegt hatten. Was als gemäßigter Aufmarsch von Studenten und einigen Mullahs begonnen hatte, wuchs sich zu einer riesigen Demonstration aus. Über zwei Stunden lang waren weder Polizei noch Soldaten zu sehen, bis dann

Regierungstruppen Stellung an markanten Punkten bezogen.
Schließlich, als Demonstration der Stärke, wurden Soldaten mit
Sturmgewehren eingesetzt, um die Marschierenden auseinander-
zutreiben. Es war eine lärmende, aber friedliche Demonstration
gewesen. Keine Verletzungen oder Verhaftungen wurden gemeldet, die schwer bewaffneten Truppen verhielten sich ruhig, und
die Generäle wiegten sich in Zuversicht, allerdings einer trügeri-
schen.

Doch die Stimmung heizte sich auf, und die Revolutionäre
wähnten die Zeit für gekommen, die Initiative zu ergreifen. Am 8.
September, am Tag nach der Demonstration, gingen die Menschen wieder auf die Straße und Massen strömten auf Teherans
Jahleh-Platz zusammen. Diesmal entschloß sich der Militärgouverneur von Teheran, General Oveissi (1984 in Paris von iranischen Agenten ermordet), einzuschreiten. Eine kleine Polizei-
einheit versuchte die Menge von einem Regierungsgebäude
abzudrängen. Ein Agitator sprang auf das Dach eines Automobils,
das in der Menge steckengeblieben war, und schrie: *Tod dem
Schah!* Dieser Schlachtruf stellte den Gipfelpunkt der Blasphemie
dar. Ein Schuß fiel, und der Agitator stürzte zu Tode getroffen vom
Wagen. Entsetzte Stille senkte sich über den Platz. Der leblose
Körper wurde in die Höhe gestemmt, eine grüne Fahne mit seinem Blut getränkt. Mit der blutbefleckten Fahne des Propheten
hatte die Revolution ein Märtyrersymbol. Die Massen schrien.
Verstärkungen wurden an den Ort des Geschehens beordert. Der
Militärgouverneur befahl, die zum Platz führenden Straßen zu
blockieren. Schwer bewaffnete Soldaten, langsam vorrückend,
preßten die brodelnde Masse in Richtung Platzmitte. Die das Geschehen verfolgenden ausländischen Journalisten konnten rück-
blickend nicht mit Sicherheit sagen, ob es die Tat einzelner erregter Männer mit Gewehren oder die Befolgung eines direkten
Befehls eines Kommandierenden war. Wie auch immer, plötzlich
eröffneten die Truppen das Feuer auf die Demonstranten und töteten 700 von ihnen. Der Schah war niedergeschmettert: An jenem Abend sagte er zu Präsident Jimmy Carter, der ihn angeru-

fen hatte, daß er einer teuflischen Verschwörung zum Opfer gefallen wäre.

Die Schuld lag nicht nur beim Schah. Die Explosion war eine Reaktion auf die seit undenklichen Zeiten praktizierten Methoden der Machtausübung. Verschärft wurde die Situation durch die Anordnung der Regierung, den Aufruhr mit aller Schärfe niederzuschlagen. Die unmittelbare Auswirkung der Demonstration brutaler Stärke durch die Regierung war, daß die Massen sich um ihre Mullahs scharten. Jeder weitere Zwischenfall würde dazu beitragen, aus gewöhnlichen Stadtmenschen eine Armee von Revolutionären zu machen. Es dauerte nicht lange, und Teheran erlebte die schlimmsten Unruhen seit den Tagen der Mossadegh-Revolution. Nach langen Jahren der Unterdrückung machten die Menschen ihrem Zorn Luft und, getrieben von einem wahnsinnigen Haß gegen die Autorität des Schahs, nahmen es mit der bestbewaffneten Armee des Mittleren Ostens auf. Der Mob warf Steine und Benzinbomben, die Armee antwortete mit Kugeln.

Ein Unglück kommt selten allein. Am 16. September, nur Tage nach den Ereignissen am Jahleh-Platz, erschütterte ein verheerendes Erdbeben die Stadt Tabas: 20.000 Tote. Statt sich persönlich von den Verwüstungen zu überzeugen und den geschockten Menschen Zuversicht zu geben, ließ sich der Schah zu einem nahegelegenen Flughafen fliegen und in seiner gestärkten Uniform im Gespräch mit buckelnden Generälen und Beamten fotografieren, während in der schwer geschlagenen Stadt Studenten und Mullahs Tote und Verletzte aus den Trümmern holten.

Der Gesundheitszustand des Schahs verschlechterte sich zusehends, und seine Kräfte schwanden. Seine Arroganz machte tiefster Verzweiflung Platz. Andere begannen, für ihn zu planen. Admiral Olahi, Oberbefehlshaber der iranischen Marine, legte dem Schah den Plan für einen Staatsstreich des Militärs vor: *Gestatten Sie der Armee, die Dinge in die Hand zu nehmen, 5.000 Geschäftemacher und 5.000 Mullahs zu verhaften. Dann wäre Schluß mit den Dummheiten.* Einige Zeit verharrte der Schah in Schweigen, dann sagte er: *Aber das ist gegen die Verfassung.*

Die Pahlewis

Olahi war fassungslos ... Die Verfassung! War nicht schon alles gegen die Verfassung, mit dem Land am Rande der Katastrophe und dem religiösen Fanatismus, der sein häßliches Haupt erhob? *Sire, es ist die einzige Möglichkeit, das Land vor Anarchie zu bewahren. Die Revolution ist bereits in einem so fortgeschrittenen Stadium, daß nur die Armee unser Land retten kann.* Jetzt war der richtige Moment – aber er blieb ungenützt. Der Schah blieb unentschlossen. Ein Herrscher ohne Entschlußkraft ist ein verlorener Herrscher. So wie Ludwig XVI. und Nikolaus II. ließ sich Mohammed Resa II. die letzte Chance entgehen, seine Krone zu retten. Seine Bemühungen, den Iran zu modernisieren, sein Land nach Jahrhunderten mittelalterlicher Herrschaftsstrukturen in das 20. Jahrhundert zu hieven, störten die traditionellen Muster des Alltagslebens. Es läßt sich nicht leugnen, daß revolutionäre Mullahs unter Ausnutzung der herrschenden Unzufriedenheit eine wichtige Rolle in der Meinungsbildung spielten, daß sie ein wichtiger Faktor für das Entstehen von Demonstrationen waren. Jedoch waren die riesigen Massen keineswegs nur passive, geschickt manipulierte Werkzeuge.

Ab Oktober 1978 kam es fast täglich zu Demonstrationen in Teheran und anderen Ballungszentren. Ein entscheidender Schritt wurde am 10. Oktober gesetzt, als die Belegschaft der gigantischen Ölraffinerie von Abadan den Ölzufluß zu den Pipelines sperrte und die Arbeit niederlegte. Innerhalb einer Woche wurde Öl in dem Land mit einem der größten Ölvorkommen der Welt zur Mangelware.

Obwohl ein Demonstrationsverbot verhängt worden war, ergoß sich am 5. November 1978 eine riesige Menschenmasse, darunter eine große Anzahl von Frauen in schwarzen Umhängen, auf die Straßen Teherans, um die Entlassung eines ihrer Mullahs aus dem Gefängnis zu feiern. Die Mullahs waren für sie Heilige, der Schah der Inbegriff des Bösen im Solde des Satans USA. Mit Schreien wie *Tod dem Schah!* stürmten die Massen Banken, Regierungsgebäude, die Sitze von Firmen unter staatlicher Kontrolle und Vertriebsstellen für Alkohol, zerbrachen die Auslagen von Luxusgeschäften, steckten die britische Botschaftskanzlei in Brand. Statt mit Entschlossenheit aufzutreten – seine einzige Möglichkeit, weiteres Blutvergießen zu verhindern –, erklärte der Schah: *Ich bin kein Diktator, ein Monarch kann nicht um den Preis des Lebens seiner eigenen Bevölkerung an der Macht bleiben.*

Die Situation geriet außer Kontrolle. Die Mullahs hatten von den großen Revolutionären gelernt. Gewalt macht sich bezahlt, macht Schlagzeilen. Gewalt hieß, ernst genommen zu werden. In einer Riesendemonstration am 10. November stießen über eine Million Khomeini-Anhänger mit Militäreinheiten, die die Hauptzugänge zum Niavaran Palast abriegelten, zusammen. Massen wälzten sich durch die Alleen, Schüsse wurden in die Luft abgegeben. Die Massen wogten vor und zurück, bis sie sich zu einem riesigen, brüllenden Haufen formierten. Wieder fielen Schüsse, diesmal nicht ins Leere. Als die Masse ihr erstes Opfer witterte, entrang sich ihr ein Schrei nach Rache. Es war das dumpfe Brüllen eines verwundeten Drachens, das sich in den Straßenschluchten zwischen Wolkenkratzern und Luxushotels verfing. Dann erhob sich ein Sturmgeheul, als hätte sich das ganze Land erhoben. Tausende, Zehntausende, deren Angst einem fanatischen Furor gewichen war, fluteten den bewaffneten Soldaten entgegen, die den Weg versperrten: *Tod dem Schah!* Weitere Schüsse. Die ersten Reihen gingen zu Boden, die dahinter, von einem wahnsinnigen Mob vorwärtsgedrängt, versuchten, die Straßensperren zu durchbrechen, rannten um ihr Leben. *Tod dem Schah!* Es gab zahlreiche andere Opfer, Menschen, die aus den Fenstern brennender Gebäude in den Tod gesprungen waren, Menschen, die unter den trampelnden Füßen der flüchtenden Masse umkamen. Frauen mit Einkaufskörben, alte Männer, die der rasenden Menge nicht entkommen konnten. Das Zentrum Teherans war übersät mit Leichen, mit ausgebrannten Autos, aus glosenden Gebäuden stieg schwarzer Rauch auf. Mindestens 600 Personen verloren ihr Leben und über 3.000 wurden verwundet.

Mit Ende November 1978 stand der Ausgang der Auseinandersetzungen fest. Die Freunde des Schahs im Glück ließen ihn im Stich. Wer konnte, verließ das Land. Die Belastung war für den

Monarchen zu groß, seine Nerven versagten derart, daß er seine
Generäle anflehte, den Truppen zu befehlen, nicht auf die Menge
zu schießen. Es ist aber eine psychologische Unmöglichkeit, einem
Soldaten ein geladenes Gewehr in die Hand zu geben und ihm
dann zu verbieten, es zu verwenden, um sein Leben zu verteidigen
… Panzer rollten durch die Straßen der Hauptstadt, und was in
Prag 1968 passiert war, wiederholte sich zehn Jahre später in Teheran. Menschen sprangen auf die Panzer, schmähten die Soldaten und bespuckten sie. Die Panzerbesatzungen fühlten sich hilflos, hatten sie doch strikten Befehl erhalten, Feindseligkeiten nicht
zu erwidern. Die Schmähungen und das Verbot, sich zu verteidigen, untergruben die Moral, und viele der Soldaten schlossen sich
den Demonstranten an.

Der Zeremonienmeister Amir Aslan Afschar warf sich auf die
Knie:
- *Ihre Majestät, Teheran brennt, Sie müssen etwas unternehmen.*
- *Aber meine Soldaten haben doch die Stadt unter Kontrolle.*
- *Sie haben ihnen doch verboten, sich zu verteidigen. Majestät, wir
flehen Sie an, einen starken Mann an die Spitze Ihrer Regierung
zu setzen.*
- *Wen haben Sie im Sinn?*
- *General Oveissi, Ihren Militärgouverneur.*
Der General war bekannt dafür, daß er Feuer mit Blut löschte, wie
sich im September, am Jahleh-Platz, gezeigt hatte.
„Gut, ich werde sehen, was ich tun kann." Aber er tat nichts, zumindest nichts, was die Lage entschärft hätte, als er den schwachen General Azhari, einen Mann, der absolut gegen den Einsatz
von Gewalt war, an die Spitze der Regierung berief. Während
Oveissi ein für allemal mit der Revolution aufgeräumt hätte, trug
ein schwacher Azhari nur zur weiteren Destabilisierung der Lage
bei. Der Chef des französischen Geheimdienstes, Graf Alexandre
de Marenches, stattete dem Schah einen Besuch unter vier Augen
ab, nachdem er sich bei einer Fahrt durch die Stadt persönlich
vom Ausmaß des Dilemmas überzeugt hatte.

Der Untergang großer Dynastien

– *Ich werde meinen Truppen niemals erlauben, auf mein Volk zu schießen.*

– *Dann, Sire, sind Sie verloren.*

Nach seiner Rückkehr nach Paris wurde de Marenches sofort in den Élysée-Palast gerufen, um Präsident Giscard d'Estaing Meldung zu erstatten. „*Alors, Marenches?*"

– *Er ist ein zweiter Ludwig XVI.*, antwortete Marenches.

– *Das ist dann also das Ende*, sagte der französische Präsident.

Es war nun offensichtlich, daß es keine friedliche Lösung mehr geben konnte. Die Straßenschlachten in Teheran gingen weiter. Eine Demonstration jagte die andere. Die wenigen noch loyalen Bereitschaftstrupps setzten Gummiknüppel und Tränengas ein, die Demonstranten alles, was sich ihnen bot. Sie steckten Fahrzeuge in Brand, und das dumpfe Geräusch explodierender Benzintanks drang in die Luxushotels, die Unterkunft der Journalisten aus aller Welt. Teenager, Knaben wie Mädchen, warfen sich mit unglaublicher Hingabe in den Kampf, ergriffen die einmalige Gelegenheit, bei einer Revolution mitzumachen. Und was war es doch für eine Revolution! Wie Simson im Kampf gegen die Philister den Tempel, so brachte er das gesamte Gefüge zum Einsturz und begrub sich selbst unter den Trümmern.

Am *Aschura*-Tag, dem zehnten Tag im Heiligen Monat *Muharram*, bewegte sich eine Demonstration von über einer Million Menschen zum *Schayad*-Monument (vom Schah als Zeichen des Ruhmes seiner Dynastie errichtet). In den vordersten Reihen marschierten wieder *mustasafin*, leicht zu erkennen an ihrer schäbigen Kleidung und ihren rasierten Schädeln. Sie trugen ein riesiges Banner mit der Aufschrift: *Unsere Heilige Revolution ist gegen Imperialismus und Kommunismus!* Ihnen folgten Reihen von Mullahs in ihren schwarz-weißen Turbanen, Verse des Korans rezitierend. Ein dem Zug Voranschreitender gab das Zeichen zum gemeinsamen Deklamieren: *Entrechtete, erhebt euch und verteidigt den Islam, denn das ist eure heilige Pflicht.* Die *mustasafih*, die, geblendet vom verlockenden Glanz der Großstadt, nach Teheran gekommen waren und nichts als Elend fanden, begannen wie Derwische zu singen und zu tanzen: *Wir sind heilige Märtyrer wie unser Imam Husain!*" Und dann brandeten die Rufe auf, Welle um Welle:

„Allahu akbar – Khomeini rachbar! Allahu akbar – Khomeini rachbar!"

Gott ist groß und Khomeini ist unser Führer!

Die Masse handelte in dem sicheren Wissen, daß die islamische Revolution eine vollendete Tatsache war.

Hatte die Regierung anfangs das Durchhaltevermögen der Aufständischen unterschätzt, war dies nun nicht mehr der Fall. Premierminister Azhari erwies sich als unfähig, und nach wenigen Tagen im Amt erlitt er einen Herzanfall. Der designierte Premierminister hieß Schapur Bachtiar. Die Lage war mittlerweile hoffnungslos geworden. Der amerikanische und der britische Botschafter wurden zu einer Audienz in den Niavaran-Palast bestellt. Ein müde aussehender Schah sagte ihnen, daß er nur drei Möglichkeiten sähe: zu bleiben und Demütigung hinzunehmen; sich in einer Seefestung zu verschanzen und die Armee die Macht übernehmen zu lassen; oder das Land zu verlassen. Die Botschafter waren sich einig, daß der Schah unter den gegebenen Umständen das Land *vorübergehend* verlassen sollte. William Sullivan, der amerikanische Botschafter, hatte von Washington bereits die Zusicherung erhalten, daß einem *vorübergehenden Aufenthalt aus gesundheitlichen Gründen* nichts im Wege stünde. Untermauert wurde dieses Angebot durch die Aussage von Personen aus dem Umkreis des Ayatollah, daß jedes Land, das bereit sei, den Schah aufzunehmen, bei der Revolution in besonderer Gunst stehen würde. Botschafter Sullivan machte daraufhin einen zweiten Besuch im Palast, mußte dem Monarchen aber auch mitteilen, daß er nicht mit einem fürstlichen Empfang durch den amerikanischen Präsidenten oder ein Regierungsmitglied rechnen dürfe. (Sullivan schrieb in seinen Memoiren: *Sie haben ihn wie eine tote Maus hinausgeworfen.*) Um den Schock zu mildern und es dem Schah zu ermöglichen, etwas Würde zu bewahren, lud der ägyptische Präsident Anwar Sadat das kaiserliche Paar ein, auf dem Weg in die USA eine Zwischenstation in Assuan zu machen.

Was den Schah schließlich zum Weggehen bewog, wird die Welt vielleicht nie erfahren. Am 16. Januar 1979 passierten der Schah und seine Frau auf dem Weg zum Flughafen zum letzten Mal die Tore des Niavaran-Palastes. Sie wurden im Privathubschrauber des Schahs zum Flughafen gebracht, wo im schwer bewachten kaiserlichen Areal einige Journalisten, denen Zutritt gewährt worden war, warteten. Der Schah gab eine kurze Erklärung ab: *Eine neue Regierung wurde gebildet. Was mich betrifft – ich fühle mich müde und brauche Ruhe. Meine Reise beginnt heute.*

Wie lange werden Sie wegbleiben? verlangte ein ausländischer Journalist zu wissen.

Ich weiß nicht ..., ich weiß es wirklich nicht ...

***

Unausweichlich waren die Folgen der persönlichen Schwächen des Schahs. Sein Feuer war erloschen, und er hatte sein Ansehen verwirkt – bis zu dem Grad einer politischen Lähmung. Er hatte die Glaubwürdigkeit und das moralische Gewicht für einen erfolgreichen Aufruf zur Mäßigung verloren. Es war nicht ein Ayatollah, der den Schah zur Strecke gebracht hatte, es waren seine eigenen Dämonen. Indem er ihn zum Märtyrer machte, verhalf der Schah dem Ayatollah zu einer in der neueren Geschichte des Islams noch nie dagewesenen Fülle von Macht und Ansehen. Der Imam wurde nun als Verkörperung eines *Neuen Iran* verehrt. Am 1. Februar 1979 verstopften drei Millionen Menschen die Flughafenstraße. Viele kämpften sich durch, um das Automobil zu berühren, in dem Ayatollah Khomeini im Triumph nach Teheran gebracht wurde. Ein religiöser Diktator war auf dem Weg, einen autokratischen Monarchen zu ersetzen.[51]

Am 3. Februar 1979 bildete Khomeini den *Islamischen Revolutionsrat*. Im Westen nahm man naiverweise an, daß mit dem Abgang eines despotischen Schahs der Iran sich politisch entfalten und mit zunehmendem Wohlstand eine liberale Demokratie entstehen würde. Aber der Iran war und ist anders. Der Westen, aber vor allem die arabischen Nachbarn mußten bald feststellen, daß sich ein virulenter moslemischer Fundamentalismus zum entscheidenden Machtfaktor in der Politik des Iran entwickelte.

Am 7. Februar brachte die Khomeini-Partei Verwaltung, Polizei und Gerichte unter ihre Kontrolle. Drei Tage später brach Meuterei in der Armee aus, und die meisten Truppenteile schlossen sich der Islamischen Revolution an. Mit dem späten Abend des 11. Februar waren alle militärischen Einrichtungen in den Händen der Anhänger Khomeinis. Admiral Olahi entkam, indem er sich (mit Hilfe des israelischen Geheimdienstes) über die Berge in die Türkei absetzte. Viele Militärs hatten weniger Glück und wurden vom aufgebrachten Mob ermordet. In jener Nacht bestieg Premierminister Bachtiar in Verkleidung eines der letzten Flugzeuge, die Teheran noch verlassen konnten. Er gelangte nach Frankreich, wo er 1991 ermordet wurde. Ein neuer Ministerpräsident wurde ernannt, Mehdi Basargan, langjähriger Vorsitzender des Iranischen Ausschusses für die Verteidigung der Menschenrechte. Der ehemalige Premier Amir Abbas Hoveida wurde verhaftet und einem Mullah vorgeführt, der bald den Beinamen *Galgenrichter* für sich in Anspruch nehmen durfte (und sich später in einem Interview damit brüstete, Hoveida getötet zu haben).

Einer der schlimmsten Aspekte der Demütigung war das Vorgehen der islamischen Sittenwächter. Als selbsternannte Wächter der Revolution unternahmen sie einen zerstörerischen Feldzug, um jegliches Symbol der Herrschaft des Schahs und der *dekadenten* westlichen Kultur auszurotten. Statuen wurden niedergerissen, die Inschriften auf den Marmorsockeln mit Bildern des Ayatollah überklebt. Westliche Literatur und amerikanische Autos wurden ein Raub der Flammen, Hotelbars wurden zertrümmert und vorhandene Alkoholika in die Schwimmbecken der Hotels geschüttet. In ganz Teheran wurden hohe Beamte und Offiziere des alten Regimes ohne Prozeß hingerichtet.

Ausgerechnet am 14. Februar, Valentinstag in den Vereinigten Staaten, nahmen es die Revolutionäre mit dem *Satan USA* auf.

Zum ersten Mal wurde die amerikanische Botschaft angegriffen. Nun hieß es *Tod für Amerika*. Das Ärgste war abgewendet, als der neue iranische Außenminister gegenüber dem amerikanischen Botschafter Sullivan eine offizielle Entschuldigung aussprach. Das war eine erste Warnung für die Amerikaner, die aufgrund früherer Zusicherungen bereit gewesen waren, den Schah aufzunehmen. Nun waren ihre Diplomaten schwer gefährdet.

Am 1. April 1979 wurde die Islamische Republik ausgerufen.

Am 5. April wurde der ehemalige Premierminister Hoveida hingerichtet, ebenso der Chef der Geheimpolizei SAVAK. Am gleichen Tag wurde einer der Mitarbeiter Khomeinis, der Ayatollah Motahari, von einer Gruppe, die sich *Die Bewahrer des Glaubens des Koran* nannten, ermordet.

Am 14. April schied der Ayatollah Taleghani aus Protest gegen die im Namen des Islams verübten Greueltaten aus der neuen Regierung.

Die Bemühungen des Schahs, den Iran in eine Marktwirtschaft westlichen Zuschnitts zu verwandeln, hatten Schiffbruch erlitten, weil er versucht hatte, wirtschaftliche Reformen ohne begleitende politische Veränderungen durchzuführen. Nur die dunklen Seiten der Pahlewi-Ära, die Ungerechtigkeiten und Korruption kamen vor dem Tribunal, das über den Schah zu Gericht saß, zur Sprache. Er wurde beschuldigt, den Islam seiner Werte, seiner kulturellen Traditionen beraubt zu haben, eine seelenlose Modernisierung betrieben und die Gegebenheiten seines Landes mißachtet zu haben. Am 13. Mai verurteilte ein Revolutionsgericht den Schah und die Schahbanu in Abwesenheit zum Tode.

Während die letzten Reste des Schah-Regimes hinweggefegt wurden, waren Bemühungen seitens der Vereinigten Staaten und anderer westlicher Länder im Gange, eine für beide Seiten annehmbare Regelung mit dem neuen Regime zu erarbeiten. Aber es war zu spät, zu viel war vorgefallen, und die iranische Haltung hatte sich verhärtet. Manche Diplomaten glaubten ein allmähliches Zunehmen prowestlicher Sympathien feststellen zu können.

Die Pahlewis

Aber wie falsch diese optimistische Einschätzung war, zeigte sich am 5. November 1979, als *Irans heldenhafte Studenten, im Zorn über das Verhalten des Satans Amerika* die amerikanische Botschaft stürmten und sechzig Geiseln nahmen.

Was den vertriebenen Schah betraf, so hatte seine Irrfahrt gerade erst begonnen. Er studierte die Weltkarte auf der Suche nach einem geeigneten Zufluchtsort. Kein Land wollte ihn aufnehmen. Der amerikanische Präsident Jimmy Carter, unter großem Druck, die amerikanischen Geiseln freizubekommen, machte seine Haltung vollkommen klar: *Solange unsere Leute als Geiseln festgehalten werden, möchte ich keinen Tennis spielenden Schah hier in Amerika haben.*[52]

Von allen verlassen, zog der Schah, von seiner Krankheit gezeichnet, in der Welt umher. Seine Odyssee endete in Ägypten, am 27. Juli 1980. Mohammed Resa Pahlewi war achtunddreißig Jahre lang Schah-in-schah gewesen.[53]

Die Tragödie der Pahlewi-Dynastie liegt in zwei fundamentalen Gegensätzen begründet: ein anmaßender, prunkliebender, unentschlossener Monarch, der Blutvergießen verabscheute und doch für das Vergießen von Unmengen Blutes verantwortlich war – und ein gelehrter Denker, reserviert und zurückgezogen, der sich ungewollt im Zentrum eines dramatischen Konfliktes fand, sich dann der Religion bediente, um Anklage zu erheben gegen ein Gesellschaftssystem, das sich überlebt hatte.

Der Zusammenbruch des iranischen Kaiserreiches mit seinen indirekten Auswirkungen auf andere Herrscherhäuser sollte nicht das Ende der konstitutionellen Monarchie bedeuten (sie wird ihre Rolle als Staatsoberhaupt weiterhin spielen, solange sich die Monarchen an die Vorgaben halten, als da sind: in die monarchische Familie hineingeboren zu werden, unpolitisch zu sein und einfach gegenwärtig zu sein), aber er kennzeichnet sicherlich das Ende einer Ära. Die Geschichte wird festhalten, daß Mohammed Resa Pahlewi, Schah-in-schah des Iran, der letzte der mächtigen dynastischen Monarchen war, die sich selbst das Recht von Gottes

301

Gnaden zuerkannten, alleinige und unumschränkte Macht auszuüben.

Was das Land betrifft, so wird es seine eigenen Wege gehen,
wie schon seit Tausenden von Jahren.

Nachwort: Nach-gedacht ...

Die Zeiten ändern sich ...

Heutzutage könnte kein dynastisches Drama ohne *sofortige Enthüllung* ablaufen. Die Zeiten des Selbstmords Erzherzog Rudolfs in den Armen seiner Mätresse in Mayerling, als Polizei und öffentlicher Anstand die ganze Affäre unter Verschluß hielten, diese Zeiten sind vorbei. Die gegenwärtigen Dynastien europäischer Monarchen sowie amerikanische Präsidenten werden von einer nach Schmutz, Erregung und Enthüllung gierenden Boulevardpresse gehetzt. Kein *Ereignis* entgeht der Feder des Berichterstatters oder dem indiskreten Auge der Fernsehkamera: *Es passiert nur, wenn es im Fernsehen ist.* Sollte es modernen Fürstlichkeiten gelingen, die medialen Verfolger für kurze Zeit abzuschütteln, so wird sich ein geeigneter Augenzeuge finden, der seine Geschichte an ein Sensationsblatt verkauft. Mit Tragödien in Fürstenhäusern läßt sich viel Geld machen, ebenso wie mit pikanten Geschichten, die sich um Präsidenten ranken ...

„Die Öffentlichkeit hat ein Recht auf Information ... "

In der Schnelligkeit der Urteilsbildung neigen Menschen dazu, die Namen großer Männer aus dem ewigen Buch der Geschichte zu streichen. Tod durch die Feder.
Auch das ist eine Todesart.

Literaturnachweise — Literaturhinweise

DIE BOURBONEN

BRINTON, Crane, Europa im Zeitalter der Französischen Revolution, Verlag L. W. Seidel & Sohn, 2. Auflage, Wien 1948

CAMPAN, J.-L., Memoiren über das Privatleben der Königin Maria Antoinette von Frankreich, 3 Bde., Verlag Max, 1824.

DECAUX, A., Rätsel um Mächte und Menschen, Hestia, Bayreuth 1968

FURNEAUX, R., Die großen Rätselfragen, Menschen, Schicksale, Probleme, die die Welt bewegten, Scheffler, Frankfurt/M. 1962.

FISCHER, P., Reden der Französischen Revolution, München 1974.

KIRCHBERGER, J., Zeugen ihrer Zeit, München 1983.

KIRCHBERGER, J., Die Französische Revolution. Eine Chronik in Daten und Zitaten, Sammlung Lübbe, 1988.

LENÔTRE, G., Das Drama von Varennes (Juni 1791), Hartleben, Wien, & Leipzig 1908.

MARKOV, W., Revolution im Zeugenstand, Bd. 2: Gesprochenes und Geschriebenes, Fischer Taschenbuchverlag, Frankfurt/M. 1987.

MICHELET, J., Geschichte der Französischen Revolution München, 1914.

PERNOD, G., Die Französische Revolution in Augenzeugenberichten, München 1976.

TOCQUEVILLE, A., Der Alte Staat und die Revolution, Leipzig, Wiegand 1867

DIE ROMANOWS

KERENSKJ, A., Die Kerenskij-Memoiren, Zsolnay Wien, Hamburg 1966.

KURTH, P. / CHRISTOPHER, P., Der letzte Zar, Heyne, München 1995.

ELER, M. / NEKRICH A. Geschichte der Sowjetunion, I. Bd. 1914–1939, Athenäum Verlag, 1981.

REED, J., 10 Tage, die die Welt erschütterten (Vorwort Egon E., Kisch), Wien, Verlag für Literatur und Politik, 1928.

TORKE, H-J. (Hrsg.) Die Russischen Zaren, Verlag C. H. Beck, München, 1995

TROTKZI, L., Geschichte der Russischen Revolution, Verlag Fischer, Frankfurt/M. 1960.

Der Untergang großer Dynastien

DIE HOHENZOLLERN

Akademie d. Wissenschaft, Revolutionäre Ereignisse 1917/18, Verlag Akademie, 1957.

BRAUBACH, M., Aufstieg Brandenburgs 1640-1815, Verlag Herder, 1933.

COWLES, V., Wilhelm der Kaiser, Scheffler 1963.

FELDMANN, G., Armee, Industrie und Arbeiterschaft in Deutschland, 1914–1918, Verlag Dietz, 1985.

ILSEMANN, S., Der Kaiser in Holland, Biedenstein, 1967.

REINERS, L., In Europa gehen die Lichter aus, Beck'sche Verlagsbuchhandlung, 1954.

ZIEGLER, W., Volk ohne Führung, Hanseatischer Verlag, 1938.

DIE HABSBURGER

ANDICS, H., Das Österreichische Jahrhundert, Goldmann, München 1980.

DERS., Der Untergang der Donaumonarchie, Molden Taschenbuchverlag, Wien–München–Zürich 1974.

CORTI-SOKOL, Der Alte Kaiser, Styria, 1956.

Crankshaw, E., Der Niedergang des Hauses Habsburg, Düsseldorf 1967.

DEDIJER, V., Die Zeitbombe, Europa, 1967.

FELDL, P., Das Verspielte Reich, Zsolnay, 1968.

HAMANN. B., Hitlers Wien, TB Piper Verlag, München 1999.

DIES., Rudolf, Kronprinz und Rebell, TB Piper Verlag, München 1997.

K & K Polizeipräsidium, Das Mayerling Original, Frick 1955

KANN, R.A., Geschichte des Habsburgerreiches, Böhlau, Wien–Köln–Weimar 1977.

KNAPPICH, W., Die Habsburg Chronik, Bergland, 1959.

MAYR-HARTING, A., Der Untergang, Amalthea, 1988.

McGUIGAN, D., Familie Habsburg, Amalthea, Wien–München 1988.

Österr. Illustrierte, Mayerling, 1964.

VAJDA, S., Felix Austria, Ueberreuter, Wien 1980.

WEISSENSTENER, F., Der ungeliebte Staat, Österreich zwischen 1918 und 1938, ÖBV, 1990.

ZESSNER-SPITZENBERG, J., Kaiser Karl, Salzburg Verlag, 1953.

DIE TENNOS

DETTMER, H. A., Grundzüge der Geschichte Japans, Darmstadt, Wissenschaftliche Buchgesellschaft, 1985.

Literaturhinweise – Literaturnachweise

GUILLAIN, R., Der unterschätzte Gigant, Verlag Scherz, Bern–München–Wien 1970.
MOSELY, L., Ein Gott dankt ab (Hirohito, Kaiser von Japan), Stalling , Oldenburg
& Hamburg 1967.

DIE PAHLEWIS

FISCHER-BARNICOL, H. Die Islamische Revolution, Kohlhammer, 1980.

Vieles in diesem Kapitel beruht auf persönlichen Erfahrungen des Autors als Journalist im Iran ab 1960, darunter Interviews mit dem Schah 1970 und ein Besuch im
Haus des Ayatollah Kohmeini in Paris 1978. Der Autor erlebte die islamische Revolution und das Geiseldrama. Er berichtete über den Krieg Iran–Irak sowohl von Teheran als auch von Baghdad aus.

ALLGEMEIN

CHURCHILL, W., Der Zweite Weltkrieg, Alfred Scherz Verlag, Bern 1954.
Die Großen Dynastien, Verlag Karl Müller, Erlangen o. J.
Fischer Taschenbuchreihe zur Geschichte, 33 Bde.
Propyläen Weltgeschichte
TAYLOR, E., Der Untergang der Dynastien, Habsburg, Hohenzollern, Osman, Ro-
manow, München–Wien–Basel 1963.

Anmerkungen

1 *Marseillaise* – französische Nationalhymne seit 1795; von C. J. Rouget de Lisle 1792 gedichtetes und vertontes „Lied der Rheinarmee"; als Revolutions- und Freiheitslied von einem Marseiller Freiwilligenbataillon beim Einzug in Paris am 30. Juli 1792 gesungen.

2 *Sansculotten* – frz. „Sans-culottes" (ohne Kniehosen), Bezeichnung für französische Revolutionäre, die im Gegensatz zur aristokratischen Mode nicht Kniehosen, sondern die lange Hose („pantalons") trugen. „Sansculotte" wurde zum Ausdruck für Patriot und Republikaner.

3 *Hugenotten* – (ursprünglich Eidgenossen), seit etwa 1560 allgemein die Bezeichnung der französischen (vorwiegend calvinistischen) Protestanten. Im Amtsstil des Ancien Régime wurden sie die Anhänger „der angeblich reformierten Kirche" genannt.

4 *Ancien Régime* bezeichnet die Zeit von 1715 bis 1789, die Periode der absoluten bourbonischen Monarchie.

5 Ein Denkmal zur Erinnerung an die heldenhafte Haltung der Schweizer Garden wurde in Luzern errichtet: ein riesiger schlafender Löwe, die Flanke von einer Lanze durchbohrt und das königliche Wappen umklammernd.

6 Die Umrisse des Temple sind im Straßenbelag vor dem Rathaus des 3. Bezirks von Paris erkenntlich.

7 *Guillotine* – während der Revolution in Frankreich 1792 vom Konvent eingeführte, nach dem Pariser Arzt Guillotin benannte Köpfmaschine. Sie wurde in Wirklichket nicht von ihm erfunden, sondern von Antoine Louis (daher anfänglich „Louisette" oder „Louison" benannt) und dem deutschen Mechaniker Schmitt. Guillotin hatte lediglich in der Nationalversammlung beantragt, die Todesstrafe mittels Köpfmaschine durchzuführen.

8 Der Leichnam Ludwigs XVI. wurde eiligst in Löschkalk am Friedhof St. Madeleine verscharrt. Erst 22 Jahre später wurden die irdischen Überreste exhumiert und bestattet.

9 Robespierre und Saint Just peitschten ein Gesetz durch, nur um Danton verurteilen zu können.

10 Der Ausspruch „Die Revolution frißt ihre Kinder" wird P. Vergniaud zugeschrieben, Advokat und berühmter Redner der Revolution. Stirbt 1793 unter der Guillotine.

11 Am 24. 10. 1793 erfolgt im Konvent die offizielle Einführung des Revolutionskalenders mit rückwirkender Wirkung vom 22. 9. 1792 (z.B. Jahr 1 der Repu-

Anmerkungen

blik vom 22. 9. 1792–21. 9. 1793). Es gab „natürliche", d. h. jahreszeitlich ange-
paßte Monatsnamen, wie „brumaire, floréal, fructidor" etc. Das Jahr wurde in
zwölf Monate zu 30 Tagen (3 Dekaden zu je zehn Tagen) eingeteilt. Offfiziell per
1. 1. 1806 abgeschafft.

12 *Bolschewiki* – russisch: „Mehrheitler"; radikale Richtung der russischen Sozial-
demokratie. Ab der Oktoberrevolution von 1917 die allein herrschende Partei.

13 *Rurik*, Führer der schwedischen Waräger, von Slawen ins Land gerufen, begründete die erste russische Dynastie, die bis 1598 herrscht. Fjodor I. (1594–
1598) ist letzter Rurikidenherrscher, unter ihm wird das allrussische Patriarchat
gegründet.

14 Der Einfachheit halber wird der Titel „Zar" im Text beibehalten. Streng genommen gab es Zaren nur von 1547 (Iwan IV.) bis 1721, als Peter der Große den
Titel eines „Allrussischen Kaisers" annahm.

15 *Krimkrieg* (1853–1856). Vom Osmanischen Reich und – ab 1854 an seiner Seite –
von Großbritannien und Frankreich gegen Rußland geführter Krieg. Rußland
maß sich auf eigenem Boden mit den Gegnern in der Frage der Vorherrschaft
im Nahen Osten. Im Oktober 1854, einen russischen Angriff auf die englische
Befestigung in der Bucht von Balaklawa abwehrend, erlitt die englische Reiterei schwere Verluste („Charge of the Light Brigade" oder „Totenritt von Balaklawa").

16 Die jüdische Bevölkerung in Rußland um die Mitte des 19. Jahrhunderts wird
auf 5 Millionen geschätzt.

17 Bis zum 1./14. Februar 1918 galt in Rußland der Julianische Kalender (a. S. = alter Stil). Der Rückstand gegenüber dem Gregorianischen Kalender (n. S. =
neuer Stil) beträgt z.B.im 19.Jh. 12 und im 20. Jh. 13 Tage. Im Text werden bis
zum Zeitpunkt der Kalenderumstellung Datumsangaben im „alten Stil" wie-
dergegeben.

18 *Duma* ist das russische Wort für Versammlung. Reichsduma ist die nach der Revolution von 1905 von Nikolaus II. zugestandene Volksvertretung.

19 Tscheka – Kurzwort für die „Außerordentliche Kommission zum Kampf gegen
Konterrevolution und Sabotage (1917–1922). Unter Dserschinskij Instrument des
„Roten Terrors".

20 Moskau ist seit 18. 3. 1918 Sitz der Sowjetregierung.

21 Nach M. Lacis, Mitglied des Gremiums der Tscheka, „Roter Terror", 1. November 1918.

22 Demidowa war mollig, die Bedienstete im Gefolge des Zaren aber groß und
dünn. Es ist daher nicht sicher, ob es sich tatsächlich um Demidowa handelte.

23 Um die Spuren zu beseitigen, wurde das Gebäude auf Anordnung Stalins de-
moliert.

24 In diesem Punkt differieren die späteren Aufzeichnungen Jurowkijs und Erma-
kows. Während der eine angibt, die Leichen wären in einen Bergwerksschacht

Der Untergang großer Dynastien

geworfen worden, berichtet der andere, daß sie in einer seichten Grube verscharrt wurden.

25 Die *Habsburg* (Habichtsburg), Stammburg der Habsburger, um 1020 bei Brugg im Aargau in der Schweiz erbaut.

26 Zitiert aus Hellmut Diwald, „Luther", Gustav Lübbe Verlag, 1982.

27 Zitiert aus Brigitte Hamann, „Hitlers Wien", Piper-Verlag, TB, 1999.

28 Entente, im engeren Sinn „Entente cordiale", seit 1904 bestehendes „herzliches Einverständnis" zwischen Frankreich und Großbritannien, wird 1907 durch Einbeziehung Rußlands zur Triple Entente. Im weiteren Sinn im Ersten Weltkrieg gleichbedeutend mit „Alliierte".

29 Masaryk, Tomáš – tschechoslowakischer Soziologe und Politiker, Mitglied des österreichischen Reichsrates. Forderte tschechische Eigenstaatlichkeit; 1918 Staatspräsident der Tschechoslowakei; tritt 1935 vom Amt zurück.

30 Hans Delbrück, Historiker, (1848–1929), „Die Geschichte der Kriegskunst im Rahmen der politischen Geschichte".

31 Die Zahl der Menschen, die in Deutschland aufgrund der britischen Seeblokkade des Hungers starben, war fünfzig Mal höher als die Zahl der Opfer, die direkt auf deutsche U-Boot-Angriffe auf Schiffe der Alliierten zurückzuführen sind.

32 „Seppuku" oder „hara-kiri"– japanisch für Bauchaufschneiden. Seit dem 12. Jh. gebräuchliche Form des rituellen Selbstmordes zur Wahrung der eigenen Ehre. Der Harakiri an sich Vollziehende schnitt sich den Leib auf, während ihm gleichzeitig von einem Freund der Kopf abgetrennt wurde.

33 „Junge Offiziere" – Offiziersclique bis zum Rang eines Oberstleutnants. Die Bezeichnung stammt aus der Zeit der Meiji-Restauration, der Ära des Kaisers Mutsuhito (1867–1912). 1927 bildete sich eine geheime Gesellschaft jüngerer Offiziere mit dem Ziel eines Staatssozialismus unter einer Militärdiktatur. Putsch im Mai 1932 und Februar 1936.

34 *Bushido*, jap. „Kriegerweg", Ehrenkodex des japanischen Ritters und ethisches Ideal Japans. Die wichtigsten Aspekte sind Treue, Selbstzucht und Todesverachtung bis zur selbstlosen Aufopferung.

35 *Samurai*, jap. „Dienender" (militärischer Gefolgsmann). Sie lebten nach einem strengen Ehrenkodex (siehe Bushido) und standen in hohem gesellschaftlichen Ansehen. Sie hatten das Recht, zwei Schwerter zu tragen, ein kurzes und ein langes. Die Samurai büßten 1868 ihre Privilegien ein.

36 *Showa Tenno* – Showa bedeutet „Leuchtender Friede" und ist der Ära-Name für die Regierungsperiode Hirohitos (1926–1989), des 124. Kaisers in direkter Erbfolge.

37 *Shogun* – jap. „Heerführer", anfänglich der Titel eines kaiserlichen Heerführers, dann erblicher Titel des Kronfeldherrn. Shogune leiteten durch Jahrhunderte die Regierung an Stelle der machtlosen Kaiser.

Anmerkungen

38 *Boxer* – „Die Gesellschaft der Harmonischen Fäuste", 1770 entstandener religiöser Geheimbund in China (auch als Yihetuan-Bewegung bezeichnet), der auch politische Ziele verfolgte.

39 Roosevelts Kritiker beschuldigen ihn, die unmittelbare Kriegsdrohung ignoriert und das amerikanische Volk „in den Krieg gelogen" zu haben (Clare Booth Luce).

40 Unter ihnen ein deutscher Wissenschafter, Klaus Fuchs, der sowjetischer Agent wurde und den Entwurf der Atombombe an die Russen verriet.

41 J. Robert Oppenheimer, seit 1943 Direktor des Forschungsprogramms in Los Alamos, wurde 1954 aufgrund seines Widerstandes gegen ein nukleares „crash program" von der weiteren Mitarbeit ausgeschlossen, und während der McCarthy-Ära wegen Hochverrates angeklagt. 1963 rehabilitiert.

42 Die heutige Funktion des japanischen Kaisers entspricht in etwa der des britischen Königshauses.

43 Stelle im Koran 2:153. Geduld bedeutet hier nicht Passivität – das arabische Wort „sabr" bedeutet auch Standhaftigkeit und Selbstbeherrschung.

44 *Zarathustra*, auch Zoroaster, Zarduscht – altiranischer Prophet und Religionsstifter (7. Jh. v. Chr.). Seine Lehre, Zarathustrismus oder Zoroastrismus, beruht auf dem unversöhnlichen Dualismus zwischen dem höchsten Gott und seinem Widersacher. Mittelpunkt des Gottesdienstes ist der Feuerkult. In etwas abgewandelter Form lebt seine Lehre im Parsismus weiter.

45 *Schatt el-Arab* – gemeinsamer Unterlauf (150 km lang) von Euphrat und Tigris, mündet in den Persischen Golf. Die willkürlich gezogenen Grenzen sind schnurgerade.

46 *Kyros II.;* Kyros der Große – Gründer des altpersischen Weltreiches, eroberte u. a. Medien und 546 v. Chr. Lydien (Türkei). Sein Reich erstreckte sich vom Mittelmeer über Syrien bis nach Ägypten. Er entläßt nach der Eroberung Babylons die Juden in ihre Heimat. Ihnen wie den anderen unterworfenen Völkern wird Religionsfreiheit gewährt.

47 *Mohammed* (arab. „Der Gepriesene", Stifter des Islams, (um) 570 n. Chr. (Mekka)–632 n. Chr. (Medina). Seine weltlichen Nachfoger waren die Kalifen, aber auch Imame.

48 *Kalifen* – (arab. „Nachfolger"), offizieller Titel von Mohammeds Nachfolgern in der Herrschaft über die islamische Gesamtgemeinde. Anfangs wurden Kalifen gewählt. Die ersten Kalifen in Medina und Kufa waren Abu Bekr, Omar, Othman und Ali. Die Omajjaden errichteten 661 n. Chr. das Kalifat in Damaskus und regierten, bis sie 750 n. Chr. von den Abbasiden gestürzt wurden, die den Sitz des Kalifats nach Bagdad verlegten (Harun ar-Raschid, wohlbekannt aus „Tausendundeiner Nacht", von 786–809 Kalif von Bagdad).

49 *Assassinen* – arab. „Haschisch-Raucher", Bezeichnung eines islamischen Geheimbundes in Persien und Syrien. Durch Meuchelmörder (Ursprung des fran-

311

Der Untergang großer Dynastien

zösischen Wortes „assassin") bedrohte er islamische Fürsten. Reste leben noch heute in Syrien.

50 Zu der Zeit trauten die Araber dem Schah nicht, da er nur zu willig war, den Israelis Öl zu liefern.

51 Der Ayatollah überlebte den Schah um neun Jahre. Er starb am 3. Juni 1989. Er fand weder im Leben noch im Tode Frieden. Sein Mausoleum wurde durch eine Explosion im Oktober 1992 teilweise zerstört.

52 Henry Kissinger, amerikanischer Außenminister von 1973–1977, blieb einer der treuesten Freunde des Schahs. Er hatte versucht, Präsident Carter umzustimmen. Auch der ehemalige iranische Botschafter in den USA, A. Zahedi, ließ den Schah nicht im Stich.

53 Richard Nixon kleidete in Worte, was viele fühlten: „Ich glaube, daß die Art, wie sich unsere Regierung verhalten hat, stets eine der dunklen Seiten der Geschichte unseres Landes sein wird."